挑釁的提問

臺灣研究的
歷史與社會探索

Provocative Inquiry:
A sociological and
historical exploration of
Taiwan studies

黃樹仁
——著

陳宇翔
——主編

國家圖書館出版品預行編目（CIP）資料

挑釁的提問：臺灣研究的歷史與社會探索／黃樹
仁著；陳宇翔主編 .-- 初版 .-- 高雄市：巨流，
2018.04
　　面；　公分
　　ISBN 978-957-732-565-5（平裝）

1. 臺灣研究 2. 臺灣社會 3. 文集

733.07   107003853

挑釁的提問

臺灣研究的歷史與社會探索

著　　　者　黃樹仁
主　　　編　陳宇翔
責 任 編 輯　沈志翰、邱仕弘
封 面 設 計　Lucas
發 行 人　楊曉華
總 編 輯　蔡國彬

出　　　版　巨流圖書股份有限公司
　　　　　　80252 高雄市苓雅區五福一路57 號2 樓之2
　　　　　　電話：07-2265267
　　　　　　傳眞：07-2264697
　　　　　　e-mail: chuliu@liwen.com.tw
　　　　　　網址：http://www.liwen.com.tw

編 輯 部　23445 新北市永和區秀朗路一段41 號
　　　　　　電話：02-29229075
　　　　　　傳眞：02-29220464

郵 撥 帳 號　01002323 巨流圖書股份有限公司
購 書 專 線　07-2265267 轉236

法 律 顧 問　林廷隆律師
　　　　　　電話：02-29658212

出版登記證　局版台業字第1045 號

ISBN ／ 978-957-732-565-5（平裝）
初版一刷‧2018 年4 月

定價：600 元

目錄

I：歷史學篇

II：社會學篇

序

陳宇翔（國立臺北大學社會學系助理教授）

　　當我還是學生的時候，樹仁就曾數次提到，倘若他那天發生意外，要記得把他電腦裡的檔案整理出版，那是他多年來累積的研究心血。或許這件事太有趣特別，當時雖然只是不以為意回應他，但心中卻默默記住這件事。在樹仁去世的數天前，終於有機會去探望樹仁，這是癌症治療後第一次見到他。當時他已經氣切插管無法言語地躺在加護病房床上，之前一段日子他曾陷入長時間的昏迷，但是在探望他的那天，他意識卻意外的清醒。我記得當時我對他說：我記得他以前的交代，但這件事應該是他自己要負責處理，他應該是要努力讓自己身體好起來，而不是只想將這個工作丟給我們。當我說到這裡時，樹仁瞬間睜大雙眼看著我，似乎是同意我的話。樹仁總是有異於常人的強烈意志力，但這次他卻還是沒有熬過去，幾天後就走了，而這件事就成為我們心中的掛念。

　　2016 年 3 月 13 日，臺北大學社會學系為樹仁舉辦追思會，在會後的黃昏，李丁讚、黃崇憲、黃淑玲、張恒豪、郭文般、洪人傑和我首次開會討論樹仁文集編輯與出版。不久之後，張隆志也加入我們了，成為編輯會議的固定成員。雖然這本書編輯事務主要是由李丁讚與我負責處理，但是每位成員都有其負責的任務，大家都一樣付出許多時間在這本書的工作之中。

　　在這一年數月的週末日子裡，我們陸陸續續開了多次會議，從這本書的性質、主題取向、呈現架構、文章選擇、評論邀稿等等，都是這些編輯會議一一討論出來。一方面，每一次開會事實上都是一次對於樹仁的懷念。在字字句句的討論中，樹仁的形象總會三不五時地躍升出來，彷彿以他炯炯有神的表情與聲音參與我們的討論，甚至熱情地和我們辯論著。另一方面，雖然樹仁的學術研究貢獻是無庸置疑的，但在這個編輯討論過程中，也強迫推著我們這些與樹仁親近的人，須以更為理性與客觀的角度來思索樹仁在學術研究上的突破與限制，並且在社會學與歷史學的研究領域中為樹仁尋找最為合適的定位。這個編輯過程彷彿讓我們重新認識一次樹仁，並且是更為深刻地。相信各位讀者也將會和我們一樣，經由這本書而可以更為全面性地理解樹仁的研究思維。

　　歷史學與社會學都是樹仁的研究興趣，而他在這兩個學術領域也都有明確貢獻，因此這本文集《挑釁的提問：臺灣研究的歷史與社會探索》將以歷史學與社會學為主題，分別收錄樹仁的歷史學論文五篇與社會學論文七篇。由於歷史學與社會學論文撰稿體例頗有差異，強行將書中文章格式統一未必會是最佳的呈現形式，因此在編輯會議討論之後決定讓各篇論文獨立成文，保留既有格式。這個選文的確有遺珠之憾，但考慮書本篇幅限制與主題相關性，我們被迫做出取捨，樹仁其他文章可見於國立臺北大學社會學系的黃樹仁紀念網頁（http://sociology.ntpu.edu.tw/index.php/ch/teacher/teacher_more/10）。

　　我們認為樹仁最重要研究特色與學術貢獻是對於學術界主流議題設定與解釋框架提出根本性質問，且常常挑戰學術界或社會的「常識」與「預設」，而他的研究論文即是以這些提問為基礎所發展而成。樹仁同時也會依據邏輯推演而對這些問題提出另外可能性解釋，有時這些解釋甚至會因為缺乏充足資料證據而顯得過於大膽。然而，樹仁的

挑釁提問與大膽解釋卻是具有寶貴學術價值與意義，迫使我們一一重
新思考既有議題設定及其延伸解釋的限制之處，而這個限制或許正遮
蔽住關鍵的核心問題與重要答案。也是因為如此，這本書除了收錄樹
仁的論文之外，也同時邀請學術界同仁以評論方式來對樹仁的提問予
以回應。我們相信這種對話架構，甚至有時帶點針鋒相對味道，將會
是呈現樹仁研究最佳的模式，或許也會是樹仁最愛好的模式。

　　樹仁的五篇歷史學論文中：〈望見流求：從福建沿海觀測紀錄論
宋元明人的臺灣認識〉已在《成大歷史學報》第 50 期出版，本文說明
宋元明福建沿海居民已具有臺灣的實地觀測知識；〈沒有唐山媽？拓
墾時期臺灣原漢通婚之研究〉與〈基因當然可能擴散而稀薄分佈：回
應陳叔倬對〈沒有唐山媽？拓墾時期臺灣原漢通婚之研究〉的評論〉
則分別在《臺灣社會研究季刊》第 93 期與 96 期出版，這兩篇文章指
出臺灣開發時期原漢通婚應是有限。其他兩篇文章則是樹仁已完成但
尚未出版的遺稿，〈移花接木：臺灣如何失去琉球之名？〉評斷臺灣
名稱何以會在明朝從「琉球」轉為它稱的解釋，〈唐山過澎湖：宋元
人何以不移住臺灣？〉則是推斷支持原住民應是宋元人未大規模移民
臺灣的原因。

　　在這七篇社會學論文之中：〈臺灣農村土地改革再省思〉與延伸
討論的〈被誇大的臺灣土地改革及其漸熾的意識形態戰爭〉已在《臺
灣社會研究季刊》第 47 期與 100 期出版，這兩篇文章對於臺灣土地改
革原因及其成效提出疑問；〈《心牢》，總論〉則是樹仁在 2002 年在
巨流所出的《心牢：農地農用意識形態與臺灣城鄉發展》的導論，內
容精簡呈現整本書的論述架構，說明臺灣農業政策對於城市規劃的限
制，反而造成農業與城市居住共同發展障礙。在此社會學篇章，樹仁
完成但未出版的遺稿有〈因果解釋或後見之明：發展型國家概念的反
省〉與〈何謂社會學理論〉，前者對於發展國家理論與效果提出批判，

後者則從研究與教學反省學界對於社會學理論的認知。〈韋伯的《中國的宗教》解析〉是樹仁以自己 1994 年出版於 *Journal of the History of the Behavioral Sciences* 的論文 "Max Weber's The Religion of China: An Interpretation" 為基礎所翻譯改寫的遺稿，樹仁生前完成約八成內容，但正文、註解與參考書目都有闕漏，後經由郭文般與陳柏甫參考樹仁英文版論文合力將此文完成，本文來自於樹仁的博士時期研究成果。〈強制合作發展：臺灣日本殖民體制的米糖經濟〉為樹仁生前發展到一半的論文遺稿，後來由本人依照樹仁的研究架構將文章完成，此篇文章反省馬克思主義政治經濟學理論框架對於日治時期臺灣研究的限制，進而嘗試提出強制合作發展的解釋觀點。

　　這本書可以順利出版，背後最重要力量毫無疑問就是樹仁的家人，倘若沒有樹仁家人的全力支持，這本書出版計畫可能根本無法有實踐的機會。在此感謝和我一同參與編輯工作的李丁讚、黃崇憲、黃淑玲、張恒豪、郭文般、張隆志、洪人傑。並且感謝李丁讚、張隆志、瞿宛文、彭明輝、裴元領、黃崇憲、林文凱、鄭志成、陳柏甫、張儀君在百忙之中仍然願意投入寶貴時間為樹仁文章撰寫評論，洪人傑、黃淑玲為本書所寫的前言與跋。陳柏甫與簡郁珊協助文稿校對。同時感謝巨流出版社願意出版此書，尤其是沈志翰與邱仕弘編輯的大力協助。在編輯討論過程中，劉鈐佑總編曾給予寶貴建議，在此表達感謝。最後感謝國立臺北大學社會學系對於本書編輯過程的全力協助，以及成大歷史學報與臺灣社會研究季刊對於樹仁論文於本書出版的樂觀其成。這本文集出版將是我們對於樹仁最深刻的紀念。

以科學為志業：一個社會學家的跨界挑釁

洪人傑（紐約州立賓漢頓大學社會學博士候選人）

"Denn nichts ist für den Menschen als Menschen etwas wert, was er nicht mit Leidenschaft tun kann"

「凡是不能讓人懷著熱情去從事的事，就人作為人來説，都是不值得的事。」

韋伯，1917，〈學術作為一種志業〉。

一、前言

本文旨在介紹並分析黃樹仁教授學思歷程的發展。本書所收錄之文章，雖然經過編輯委員會反覆討論確定，然而受限於篇幅，必須有所取捨。我們選擇收錄的標準除了盡可能完整呈現他在各領域的學術觀點，同時也希望讓較完整的遺稿得以藉此出版，作為黃樹仁在學界的公開遺產。如同他在病榻上寫下的〈六十年家國〉所述，他最大的遺憾之一，就是未能來得及將幾十年學思所得出版，分享學界後人。因此，這本書的編集，最重要的目的就是完成他的遺願，希望後世學者能獲得啟發，持續耕耘臺灣社會與歷史研究的沃土。

從本書目錄可以看出，黃樹仁的研究橫跨許多社會學領域，甚至包括農業經濟、地政、史學、政治學等其他學科，很難將他定位為某個領域的專家。他經常被問到自己屬於哪個領域，總是以「我是個社

會學家」笑答。然而，他的學思脈絡其實有跡可循，而且前後連貫，亦有先後順序。本書目錄的編排，乃是基於方便讀者理解的閱讀需要而分類，並非構想或發表的次序，還請讀者注意。作為本書的前言，我的討論將盡量以收錄於本書的研究為主，未收錄於本書的研究大部分皆已出版，有興趣的讀者，可至臺北大學社會學系網站或圖書館查閱。

除了前言之外，本文接下來分為四個部分。第一部分以《心牢》為起點，討論黃樹仁在生活觀察中如何發想研究問題。他身體力行韋伯（Max Weber）的學術態度，持續透過實證研究與理論觀點對話。這些反覆檢證理論的過程，圍繞著幾個持續出現的方法論與社會學概念，構成了他的研究核心。方法論包括比較歷史的視野和邏輯推論這兩個思考工具；研究概念則是以意識形態與物質利益對人類行為的影響，以及偶然因素在歷史發展中的關鍵角色。我們在本書收錄的文章和其他已出版的研究中，幾乎處處可見這兩個研究工具和概念，因此也構成了黃樹仁學思歷程的經緯。

第二部分以黃樹仁對臺灣史的思考為核心，沿著歷史的時序，追索他對臺灣史的理解與研究。1997 年他在中興法商學院（臺北大學前身）社會學系擔任教職之後，開了一門對學生影響深遠的「臺灣社會研究」課程，並且開始有系統地大量閱讀臺灣史文獻與著作。後來當他著手撰寫《心牢》一書的同時，也正透過閱讀歷史文獻，逐步建立自己的臺灣史觀。因此，《心牢》的內容雖然以臺灣戰後的土地與農業政策為主，但是從他的學術歷程來看，其實是將臺灣史在長時間（longue durée）的脈絡中，取出某個時段的斷代歷史社會學分析。

在黃樹仁的臺灣研究中，以《心牢》分析臺灣戰後的發展為核心，往前爭論臺灣在信史中何時出現的歷史大哉問；向後則是探討臺灣在兩岸關係乃至於東亞未來所扮演的的關鍵角色。然而後來因為教學負

擔繁重，他未及持續修改文稿；加以兩岸關係變化倏忽，許多資料和想法與現今兩岸及東亞情勢略有出入，因此雖然他對兩岸及東亞未來的看法獨樹一格，兩相權衡之下，我們必須忍痛割捨。

在《心牢》完成之後，他更試圖從自己的生命史出發，結合家族史與臺灣史，重建華人在東亞地區數百年來的遷移史。這部分的遺稿由於較為粗糙，大多以提綱形式寫作，我們無從得知黃樹仁對這部分草稿的寫作計畫，因此並未收錄。但是由此可見，黃樹仁的臺灣社會研究其實是一部歷史社會學巨著，懷抱著包含微觀與宏觀的歷史野心，形成一個彼此相連、枝葉繁茂的研究樹。

本文第三部分則將焦點集中在寫作《心牢》的過程中，隨著問題意識的擴散而衍伸出的政治與經濟的社會學問題，也就是本書〈社會學篇〉所收錄的文章。這些文章都是已經出版或發表的研究，由於題目的發想幾乎都來自《心牢》，因此也大多和臺灣的土地與農業政策有關。對黃樹仁而言，臺灣的土地與農業政策是發展政策的一部分，可以看出許多臺灣戰後經濟發展的問題，他也將這個問題意識擴大到對於發展型國家這個理論典範的反省，從而挑戰臺灣以及東亞經濟發展的既定解釋。

在第四部分，我將試著總結黃樹仁的學術生涯所構成的樣貌。對於一個研究領域難以歸類，奉行韋伯式社會科學精神的社會學家而言，現代科學和學術領域的專業分工，是他學術生涯中最大的挑戰之一。他堅持「以研究問題為核心」的方法論，不停地挑戰不同領域和學科的既有知識，並且刻意挑釁引戰，真正的目的其實在於激起辯論。邏輯嚴謹、理性，但是針鋒相對的激辯，是他夢寐以求的科學研究環境。雖然對邏輯推論的追求，其實也經常是他做研究時出現盲點之處，然而，當他被指出「邏輯嚴謹」的錯誤之時，通常也是會心一笑，喜見高手過招的滿足。

二、理論概念與研究問題

《心牢》是黃樹仁回國後第一本、也是學術生涯唯一出版的專書著作。在寫作《心牢》之前，他的學術生涯正要起步，自忖留美求學期間致力於學習西方社會學理論，對臺灣史的認識不足，因此開始有系統地閱讀臺灣史文獻與二手研究，並試圖用過去所累積的理論訓練，尋找臺灣史的關鍵問題。

原本他希望在充分的閱讀之後，能夠以宏觀的臺灣史問題開始研究計畫。然而，作為一位自認「隨時隨地都在進行田野觀察與思考的二十四小時社會學家」，臺北都市生活的荒謬景觀帶來的文化震撼，讓他不得不停下腳步，回答更急迫的問題。在《心牢》的第二章，他就提到了研究的起源，來自無法理解的現實觀察：

> 「每日所見，一為臺北這所謂現代城市的居住環境之昂貴、擁擠、混亂、喧鬧、窒息、令人無所遁逃。二為傍晚時厝邊老農們在塊塊菜圃裡，以祖傳肩挑手提方式，辛勤的澆水、施肥、採收，燒田間廢物為住宅區製造戴奧辛與癌症，彷彿二十世紀尚未來臨。」（2002a：43）[1]

這個文化震撼形成了一個他最喜歡的社會學「難題」（puzzle）：大家習以為常卻不合理的現象，常識雖然提供了部分線索，卻無法解釋整體的因果關係。這個難題有兩個來源。第一是他留美多年，早已習慣威斯康辛州麥迪遜這個大學城的生活，便利與品質兼顧，可說是除了德國海德堡之外，他心目中最理想的居住地。因此，當時他看到高樓與菜園比鄰的景象，其實是在比較的心理視角下所進行的田野觀

---

[1] 本文所引用文獻，未標明作者而僅有年份者，皆為黃樹仁之著作。

察，與心目中理想的美國中西部或德國大學城相比，臺北這個國際都會的景觀實在難以理解。第二個來源，是他熱愛的邏輯推論。當他觀察或思考一個問題的時候，總是會先在腦子裡進行邏輯推論，即使資料不足，他也會先從腦子裡既有的知識庫存著手，汲取所需理論觀點和比較對象，得到邏輯上合理的答案。對他而言，高樓、菜園與豬圈並存於房價昂貴的臺北市，一點也不合邏輯。

比較觀點和邏輯推論這兩個思考工具是黃樹仁所有研究的起點，也是他花了十幾年鑽研韋伯所淬煉出的智識武器。韋伯以西方文明之子自居，為了理解歐洲現代資本主義興起，韋伯先從政治與經濟制度的觀點，研究古代地中海農業史與普魯士的經濟發展，然後進一步透過比較世界各宗教文明的歷史，解答「現代理性資本主義為什麼出現在西方而非他處」的問題。

韋伯的歷史比較方法論非常重視多元因果的分析取徑（multicausal analysis），在不同的個案中尋找結構化的行動者，同時亦賦予偶然因素與意外事件獨立的解釋權。然而，現實世界之複雜，不是研究者的因果分析可窮盡，因此韋伯發展出了著名的理念型（ideal type）概念作為分析工具，一方面可以避免落入用既有理論硬套現實的陷阱，同時又可解決研究者缺乏理論觀點造成過度詮釋的問題（1995a）。

從黃樹仁的學術生涯來看，我們幾乎可以說，他的所有研究都是運用韋伯對歷史比較的洞見，以及使用理念型作為邏輯推論工具的結果。最經典的例子莫過於《心牢》的第四章，他完全沒有使用實證資料，僅用邏輯推論就反駁了政商勾結造成地價高漲的觀點，這一段也因此成為全書最具爭議的段落之一（2002a：140 - 147）。

後來他更進一步將這兩種工具整合使用，討論既有歷史與想像歷史的比較。具體作法是先辨識出影響歷史發展的某些關鍵變項，然後

試著加入其他變項或消除某一變項，對於歷史上從未發生的另一種可能（what if），在嚴謹的邏輯論證下進行腦力激盪。這種結合了邏輯推論與比較研究的方法，他稱為「想像的實驗」，或者可以視為理念型的擴大應用。

黃樹仁奉行以研究問題為核心的研究取徑，幾乎每一個研究都是跨領域，甚至看起來與社會學不甚相關的題目。然而，若非自己長期深入探索、追蹤文獻與理論發展的領域，要掌握經驗世界的因果關係，從而找到值得研究的難題，經常是許多研究者苦惱的問題。當自己一腳踏進不熟悉的領域時，要如何找到好題目作為研究起點呢？

此時，將理念型擴大應用的「想像的實驗」，就是非常好用的工具。理念型的優勢在於既可避免將現實硬套理論的問題，也能彌補理論不足的缺憾。但是建構理念型並非一蹴可幾的過程，在有限的時間與精力限制下，將既有的歷史與未曾發生的歷史相互比較，經常可以讓影響歷史發展的關鍵變項蹦然而出，形成研究假設，然後進行驗證。他經常舉的例子包括：如果韓戰不曾發生，美國的第七艦隊也從未來到臺灣海峽，今日的臺灣會是如何？如果鄭成功在抗清戰役中全軍覆沒，或者在鄭荷之戰中落敗，沒有來到臺灣，臺灣的歷史發展會是如何？

在他早期的研究中，或許自己心裡有過這樣的練習，但是並未在研究論文中明確指陳。隨著他對臺灣史的閱讀和思考的累積，以及在研究論文中反覆實驗之後，他認為「想像的實驗」是發展問題意識最重要的技術，尤其在他的歷史研究中，經常可見他對於歷史發展的另一種可能進行邏輯推論。我認為這或許是他在幾年的教學經驗之後，見到許多研究生為了尋找論文題目曠日廢時，又經常找不到有趣的難題讓他滿意，終於發展出這個幫助學生思考問題意識的工具。

除了比較觀點與邏輯推論這兩個研究工具，他的研究概念則圍繞

著兩個核心：意識形態與物質利益對人類行為的影響，以及偶然因素在歷史發展的關鍵角色。

他對意識形態與物質利益驅動人類行為的理論觀點，在《心牢》第六章（Pp. 208 - 216）已有詳細討論，在此不再贅述。值得一提的是，他經常強調，韋伯雖然主張宗教與心理因素是現代理性資本主義興起與否的制度動因，但是韋伯並非許多讀者所認為的唯心論者；而是主張物質利益才是驅動人類行為的主要力量。韋伯的觀點認為，現代理性資本主義的興起，是在特定物質利益的基礎上，孕育了特定生活導向（Lebensfuehrung）的傳承階層（carrier strata）。這個傳承階層的世界觀（Weltanschauung）受到宗教意識形態的影響，基於追求物質或理念的利益，而發展（或沒有發展）出現代理性資本主義制度。因此，他認為韋伯和馬克思對意識形態的因果詮釋並沒有根本上的差異。

但是這個想法在他完成《心牢》之後有了轉變。隨著相關研究陸續完成，他當時曾說：「我越來越不相信韋伯所說，物質利益作為人類行為驅力的論點。意識形態在因果關係上的獨立作用，可能比想像中還要強。」這或許也是為什麼他後來在 2015 年接受瞿宛文老師的邀請，參與「重探臺灣戰後農村土地改革專題」討論，直接以「意識形態戰爭」來形容臺灣戰後土地改革的原因。

偶然因素的歷史匯集，是他的歷史社會學方法論的另一個關鍵概念。在黃樹仁的博士論文第七章〈猶太教與基督信仰〉中，他就曾經論證韋伯運用這個概念解釋猶太教一神信仰在古代以色列興起的原因。

韋伯認為古代以色列是一個以契約關係（berith）為基礎的政治同盟，為了應付層出不窮的戰爭，巴勒斯坦地區的遊牧部落彼此透過誓約結盟，平等往來，形成穩定的政治社群。但是耶和華作為戰爭之神，與信徒所訂立的誓約更加不可違背，否則後果不堪設想。這種嚴格的

紀律關係，對於巴勒斯坦南部地區經常面臨戰爭的半遊牧部落而言，正好符合這個社群的政治利益。因此，耶和華從眾神之中脫穎而出，在教士與先知的詮釋下，耶和華信仰逐漸擴散成為巴勒斯坦地區的一神信仰。對韋伯而言，這個一神信仰的起源與形成過程，是一個無法解釋的歷史偶然，是在特定的宗教與歷史條件下，因為符合某些群體的特定政治與經濟利益，而制度化成為宗教信仰，不是意識形態擴散的結果（1995b：191 - 207）。

在《心牢》當中，他也提到與書中因果鍊密切相關的兩個歷史偶然。一個是 1970 年代國內外政治經濟轉變，包括中美斷交和退出聯合國等，朝野形成強烈的農業危機意識，提供了農地農用意識形態與法令形成的背景；另一個則是 1980 年代中期，由於新台幣長期低估的升值壓力，吸引外國熱錢湧入，以及 1987 年政府以八千億資金徵收公共設施保留地，一時之間國內游資氾濫無處宣洩，帶動了房地產與股市的狂飆現象。

這種在因果鍊中扮演關鍵角色，卻無法納入實質分析的歷史偶然因素，若非研究者能夠清楚辨識其在因果鍊中的位置，並且正確評估其影響程度，在研究中的操作非常困難。根據黃樹仁自己的說法，歷史的偶然因素，其實就像是在多元迴歸的模型中，將傳統上被認為是殘差值的部分，盡可能地說明清楚，而不是直接略而不表，從而盡可能提高因果模型的解釋力，也就是提高迴歸模型的 R-square 值。

上述的比較視野與邏輯推論這兩個思考工具，以及意識形態與物質利益和歷史發展的偶然因素這兩個概念，在黃樹仁的論文與研究中反覆出現。接下來我將分別以本書所收錄的臺灣史與社會學研究，以及其他遺稿為例，說明黃樹仁發展問題意識與進行研究的學思歷程。

三、政治與經濟的社會學研究

在寫作《心牢》的過程中，隨著閱讀資料與思考的累積，黃樹仁也發現了許多他認為比較細節或旁枝的問題。這些問題雖然也很重要，但是為了避免讀者閱讀失焦，而且該書從起草到付梓已經四年多，實在不容遷延。因此，《心牢》出版的幾乎同一時間，他又在《臺灣社會學刊》及《臺灣社會研究季刊》分別發表了〈臺灣都市化程度析疑〉（本書未收錄）和〈臺灣農村土地改革再省思〉兩篇文章。

這兩篇文章是他在寫作《心牢》時意外發展出來的習作。其中〈臺灣都市化程度析疑〉是利用官方統計與二手文獻，靠著邏輯推論完成的研究。寫作動機只是他在收集資料時發現臺灣缺乏長期的都市人口統計，希望提供一種簡單的推論方法，讓有興趣的研究者可以應用；而〈臺灣農村土地改革再省思〉則是在寫作《心牢》期間，他發現臺灣土地改革的政策演變，偶然因素扮演了關鍵的角色。他透過統計數字與邏輯推論，一一反駁了既有文獻的觀點，批判官方政令宣傳意識形態深入人心的桎梏，從而提出省主席陳誠的個人意志這個歷史偶然的因素，來解釋國民黨在臺灣推行土地改革的原因。

〈臺灣農村土地改革再省思〉的論點引發了許多討論。後來這個題目在新的研究和資料的支持下，又重新引起辯論，黃樹仁也應邀參與，並且在 2015 年發表〈被誇大的臺灣土地改革及其漸熾的意識形態戰爭〉一文，除了討論最新的研究之外，整體的觀點沒有太大的改變。

從《心牢》發展出來的另一個重要題目，是黃樹仁對於發展型國家（developmental state）這個理論架構的批判。發展型國家理論用來解釋 1980 年代以來，東亞經濟體得以突破後進國家的發展困境，達成令人矚目的經濟成長，已經是學界共識。三十多年來，許多學者也試

圖修正或補充發展型國家理論。但是黃樹仁企圖從根本批判這個理論的解釋力。他認為發展型國家理論的解釋架構，是一種選擇性認知，也就是以成敗論英雄的目的論，而且也是一種忽略東亞經濟體之間內部差異的化約論。更重要的是，發展型國家理論忽略了經濟發展的負面後果，例如他最關心的土地問題：

「有關臺灣、南韓、日本的發展型國家研究都集中於國家政策如何促進工業發展與出口，但卻無人注意，這幾個所謂發展型國家的惡劣土地政策對經濟發展的嚴重負面後果。臺、日、韓長期實施農地農用政策，嚴格限制農地轉用為都市建築用地的結果，是都市發展用地嚴重短缺。導致東亞都市過度擁擠與生活品質低落……這些土地政策的嚴重負面後果，與出口產業政策的正面後果相比，對東亞社會的經濟發展孰輕孰重？我不知道。但走在臺北市昂貴卻又貧民窟般的住宅區，我一點也不覺得這國家可稱為發展型國家。」（2004）

由此可見，對他而言，臺灣戰後的土地與農業政策及後來的各種惡果，其實是在特定的歷史背景下，整體經濟與產業政策的一部分。這裡也隱含了他未明言的另一個批評：臺灣戰後各種經濟與產業發展政策，理性分析、俾利國計民生的少，意識形態掛帥、短視近利、鋸箭療法的多。

由戰後經濟發展往回推，則是日治時期的臺灣經濟問題。他在政大政治所的碩士論文即是研究日治時期的知識份子，因此他對日治時期的臺灣社會相關研究並不陌生，也累積了相當的閱讀量。但是除了他的碩士論文之外，他對日治時期的研究僅有本書收錄的〈強制合作發展：臺灣日本殖民體制的米糖經濟〉一篇，而且那篇文章的重點在

於和既有文獻及學者對話，並未發展成有系統的論述。我曾經當面問
過他這個問題，他的回答是，由於對日文的理解尚未達到直接閱讀日
文文獻的程度，因此，在有限的時間裡，他認為應該優先處理戰後發
展和日治以前的歷史問題。

四、臺灣史研究

　　黃樹仁透過大量有系統地閱讀歷史文獻與二手研究，逐漸從文獻
中找出了許多他認為值得研究的題目。從本書收錄的文章可以發現，
黃樹仁對臺灣史研究的遠大企圖：

> 「研究臺灣開發史不僅應研究臺灣史如何開始，也應理解臺灣史
> 為何在似乎應該開始時卻未開始。應該開始卻未開始，表示有某
> 些因素妨礙其開始，而這些因素對於理解往後臺灣史的開展應有
> 其重要意義。」（2013）

　　這段話顯示，黃樹仁認為要理解或重建臺灣史，必須往前溯源，
找出臺灣為何以及如何出現在歷史的證據。先釐清這個歷史起點，才
能繼續探索臺灣在東亞的歷史定位。對於這個問題，他思考的起點同
樣也是邏輯問題：

> 「臺灣與中國大陸東南沿海僅一水之隔，卻直到明末才在中國史
> 書上有明確無疑的記述。臺灣之遲於進入歷史，未免令人困惑。」
> （2016）

　　他為了解答這個疑惑，寫了一篇三萬多字的文章，透過史書中零
星的記載，推論早在宋代即有明確觀測臺灣的記載，尤其澎湖及福建

沿海官民對臺灣的觀察則更為準確，因此認為當時的流求即為臺灣應無疑義。根據這個推論，他隨即進一步推論邏輯上合理的研究問題：既然當時的臺灣稱為流求，從何時，以及為何，流求的名稱開始被用來指稱琉球王國，也就是今日的沖繩呢？同時，邏輯上他也進一步推論，既然宋元時期已有漢人定居澎湖，甚至駐軍設官，也知道臺灣的存在，那麼漢人為什麼沒有移居臺灣？

這些臺灣歷史問題其實並非社會學關懷的重點，黃樹仁在這些研究論文裡，沒有使用任何社會學理論觀點，只有旁徵博引各種史料文獻，在散亂的歷史記載中推論各種可能，與歷史學者辯論對話。因此，從結果來看，這些文章無疑是歷史研究，而非（學科分工意義下的）社會學研究。事實上，黃樹仁在發表的過程中，也非常堅持只投稿歷史學門的期刊。但是由於他的論證方式與主流史學有所出入，因此即使審查人認可他大膽而創新的嘗試，卻仍屢屢遭到退稿。黃樹仁這樣的堅持從何而來？

他堅持寫作歷史研究，與歷史學家辯論對話，並發表於史學期刊，第一個原因是他有充分的自信，認為自己研究歷史多年，已有心得，透過嚴謹社會學訓練的邏輯推論，可以彌補史學界因為史料不足而論證困難的問題。例如在〈唐山過澎湖〉一文中，他肯定周婉窈的推測：

「周婉窈在其《臺灣歷史圖說》曾疑惑為何澎湖開發遠早於臺灣，但並未細究。她僅簡短的推論說：『原因很難確知。也許因為臺灣自古就是南島民族的居住地，當宋代漢人在澎湖定居下來時，常受到對岸『島夷毗舍邪蠻』的侵掠，漢人移民因此畫地自限吧？』」（2013）

在缺乏史料的情況下，歷史學者僅能作此推測。但是黃樹仁運用

社會學訓練的比較視野，舉了許多不同地區與時期的例子，說明原住民的抵抗，以及缺乏集團武力的支持，才是漢人移民停留在澎湖而沒有來到臺灣的原因。

他堅持與歷史學者對話的第二個原因，是他對華勒斯坦（Immanuel Wallerstein）見賢思齊的心理。華勒斯坦的世界體系觀點對社會科學的貢獻自不待言。更重要的是，華勒斯坦以社會學訓練的背景，作品橫跨經濟學、歷史學以及社會科學哲學，致力於推廣跨領域的社會科學研究。黃樹仁曾多次提及自己對華勒斯坦世界體系研究的推崇。他認為華勒斯坦的著作雖然企圖回答歷史社會學的大哉問，但是在布勞岱爾的影響下，卻通篇不見社會學的理論觀點，而是完全從歷史研究著手，透過第一手史料和社會學式的比較視野，與歷史學者辯論對話，並且獲得認可。也是因為大量的史料和嚴謹的辯論方式，華勒斯坦的世界體系著作也和韋伯有一點相似之處：註解的篇幅和重要性其實不下本文，這點也是黃樹仁佩服華勒斯坦之處。

黃樹仁看到華勒斯坦在學術上的成功，其實很受鼓舞，也興起「有為者亦若是」的想法。因此，在累積了足夠的閱讀思考以及研究發表之後，他認為自己已經準備好像華勒斯坦一樣，用自己的才智與訓練，為臺灣的社會學以及社會科學，甚至人文科學付出非我莫屬的貢獻。

然而，臺灣史早期的史料文獻相當缺乏，即使他認為在邏輯上已經牢不可破的結論，缺乏歷史文獻的直接支持，僅憑邏輯推演出的結論，即使在概念或方法上誠屬創新，卻難以成為學界共識。或許他也非常清楚，〈小國的學術困境〉自有其結構上的限制，這是他當年從威斯康辛回到臺灣就已經了然於心的問題；也或許他就算一再經歷蹭蹬困頓，仍然像韋伯一樣，懷抱經世濟民的熱情，致力於用自己的學術才智，為國家民族找尋生存繁榮的出路。

事實上，在本書未收錄的遺稿中，有一份近十萬字，連目錄都已

編排完成的書稿，名為《從兩岸僵局到東亞統合：臺灣與中國的出路》[2]。他曾自言，這是他在閱讀臺灣史及寫作《心牢》的過程中，逐漸浮現的問題意識。這篇書稿的研究目的就是非常韋伯式的政治關懷：透過比較研究與邏輯推論，為兩岸僵局找尋出路，擘畫一個為臺灣發展最有利的未來。這份書稿曾經困擾他許久，因為這是他思考臺灣發展問題時，尚未動筆寫作就完成推論和架構的草稿。當時他認為這個問題有不可拖延的急迫性，遂放下手中其他的研究，將心力集中在這份書稿上。可惜後來因為教學忙碌，需要補充的資料和文獻龐雜，他一直無法將書稿寫到自己滿意可以出版的程度。十年過去，物換星移，兩岸關係與東亞情勢瞬息萬變，許多論點與資料可能也需要大幅修正，加上書稿篇幅太長，幾經考量，編委會沒有收錄於本書，在此略記，以為紀念。

五、結語：華山論劍，求戰不求勝

本文在有限的篇幅內，盡可能還原黃樹仁二十年學術生涯的學思歷程。黃樹仁奉行韋伯的政治與學術熱情，冀望貢獻自己的才智，建立跨領域的學術典範，為社會發展指陳弊病，擘畫未來藍圖。

當然，黃樹仁學術寫作的行文格式、語氣、方法獨樹一格，其實也為自己帶來不少麻煩，更少不了激烈的爭論。他自己經常提到，非常懷念在威斯康辛大學求學時期，與已故的陸先恆等學友們暢快辯論的高手過招，常常在幾句話之間，高來高去的概念交鋒之後便見分曉。他常用華山論劍來比喻這種過招的快意。但是他可能忘記了，在金庸

2　這份書稿曾經修改為一篇七萬多字的文章，發表在「帝國夾縫中的臺灣」研討會，後來由行政院文建會於 2008 年以論文集形式出版。

小說裡，除了第一次華山論劍是真正決鬥之後決定了王重陽為天下第一，第二次華山論劍其實沒有結果，到了《神鵰俠侶》中的第三次華山論劍，已經無須決鬥，而是後生晚輩對前輩高手的評價討論，選出大家公認的高手。

在黃樹仁的學術生涯中，他也是不斷尋求高手過招，務求一戰。然而，他真正的目的不在分出勝負，而是過招，期望在過招當中，社會現實的因果理解能夠越辯越明，只要能夠解決問題、提出合理的可行方案，拳拳到肉也在所不惜。或許也因為他有時候未及收招而誤傷對手，但是熟識黃樹仁的朋友都很清楚，這絕非他的本意。隨著年紀和經驗的累積，他也不再強求高手過招，而是將精力放在培養大量的年輕學子，幫助他們用發揮社會學的訓練和能力，或求職營生，或追求知識；同時大量投書媒體，對日常觀察和時事發表議論。學術辯論的高手過招，大概只有在受邀參與論劍時，比較容易在行文和言談間感受到他激越的情緒。

對一個胸懷如此大志的社會學家來說，二十年的學術生涯當然遠不足以實現理想。然而，我們從整理他的遺稿也可以發現，他其實已經為後世學者留下豐富的寶藏，這些未完成的遺稿，或僅有大綱，或已近乎完成，或者由學生和同僚修改發表，都是延續其精神與學術理想的實現。我們期待未來，這些臺灣社會及歷史發展的關鍵問題，能夠在一代又一代的社會學者的努力之下，持續研究、探索，讓我們能夠站在巨人的肩膀上，勇敢地跨界，挑釁提問。

參考文獻

黃樹仁，2016，〈望見流求：從福建沿海的觀測紀錄論宋元名人的臺灣認識〉。《成大歷史學報》50：37-84。

——2013，〈唐山過澎湖：宋元人為何不移住臺灣？〉，遺稿。

——2004，〈因果解釋或後見之明：發展型國家概念的反省〉，遺稿。

——2002a，《心牢：農地農用意識形態與臺灣城鄉發展》。臺北：巨流。

——1995a，"Book Review on Weber's Protestant Ethics: Origins, Evidence, Context, ed. by Hartmut Lehmann and Guenther Roth, and Max Weber's Comparative Historical Sociology, by Stephen Kalberg." *Journal of the History of the Behavioral Sciences* 31: 254-8.

——1995b，*The Genesis of Max Weber's Sociology: The Religion of China as a Key*, Ph.D. dissertation, Sociology Department, University of Wisconsin-Madison.

I　歷史學篇

望見流求：

從福建沿海觀測紀錄論宋元明人的臺灣認識

　　臺灣與中國大陸東南沿海僅一水之隔，卻直到明末才在中國史書上有明確無疑的記述。臺灣之遲於進入歷史，未免令人困惑。

　　臺灣究竟何時進入中國人的視野？歷代中國人對臺灣一島究竟有何認識？到現在仍是臺灣史的爭議題目。

　　若從寬解讀史料，則《漢書・地理志》言會稽海外有東鯷人，[1]《後漢書・東夷列傳》提及東鯷、夷洲、澶洲，[2]《三國志・孫權傳》記載衛溫征伐夷洲、亶州，[3] 乃至《隋書・東夷列傳》記載朱寬與陳稜先後征伐流求，[4] 都可能指涉臺灣。《宋史・外國列傳》更明確言：「流求在泉州之東，有海島曰彭湖，烟火相望」；[5]《元史・外夷列傳》更進一步指出：「瑠求在南海之東，漳、泉、興、福四州界內，澎湖

1　班固（東漢）著，顏師古注，楊家駱主編，《漢書》（臺北：鼎文，1986），頁1669。

2　范曄（劉宋）著，李賢等注，司馬彪補志，楊家駱主編，《新校本後漢書并附編十三種》（臺北：鼎文，1981），頁2822。

3　陳壽（晉）著，裴松之注，楊家駱主編，《三國志》（臺北：鼎文，1980），頁1350,1383。

4　魏徵（唐）等著，楊家駱主編，《新校本隋書附索引》（臺北：鼎文，1980），頁1822-1825。

5　脫脫（元）等著，楊家駱主編，《新校本宋史并附編三種》（臺北：鼎文，1980），頁14127。

諸島與瑠求相對」。[6] 著作《島夷誌略》[7] 的元人汪大淵（1311-1350）也親自登臨過泉州晉江縣澎湖之東的琉球。這些記載似乎指向宋元人以流求、瑠求、琉球之名對臺灣有相當認識。但寥寥數則史料並不足以建構明確的圖像。

有關琉球無可置疑的記載始於明代。但明代以來所謂琉球是指琉球群島，即今日本之沖繩。

因此，有關明代以前古人所謂夷洲、流求、瑠求、琉球到底是指臺灣或今琉球群島便成為中外學界的爭議題目。有學者認為是指臺灣，有學者認為是指今琉球群島。更有學者認為夷洲、流求是古人對臺灣與今琉球群島的共稱。這爭論已歷百年，迄今無解。國內學者曹永和、周婉窈、杜正勝諸氏都曾先後對此辯論做了清晰的介紹與評論，[8] 毋庸在此重述。

在承認無人可以輕易解決上述有關宋元所謂流求、琉球究竟是指臺灣或今琉球群島的爭議的前提之下，本文主旨在於重建宋元以來福建沿海居民透過實地觀測所獲對流求、琉球、小琉球的地方知識，並指出此等地方知識難以傳入朝廷與文人的主流文化，因此也難以反映在傳世史料上，希冀可以對上述爭議有所貢獻。

---

6 宋濂（明）等著，楊家駱主編，《新校本元史并附編二種》（臺北：鼎文，1981），頁 4667。

7 汪大淵（元）著，蘇繼廎校釋，《島夷誌略校釋》（北京：中華，1981），頁 13-17。

8 曹永和，〈臺灣早期歷史研究的回顧與展望〉，收於《臺灣早期歷史研究續集》（臺北：聯經，2000），頁 333-358，見頁 334-340。周婉窈，〈山在瑤波碧浪中——總論明人的臺灣認識〉，《臺大歷史學報》，40，臺北，2007，頁 93-148，見頁 95-104。杜正勝，〈臺灣歷史圖像的表層和內裏——特就流求論〉，《臺灣風物》，63：3，臺北，2013，頁 13-68，見頁 19-28。

壹、史籍上的流求與琉球

一、宋代以前

　　中國古籍有關東方外海島嶼的記述而可被解讀為疑似臺灣者，最早應是《漢書・地理志》言，吳地「會稽海外有東鯷人，分為二十餘國，以歲時來獻見云」。[9] 繼之《後漢書・東夷列傳》言，「會稽海外有東鯷人，分為二十餘國。又有夷洲、澶洲……人民時至會稽市。會稽東冶縣人有入海行遭風，流移至澶洲者。所在絕遠，不可往來」。[10]《三國志・吳志・孫權傳》更記載，「黃龍二年（230）春正月……遣將軍衛溫、諸葛直將甲士萬人浮海求夷洲及亶洲。亶洲在海中……其上人民，時有至會稽貨布，會稽東冶縣人海行，亦有遭風流移至亶洲者。所在絕遠，卒不可得至。但得夷洲數千人還」。[11]

　　《隋書・東夷列傳・流求國》則記載，「流求國居海島之中，當建安郡東，水行五日而至」。並言大業三年（607）煬帝令羽騎尉朱寬入海求訪異俗，因到流求國，掠一人而返。[12]《隋書・陳稜傳》更記載，陳稜與張鎮周於大業六年（610）率東陽兵萬餘人由義安泛海征流求，虜數千人而歸。[13]

9　班固（東漢）著，顏師古注，楊家駱主編，《漢書》，頁 1669。

10　范曄（劉宋）著，李賢等注，司馬彪補志，楊家駱主編，《新校本後漢書并附編十三種》，頁 2822。

11　陳壽（晉）著，裴松之注，楊家駱主編，《三國志》，頁 1350,1383。

12　魏徵（唐）等著，楊家駱主編，《新校本隋書附索引》，頁 1822-1825。

13　魏徵（唐）等著，楊家駱主編，《新校本隋書附索引》，頁 1519。義安在今廣東潮州、汕頭。唐代以來浙江金華有東陽縣，故東陽常被認係今浙江金華。若是如此，為何在浙江金華徵兵後從遙遠的廣東潮州出航便成難解之謎。曹永和與杜正勝皆有此疑。然梁嘉彬指出，潮州在梁代曾設東陽州。故東陽兵即潮州兵。若是如此，徵兵地與啟航地相同，顯然比較合理。疑問見曹永和，〈早期臺灣的開發與經營〉，收於《臺灣早期歷史研究》（臺北：聯經，1979），頁 71-156，見頁 76。杜正勝，〈臺灣歷史圖像的表層和內裏——特就流求論〉，頁 30。東陽

二、宋代流求記載

　　宋代開始出現較明確的流求記述。而此等記述往往與澎湖有關。樓鑰〈汪大猷行狀〉與周必大〈汪大猷神道碑〉都提到，乾道七年（1171）汪大猷（1120-1200）任泉州知府，因海中島嶼平湖受島夷毗舍邪侵擾，而在平湖駐軍，並剿滅來犯之毗舍邪。[14] 宋理宗寶慶元年（1225）泉州市舶使趙汝适（1170-1231）撰《諸蕃志》，除轉抄《隋書》資料於〈流求國〉條目外，另有〈毗舍耶〉條。他說泉州晉江縣之彭湖與毗舍耶密接，煙火相望，常受寇掠。淳熙年間（1174-1189）毗舍耶甚至侵擾泉州海濱。[15]

　　泉州晉江縣轄下東方外島平湖、彭湖，顯然都指澎湖。故可確定汪大猷時澎湖已有漢人與駐軍。澎湖距離廈門、金門約 130 公里，但距臺灣西南部海岸僅約 50 公里。宋人既能跨越 130 公里海峽移住澎湖，表示進一步航行至 50 公里外的臺灣應無技術困難。

　　事實上，臺灣海峽北窄南寬。澎湖距離金門、廈門約 130 公里，而臺灣新竹海濱距離福州外島平潭也同樣是約 130 公里。宋人既可從金廈航行至澎湖，則從平潭一帶航行至新竹海岸也絕無技術困難。即

指潮州一解，原見梁嘉彬，〈琉球辨〉，收於《琉球及東南諸海島與中國》（臺中：東海大學，1965），頁 199-206，見頁 203。史料見樂史（宋），《太平寰宇記》（中國基本古籍庫，清文淵閣四庫全書補配古逸叢書景宋本），頁 941，及郭春震（明），《嘉靖潮州府志》（中國基本古籍庫，明嘉靖二十六年刻本），頁 1。

14 樓鑰（宋），〈敷文閣學士宣奉大夫致仕贈特進汪公行狀〉，收於《攻媿集》（中國基本古籍庫，清武英殿聚珍版叢書本），頁 765-776。周必大（宋），〈敷文閣學士宣奉大夫贈特進汪公大猷神道碑〉，收於《文忠集》（中國基本古籍庫，清文淵閣四庫全書本），頁 560-564。原見方豪，《臺灣早期史綱》，頁 33-34，及曹永和，〈早期臺灣的開發與經營〉，頁 79-101。這些記述被收入《宋史》卷四百〈汪大猷傳〉，及卷四九一〈流求國列傳〉。見脫脫（元）等著，楊家駱主編，《新校本宋史并附編三種》，頁 12145,14127。亦見方豪，《臺灣早期史綱》，頁 33-34，及曹永和，〈早期臺灣的開發與經營〉，頁 79-101。

15 趙汝适（宋），《諸蕃志》（中國基本古籍庫，清學津討原本），頁 20-21。原見方豪，《臺灣早期史綱》，頁 34-5。

使不登陸，也不可能對臺灣海岸陌生。

趙汝适說澎湖與毗舍耶煙火相望，也在宋代其他文書獲得佐證。紹定五年（1232）知泉州的真德秀（1178-1235），在〈申樞密院措置沿海事宜狀〉不僅提到毗舍耶侵擾泉州海濱，且言毗舍耶「其地闊臨大海，直望東洋，一日一夜可至彭湖。彭湖之人，過夜不敢舉煙，以為流求國望見，必來作過」。[16] 因此，真德秀知道毗舍耶來自流求，而流求在澎湖之東，煙火相望。

這毗舍耶侵擾泉州之事，也出現在宋孝宗時（1162-1189）廣西提點刑獄林光朝（1114-1178）的〈陛辭箚子〉。他說：「往時海外有一種落，俗呼為毗舍耶，忽然至泉州之平湖，此尚在一絕島。續又至北鎮，去州治無二十里之遠。其視兵刃一無所畏，啗食生人乃如鷙夐。每得尺鐵，爭先收拾。所過之處，刀斧鉤鑿為之一空。及散走嶺外，殺人為糧，挾舟而行。出沒水中，猶履平地。潮惠一帶莫不戒嚴。此曹叵測也」。[17]

林光朝對毗舍耶行徑的描述與前引汪大猷、趙汝适、真德秀等人一致。但他似乎不知道毗舍耶來自何處。

另一方面，林光朝也指出，毗舍耶侵擾範圍不限於泉州，連廣東的潮惠一帶都告警。總結前述各條也可知，毗舍耶侵擾時間至少跨越乾道（1165-1173）至紹定（1228-1233）之間近七十年。

論者或謂，前引宋代史料的流求、毗舍耶未必指臺灣，可能指今琉球群島。

16　真德秀（宋），《西山文集》（中國基本古籍庫，四部叢刊景明正德刊本），頁106。原見方豪，《臺灣早期史綱》，頁32，及曹永和，〈早期臺灣的開發與經營〉，頁99-100。

17　林光朝（宋），〈輪對劄子〉，收於黃淮、楊士奇等編，《歷代名臣奏議》（中國基本古籍庫，清文淵閣四庫全書本），頁7044-7045。亦見黃寬重，〈南宋「流求」與「毗舍耶」的新文獻〉，《中央研究院歷史語言研究所集刊》，57:3，臺北，1986，頁501-510。

　　但前引趙汝适說毗舍耶與澎湖密接，煙火相望。真德秀更將毗舍耶與流求二名互用，說澎湖人害怕夜間舉火會被流求人看到而來犯。檢視地圖，澎湖與整個今琉球群島之間隔著臺灣本島，不可能煙火互望。宋人若從澎湖與今琉球群島有所來往，也不可能不提到擋在中間的臺灣島，不論名稱為何。故毗舍耶與流求並非今琉球。而若毗舍耶來處流求是指今琉球群島，而其騷擾範圍達到距離較遠的廣東潮惠，卻未及更近的浙江，似乎也很不合理。

　　論者或謂，毗舍耶來自今菲律賓。梁嘉彬指出，所謂毗舍耶在菲律賓之說，起於法國學者 Terriende Lacouperie，而為許多中外學者所支持。[18] 事實上，元人汪大淵《島夷誌略》敘述南洋各國時，也有毗舍耶一國，似指呂宋島上一大部族。[19] 直到現在，都有人指認毗舍耶在今菲律賓。[20]

　　但有兩點理由使我們推論當年侵擾澎湖與泉州的毗舍耶並非來自菲律賓。首先，趙汝适言彭湖與毗舍耶密接，煙火相望。澎湖離臺灣西海岸僅五十公里，但距呂宋島五百公里以上。說澎湖與臺灣煙火相望還有可能，但說澎湖與呂宋煙火相望未免難以置信。其次，趙汝适言毗舍耶「不駕舟楫，惟以竹筏從事，可摺疊如屏風，急則群舁之，泅水而遁」。[21] 駕駛如此簡陋的竹筏到澎湖或泉州劫掠，若從臺灣出發跨越近兩百公里海峽都已相當勉強，若從菲律賓出發則需在大海上航行八九百公里，實在難以想像。

　　總之，宋代侵擾澎湖與泉州的毗舍耶，比較可能來自當時稱為流

18　梁嘉彬，〈宋代「毗舍耶國」確在臺灣非在菲律賓考〉，收於《琉球及東南諸海島與中國》（臺中：東海大學，1965），頁 323-336。

19　汪大淵（元）著，蘇繼廎校釋，《島夷誌略校釋》，頁 193-195。

20　例如熟悉東南亞的記者方鵬程指出毗耶舍今為之菲律賓中部米賽亞群島，見方鵬程，《南國驚豔——新加坡與菲律賓》（臺北：商務，2006），頁 123。

21　趙汝适（宋），《諸蕃志》，頁 20-21。

求的臺灣，而非今琉球或菲律賓。這也是方豪的認定。[22]

當然，趙汝适《諸蕃志》含糊其詞的將流求國與毗舍耶並列，似乎成為日後《宋史・外國列傳七》裡兩者並列的根據。〈外國列傳七〉言「流求國在泉州之東，有海島曰彭湖，烟火相望……無他奇貨，商賈不通……旁有毗舍邪國，語言不通」。[23]

無論如何，在泉州與澎湖之東，這不太可能是今琉球群島，而是臺灣比較合理。宋人這地理知識已很明確。而「無他奇貨、商賈不通」，也指出中國朝廷與一般文人對臺灣興趣有限與缺少細節知識的理由。

三、宋代臺灣貿易

但文書記載往往將現實過度簡化。宋人既然知道此島存在，距離不遠，則無論如何文明未開，偶有海商登陸貿易也不足為奇。晚近考古發掘顯示，距今約一千至一千五百年的臺灣北部十三行文化早期遺址出土許多唐宋遺物，包括錢幣、青銅器、瓷器等。十三行文化中期遺址考古甚至顯示，宋元至明中葉之間，品質較佳之中國陶瓷輸入大增，以致於臺灣本土製陶器數量大減。直到明中葉海禁妨礙中國陶瓷輸入，十三行文化晚期遺址才見本土陶器數目復增。[24]

宋人貿易另一可能佐證是笨港海泥宋錢。乾隆中葉臺灣海防同知朱景英言：「臺地多用宋錢，如太平、元祐、天禧、至道等年號……相傳初闢時，土中有掘出古錢千百甕者，或云來自東粵海舶。余往北

---

22 方豪，《臺灣早期史綱》，頁 32-5。

23 脫脫（元）等著，楊家駱主編，《新校本宋史并附編三種》，頁 14127。

24 劉益昌，《淡水河口的史前文化與族群》（八里：臺北縣立十三行博物館，2002），頁 118-131。

路，家僮於笨港口海泥中得錢數百……乃知從前互市，未必不取道此間」。[25]當然，宋錢未必宋人所遺。中國歷朝民間都繼續襲用前朝貨幣，故臺灣宋錢可能是後人帶來。但既然北部十三行遺址已見唐宋貿易遺跡，則南部有宋人前來貿易也並不遠離事理。

　　總之，臺灣南北部出土遺物指出，中國海商應至遲在宋代已與臺灣原住民建立穩定貿易關係。但規模應該不大，以致於未引起朝廷與文人主流文化注意，因而史書無載。但貿易長期持續，足可推論福建海員對臺灣應有相當清楚知識。

　　雖然宋代福建海員對臺灣有相當清楚的地方知識，但宋人與臺灣的貿易規模小到不足以引起朝廷或一般文人的注意，因此福建海員對臺灣的地方知識並不易傳播給泉州以外一般文人。方豪指出，宋末馬端臨（1254-1323）《文獻通考》對流求的記述，都是雜採《隋書》、《諸蕃志》等湊成，敘述比前人更含糊不確。甚至《宋史》也承襲了這抄襲矛盾的問題。[26]這都反映了一般文人並未充分吸納福建海員對臺灣的地方知識。

四、元人已知瑠求為一大島

　　宋代的流求，到了元代改稱瑠求。《元史·外夷列傳三·瑠求條》記載：「瑠求在南海之東，漳、泉、興、福四州界內，澎湖諸島與瑠求相對，亦素不通。天氣清明時，望之隱約，若煙若霧，其遠不知幾千里也。西南北岸皆水，至澎湖漸低，近瑠求則謂之落漈，漈者水趨下而不回也。凡西岸漁舟至澎湖已下，遇颶風發作，漂流落漈，

25　朱景英（清）著，臺灣銀行經濟研究室編，《海東札記：臺灣文獻叢刊十九》（臺北：臺灣銀行，1958），頁52。亦見方豪，《臺灣早期史綱》，頁36-37。

26　方豪，《臺灣早期史綱》，頁39-43。

回者百一。瑠求在外夷最小而險者也，漢唐以來，史所不載，近代諸番市舶不聞至其國者」。世祖至元二十八年（1291），海船副萬戶楊祥奉命征撫瑠求未果。又言「成宗元貞三年（1297），福建省平章政事高興（1245-1313）言，今立省泉州，距瑠求為近，可伺其消息，或宜招宜伐，不必它調兵力，興請就近試之。九月，高興遣省都鎮撫張浩、福州新軍萬戶張進赴瑠求國，禽生口一百三十餘人」。[27]

　　《元史》對瑠求的記載比《宋史》有更精確之處，但也有更不精確而自相矛盾之處。《宋史》僅言流求在泉州之東，而《元史・外夷列傳三》則更具體指出：「瑠求在南海之東，漳、泉、興、福四州界內，澎湖諸島與瑠求相對，亦素不通……西南北岸皆水」。易言之，元人知道瑠求是一整塊陸地，且長度相當於福建之漳泉興福四州相連的長度，只是不知其東面地理。這是知識進步。但《元史》該處又說澎湖距離瑠求「其遠不知幾千里也」，不僅比起《宋史》所言兩者「烟火相望」遠離事實，且與元代實際出兵征伐瑠求的經驗自相矛盾。既曾出兵登陸擄俘而歸，豈會不知大體距離？《元史》的矛盾記載顯示，即使是編修國史的史家們對瑠求的知識也豐寡懸殊，而總編輯也沒讀出其間矛盾，可見有關瑠求的知識並不普及。

　　同樣在元代，臺灣的島名更從流求、瑠求進而稱為琉球。元人汪大淵親歷南洋各地後，著《島夷誌略》以記親所聞見。開端就列舉澎湖，「自泉州順風二晝夜可至」，「地隸泉州晉江縣，至元年間（1335-1340）立巡檢司」。繼又言琉球，「地勢盤穹，林木合抱。山曰翠麓、曰重曼、曰斧頭、曰大崎。其峙山極高峻，自澎湖望之甚近」。並言其貿易之貨，「用土珠、瑪瑙、金珠、粗碗、處州瓷器之屬」。因此，可以確認，汪大淵親臨琉球，而琉球是「自澎湖望之甚近」。

---

27 元貞三年亦即大德元年。〈成宗本紀〉記伐瑠求次年遣歸俘虜。見宋濂（明）等著，楊家駱主編，《新校本元史并附編二種》，頁350-351,414,4667-4668。

這必是臺灣無疑。[28] 汪大淵稱臺灣為琉球，顯然是從過去流求、瑠求而來。元人甚至已為臺灣山峰命名，表示有人反覆到臨，最可能者當然是商人。

論者或謂，古人常山、島互用，汪大淵所謂山者可能係指澎湖各小島。但澎湖諸島因無高山，地形雨偏少，缺水，樹木甚稀，農耕不易。故汪大淵言彭湖「有草無木，土脊不宜禾稻」。而琉球則係「地勢盤穹，林木合抱」、「土潤田沃，宜稼穡」。因此該文中列舉的諸山，比較不可能是指海上列島，而較可能是指大島上的山峰。

值得注意的是，汪大淵的《島夷誌略》先記澎湖，而後記琉球。汪大淵登陸臺灣的地點，比較可能是澎湖對岸的臺灣西南部。汪大淵稱此地為琉球。而中國史料再度記載臺灣西南部已是明朝末年，但明人卻常將此地稱為東番。因此，明末人所謂東番，極可能就是汪大淵所見的琉球，或其所謂琉球的一部分。我們將在第肆節第二小節更仔細討論此點。

值得注意者，古文本無斷句，今人斷句是否妥當常可爭議。《元史・外夷列傳三・瑠求條》記載常被斷句為：「瑠求在南海之東，漳、泉、興、福四州界內，澎湖諸島與瑠求相對，亦素不通」。論者或謂，此處應斷句為「瑠求在南海之東，漳、泉、興、福四州界內澎湖諸島，與瑠求相對，亦素不通」。亦即，所謂位於「漳、泉、興、福四州界內」者，並非瑠求，而是澎湖。但審視地圖，澎湖群島大體與漳州地界相對，略微沾到其北泉州地界之邊。但遠離更北之福州、興化。將澎湖說成漳、泉、興、福四州界內，很勉強。但臺灣全島確實與漳、泉、興、福四州相對。因此，所謂位於漳、泉、興、福四州界內，應是指瑠求，而非澎湖群島。

---

28 汪大淵（元）著，蘇繼廎校釋，《島夷誌略校釋》，頁 13-17。亦見方豪，《臺灣早期史綱》，頁 47-49。

另一方面，所謂「漳、泉、興、福四州界內」，是否可以解讀成瑠求位於福建的行政疆界之內，屬於元朝領土？本文以為，此處所謂界內，純屬地理方位相對，而非行政疆域之內。理由在於，宋元兩朝無論對流求、瑠求的地理知識如何，從未派官設治。汪大淵《島夷誌略》言澎湖「地隸泉州晉江縣，至元年間立巡檢司」。但之後述及琉球，並未有相似之設官治理之言，可見元朝版圖已納澎湖，但未納瑠求。

事實上，宋、元、明三朝均在澎湖設官，但均無設官於流求、瑠求、琉球、小琉球的記載。臺灣不曾納入宋元明三朝版圖。

伊能嘉矩認為元代所征瑠求確指臺灣。方豪更指出，元人所稱瑠求係指臺灣，學界已無異議。曹永和同意宋元所謂琉球大多指臺灣。但此琉球是「無他奇貨、商賈不通」，然宋元另有數則史料記載與琉球間其實有通商，因此懷疑宋元還有另一個流求。[29]

但前引臺灣北部十三行遺址的考古發現，顯示宋人與臺灣確有小規模貿易。因此曹永和所引宋元人與琉球通商的記載，極有可能就是指涉臺灣，並不需要另一個流求來承載這些小規模貿易。

更就歷史傳承而言，元人之瑠求、琉球應該是宋人流求的同音異字。宋元更替之際，宋之泉州地方官不戰而降，泉州未經大亂。[30] 泉州人對海外島嶼流求的知識應可完整傳遞。但臺灣未入中國版圖，罕入官方文獻，福建的地方知識依賴口耳相傳，尤其在文字教育不普及的海員海商之間，是以地名出現同音異字。

---

29 伊能嘉矩著，國史館臺灣文獻館編譯，《臺灣文化志，上卷，中譯本修訂版》（臺北：臺灣書房，2011），頁 20-22。方豪，《臺灣早期史綱》，頁 43。曹永和，〈中華民族的擴展與臺灣的開發〉收於《臺灣早期歷史研究》（臺北：聯經，1979），頁 1-24，見頁 6-8；曹永和，〈明洪武朝的中琉關係〉收於《中國海洋史論集》（臺北：聯經，2000），頁 191-232，見頁 197-207。

30 見〈元世祖本紀〉，宋濂（明）等著，楊家駱主編，《新校本元史并附編二種》，頁 189。

　　臺灣地名在閩語裡同音異字的另一例是雞籠頭。明末航海指南《順風相送》在涉及臺灣北部地標時，常提雞籠頭山。但清初的《指南正法》卻常圭籠頭、圭籠、雞籠頭等三者混用。[31] 顯示地名同音異字並非罕見。

　　除非因為戰爭或巨大天災導致慘重的社會倒退之外，人類社會的知識普遍呈現逐漸累積、澄清的過程。宋元之間，華南社會即使曾經變亂，並未慘重到知識嚴重倒退的程度。前引史料的時間順序與文字演變顯示，福建海員與文人對東方外海島嶼的知識應是逐漸累積與澄清。宋元福建很多人顯然以流求、瑠求、琉球等同音異字之名知道臺灣的存在與方位，甚至大體長度。

貳、宋人望見流求？

一、從澎湖望見流求

　　前引宋代趙汝适與真德秀都說澎湖與流求、毗舍耶煙火相望，指向宋代澎湖軍民可以望見臺灣。這對分析中國人的臺灣認識應是重要線索，但卻未曾引起史家探討。最可能原因是學者與一般讀者都對海上生活極度陌生，對於所謂澎湖望見臺灣之說，隱隱認係誇大之詞，不值得追究。例如，周婉窈即認為「我們不能太拘泥於所謂的『烟火相望』。這可能是一種世代因襲的傳說或想像」。[32]

　　事實上，澎湖馬公距臺灣西海岸僅 50 公里，距玉山 140 公里。

---

31 見著者不明（明），向達校注，《順風相送》，合輯於《西洋番國志、鄭和航海圖、兩種海道針經》（北京：中華，2000），頁 91-92,96，及著者不明（清），向達校注，《指南正法》，合輯於《西洋番國志、鄭和航海圖、兩種海道針經》（北京：中華，2000），頁 136,138,166,168,175,179,180,181,184,185,189。

32 周婉窈，〈山在瑤波碧浪中——總論明人的臺灣認識〉。

過去已有今人從澎湖目視臺灣群山的文字記載。[33] 近年網路發達，只要在谷歌等搜尋引擎上輸入澎湖中央山脈之類的關鍵字，即可在網路上搜尋到不少今人從澎湖所攝臺灣中央山脈群山連綿的照片。從此等照片可確認，天氣晴朗，視線特別清晰時，可從澎湖望見玉山，以及中央山脈群峰相連，宛若一堵高牆，橫貫澎湖之東方海上。從澎湖可見臺灣群山連綿的範圍，以目前所見照片，至少北起宜蘭縣境之巴都服山、南湖北山，南至南部之卑南主山、倫原山。受限於版權，本文不能複製此等照片，但在網路上可以隨時查閱此等照片，以及此等照片的解讀與說明。照片索引可見本附註及文獻目錄。[34]

---

33 澎湖人趙守棋在其自傳提到，「兒時的我常常在大雨過後，或清晨的沈降氣流使天色清澈時，遙遙的看到臺灣島上的中央山脈全景」，見趙守棋，《阿棋去當兵：我在海鵬一一七師部隊服役的日子》（臺中：白象，2008），頁58。

34 澎湖科技大學海洋工程學院院長吳培基教授於 2009 年 7 月 1 日在馬公家中看到3952 公尺高的玉山及其群峰，並攝影。見許逸民，〈距 140 公里澎湖遠眺玉山〉，《蘋果日報》（臺北）2009 年 7 月 3 日。取自 http://www.appledaily.com.tw/appledaily/article/headline/20090703/ 31757618/。最後造訪：2013.8.30。澎湖國中老師李俊億亦從澎湖菓葉拍得遠眺臺灣中央山脈連峰的照片，見〈澎湖縣可以望見宜蘭縣的論證〉《雲雀窩》（http://phskylark.blogspot.tw/2013/11/20130716-nikon-d7100-vr-zoom-nikkor-80.html），最後造訪 2014.3.31。亦見許逸民，〈師遠拍中央山脈、驚見煙囪茶毒天空〉《蘋果日報》（臺北），2013 年 11 月 15日，（http://www.appledaily.com.tw/appledaily/article/headline/20131115/35438796/），最後造訪：2013.11.15。「澎湖氣球工坊」網頁亦有從澎湖隘門遠眺臺灣中央山脈群峰的照片及其地圖考證，見〈澎湖遠眺中山央脈求證版〉（http://blog.xuite.net/kao0975782678/twblog/138246694），最後造訪：2014.3.28。澎湖氣球工坊的照片經複製與詳加標誌後，出現於 Amjads，〈從澎湖看群山〉《在水一方碧連天》，（http://blog.yam.com/ amjads/article/ 23677759），最後造訪：2014.3.28。其他從澎湖望見臺灣群山連綿的照片包括：游忠霖，〈菓葉日出〉，《沿著菊島旅行》，（http://www.phsea.com.tw/travel/index.php/%E8%8F%93%E8%91%89%E6%97%A5%E5%87%BA%E7%B6%85%E7%85%A7%E7%89%87），最後造訪：2014.4.3。
Jjlu07，《JJ 的山水簿》，（http://blog.xuite.net/jjlu07/mount/102113173-%E5%A4%8F%E8%B1%94%E6%BE%8E%E6%B9%96,+%E6%9D%B1%E5%B6%BC%E5%9D%AA+%E4%B9%8B+%E5%88%B0%E5%B2%B8%E3%80%81%E6%97%A5%E5%87%BA+%E7%AD%89+(2010%2F07)），最後造訪：2014.3.28。
作者不詳，〈從馬公港內望向臺灣，連海峽彼岸的玉山都看得到！〉，《登山補給站》，（http://www. keepon.com.tw/UploadFile/FileData/7619/8/%7B0258461B-394D-488A-9B69-58745D00506E%7D.jpg），最後造訪：2014.4.12。
作者不詳，〈澎湖白沙吉貝港口遠眺臺灣玉山〉，《登山補給站》，（http://www.keepon.com.tw/UploadFile/ FileData/692/8/%7BD6EA9C06-B2CF-4213-8822-3914039285C0%7D.jpg），最後造訪：2014.4.12。

　　從澎湖望見臺灣的照片不僅愈來愈多，且其真實性更得到現代測量學的支持。測量學者根據地表測量公式具體指出，140 公里外可以望見 1500 公尺以上山峰。[35] 站在海邊兩公尺高處，甚至可能望見 220 公里外的 3626 公尺以上高山之巔。[36] 臺灣雪山山脈與中央山脈群峰高於 3626 公尺者眾，1500 公尺更僅是群山相連的山腰而已。故從澎湖望見百公里外臺灣群山相連成一體，完全符合地表測量原理。

　　因此，從今人之文字記錄與照片，以及測量計算，我們確認，宋人可從澎湖望見流求。且從澎湖望見 140 公里外的中央山脈群峰連綿，宛若一堵高牆，宋人據此更可以判斷，流求是一個巨大的島嶼。

　　前引《元史・外夷列傳三・瑠求條》記載：「瑠求在南海之東，漳、泉、興、福四州界內，澎湖諸島與瑠求相對，亦素不通。天氣清明時，望之隱約，若煙若霧，其遠不知幾千里也」。[37] 這反映的是元人也從澎湖望見瑠求，但地方知識輾轉到達史書此章作者時，變得含糊不清，以致於誤認為瑠求距澎湖「其遠不知幾千里也」。但親身登臨過琉球且海上生活經驗豐富的汪大淵卻明白說，琉球是「自澎湖望之甚近」。[38] 海商海員之地方知識與朝廷主流文化間的重大差距在此清晰可見。

35　臺北科技大學土木系測量研究室副教授張哲豪表示，依地球曲率計算，只要天氣良好，140 公里遠處可以看到 1500 公尺以上高山。見許逸民，〈距 140 公里澎湖遠眺玉山〉。

36　Amjads，〈從馬祖望臺灣〉，《在水一方碧連天》，（http://blog.yam.com/amjads/article/25979713），最後造訪：2013.7.21。及〈從澎湖看群山〉。

37　宋濂（明）等著，楊家駱主編，《新校本元史并附編二種》，頁 4667。

38　汪大淵（元）著，蘇繼頑校釋，《島夷誌略校釋》，頁 13-17。

二、閩中海濱望見流求

另一方面，臺灣海峽北窄南寬，福建中北部海員漁民若在晴日接近海峽中線作業，則與臺灣雪山山脈的距離就相當於澎湖距離玉山的距離，都是大約 140 公里。既然在澎湖可見玉山與群峰連綿，則福建中北部海員在海峽中線一帶也應可望見臺灣群峰山腰以上連綿成一體。

更有甚者，前述站在海邊兩公尺高處，甚至可能望見 220 公里外的 3626 公尺以上高山之巔。海峽最窄處的福建中北部泉州至福州一帶海濱，距離臺灣新竹海濱僅約 130 公里，距離臺灣北部雪山山脈群峰約兩百公里。從大地測量學的知識推論，這一帶的沿海居民，在晴日應該也可從岸邊高處望見兩百公里外臺灣雪山山脈的山巔羅列。

確實，福建中北部沿海屢屢出現宋人望見流求的紀錄。只是現代史家通常僅僅引用如儀，未嘗透過現代知識來求證古人所記真實與否。原因可能是多數現代史家並不相信此等望見流求的說法。

陸游（1125-1210）在《劍南詩稿》有詩〈步出萬里橋門至江上〉言：「常憶航巨海，銀山卷濤頭，一日新雨霽，微茫見流求」，並註曰「在福州泛海東望，見流求國」。[39]

梁克家（1128-1187）在福州方志《三山志》記載福清縣西南之興化灣海濱，言「昭靈廟下，光風霽日，窮目力而東，有碧拳然，乃流求國也。每風暴作，釣船多為所漂，一日夜至其界……今海中大姨山，夜忌舉火，慮其國望之而至也」。[40]

梁克家所言昭靈廟，在今福清市新厝鎮江兜村海濱，已列文物保

---

39 陸游（宋），《劍南詩稿》（中國基本古籍庫，清文淵閣四部全書補配清文津閣四部全書本），頁 112。亦見方豪，《臺灣早期史綱》，頁 31。

40 梁克家（宋），《三山志》（中國基本古籍庫，清文淵閣四部全書本），頁 53-54。亦見方豪，《臺灣早期史綱》，頁 32。

護單位，理由為宋代以來海洋文化重地。[41] 檢視地圖，昭靈廟所處江兜村位於興化灣西北端，東南方向距臺灣之雪山群峰約兩百公里。雪山群峰多有近四千公尺者。依前述測量準則，海邊兩公尺高處，可望見 220 公里外的 3626 公尺以上高山之巔。故純就距離而言，極端晴朗之日從昭靈廟海邊望見臺灣雪山群峰之巔並非無稽之談。然興化灣口諸島嶼應會遮蔽昭靈廟海濱遠眺臺灣高山的視線。如果嚴格解讀，所謂昭靈廟下望見流求國之說不免可疑。但若從寬解讀，將所謂昭靈廟下解讀為昭靈廟外的興化灣海上或興化灣口的島嶼，則在極端晴朗之日從興化灣口海面或島嶼望見臺灣雪山群峰是可能的。

梁克家所記興化灣望見流求，以及大姨山居民因恐懼流求而夜忌舉火之事，數度見於往後明清福州方志。明朝陳道在《八閩通志・地理》言福清縣：「大姨山在縣東大海中，每風色晴定，日未出之先，於山上東望，見一山如空，青微出海面，乃琉球國也，俗謂望見則三日中必有怒風……故此山夜忌舉火，慮其國人望之而至也」。[42]

從梁克家與陳道的敘述方式，大姨山顯然是指興化灣口某一島嶼或其上高處。然今日地圖上已無島嶼使用此名。我們必須另尋線索。

清康熙朝平定臺灣後，工部尚書杜臻（1633-1703）奉諭巡視沿海，著成《閩粵巡視紀略》，敘述福清沿海時提到「塘嶼一名大姨山」。[43]

經查，塘嶼屬今平潭縣南海鄉，在平潭島南方約 10 公里處，島上

---

41 秋天的故事，〈任恢忠故居、昭靈廟列為福清市文物保護點〉，《看福清》，
　　〈http://news.fqlook.cn/fqnews2011/2011-11-29/ 111913.html〉，最後造訪：
　　2015.6.9。

42 陳道（明），《八閩通志》（中國基本古籍庫，明弘治刻本），頁 80。

43 杜臻（清），《閩粵巡視紀略》（中國基本古籍庫，清康熙三十八年刻本），頁
　　116。

確有居民與山丘。[44] 距離臺灣雪山群峰約兩百公里，距新竹海岸約 130 公里，處於臺灣海峽最窄處。

前已述及，站在海邊兩公尺高處，可望見 220 公里外 3626 公尺以上的高山之巔。若在高處，所見更遠。因之塘嶼居民在極晴之日偶而望見臺灣北部高山群峰之巔是合理現象。

宋人記載望見流求的地點，一直延伸到興化灣之南的湄洲島。祝穆《方輿勝覽・卷十三興化軍》言：「湄州山去郡東北七十里，在海上，與流求國相望」。[45]

綜合言之，從閩江口到湄洲灣，海峽最窄處的福建中北部沿海，宋人屢有望見流求的紀錄。現代測量學也指出這是合理現象。且除閩中沿海外，福建並無其他地方有望見流求的紀錄。如果所謂從福建沿海望見流求是幻覺，似乎沒有理由剛好只有距臺灣最近的閩中沿海居民有此幻覺，且在方志裡持續千年。可見這不是幻覺，而是地方經驗與地方知識被方志所錄。

閩人地方經驗之可信，也表現在梁克家具體指出福建釣船飄到流求僅需一晝夜，顯然曾有海員漂到流求並安全返回報告經驗。事實上，從興化灣口航行至臺灣新竹沿海僅約 130 公里，與從金門航行到澎湖等距。宋人既可移住澎湖，則航行至臺灣北部何難之有？宋代中日貿易繁榮。中國海員既可橫越五百餘公里的東海來回日本，則橫越百餘公里的臺灣海峽怎會困難？

更有甚者，若望見流求之說僅出於文人詩詞，難免令人質疑墨客引喻誇大。但大姨山居民會害怕流求國人來犯到夜間不敢舉火，這不

44　南海鄉現轄七村。北樓與南中等村在塘嶼。Google 地圖僅列島上村名，並未列出塘嶼之名。

45　祝穆（清），《方輿勝覽》（中國基本古籍庫，清文淵閣四庫全書本），頁 141。

可能是幻想。其原因應是閩中海濱居民與澎湖居民一樣，對流求國的方位與人民有相當認識，極可能也曾與澎湖、泉州居民一樣被流求國人侵擾過。所謂望見流求，並非無稽之談。而梁克家與陸游也都指出望見流求並非常有，必須在極端晴朗的「光風霽日」或「新雨霽」，顯然有當地人經驗依據，而非文人幻想。

易言之，天氣極端晴朗時，不僅澎湖軍民與福建外海海員可望見臺灣群山連綿，甚至閩中外緣島嶼居民都可能看到臺灣高山之巔。當然，這種視野遼闊的天氣並不常有。但澎湖與閩中濱海居民，以及福建海員，一年至少偶而幾次望見臺灣高山連峰應屬正常，望見臺灣的民間知識也會口耳相傳。因此，他們明確知道澎湖以東有大島嶼是很合理的。傳說煙火相望，並非無稽。

宋人從澎湖及福建沿海望見流求的記載，也幫助我們指認前引宋代史料所謂的流求應是指臺灣，而非今琉球群島。

參、從望見流求到望見小琉球

一、明廷稱臺灣為小琉球

雖然前引各種史料指向宋人所謂流求與元人所謂瑠求、琉球應是指臺灣，但明朝建國後，明廷卻將琉球一名用以指稱今琉球群島，或稱其為大琉球，而以小琉球稱呼臺灣，或至少臺灣北部。[46] 有關小琉

---

46 明太祖將臺灣稱為小琉球，見洪武二十八年（1395）《皇明祖訓》言：「四方諸夷，皆限山隔海，僻在一隅。得其地不足以供給，得其民不足以使令。若其不自揣量來撓我邊，則彼為不祥。彼既不為中國患，而我興兵輕伐，亦不祥也。吾恐後世子孫倚中國富強，貪一時戰功，無故興兵，致傷人命，切記不可。但胡戎與西北邊境，互相密邇，累世戰爭。必選將練兵，時謹備之。今將不征諸夷國名開列於後：東北朝鮮國，正東偏北日本國，正南偏東大琉球國，小琉球國……」，小琉球國註記曰「不通往來，不曾朝貢」。見朱元璋（明），《明朝開國文獻》（臺北：學生，1966），頁 1588-1591。亦見陳宗仁，《雞籠山與淡水洋：東亞

球一名究指臺灣全島或僅指臺灣北部的爭議。本文將在第肆節第二小節更詳細討論。

而有關琉球一名從臺灣改屬今琉球，乃古籍上流求、瑠求、琉球究係指涉臺灣或今琉球此一辯論的核心議題。文獻殘缺，任何考證都有疏漏可質疑處，其推論補遺複雜，非本文所能涵括。

對於宋元時明顯指涉臺灣的琉球一名為何在明初改用於今琉球，戰前東京大學教授和田清曾設想，原因在明初奉命招撫琉球的使臣楊載發現臺灣野蠻無文，無從令其稱臣入貢，但又不敢據實回報朝廷。乃以文明程度較高的今琉球代替臺灣，引誘沖繩人以琉球王國之名向明廷稱臣入貢，從而導致琉球一名改屬。和田清此說僅寥寥數語，他也承認這解釋沒有確證，但主張這是最合理推論。[47]

曹永和曾在〈明洪武朝的中琉關係〉一文否定和田清的推測。主要理由在於，明太祖精明嚴屬，楊載不可能如此大膽欺君。其次，宋代有關流求的記載雖多數指向臺灣，但有少數紀錄似乎指向另一與中國貿易的流求，應該就是今琉球。更其次者，楊載出使琉球前曾兩度出使日本，極可能曾途經今琉球歸國，明太祖透過其報告應已事先對今琉球有所瞭解。海防與馬的需求也可能使明太祖重視琉球的藩屬關係。因此明太祖本來就是派楊載去招撫今琉球，並非被欺。[48]

和田清有關琉球一名改屬的推論是否合理，需要極複雜的考證分析，非本文主旨。但本文將指出，如果我們認真考慮宋元人所謂流求、琉球有可能是指臺灣，則我們將發現，明代福建人的許多記載，確實指向福建人保留許多琉球是指臺灣的地方知識。我們無法藉此等記載

海域與臺灣早期史研究，1400-1700》（臺北：聯經，2005），頁50。

47 和田清，〈琉球臺灣の名稱について〉，《東洋學報》，14:4，東京，1924.12，頁558-581。和田清，〈再び隋書の流求國について〉，《歷史地理》，57:3，東京，1931.3，頁203-226。

48 曹永和，〈明洪武朝的中琉關係〉。

就證明宋元所謂流求、琉球是指臺灣，但確實可以幫助我們澄清此一辯論。

就本節議題而言，明廷將琉球一名給了今琉球，而將臺灣（或臺灣北部）稱為小琉球。其後果是，對福建當地海員與通曉海上事務的士人而言，使用逾千年的琉球之名，突然在官方文書上從指涉澎湖東方近處的大島變成指涉千里之外的今琉球群島，而原有的琉球突然被官方改稱為小琉球，這一切難免令人困惑。在資訊傳播不易的傳統農業時代，新知識傳播不易，舊知識的抹消也很費時。結果是新舊知識交錯並存而相互矛盾。

一方面，新的琉球王國已是朝廷正式冊封的屬國，有具體版圖，官式往來，而且其使臣還必須麻煩福建人接待。兩國使臣來往那霸與泉州或福州之間，會經過福建外海近處的大島。該大島現在朝廷文書裡被稱為小琉球，是福建與那霸間的航海地標。因此，官方文書與航海任務在在促使福建海員必須將福建外海的大島，過去他們稱為琉球的地方，現在重新認知為小琉球。

臺灣在朝廷權威引導下被明代福建海員重新認知為小琉球，表現在明代的航海記錄。

極可能始於明初永樂、宣德年間，但現以十七世紀初版本傳世的中國航海指南《順風相送》，列出中國沿海航路與地標。與臺灣有關者，除彭湖外，從日本往呂宋或福建往琉球，到達今臺灣北部外海時，所見地標先後為小琉球頭、雞籠頭山等。往南洋航向，會經過北港，以及沙馬頭或沙馬岐頭、大灣山等。沙馬岐頭似為今臺灣南端之貓鼻頭。[49]

使臣航海記錄亦證實此點。嘉靖十三年（1534）冊封琉球王。使

---

49 見著者不明（明），向達校注，《順風相送》，頁 88-92,94-96。亦見方豪，《臺灣早期史綱》，頁 58-61。

臣陳侃（1489－？）記載，從福州出航，經小琉球、平嘉山、釣魚嶼，到琉球。[50]

鄭舜功於嘉靖三十五年（1556）使日，其著作《日本一鑑窮河話海》卷一之「地脈」，言「日本之脈起自閩泉永寧間，間抽一枝去深滬，東渡諸海，結彭湖等島，再渡結小東島，一名小琉球，彼云大惠國」。[51]

嘉靖四十年（1561）使臣郭汝霖（1510-1580）從福州往琉球亦記載經由東湧、小琉球、釣魚嶼等。[52]

嘉靖朝鄭若曾（1503-1570）之《鄭開陽雜著》卷四敘及福建往日本針路，言「梅花東外山開船，用單辰針乙辰針或用辰巽針，十更船取小琉球，小琉球套北過船，見雞籠嶼及花瓶嶼、彭嘉山」。[53]

隆慶初年（1560 年代後葉）官方追捕寇盜曾一本，福建巡撫塗澤民在〈與俞李二總兵書〉提到曾一本「圖逃之地有三：一彭湖、一小琉球、一倭國」。[54]

萬曆三十四年（1606）使臣夏子陽（1552-1610）從福州往琉球，亦記經雞籠嶼、小琉球等。[55]

上述回顧顯示，明代前期與中期官方持續以小琉球稱呼臺灣，或至少臺灣北部，也就是宋元閩人稱為琉球的地方。而福建地方人士與

---

50 陳侃（明），《使琉球錄》，收於臺灣銀行經濟研究室編，《使琉球錄三種：臺灣文獻叢刊二八七》（臺北：臺灣銀行，1957），頁 1-52，見頁 11。

51 鄭舜功（明），《日本一鑑窮河話海》（據舊鈔本影印，1939），上冊，頁 5。亦見方豪，《臺灣早期史綱》，頁 80-83。陳宗仁，《雞籠山與淡水洋：東亞海域與臺灣早期史研究，1400-1700》，頁 60。

52 蕭崇業（明），《使琉球錄》，收於臺灣銀行經濟研究室編，《使琉球錄三種：臺灣文獻叢刊二八七》（臺北：臺灣銀行，1957），頁 53-170，見頁 74。

53 鄭若曾（明），《鄭開陽雜著》（中國基本古籍庫，清文淵閣四庫全書本），頁 37。

54 塗澤民（明），〈與俞李二總兵書〉，收於臺灣銀行經濟研究室編，《明經世文編選錄：臺灣文獻叢刊二八九》（臺北：臺灣銀行，1971），頁 140。

55 夏子陽（明），《使琉球錄》，收於臺灣銀行經濟研究室編，《使琉球錄三種：臺灣文獻叢刊二八七》（臺北：臺灣銀行，1957），頁 171-290，見頁 222。

海員通常也採納了此一用法。但這名稱改變確實帶來許多知識混淆。

　　明人臺灣知識混淆的事證之一，是利瑪竇（1552-1610）於萬曆三十年（1602）呈獻的〈坤輿萬國全圖〉。洪武二十八年（1395）《皇明祖訓》已顯示，明太祖認定今琉球群島是大琉球，其南之臺灣（或其一部）是小琉球。但兩百年後利瑪竇的地圖卻將大琉球放在臺灣的位置，且有北回歸線通過，而將小琉球放在大琉球之北，今琉球群島位置。等於顛倒明太祖對大小琉球的認定，此圖卻又獲得明廷認可，反映明廷對臺灣與琉球的極端知識混淆。[56]

二、福州鼓山望小琉球

　　雖然明朝官方持續稱臺灣為小琉球，但有些閩人顯然並沒有忘記舊時對琉球的地方知識。因此，嘉靖十三年（1534）使臣陳侃在《使琉球錄》質疑：「閩中士夫常曰：『霽日登鼓山，可望琉球』；蓋所望者，小琉球也。若大琉球，則雖離婁之目，亦豈能明見萬里之遠哉！」[57]陳侃認為閩中士子在鼓山上看到的是明代稱為小琉球的臺灣，這紀錄給了我們一個有趣的線索。

　　現代人讀到閩中士子從福州鼓山眺望遠處島嶼，不論指臺灣或今琉球群島，大概都難免以附會之說視之。正如宋人從澎湖望見流求的記載沒有引起史家深究，閩中士子從鼓山望見琉球的記述也被史家存而不論。事實上，閩人無論從何處都不可能眺望八九百公里外的今琉

---

56 利瑪竇地圖傳世之不同版本，見黃時鑒、龔纓晏，《利瑪竇世界地圖研究》（上海：上海古籍，2004），圖版一至圖版六，無頁數。對一般讀者而言，更方便查考來源是網上地圖，比較清晰且可放大。見利瑪竇（明），〈坤輿萬國全圖（左）〉，Wikimedia Commons，（http://commons.wikimedia.org/wiki/File:%E5%9D%A4%E8%BC%BF%E8%90%AC%E5%9C%8B%E5%85%A8%E5%9C%96%EF%BC%88%E5%B7%A6%EF%BC%89.jpg），最後造訪：2014.8.5。

57 陳侃（明），《使琉球錄》，頁 29-30。

球群島，但閩人從福州鼓山眺望臺灣並非無稽之談。

鼓山在今福州市中心東郊約 8 公里處，主峰古名屴崱峰，海拔969 公尺，宋代以來即為福州登覽名勝。

事實上，前引陸游泛舟的閩江口外，馬祖最高點壁山海拔 294 公尺，距雪山主峰 240 公里。今人透過測量學已確認，天晴時可以從壁山望見雪山山脈2500公尺以上高峰。[58]雪山山脈近四千公尺高峰者眾，遠觀之，2500 公尺處乃是相連的山腰。因此從壁山所見乃是臺灣群山高處相連一體。

福州鼓山與馬祖壁山分別在閩江口內外，各自與雪山群峰間距離大略都是 240 公里。如果晴天可從 294 公尺高的壁山望見雪山群峰，當然也可從 969 公尺高的鼓山之巔望見雪山群峰，而且看到更多。當然，如此晴天並不常有。但只要每年發生幾次，千百年下來，從鼓山可望見遠處島嶼之說流傳在地方知識裡，並非無稽。正因其為長期累積的地方知識，因此也保留了這遠方島嶼琉球的原始地名。可見閩人部分保留了琉球原指臺灣的地方知識。

清代鼓山寺住持興隆等編撰的《鼓山志》收錄明清文人遊鼓山的詩文。其中不少詩文都提到秋高氣爽之日在鼓山之巔眺望琉球。

例如，《鼓山志》卷一言：「屴崱峰一名大頂山，最高處狀若覆釜，其頂常為雲氣所籠，必天氣清朗，始可登眺……東望大海，一氣茫然，螺髻數點，隱見煙波中，相傳謂大小琉球云」。卷八〈藝文〉錄明初葉福建巡撫陳智〈遊鼓山記〉，亦言在峰頂所見，「東則大海迴接，琉球渺如一髮」。明嘉靖間福建巡按李元陽〈遊鼓山記〉言：「俯瞰小琉球如一點青螺……有頃從者報云大琉球見。予凝視久之，問曰何大琉球亦如點螺」。明嘉靖間福建提學副使田汝成〈遊鼓山記〉亦記

---

58 Amjads，〈從馬祖望臺灣〉。

同行者告以：「秋霽時可盼琉球云」。明萬曆間福建提學副使王世懋〈遊鼓山記〉亦記同行者告以：「或曰登鼓山，須秋氣清，小琉球隱隱可望云」。明萬曆間福建布政使陳文燭〈遊鼓山記〉亦記友人言：「秋天氣清，可望小琉球」。又記在山巔時，「見東南島中，隱隱如岡阜，如城郭，閃閃作烟雲狀。山僧指曰，此小琉球也。春夏冬不見，風雨霧不見，今秋且晴乃見」。明萬曆間諸生吳兆袤〈遊鼓山記〉亦記秋八月在山巔東望所見：「淼無涯際，若鎔金，若漾璧者，為巨海。而其中微茫點綴，又若彈丸黑子，則琉球諸島也」。[59] 其他詩詞提及望琉球者不少，但詩詞難免有比喻渲染傾向，難以確認是否實際觀察記錄。

《鼓山志》眾遊記顯示幾點：

首先，不是每位作者都親眼在鼓山之巔望見琉球。許多只是記述他人之言。但他人之言如此普遍，顯然見者不少，流傳成福州士人間的常識。

其次，指引觀察者包括山僧。彼等既長居山寺，觀察機會良多，具備清楚知識，因之可以指點來訪的布政使等高官。在知識傳播與交通不便的古代，此等高官通常閱歷與見聞遠多於同時代人。山僧應不至於對此等見多識廣的貴客信口雌黃。不論正確與否，山僧的指點反映了他們的認知。

更其次，望見琉球並非常有。必須是「天氣清朗」、「秋霽時」、「秋氣清」「秋天氣清」，最具體說法是「春夏冬不見，風雨霧不見，今秋且晴乃見」。這些說法反映傳述者並非詞人墨客編造空幻意境，而是有相當多觀察基礎的事實陳述。他們歸納出必須在秋高氣爽而能

---

59 本段所引諸篇依序見興隆（清）等編，《鼓山志》，收於北京故宮博物院編，《鼓山志、大嶽太和山紀略》（海口：海南，2001），頁25-26,103,102,112,114,117,124。

見度高的天氣才能偶而望見琉球。

再其次，從鼓山之巔看到的究竟是琉球、大琉球或小琉球，說法不一，甚至並提。反映閩人對琉球地名沿革的認知困擾。誠如陳侃之見，從鼓山之巔無論如何不可能看到明廷所謂大琉球，而只可能看到明代官方所謂小琉球。但鼓山既從宋代以來即為福州名勝，宋元兩代福州士人望見琉球的知識流傳於後，而多數明人並不知宋元時的琉球與明朝官方所謂琉球並非同一處，遂在明代福州士人間發生了混淆。有人地理知識較弱，單純遵照官方說法，相信古書上琉球即為明代之大琉球，因之以為古人從鼓山望見之琉球即為明代大琉球。有人地理知識較充分，知道從鼓山只能望見所謂小琉球。而吳兆奎則簡單稱所見為琉球。明代福州士人對於所見究係大琉球或小琉球的混淆與不一，反映的正是明朝將原本指涉臺灣的琉球一名改用於今琉球群島的知識混淆後果。

事實上，以福州為基準，今琉球本島在東北東方，臺灣在東南方，兩者方位顯著不同。地理知識比較豐富的觀察者並不會混淆。故前引明萬曆間福建布政使陳文燭〈遊鼓山記〉明確說：「見東南島中，隱隱如岡阜，如城郭，閃閃作烟雲狀。山僧指曰，此小琉球也」。[60] 這是正確的觀察記錄。而使臣陳侃親身航經小琉球到今琉球群島，他直指鼓山所見係小琉球，更是經驗之談了。

值得注意者，《鼓山志》羅列的眾多遊記中，望見琉球的記載集中在明代。清代遊記不復有望見小琉球或臺灣之說。原因或在明代小琉球乃化外之地，若遠眺可見，難免令士人好奇記述。清代則臺灣已入版圖，官民往來不絕，不再神秘稀奇。從鼓山東望，福建外海眾島羅列，多一個臺灣也沒什麼好記了。

---

60 興隆（清）等編，《鼓山志》，頁117。

另一方面，中國人對今琉球群島的知識在明清兩朝並無變動。若多數福州士人認為從鼓山所見係今琉球群島，則望見琉球的記述沒有理由只出現在明代而不出現在清代。

文字記述的變遷反映知識變遷，知識變遷來自於版圖改變。臺灣在明代是令人好奇的海外荒島，清代則入版圖而知識明確。福州士人從鼓山望琉球的記述從有到無，反映的是臺灣由明至清的地位變遷，從少知好奇之地變成確知之地。

一個有趣的相關現象是，同樣是中國海員的航海指南，明末的《順風相送》在涉及臺灣北部地標時，會提到小琉球雞籠頭山、雞籠頭山、小琉球頭、小琉球等。但清初的《指南正法》卻僅剩圭籠頭、圭籠、雞籠頭，而小琉球頭一詞則不見了。這反映的可能僅是海員用語習慣的改變，但也可能是清代以臺灣一名取代了過去的小琉球，以致於小琉球頭一名從航海指南消失了。我們無法確認何者為真，但不妨在此一記。[61]

明廷將臺灣從琉球改稱為小琉球，導致福州士人從鼓山望琉球的知識產生變化與混淆，我們不禁好奇，同樣的變化與混淆是否也發生在福建其他可以望見臺灣的地方？

三、閩中望見小琉球

前述宋代梁克家《三山志》記載福清縣西南之興化灣海濱，言「昭靈廟下，光風霽日，窮目力而東，有碧拳然，乃流求國也。每風暴作，釣船多為所漂，一日夜至其界……今海中大姨山，夜忌舉火，慮其國

---

61 見著者不明（明），向達校注，《順風相送》，頁 91-92,96，以及著者不明（清），
　　向達校注，《指南正法》，頁 136,138,166,168,175,179,180,181,184,185,189。

望之而至也」。[62] 而明人陳道《八閩通志・地理》言福清縣：「大姨山在縣東大海中，每風色晴定，日未出之先，於山上東望，見一山如空，青微出海面，乃琉球國也，俗謂望見則三日中必有怒風……故此山夜忌舉火，慮其國人望之而至也」。[63]

　　梁克家之流求被陳道改稱為琉球，符合流求、琉球地名在宋元明三代的變遷。兩人敘事高度重複，顯係指同地。古書常相互長篇抄襲，陳道之文顯然高比例抄自梁克家或梁克家引用的更早文獻。元明兩代並無琉球人侵擾福建沿海的紀錄，然陳道仍照抄梁克家這宋代侵擾故事不誤。但也添加了梁克家未記的新知：「俗謂望見則三日中必有怒風」。表示除了梁克家以外，陳道尚有其他知識來源，最可能者是當地人的氣象知識。以今日臺灣經驗而言，颱風前三五日，受颱風外圍環流影響，天氣確實特別晴朗而適於遠眺。故大姨山人在極端晴朗之日望見臺灣後數日遭颱風襲擊，確實符合當代氣象經驗。這表示陳道並非盲目抄襲梁克家，而是有事實根據與取捨判斷力。

　　陳道書出版於弘治年間。但幾十年後萬曆年間福州侯官宿儒王應山著作福州方志《閩都記・卷二十七》記福清：「大姨山在縣東大海中。每風色定，日未出之先，東望一山如空，青微浮海面，小琉球也。俗言望見，則三日中必有怒風……故此山夜忌舉火，恐其國人望之而至也」。[64] 全段幾乎照抄梁克家與陳道之敘述，但卻將梁克家的流求與陳道的琉球改為小琉球，也就是明朝官方對臺灣的稱謂。可見王應山知道從大姨山看到的是臺灣，而非今琉球群島。他並非盲目照抄前

62　梁克家（宋），《三山志》，頁53-54。原見方豪，《臺灣早期史綱》，頁32。梁克家敘大姨山在塘嶼之後，但未言兩者為一。多數作者皆然。或許大姨山原僅塘嶼上高峰之名，並非塘嶼別稱。但日久兩名通用也非罕見。

63　陳道（明），《八閩通志》，頁80。

64　王應山（明）纂輯，《閩都記》，收於《中國方志叢書第71號》（臺北：成文，1967），頁159。

人，而是依據新知有所修正。

易言之，宋代梁克家的流求、明代弘治朝陳道的琉球、明代萬曆朝王應山的小琉球，一脈相傳，指的都是同地，僅是名稱隨時代而變。他們都指臺灣。

在王應山之後，清初顧炎武《肇域志》、顧祖禹《讀史方輿紀要》與前述杜臻《閩粵巡視紀略》都照錄梁克家、陳道、王應山等對大姨山的敘述，也都改稱望見小琉球。[65] 此後清代福州方志亦然。值得注意的是杜臻是在康熙平定臺灣後親身巡視閩粵沿海善後，其《閩粵巡視紀略》固然大量襲用前人敘述，但也不時添入個人新知。例如，他說「塘嶼一名大姨山，其地多風不宜樹」。不僅為我們解答了大姨山究竟何處的疑問，並且加入前人未言的該地風大無樹的地理事實，顯示他並非盲目抄襲。

總之，明朝初年將臺灣從琉球改稱小琉球。但大姨山望見臺灣一事，直到萬曆朝才在地方文獻中逐漸從望見琉球改為望見小琉球。這一方面顯示福建人地方知識的淵源與流傳，另一方面也顯示官方知識逐漸滲透民間。兩者相加，顯示福建人原來確實稱臺灣為琉球，明朝初年官方將臺灣改稱小琉球，但興化灣口居民直到萬曆年間才終於普遍改用小琉球來稱呼臺灣。

除了鼓山與大姨山，福建中北部沿海尚有其他望見臺灣的紀錄。

萬曆二十九年（1601）進士茅瑞徵之《皇明象胥錄・琉球》敘及：「從長樂鎮石出海，隱隱一小山浮空，即所謂小琉球者也。去閩省東鄙臺礁東湧水程特數更。南為東番諸山，在彭湖東北。其人盛聚落而無君長，習鏢弩，少舟楫。自昔不通朝貢，又東隅有夷，鳥語鬼形，

---

65 顧炎武（清），《肇域志》（中國基本古籍庫，清抄本），頁 1687。顧炎武其實稱大姨山望見琉球。但又說其濱於小琉球，顯示他的混淆與不確定。顧祖禹（清），《讀史方輿紀要》（中國基本古籍庫，清稿本），頁 3217。杜臻（清），《閩粵巡視紀略》，頁 116。

殆非人類，或云即毗舍那國」。[66]

　　萬曆年間王世懋宦遊福建的筆記《閩部疏》敘及平海衛。平海衛在莆田縣東南海濱，興化灣南方之平海灣口，西南方距湄洲島東北角約十餘公里，現屬莆田市秀嶼區。王世懋言：「平海正當大洋，東南二面，了無障蔽。登城東望，日下黯黯一點青為烏邱，倭夷所經行處也。天清時，小琉球亦隱隱可見云」。[67]

　　杜臻《閩粵巡視紀略》敘及興化灣口之南日島與湄洲島時，也都提及此二地「與琉球相望」。[68]顧炎武《肇域志》與顧祖禹《讀史方輿紀要》也都做了相同陳述。[69]

　　檢視地圖可以發現，福州至泉州之間，從長樂外海，至其南之平潭島、更南之興化灣、平海灣、湄洲灣一帶，不僅面臨臺灣海峽最狹處，距臺灣新竹一帶海岸僅約 130 公里，且距離雪山群峰僅大約兩百公里。前已述及，純就地表測量而言，220 公里之外可望見 3626 公尺以上群峰。因此，上述福建沿海居民與海員在極晴之日望見臺灣雪山群峰並非無稽之談。尤其海員出海，接近海峽中線，距雪山群峰僅約 140 公里處，可以望見臺灣中北部高山連峰，宛若一堵高牆，就如同澎湖居民望見 140 公里外的中央山脈連峰一體，因此他們可以確認群山所在為一大島嶼。回程接近福建海岸時，群峰逐漸遠去，最後高山諸巔變成不相連的許多小點。千百年無數海員的海上觀察經驗累積，使長樂到湄洲一帶海濱居民知道遠處的島嶼連峰是合理結果。奇怪的並非前述鼓山、大姨山、平海望見臺灣的記述，而是望見臺灣的記述

66　茅瑞徵（明），《皇明象胥》（中國基本古籍庫，明崇禎刻本），頁 10-11。

67　王世懋（明），《閩部疏》（中國基本古籍庫，明萬曆紀錄彙編本），頁 11。

68　杜臻（清），《閩粵巡視紀略》，頁 112。

69　顧炎武（清），《肇域志》，頁 1666。顧祖禹（清），《讀史方輿紀要》，頁 3229。

居然僅出現這少數幾處，而且僅寥寥數則。這反映的不是這一帶海濱高處望見臺灣很難，或該處海員漁夫很少望見臺灣，而是傳統社會教育不發達，有文字記述習慣的人偏少，且文人與一般農漁夫間階級界線分明，導致海員知識難以傳播到文人圈。

事實上，傳統社會知識傳播困難，不僅限於文人與農漁夫之間，也發生在文人與朝臣之間。前節述及，宋孝宗朝之林光朝在〈陛辭箚子〉裡向皇帝報告毗舍耶侵擾泉州事，理應會全力蒐集事實。但汪大猷、真德秀等人都知道毗舍耶來自流求，林光朝卻說不知其來處。可見傳統社會知識傳播之難，甚至在朝臣之間亦然。更有甚者，毗舍耶侵擾範圍遍及福州南郊興化灣至廣東之潮惠一帶，跨越兩省，歷時至少近七十年，不可謂小事。但不僅未見於正史，連方志或個人筆記都罕記及，以致於吾人今日僅二三片語可引。若廣大國土遭侵擾燒殺之事都罕見於文字，則福建農漁軍人望見流求或海商偶而登陸貿易之事當然更難留下文字記載。如果我們不能因毗舍耶侵擾事記載偏少就否定其為真實，當然也就不應因為望見流求事記載偏少而否定福建人望見遠方島嶼並稱其為流求、琉球一事屬實。毗舍耶侵擾與閩人望見流求都是真的，但因知識傳播不易而同樣罕入文字。

肆、從海上望見臺灣

一、臺灣是一大島

與望見臺灣相關的議題是，古代福建人是否瞭解臺灣是一個島嶼，不論名稱為何？

周婉窈認為直到十七世紀初明人並不知臺灣是一大島。理由是

「當時並無從沙馬岐頭沿著臺灣海峽往北航經雞籠嶼的航線，人們在認知上，沒有理由想像臺灣為一個大島。究實而言，對絕大多數只從海上眺望臺灣的航海人，把臺灣當成幾個島嶼毋寧比想成一個大島更自然。帆船時代的人們，把未曾登陸的島嶼的河口看成海灣似乎很正常，更何況臺灣西海岸的河口大都很寬闊；就算東海岸河口較窄，也不見得不生出這類的淆混」。[70]

此說太低估了海員的知識與觀察能力。

首先，唐代以來揚州、明州與東南亞之間貿易發達，海船行經臺灣海峽者眾。明初鄭和七下西洋的艦隊從長江口啟航，也必須穿越臺灣海峽來回。明代航海指南《順風相送》也列有日本與呂宋之間直航路線，必須行經臺灣海峽，並靠近臺灣而以臺灣沿海地標定位。[71]故歷史上華人海員沿臺灣近海穿越臺灣海峽並不稀奇。他們有充分機會觀察臺灣全島。

其次，寬廣河口並非臺灣獨有。東亞大陸沿海比臺灣更寬廣河口所在多有。海峽對岸的浙江、福建、廣東就有許多可通航大河。海員見過各地河口，知道相距甚遠的兩片陸地極可能是河口兩岸，而非兩個島嶼。他們當然也會將同等邏輯用於理解臺灣海岸，不致僅因河口寬廣就率爾認定是兩島。

其次，兩島嶼間海水通常清澈，而河水挾帶泥沙，通常混濁，並且渲染到河口之外數里。海員極易判斷兩岸間水域究竟是河口或海洋。

最重要者，臺灣高山連綿。海員在晴朗時日稍離福建海岸，就可見臺灣雪山與中央山脈貫穿全島，連綿成一體，宛若高牆，將近五百公里而不間斷，不可能不瞭解臺灣是一大島嶼。

---

70 周婉窈，〈山在瑤波碧浪中──總論明人的臺灣認識〉，頁111。

71 著者不明（明），向達校注，《順風相送》，頁91-92。

　　另一方面，臺灣各山脈位置偏東，如果海員從臺灣東方太平洋上經過，更可能望見臺灣群山連綿成一體有若高牆，而確知此為一大島嶼無疑。事實上，日本琉球群島西端的與那國島距臺灣約 110 公里，天晴時可以望見臺灣東岸群山相連一體。在網路上輸入與那國島望臺灣等關鍵字，即可見到從與那國島所攝臺灣群峰相連一體有若高牆的照片。有人可能以為從與那國島所見臺灣是海市蜃樓，其實是不瞭解地表測量原理所致誤解。限於版權，本文不便轉刊此等從與那國島望見臺灣群峰相連一體的照片，但照片索引可見本附註及文獻目錄。[72]

　　總之，不論從臺灣海峽或臺灣東方太平洋海域，海員在晴朗時日行經臺灣外海一百多公里的遠處，都可以望見臺灣群峰相連一體，而知道這是一個大島嶼。當然，此種望見群峰連綿的晴朗天氣並非日日出現。因此，僅偶而經過臺灣海域數次的早期西方海員確實可能沒有看過高山連綿，因而無法判斷臺灣究係一大島嶼或幾個島嶼。這或可解釋為何某些西方早期地圖將臺灣繪成幾個島嶼。[73] 但福建海員長年來往臺灣海峽，每年至少總有幾次看到臺灣群山連綿成一體，不可能不知這是一個島嶼。何況，為了生死攸關的航海需要，海員必須相互傳承航海知識與經驗。即使新進海員沒有親眼見過臺灣高山連綿，資

72　洗米水布魯斯阿左，〈2012 石垣島與那國島看臺灣之旅〉，《走碎碎念風格的部落格》，〈http://toujourstw.pixnet.net/blog/category/1567989〉，最後造訪：2014.3.31。Amjads，〈從與那國島望臺灣〉，《在水一方碧連天》，〈http://blog.yam.com/amjads/article/25793994〉，最後造訪：2014.3.31。Attacus，〈臺灣見える〉，《与那國フィールドノート》，〈http://ameblo.jp/attacus/entry-10623015501.html〉，最後造訪：2014.4.13。作者不詳，〈與那國紀行──望鄉情懷〉，《驛前通の測候所》，〈http://blog.ltn.com.tw/cwhung/archives/2008/03/〉，最後造訪：2014.4.13。亦見 N のみんなでワイワイ，〈臺灣が見えた与那國〉，《TI-DA》，〈http://latournoriko1.ti-da.net/e2941818.html〉，最後造訪：2014.4.13。有趣的是該文作者亦指出在與那國島望見臺灣每年僅數次，且島人言望見臺灣後數日天氣變壞，與前引明朝陳道引用大姨山人所言望見琉球後數日必有大風如出一轍。

73　見曹永和，〈歐洲古地圖上之臺灣〉，收於《臺灣早期歷史研究》（臺北：聯經，1979），頁 295-368，見頁 302-328。

深海員也沒有理由不教導他們。這知識會在海員間代代相傳。

易言之，宋元以來經常行經臺灣海峽的中國海員不可能不知臺灣是一個島嶼。宋代以來澎湖長期駐軍，天極晴時可以望見臺灣群山連綿全島南北，官兵不可能不知臺灣是一個島嶼。福建漁夫只要經常離岸稍遠作業，也不可能不知臺灣是一島嶼。

認知臺灣為一大島的最明確知識表達，正是前引《元史・外夷列傳三・瑠求》記載：「瑠求在南海之東，漳、泉、興、福四州界內⋯⋯西南北岸皆水」。[74] 易言之，該條目撰者明確知道，瑠求在福建外海，縱貫漳、泉、興、福四州長度，是一個大島嶼，而非數個小島。這知識顯然來自中國海員或海疆文武官吏。某些早期西方海圖將臺灣繪成數島，只能說西方人知識不足，或沒問到內行的中國人。

二、東番與小琉球之惑

學者之所以認為明人不知臺灣是一個島嶼，而非數個島嶼，除了早期西人地圖誤導之外，另一原因可能是受惑於明末官方對於臺灣地名的使用習慣。

前述明廷稱呼臺灣為小琉球，而此一稱呼也出現在前引明代航海指南。但除了航海紀錄，直至明朝中葉，明人罕有關於臺灣的記載。原因是臺灣在政治經濟上對中國毫無影響，不值得注意。

直到神宗萬曆朝，日本人與荷蘭人開始以臺灣、澎湖為前進基地侵擾浙閩粵海疆。臺灣忽然成了外患跳板，自然引起朝臣與皇帝的注意。因此萬曆朝實錄開始出現有關臺灣的紀錄。令人不解的是，臺灣在明太祖《皇明祖訓》裡的欽定地名是小琉球，但從《神宗實錄》起，明朝上下政務文書卻大都以東番一詞稱呼臺灣，好像將祖訓置之腦後。

---

74 宋濂（明）等著，楊家駱主編，《新校本元史并附編二種》，頁4667。

　　《神宗實錄》有關臺灣的最早紀錄是萬曆二年（1574）六月「戊申，福建巡撫劉堯誨揭報廣賊諸良寶，總兵張元勳督兵誅勳；其通賊林鳳鳴擁其黨萬人東走，福建總兵胡守仁追逐之，因招漁民劉以道諭東番合勦，遠遯」。[75] 十月「辛酉，福建海賊林鳳自澎湖逃往東番魍港，總兵胡守仁、參將呼良朋追擊之，傳諭番人夾攻；賊船煨燼，鳳等逃散。巡撫劉堯誨請賞賚有差；部覆，從之」。[76]

　　顯然萬曆初年林鳳等海賊曾以魍港一帶臺灣西南部海岸為巢穴，而明廷稱該地為東番。且總兵胡守仁曾獲當地原住民之助合勦林鳳之眾，表示福建海商與臺灣原住民有相當時日來往，已建立穩定關係而可以為官方所用。

　　從此以後，東南海警益險，東番之名也就屢屢出現在實錄與各項海防文書。

　　值得注意者，林鳳率眾入臺灣並非無因。當地已有福建人前往捕魚、貿易。福建官方且已開始管理海員之來往臺灣。

　　例如，張燮《東西洋考》記萬曆三年（1575）漳州月港往東西洋之船引稅銀，提及雞籠、淡水。顯然已有華船前往貿易。[77] 萬曆二十一年（1593）福建巡撫許孚遠〈疏通海禁疏〉提到：「臣又訪得是中同安、海澄、龍溪、漳浦、詔安等處姦徒，每年於四、五月間告給文引，駕使烏船稱往福寧卸載海港捕魚及販雞籠、淡水者，往往私裝鉛、硝等貨潛去倭國；徂秋及冬，或來春方回」。[78]

75 顧秉謙（明）編，中央研究院歷史語言研究所校，《明神宗實錄》（臺北：中央研究院歷史語言研究所，1966），頁646。

76 顧秉謙（明）編，中央研究院歷史語言研究所校，《明神宗實錄》，頁731-732。

77 張燮（明），《東西洋考》（中國基本古籍庫，清惜陰軒叢書本），頁72。陳宗仁，《雞籠山與淡水洋：東亞海域與臺灣早期史研究，1400-1700》，頁131-2。

78 許孚遠（明），〈疏通海禁疏〉，收於臺灣銀行經濟研究室編，《明經世文編選錄：臺灣文獻叢刊二八九》（臺北：臺灣銀行，1971），頁176-180。

　　胡守仁之後將近三十年，萬曆三十年十二月（西曆 1603 年一、二月）明朝再次揮師臺灣西南部。這次是浯嶼把總沈有容（1557-1627）進剿盤據東番之倭寇。這次戰役後倭寇焰消十年，沈有容因而聲名大噪。以致萬曆四十年三月辛丑，右給事中彭惟成疏陳時政言：「沈有容在閩，能越海數日殲倭眾於東番，東番自是斂戢，倭亦戒不敢掠至閩且十年，皆有容之力也」。[79]

　　此役更因沈有容的老友陳第（1541-1617）同行觀戰，並於萬曆三十一年（1603）成文〈東番記〉描述所見，而為臺灣史留下一部重要文獻。

　　陳第〈東番記〉言「東番夷人不知所自始，居彭湖外洋海島中；起魍港、加老灣，歷大員、堯港、打狗嶼、小淡水、雙溪口、加哩林、沙巴里、大幫坑，皆其居也。斷續凡千餘里，種類甚蕃。別為社，社或千人、或五六百，無酋長，子女多者眾雄之，聽其號令」。「始皆聚居濱海，嘉靖末，遭倭焚掠，迺避居山。倭鳥銃長技，東番獨恃鏢，故弗格。居山後，始通中國，今則日盛，漳、泉之惠民、充龍、烈嶼諸澳，往往譯其語，與貿易」。又言「萬曆壬寅冬，倭復據其島，夷及商、漁交病。浯嶼沈將軍往勦，余適有觀海之興，與俱。倭破，收泊大員，夷目大彌勒輩率數十人叩謁，獻鹿餽酒，喜為除害也」。[80]

　　陳第描述的東番地境，顯然是北起魍港的臺灣西南海岸地帶。陳第讓我們知道，嘉靖末年倭寇焚掠後，當地原住民與前往該地之閩人通商。陳第破倭後，還到大員停泊，接受當地原住民款待。日後荷蘭人顯然是繼承了大員這漢人起的地名。

　　令人納悶的是，沈有容長期督師東南海疆，似乎不該不知明太祖

79 顧秉謙（明）編，中央研究院歷史語言研究所校，《明神宗實錄》，頁 9279。

80 陳第（明），〈東番記〉，收於沈有容（明）編，方豪編校，《閩海贈言：臺灣文獻叢刊五六》（臺北：臺灣銀行，1959），頁 24-27。

給臺灣的欽定名稱是小琉球。而寫作《東番記》的陳第亦非泛泛之輩。他是福建連江人，文武兼資，年輕時追隨俞大猷、戚繼光等名將剿倭寇，後持節鎮守北疆。致仕後讀書著述，著有《毛詩古音考》。晚年周遊天下，並以高齡伴隨老友沈有容渡海進剿盤據臺灣的倭寇。[81] 易言之，沈、陳二氏都是閱歷豐厚的老將，但他們似乎既不知道他們登臨的島嶼在福建人千年地方知識裡原稱琉球，更不知該地在明朝的欽定名稱是小琉球，以致稱之為東番。更奇怪的是沈有容揮師海外，使用的航海指南應該與前述《順風相送》一樣以小琉球稱呼臺灣，但自始至終沈陳兩位老將都沒有提到小琉球。

　　以東番稱臺灣似乎已是當時普遍用法。沈有容編輯閩中人士贈其詩文而成之《閩海贈言》裡，幾乎所有作者都稱臺灣為東番。例如，以後曾兩度出任內閣首輔的葉向高在〈改建浯嶼水寨碑〉言：「寨成，而有事東番。東番者，海上夷也。去內地稍近而絕不通，亦不為寇暴」。曾任南京禮部尚書之泉州人黃鳳翔之〈靖海碑〉言倭寇「至東番」，故沈有容揮師進剿。黃鳳翔復在〈送都閫浙江序〉稱讚沈有容的「東番之役」。曾任吏部主事之屠隆之〈平東番記〉言「東番者，彭湖外洋海島中夷也。橫亙千里，種類甚繁；仰食漁獵，所需鹿麂，亦頗嗜擊鮮。惟性畏航海，故不與諸夷來往，自雄島中。華人商漁者，時往與之貿易」。泉州名儒李光縉〈卻西番記〉言沈有容「破倭奴於東番」。曾任南京工部侍郎之泉州人何喬遠之〈東番捕倭序〉言：倭寇「則以東番為窟穴」，故沈有容進剿之。曾任南京刑部尚書之沈演之〈贈晉登萊督府序〉言：「東番為漢人不履之地，歲暮凌飆以往」。

81　方豪，《臺灣早期史綱》，頁 142-144。周婉窈，〈陳第《東番記》——十七世紀初臺灣西南平原的實地調查報告〉，收於《海洋與殖民地臺灣論集》（臺北：聯經，2012），頁 107-150。廈門南普陀寺後之山腰有陳第與沈有容於萬曆辛丑年四月（萬曆二十九年，西曆 1601）同登茲山之題名石刻。事即遠征臺灣之前一年。該石刻已被廈門市政府列為古蹟保護。本文作者於 2015 年 2 月 6 日見該石刻。

同安詩人傅鑰〈破倭東番歌〉言：「今冬潛跡據東番，何處商漁不斷魂」。[82]

沈有容的文友們或日後為朝廷高官，或為泉州耆宿，均非無知之人。但他們談臺灣時無一提到明太祖欽定的小琉球之名。

更離奇的是嘉靖年間進士泉州南安人陳學伊在同文集內之〈題東番記後〉言：「國家承平二百餘年矣，東番之入紀載也，方自今始，不可謂不奇」。[83]且不要提小琉球之名，他似乎連三十年前胡守仁遠征東番剿除海寇林鳳之事都沒聽過。當地進士的鄉土知識疏漏如此，朝廷文人對地方知識應更疏遠，在在顯示傳統農業社會知識傳播之困難，以及文人主流文化與地方知識之間差距之嚴重。

為何萬曆以降明廷上下稱臺灣為東番，而非太祖欽定的小琉球？

一種可能解釋是東番與小琉球原來分別指臺灣南北兩地，並非混用。

例如，萬曆三十二年（1604）夏荷蘭人入據彭湖，徐學聚〈初報紅毛番書〉言「若番船泊彭湖，距東番、小琉球不遠」。[84]

再例如，萬曆四十四年（1616）六月巡撫福建右副都御史黃承玄在其〈題琉球咨報倭情疏〉言，琉球王國向明朝福建官員報告：「彼國有日本七島夷人來說，各島見在造船欲收小琉球」。黃承玄言琉球之「稍南，則雞籠淡水，俗呼小琉球焉；去我臺、礵、東湧等地，不過數更水程。又南為東番諸山，益與我彭湖相望。此其人皆盛聚落而無君長」。[85]

82　本段所引諸篇見沈有容（明）編，方豪編校，《閩海贈言》，頁 4-5,10-12,49-51,21-23,35-39,44-46,56-58,62。

83　沈有容（明）編，方豪編校，《閩海贈言》，頁 27。

84　徐學聚（明），〈初報紅毛番書〉，收於臺灣銀行經濟研究室編，《明經世文編選錄：臺灣文獻叢刊二八九》（臺北：臺灣銀行，1971），頁 191-193。

85　黃承玄（明），〈題琉球咨報倭情疏〉，收於臺灣銀行經濟研究室編，《明經世

這話似乎意指小琉球乃指雞籠、淡水等臺灣北部，而東番則指魍港、大員等臺灣南部。若是如此，則明季之人以東番稱臺灣南部，以小琉球稱臺灣北部，兩者並不抵觸。前述福建中北部沿海多處有望見小琉球的歷史記載。在鼓山等福建中北部望見的臺灣，顯然是臺灣北部雪山山脈等高山，而不可能是臺灣西南部海濱平原。故東番與小琉球，一南一北，各指臺灣一端，似乎不無可能。

但黃承玄同年八月又上〈條議海防事宜疏〉，言：「雞籠地属東番，倭既狡焉思逞，則此彭湖一島，正其所垂涎者」。[86]

易言之，黃承玄眼中，東番與小琉球兩地名似乎可以混用，並非嚴格區分。

同樣的，張燮於萬曆四十五年（1617）完成之《東西洋考》言：「雞籠山、淡水洋，在彭湖嶼之東北，故名北港，又名東番云」。[87] 張燮顯然也不將東番一名限於臺灣南部。

另一方面，本文前已述及，元代汪大淵經澎湖登陸他稱之為琉球的臺灣。他所謂琉球，應是指澎湖對岸的臺灣西南部，也就是明末沈有容等人常說的東番。前引黃承玄〈題琉球咨報倭情疏〉所謂「東番諸山，益與我彭湖相望」可為證。因此，就福建人地方知識的歷史淵源而言，明代東番似就是元時琉球，兩者應指同地。因此，所謂小琉球僅指臺灣北部之說變成可疑。

更進一步言，前述宋元明海員從海上可見臺灣高山連綿一體，彼等應該知道臺灣是一大島。將此事實列入考慮，則宋元明海員所謂流

文編選錄：臺灣文獻叢刊二八九》（臺北：臺灣銀行，1971），頁 225-229，見頁 225,227。

86 黃承玄（明），〈條議海防事宜疏〉，收於臺灣銀行經濟研究室編，《明經世文編選錄：臺灣文獻叢刊二八九》（臺北：臺灣銀行，1971），頁 236-250，見頁 241。

87 張燮（明），《東西洋考》，頁 57。

求、琉球、小琉球，應該比較可能是指臺灣全島，而非臺灣之一部分。

另一方面，明代臺灣仍部落分立，並無統一政治組織，南北皆然。明太祖《皇明祖訓》列舉小琉球，若僅指臺灣北部，而同時對土地相連而狀況完全相同的南部卻視而不見，提都不提，似乎也不合常理。《皇明祖訓》所謂小琉球，似乎應指全島比較合理。

然而，明代海禁曾導致明朝中葉海上活動大幅減少。我們也無法排除海禁導致明人海上知識退化而遺忘舊知識的可能。這議題有待更嚴謹的文獻考據。

簡言之，我們不能確認東番一詞原來僅指臺灣南部，而非全島。然即使萬曆初明人所稱東番果真僅限於臺灣南部，而與稱小琉球之北部有別，這區別在萬曆末已經模糊。東番與小琉球成為同義詞，且東番之名在文人士大夫之間似乎比小琉球更廣泛使用。

三、福建沿海官民知道臺灣是一大島

明末文獻如此混用小琉球、東番之名稱呼臺灣，是否可以因此推論明人不知臺灣是一大島嶼，而非兩三個小島？

問題在於，明人並非一人，而是許多不同地位與經驗的人。我們應該問的是，到底哪些明人知道臺灣是一大島嶼，哪些明人不知？

前已述及，臺灣雪山與中央山脈群峰連綿全島成一體，使長年在臺灣海峽活動的中國海員不可能不知臺灣是一大島，不論名稱為何。澎湖軍民在晴日可以望見臺灣群山連綿數百公里，不可能不知臺灣是一大島。

問題在於，福建海員與澎湖駐軍官兵固然知道臺灣是一個大島，但在知識傳播不易復又階級分明的傳統農業社會，海員與軍人的知識

未必能傳遞給不習海事的文人。尤其直到荷蘭人入臺之前，臺灣在政治與經濟上對中國影響微乎其微，罕能引起朝廷注意。舞文弄墨的一般文人或朝臣未必知道他們久久才聽聞一次的雞籠、淡水、魍港、小琉球、東番等地其實同在一個大島嶼上。

如果不經手海疆事務的文人或官員不知雞籠、淡水、魍港、小琉球、東番等是在同一個島嶼上，原因可能正在於臺灣是個太大的島嶼。

中國東南沿海島嶼無數，但僅臺灣與海南偏大。大小島嶼的差別在於處理實務時的認知精確度需求不同。一般小島，只有一二重要地標，有事逕指島名或代表性地標已足。例如，澎湖本島長不過約二十公里。在航向難以精確控制的帆船時代，從福建航向澎湖，目標單一，就是澎湖島，無從事先精確計較究係航向澎湖島之北端或南端，一切等看到澎湖再行調整。但臺灣首尾相距達五百公里。從福建出發，前往雞籠淡水與前往魍港大員，不論貿易或作戰，都是完全不同方向的旅程。是以明末福建經理海疆事務者經常雞籠淡水並提，但罕與魍港並提。因為從實務觀點而言，這是兩個完全不同的地方。一般海員與文武官員記事乃為實務需要，並非地理老師教學。他們雖然都知道臺灣是一大島，但並沒有必要在記事時隨時註明雞籠淡水與魍港是在同一島上。

上述實務習慣表現在現存明清海圖與航海指南裡。例如，明人茅元儀《武備志》收錄的〈鄭和航海圖〉，以艦隊航路與左右兩舷所見地標為中心，不重地理精確，甚至不考慮地標的東西南北方位，而將航路全圖繪成一長條。沿途所見小島僅列出島名或島上主要地標名。經過海南島般大島時，則僅列出島上數個地名，但未標出全島名稱。[88]

88　見茅元儀（明）著，向達校注，《鄭和航海圖》，合輯於《西洋番國志、鄭和航海圖、兩種海道針經》（北京：中華，2000），頁40。該圖已可見於數個網頁，遠較紙本清晰，且可放大。例如茅元儀（明），〈鄭和航海圖〉，《中國文史地圖》，（http://www.pro-classic.com/ethnicgv/cmaps/monthly/cng2005-04

　　同樣的，顯然成於十六、十七世紀之交，而在晚近引起特別注意的 Selden Map，以漳州、泉州、福州為圖上航海路線出發點，表達的顯然是福建海員認為重要的海外知識。該地圖上，朝鮮、琉球國、暹羅國、柬埔寨等，都僅標出國名，未再標出國內各地地名，連都城之名都沒有。似可推論閩人與這些國家的貿易航線都僅到國都，或貿易量較小。相反的，閩人貿易較繁的日本、安南、呂宋等地則標示境內面向中國一側的許多個別地名，但卻未標出日本、安南、呂宋等全國或全島名稱，似乎預設地圖使用者都知道該等國名或島名。另一方面，該圖不僅將日本之本州與九州畫成相連而非分開之兩島，且將中國人理應都知道的海南島上的瓊州、澹州都畫成與廣東大陸相連，而非外島。這似乎反映地圖繪製上的海員實務取向，而非地理知識精確取向。此原則也被應用於對臺灣的標示。漳、泉之東南有一小島僅標示「彭」字，顯然指澎湖。其東之大島則無島名，僅列出島上的北港、加里林二地地名，就如同該圖對日本、安南、呂宋一般，僅標示境內個別地名，而不標示全境名稱。[89]

　　與〈鄭和航海圖〉、Selden Map 相似的標示準則，也出現在明代與清初的航海指南《順風相送》與《指南正法》。該二航海指南都是文字敘述而無地圖。在提及經過之小島時，普遍僅列島名。但經過臺灣、海南、呂宋、日本等大島時，都僅提到島上各地標或港口，而未列全島或陸地名稱。不解地理者，翻閱此等航海指南，還真看不出這些地標或港口到底是位在那個島嶼或陸地。[90]

1.htm），最後造訪：2014.8.7。

89　該地圖已由典藏之牛津大學 Bodleian Library 建置上網，見 Oxford Digital Library，The Selden Map of China，（http://treasures.bodleian.ox.ac.uk/The-Selden-Map）及（http://seldenmap.bodleian.ox.ac.uk/map）。後者解析度較佳。最後造訪：2014.8.4。

90　見著者不明（明），向達校注，《順風相送》，與著者不明（清），向達校注，《指南正法》。

〈鄭和航海圖〉、Selden Map、《順風相送》與《指南正法》等的地名標示原則似可支持本文推論，即明末海疆實務者通常僅提臺灣島上的雞籠淡水、北港大員等個別地名，而不提全島名稱，乃是海員指涉大島時的實務習慣，而非不知全島名稱。

正因臺灣大到使實務者傾向於記載臺灣島上的個別地名，而非全島名稱，確實可能使不嫻臺灣事務的一般讀者難以不言而喻的確知雞籠淡水、魍港等其實是在同一島上，因此或許導致小琉球與東番是否同一地方的困惑。

但不論小琉球與東番是否同義詞，不論一般朝廷文人是否清楚，不論偶而行經一次的外國海員是否瞭解，宋元以來長期在臺灣海峽活動的福建海員與福建海疆文武大吏不可能不知道臺灣是一個大島。

結語

本文指出，中國古籍關於東南外海島嶼的記載是否指涉臺灣，迄今爭議未決。但宋人從澎湖以及福建中北部沿海望見流求的記載為我們提供了有力的線索。

過去學者傾向於將宋代澎湖及福建望見流求的記載視為無稽傳說或墨客渲染，存而不論。但現代測量學與攝影已經證實，天氣極晴之時，從澎湖以及海峽中線一帶確實可以望見臺灣群山連綿成一體，有若高牆。甚至從福州鼓山等福建中北部海濱高處都可以望見臺灣北部雪山山脈的山巔。因此，世代福建海員在海上望見臺灣更屬平常。

明代鼓山遊記與閩中方志進一步顯示，明廷將臺灣改稱小琉球之後，福建人將望見流求、琉球的記載逐漸改為望見小琉球。不但可證實宋代望見流求之說為真，更可推論明代所謂小琉球確實就是宋元兩

代的流求、琉球。

另一方面，臺灣高山連綿全島成一體，使經常來往臺灣海峽的福建海員與海疆大吏極易認知臺灣為一大島嶼，而非數個小島。但臺灣島大到明末處理海疆實務者經常在文獻中使用臺灣南北各地的個別地名，如雞籠淡水與魍港等，而非全島名稱，因此可能使不嫻海疆事務的一般朝臣或文人不知道前述各地其實都在同一臺灣島上。

總之，至遲宋元兩代福建人對稱為流求、瑠求、琉球的臺灣已有清楚的地方知識，知道其為一大島嶼，並且可從澎湖或閩中沿海高處望見。明代福建人也以小琉球之名延續此等有關臺灣的地方知識。但傳統農業社會知識傳播困難，且士人與農漁民之間階級差異懸殊，溝通不易，彼此知識難以交流。甚至朝臣之間的海外知識也差異懸殊，編修國史不同篇章的史家也知識豐寡大異。更由於直到明末之前臺灣在政治經濟上對中國無足輕重，難以引起朝廷與一般文人注意。種種原因使福建人對流求、琉球的地方知識不易納入朝廷與文人的主流文化。因此即使福建海員與沿海居民知道臺灣，但宋元有關流求、琉球的傳世史料不過寥寥數語，且經常含糊不清。以致於後世史家難以確認這些史料確實指涉臺灣。但從閩人以小琉球之名延續宋元有關流求、琉球的地方知識可以推論，宋元所謂流求、瑠求、琉球，應該是指臺灣的可能性遠高於指涉今琉球群島。

另外，值得注意的是，明朝末年自《神宗實錄》之後，明朝上下政務文書大都以「東番」一詞稱呼臺灣，之前用以稱呼臺灣的流求、瑠求、琉球，並未被繼承下來。「小琉球」一詞，甚至還是明太組所欽定，可是為什麼後來的史家，甚至朝廷正式文書，都不再使用這箇名詞呢？這可能是一個有趣的歷史問題，值得後續研究者繼續努力。

參考文獻

文獻史料

班固（東漢）著，顏師古注，楊家駱主編，《漢書》，臺北：鼎文，1986。

范曄（劉宋）著，李賢等注，司馬彪補志，楊家駱主編，《新校本後漢書并附編十三種》，臺北：鼎文，1981。

陳壽（晉）著，裴松之注，楊家駱主編，《三國志》，臺北：鼎文，1980。

魏徵（唐）等著，楊家駱主編，《新校本隋書附索引》，臺北：鼎文，1980。

梁克家（宋），《三山志》，中國基本古籍庫，清文淵閣四部全書本。

陸游（宋），《劍南詩稿》，中國基本古籍庫，清文淵閣四部全書補配清文津閣四部全書本。

林光朝（宋），〈輪對劄子〉，收於黃淮、楊士奇等編，《歷代名臣奏議》，中國基本古籍庫，清文淵閣四庫全書本，頁 7044-7045。

樓鑰（宋），〈敷文閣學士宣奉大夫致仕贈特進汪公行狀〉，收於《攻媿集》，中國基本古籍庫，清武英殿聚珍版叢書本，頁 765-776。

祝穆（宋），《方輿勝覽》，中國基本古籍庫，清文淵閣四庫全書本。

趙汝适（宋），《諸蕃志》，中國基本古籍庫，清學津討原本。

周必大（宋），〈敷文閣學士宣奉大夫贈特進汪公大猷神道碑〉，收於《文忠集》，中國基本古籍庫，清文淵閣四庫全書本，頁 560-564。

真德秀（宋），《西山文集》，中國基本古籍庫，四部叢刊景明正德

刊本。

樂史（宋），《太平寰宇記》，中國基本古籍庫，清文淵閣四庫全書
　　補配古逸叢書景宋本，頁 941。

脫脫（元）等著，楊家駱主編，《新校本宋史并附編三種》，臺北：
　　鼎文，1980。

汪大淵（元）著，蘇繼廎校釋，《島夷誌略校釋》，北京：中華，
　　1981。

宋濂等（明）著，楊家駱主編，《新校本元史并附編二種》，臺北：
　　鼎文，1981。

茅瑞徵（明），《皇明象胥錄》，中國基本古籍庫，明崇禎刻本。

茅元儀（明）著，向達校注，《鄭和航海圖》，合輯於《西洋番國志、
　　鄭和航海圖、兩種海道針經》，北京：中華，2000。

茅元儀（明），〈鄭和航海圖〉，《中國文史地圖》，（http://www.
　　pro-classic.com/ ethnicgv/cmaps/monthly/cng2005-04_1.htm），
　　2014.8.7 查閱。

塗澤民（明），〈與俞李二總兵書〉，收於臺灣銀行經濟研究室編，《明
　　經世文編選錄：臺灣文獻叢刊 289》，臺北：臺灣銀行，1971，頁
　　140。

臺灣銀行經濟研究室編，《明實錄閩海關係史料：臺灣文獻叢刊
　　296》，臺北：臺灣銀行，1971。

利瑪竇（明），〈坤輿萬國全圖（左）〉，Wikimedia Commons，（http://
　　commons.wikimedia. org/wiki/File:%E5%9D%A4%E8%BC%BF%E
　　8%90%AC%E5%9C%8B%E5%85%A8%E5%9C%96%EF%BC%88
　　%E5%B7%A6%EF%BC%89.jpg），2014.8.5 查閱。

顧秉謙（明）編，中央研究院歷史語言研究所校，《明神宗實錄》，

臺北：中央研究院歷史語言研究所，1966。

郭春震（明），《嘉靖潮州府志》，中國基本古籍庫，明嘉靖26年刻本。

郭汝霖（明），《郭汝霖使琉球錄》，那霸：球陽研究會，1969。

黃承玄（明），〈題琉球咨報倭情疏〉，收於臺灣銀行經濟研究室編，《明經世文編選錄：臺灣文獻叢刊289》，臺北：臺灣銀行，1971，頁225-229。

黃承玄（明），〈條議海防事宜疏〉，收於臺灣銀行經濟研究室編，《明經世文編選錄：臺灣文獻叢刊289》，臺北：臺灣銀行，1971，頁236-250。

夏子陽（明），《使琉球錄》，收於臺灣銀行經濟研究室編，《使琉球錄三種：臺灣文獻叢刊287》，臺北：臺灣銀行，1957，頁171-290。

蕭崇業（明），《使琉球錄》收於臺灣銀行經濟研究室編，《使琉球錄三種：臺灣文獻叢刊287》，臺北：臺灣銀行，1957，頁53-170。

徐學聚（明），〈初報紅毛番書〉，收於臺灣銀行經濟研究室編，《明經世文編選錄：臺灣文獻叢刊289》，臺北：臺灣銀行，1971，頁191-193。

許孚遠（明），〈疏通海禁疏〉，收於臺灣銀行經濟研究室編，《明經世文編選錄：臺灣文獻叢刊289》，臺北：臺灣銀行，1971，頁176-180。

朱元璋（明），《明朝開國文獻》，臺北：學生，1966。

張燮（明），《東西洋考》，中國基本古籍庫，清惜陰軒叢書本。

鄭舜功（明），《日本一鑑窮河話海》，三冊，據舊鈔本影印，1939。

鄭若曾（明），《鄭開陽雜著》，中國基本古籍庫，清文淵閣四庫全書本。

陳第（明），〈東番記〉，收於沈有容編，方豪編校，《閩海贈言：臺灣文獻叢刊 56》，臺北：臺灣銀行，1959，頁 24-27。

陳道（明），《八閩通志》，中國基本古籍庫，明弘治刻本。

陳侃（明），《使琉球錄》，收於臺灣銀行經濟研究室編，《使琉球錄三種：臺灣文獻叢刊 287》，臺北：臺灣銀行，1957，頁 1-52。

沈有容（明）編，方豪編校，《閩海贈言：臺灣文獻叢刊 56》，臺北：臺灣銀行，1959。

王世懋（明），《閩部疏》，中國基本古籍庫，明萬曆紀錄彙編本。

王應山（明）纂輯，《閩都記》，收於《中國方志叢書第 71 號》，臺北：成文，1967。

著者不明（明），向達校注，《順風相送》，合輯於《西洋番國志、鄭和航海圖、兩種海道針經》，北京：中華，2000。

著者不明（明），The Selden Map of China, Oxford Digital Library，（http://treasures.bodleian.ox.ac.uk/The-Selden-Map）及（http://seldenmap.bodleian.ox.ac.uk/map）。2014.8.4 查閱。

張廷玉（清）等著，楊家駱主編，《新校本明史并附編六種》，臺北：鼎文，1980。

杜臻（清），《閩粵巡視紀略》，中國基本古籍庫，清康熙 38 年刻本。

顧祖禹（清），《讀史方輿紀要》，中國基本古籍庫，清稿本。

顧炎武（清），《肇域志》，中國基本古籍庫，清抄本。

興隆（清）等編，《鼓山志》，收於北京故宮博物院編，《鼓山志、大嶽太和山紀略》，海口：海南，2001。

朱景英（清）著，臺灣銀行經濟研究室編，《海東札記：臺灣文獻叢

刊 19》，臺北：臺灣銀行，1958。

著者不明（清），向達校注，《指南正法》，合輯於《西洋番國志、
　鄭和航海圖、兩種海道針經》，北京：中華，2000。

近人著作

澎湖氣球工坊，〈澎湖遠眺中山央脈求證版〉，（http://blog.xuite.
　net/kao0975782678/twblog/138246694），2014.3.28 查閱。

方鵬程，《南國驚豔——新加坡與菲律賓》，臺北：商務，2006。

方豪，《臺灣早期史綱》，臺北：學生，1994。

杜正勝，〈臺灣歷史圖像的表層和內裏——特就流求論〉，《臺灣風
　物》，63:3，臺北，2013，頁 13-68。

李俊億，〈澎湖縣可以望見宜蘭縣的論證〉，《雲雀窩》（http://
　phskylark.blogspot.tw/2013/11/20130716-nikon-d7100-vr-zoom-
　nikkor-80.html），2014.3.31 查閱。

李兆良，《坤輿萬國全圖解密：明代測繪世界》，臺北：聯經，
　2012。

李壬癸，《臺灣原住民史，語言篇》，臺中：臺灣省文獻委員會，
　1997。

劉益昌，《淡水河口的史前文化與族群》，八里：臺北縣立十三行博
　物館，2002。

梁嘉彬，〈琉球辨〉，收於《琉球及東南諸海島與中國》，臺中：東
　海大學，1965，頁 199-206。

梁嘉彬，〈宋代「毗舍耶國」確在臺灣非在菲律賓考〉，收於《琉球
　及東南諸海島與中國》，臺中：東海大學，1965。頁 323-336。

黃寬重，〈南宋「流求」與「毗舍耶」的新文獻〉，《中央研究院歷史語言研究所集刊》，57:3，臺北，1986，頁 501-510。

黃時鑒、龔纓晏，《利瑪竇世界地圖研究》，上海：上海古籍，2004。

和田清，〈琉球臺灣の名稱について〉，《東洋學報》，14:4，東京，1924.12，頁 558-581。

和田清，〈再び隋書の流求國について〉，《歷史地理》，57:3，東京，1931.3，頁 203-226。

秋天的故事，〈任恢忠故居、昭靈廟列為福清市文物保護點〉，《看福清 》，（http://news.fqlook.cn/fqnews2011/2011-11-29/111913.html），2015.6.9 查閱。

洗米水布魯斯阿左，〈2012 石垣島與那國島看臺灣之旅〉，《走碎碎念風格的部落格》，（http://toujourstw.pixnet.net/blog/category/1567989），2014.3.31 查閱。

許逸民，〈距 140 公里澎湖遠眺玉山〉，《蘋果日報》，2009 年 7 月 3 日，（http://www.appledaily.com.tw/appledaily/article/headline/20090703/31757618/），2013.8.30 查閱。

許逸民，〈師遠拍中央山脈 驚見煙囪荼毒天空〉，《蘋果日報》，2013 年 11 月 15 日，（http://www.appledaily.com.tw/appledaily/article/headline/20131115/35438796/），2014.3.28 查閱。

趙守棋，《阿棋去當兵：我在海鵬一一七師部隊服役的日子》，臺中：白象，2008。

周婉窈，〈山在瑤波碧浪中──總論明人的臺灣認識〉，《臺大歷史學報》，40，臺北，2007，頁 93-148。

周婉窈，〈陳第《東番記》──十七世紀初臺灣西南平原的實地調查報告〉，收於《海洋與殖民地臺灣論集》，臺北：聯經，2012，頁

107- 150。

陳宗仁，《雞籠山與淡水洋：東亞海域與臺灣早期史研究，1400-1700》，臺北：聯經，2005。

曹永和，〈中華民族的擴展與臺灣的開發〉，收於《臺灣早期歷史研究》，臺北：聯經，1979，頁 1-24。

曹永和，〈早期臺灣的開發與經營〉，收於《臺灣早期歷史研究》，臺北：聯經，1979，頁 71-156。

曹永和，〈歐洲古地圖上之臺灣〉，收於《臺灣早期歷史研究》，臺北：聯經，1979，頁 295-368。

曹永和，〈臺灣早期歷史研究的回顧與展望〉，收於《臺灣早期歷史研究續集》，臺北：聯經，2000，頁 333-358。

曹永和，〈明洪武朝的中琉關係〉，收於《中國海洋史論集》，臺北：聯經，2000，頁 191-232。

伊能嘉矩著，國史館臺灣文獻館編譯，《臺灣文化志，上卷，中譯本修訂版》，臺北：臺灣書房，2011。

游忠霖，〈菓葉日出〉，《沿著菊島旅行》，（http://www.phsea.com.tw/travel/index.php/%E8%8F%93%E8%91%89%E6%97%A5%E5%87%BA%E7%B6%93%E5%85%B8%E7%85%A7%E7%89%87），2014.4.3 查閱。

Attacus，〈臺灣見える〉，《与那國フィールドノート》，（http://ameblo.jp/attacus/entry-10623015501.html），2014.4.13 查閱。

Amjads，〈從馬祖望臺灣〉，《在水一方碧連天》，（http://blog.yam.com/amjads/article/25979713），2013.7.21 查閱。

Amjads，〈從澎湖看群山〉，《在水一方碧連天》，（http://blog.yam.com/amjads/article/23677759），2014.3.28 查閱。

Amjads，〈從與那國島望臺灣〉，《在水一方碧連天》，（http://blog.yam.com/amjads/article/25793994），2014.3.31 查閱。

Jjlu07，《JJ 的山水簿》，（http://blog.xuite.net/jjlu07/mount/102113173-%E5%A4%8F%E8%B1%94%E6%BE%8E%E6%B9%96,+%E6%9D%B1%E5%B6%BC%E5%9D%AA+%E4%B9%8B+%E5%88%B0%E5%B2%B8%E3%80%81%E6%97%A5%E5%87%BA+%E7%AD%89+(2010%2F07)），2014.3.28 查閱。

Nのみんなでワイワイ，〈臺灣が見えた与那國〉，《TI-DA》，（http://latournoriko1.ti-da.net/e2941818.html），2014.4.13 查閱。

作者不詳，〈從馬公港內望向台灣，連海峽彼岸的玉山都看得到！〉，《登山補給站》，（http://www.keepon.com.tw/UploadFile/FileData/7619/8/%7B0258461B-394D-488A-9B69-58745D00506E%7D.jpg），2014.4.12 查閱。

作者不詳，〈澎湖白沙吉貝港口遠眺台灣玉山〉，《登山補給站》，（http://www.keepon.com.tw/UploadFile/FileData/692/8/%7BD6EA9C06-B2CF-4213-8822-3914039285C0%7D.jpg），2014.4.12 查閱。

作者不詳，〈與那國紀行─望鄉情懷〉，《驛前通の測候所》，（http://blog.ltn.com.tw/cwhung/archives/2008/03/），2014.4.13 查閱。

移花接木：臺灣如何失去琉球之名

一、導論

　　臺灣史一大謎題在於，臺灣現蹤於歷史的最初身影為何如此模糊，模糊到史家難以確定臺灣究竟何時進入視野？

　　幾乎所有臺灣史著作都指出中國古籍早有疑似臺灣的記載。《漢書》〈地理志〉言會稽海外有東鯷人，《後漢書》〈東夷列傳〉提及東鯷、夷洲、澶洲，《三國志》〈孫權傳〉言衛溫征伐夷洲、亶洲，《隋書》〈流求國傳〉與〈陳稜傳〉記載朱寬與陳稜先後征流求。這些早期記載誠然含糊到難以確認是否指涉臺灣。

　　但宋元有關臺灣的記載則很難否認。《宋史》〈外國列傳〉言：「流求在泉州之東，有海島曰彭湖，烟火相望」；《元史》〈外夷列傳〉更進一步指出：「瑠求在南海之東，漳、泉、興、福四州界內，澎湖諸島與瑠求相對」；著作《島夷誌略》的元人汪大淵甚至登臨過泉州晉江縣澎湖之東的琉球。

　　易言之，至遲宋代開始，泉州轄屬海島澎湖之東有鄰近島嶼，先後以流求、瑠求、琉球之名出現在中國人的視野裡。同音異字，一方面顯示這三個地名應指同地。另一方面反映這不是官定地名，也非重

要地方，更不入版圖，而大體出於福建人對海外僻地的地方知識。無論如何，澎湖之東，煙火相望，非臺灣莫屬。

但明朝建國後，琉球之名卻被明廷用以稱呼當今日本之沖繩。就在同時，臺灣不僅失去琉球之名，且連替代名稱也游移不定。先稱小琉球，後稱東番等。名稱不一，遠過宋元之同音異字。反映中國人對此一島嶼的認知退化。直到荷蘭人入臺，依閩人用法，稱今臺南安平為大員，臺灣此一島嶼才獲得新定名，由大員而臺灣，以迄於今。

明初琉球之名改屬的後果是，不僅宋元兩代確知的澎湖東方相近島嶼在明人視野裡變成模糊不清，甚至明清兩代朝廷與文人也一致相信稱臣入貢的琉球王國就是古籍上的流求、琉球。而琉球王國正史確實也以此自居。

直到西力東漸，中日現代史學興起，中外史家對於古人所謂流求、瑠求、琉球到底是指臺灣或今琉球才發生爭議。有人認為古籍上流求即臺灣，有人認為是今琉球，有人認為是臺灣與今琉球的共稱。國內學者梁嘉彬、曹永和、周婉窈、杜正勝等都曾對此歷時百年的辯論加以整理闡述，[1] 毋庸在此重複。

為何多數學者承認宋元史料裡的流求、琉球極可能是指臺灣，但卻無法排除流求為今琉球的異議？

主要原因當然是史料太少，寥寥數則。不論如何引用歷史、民族學、語言學、考古學等知識探討，都必須承認此等有限史料對流求方位、地理、民情、語言的描述都極含糊，無從確認其為指涉臺灣或今

---

1 梁嘉彬，〈琉球古今見聞考實〉《東海大學學報》，2.1（1960.6），頁 1-22；梁嘉彬，《琉球及東南諸海島與中國》（臺中：東海大學，1965）；曹永和，〈臺灣早期歷史研究的回顧與展望〉，收於《臺灣早期歷史研究續集》（臺北：聯經，2000），頁 333-358；曹永和，〈明洪武朝的中琉關係〉，收於《中國海洋史論集》（臺北：聯經，2000），頁 191-232；周婉窈，〈山在瑤波碧浪中——總論明人的臺灣認識〉，《臺大歷史學報》，40（2007），頁 93-148；杜正勝，〈臺灣歷史圖像的表層和內裏——特就流求論〉，《臺灣風物》，63.3（2013），頁 13-68。

琉球。但更關鍵原因應是明初琉球一名從臺灣改屬今琉球的怪事。

　　使用千年的地名不會無故改屬他地。只要相信流求即臺灣的所謂臺灣論者無法解釋明初琉球一名為何改屬，也就無法完全排除古流求就是今琉球的可能。

　　而不論如何考證，主張古流求為今琉球的所謂沖繩論者，或古流求為臺灣與今琉球共稱的所謂臺灣琉球總稱論者，最大利器其實就是地名的延續。只要臺灣論者無法解釋地名為何改屬，沖繩論者或總稱論者就自動獲得立足點。寥寥數則史料上模擬兩可的敘述只不過提供了演伸的材料，並非關鍵。

　　對於宋元時明顯指涉臺灣的琉球一名為何在明初改用於今琉球，戰前東京大學教授和田清曾設想，原因在明初奉命招撫琉球的使臣楊載發現臺灣野蠻無文，無從令其稱臣入貢，但又不敢據實回報朝廷。乃以文明程度較高的今琉球代替臺灣，引誘沖繩人以琉球王國之名向明廷稱臣入貢，從而導致琉球一名改屬。和田清此說僅寥寥數語，他也承認這解釋沒有確證，但主張這是最合理推論。[2]為便討論，讓我們權且將和田清這般解釋稱為移花接木說。

　　曹永和曾在〈明洪武朝的中琉關係〉一文否定和田清的移花接木說。主要理由在於，明太祖精明嚴厲，楊載不可能如此大膽欺君。其次，宋代有關流求的記載雖多數指向臺灣，但有少數紀錄似乎指向另一與中國貿易的流求，應該就是今琉球。更其次者，楊載出使琉球前曾兩度出使日本，極可能曾途經今琉球歸國，明太祖透過其報告應已事先對今琉球有所瞭解。海防與馬的需求也可能使明太祖重視琉球的

2　和田清，〈琉球臺灣の名稱について〉，《東洋學報》，14.4（1924.12），頁567-567；和田清，〈再び隋書の流求國について〉，《歷史地理》，57.3（1931.3），頁203-226。

藩屬關係。因此明太祖本來就是派楊載去招撫今琉球，並非被欺。[3]

　　仔細讀之，曹永和對和田清的反駁主要建立在楊載不可能大膽欺君的常理上。其餘貿易、海防、馬、先前琉球見聞等都屬次要，並非關鍵。

　　本文認為，和田清所設想的楊載欺君而移花接木之說確實超出常理。但除此之外，實在無法解釋明初琉球一名的改屬。然若楊載移花接木之說可以成立，則古流求到底是臺灣或今琉球的爭議將大體消失，流求即臺灣之說將難再有爭議。

　　因此，爭議的關鍵，仍在於楊載是否可能欺君而將琉球一名移花接木？

　　楊載是否移花接木，只有楊載本人與明太祖能夠回答。他們兩人既未留下紀錄，歷史證據已永久消失，我們也就永遠無法確認是非。

　　但我們仍可透過前後史實的耙梳，來提高楊載移花接木說的可信度。

　　這當然不是易事。誠如曹永和所言，流求一題百年爭議下來，史料分析與解釋已窮盡，難有新意。但本文以為此事仍有嘗試空間。

　　為增強和田清的楊載移花接木說的可信度，我們將指出下列各點：

　　首先，就地理方位而言，臺灣與福建相對，而今琉球則與浙江相對。但史籍上有關流求、琉球的記載都以福建為出發點，而非浙江。這正指向古人所知的流求是福建外海的臺灣，而非浙江外海的今琉球。

　　其次，臺灣新竹沿海距離福建最近處僅 130 公里，今琉球本島距最近之浙江海岸六百餘公里。從地理知識擴張由近而遠的常理而言，中國古人應會先認識較近、較大、航海之險較小的臺灣，而後及於較遠、較小、較險的今琉球。若他們已認識今琉球並為之命名，必然在

3　曹永和，〈明洪武朝的中琉關係〉。

此之前已認識臺灣並為之命名。但古代中國人對於東南外海並無比流求更近、更大島嶼的知識。故此東南外海最大島嶼流求乃是指涉臺灣的可能遠高於今琉球。

其次，臺灣海峽北窄南寬。臺灣新竹沿海距離福州外島平潭島僅約 130 公里。而澎湖距離金門廈門也是約 130 公里。宋人既已移居澎湖，表示其海上活動已跨越海峽，即使不常登陸臺灣，也對臺灣海岸不可能陌生。考古發掘也顯示宋人到臺灣貿易的遺跡。何況元人汪大淵曾有親臨臺灣的無疑記載。

但古代最可能獲得海外島嶼知識的，並非文人，而是傳統社會裡通常識字極少的漁民、海員。他們沒有文字記述的能力與習慣，與文人間的階級隔閡亦難以跨越，因此他們的海外知識並不易傳入文人圈的主流文化。尤其臺灣直到明朝末年為止對中國的政治經濟毫無影響，海員對臺灣此一海外僻地的經驗知識更難引起文人注意與記述。這解釋了明末以前有關臺灣史料的稀少，但並不能因文人生產的史料稀少而推論福建海員不知道臺灣。

福建海員既對臺灣有清楚知識，就不可能將臺灣與今琉球混為一談。從福建海員觀點而言，臺灣與今琉球二者不論方位與距離都差異懸殊，必然有不同地名。若福建海員居然將臺灣與今琉球混為一談，出海後生還機會應很渺茫。因此，福建人不可能讓臺灣與今琉球共用一名。但今琉球比臺灣更遙遠而更少與中國打交道。明以前有關臺灣的記載已寥寥可數，關於今琉球的記載只可能流傳更少，以致於古代福建人稱呼今琉球的地名沒有流傳於歷史。

另一方面，古代福建海員對流求的地方知識既不易傳播到朝廷與一般文人之間，明初朝廷與一般文人對流求的知識其實也就極端含糊貧瘠。雖然福建海員不可能將臺灣與今琉球混為一談，但朝廷與一般文人未必知道兩者差異。

　　本文設想，福建海員地方知識與朝廷文人主流知識間的嚴重差距，正是楊載可以斗膽移花接木而不被朝廷發覺的主要原因。

　　楊載移花接木的線索之一，在於明清兩朝中琉雙方使臣都從距離京城遙遠的福州或泉州出入，而非從明初都城南京與那霸直航往來。唯一合理解釋在於明初首次遣琉球使臣的目的地是時稱琉球的臺灣，而史料記載琉球在福建外海，而非浙江外海。因此楊載取道福建，從而建立明清兩朝中琉使臣從福建出入的慣例。若楊載出發前已知其目的地是今琉球，他大可從都城南京啟航，經長江口直航那霸，而不必折騰自己陸路取道福建。

　　另一方面，曹永和認為以明太祖之精明嚴厲，楊載應不敢欺君。然而，明太祖似乎始終不知日本國君自稱天皇，而以日本國王之名向他稱臣的懷良親王等人並非日本國君。既然明太祖對日本的知識都如此貧乏而可被蒙蔽，則他對臺灣與今琉球的知識只有更含糊，被蒙蔽也非不可能。何況當時臺灣與今琉球二者在政治、經濟、軍事上都同等微不足道，究竟何者才是真正的古流求其實無關緊要。

　　最後，明清朝廷與琉球王國正史都一致認定琉球王國就是古籍上的流求，顯示明廷所瞭解的楊載任務目的地就是古籍上的流求，也就是臺灣。這正是楊載欺君的文字證據。若楊載並未移花接木，則他就不必假冒琉球之名來稱呼新歸順的海外藩屬。大可使用其國自稱的中山國之名，或使用福建人稱呼今琉球的古地名來稱呼之。而明廷文書應也會記載洪武朝稱臣入貢的琉球王國並非宋元人所謂的流求、琉球。

　　總之，本文目的在於透過前後史實的檢討來強化楊載移花接木一說的可信度。楊載的移花接木固然離奇，但衡諸各項史實，並非不可能。如果楊載移花接木之說成立，則古流求即臺灣將少疑義。

二、古籍上的夷洲與流求

中國古籍常言東方海中有島嶼，如《史記》〈秦始皇本紀〉言，始皇 28 年「齊人徐市等上書，言海中有三仙山，名曰蓬萊、方丈、瀛洲」。[4] 齊國在今山東。華北東方海外島嶼，不論名稱為何，不可能是臺灣。後世將臺灣譽為蓬萊，只能說是附會。

秦漢之際中國文化中心在華北，當時華夏文明視野之內沒有臺灣並不奇怪。比較可能涉及臺灣的古史記述，應是以華南為出發點者比較合理。

《漢書》〈地理志〉言，吳地「會稽海外有東鯷人，分為二十餘國，以歲時來獻見云」。[5]《後漢書》〈東夷列傳〉亦記，「會稽海外有東鯷人，分為二十餘國。又有夷洲、澶洲……人民時至會稽市。會稽東冶縣人有入海行遭風，流移至澶洲者。所在絕遠，不可往來」。[6] 漢代會稽郡大約今之閩浙。東鯷、夷洲、澶洲在會稽之東，只能說是大方向，確實方位遠近未詳。今琉球、臺灣、及浙江外海眾多島嶼都是可能地點，無從確認何者為何。東冶即福州，是漢代中國與南海貿易樞紐。[7]

《三國志》〈吳志〉〈孫權傳〉記載，「黃龍二年（230）春正月……遣將軍衛溫、諸葛直將甲士萬人浮海求夷洲及澶洲。澶洲在海中……其上人民，時有至會稽貨布，會稽東冶縣人海行，亦有遭風流移至澶

4　（漢）司馬遷著，裴駰集解，司馬貞索隱，張守節正義，《新校本史記三家注并附編二種》（臺北：鼎文，1981），頁 247。

5　（漢）班固著，顏師古注，楊家駱主編，《漢書》（臺北：鼎文，1986），頁 1669。

6　（後漢）范曄著，李賢等注，司馬彪補志，楊家駱主編，《新校本後漢書并附編十三種》（臺北：鼎文，1981），頁 2822。

7　出自〈鄭弘傳〉，見（後漢）范曄著，李賢等注，司馬彪補志，楊家駱主編，《新校本後漢書并附編十三種》，頁 1156。

洲者。所在絕遠，卒不可得至。但得夷洲數千人還」。[8]

《隋書》〈東夷列傳流求國〉記載，「流求國居海島之中，當建安郡東，水行五日而至」。並記大業三年煬帝令羽騎尉朱寬入海求訪異俗，因到流求國，掠一人而返。[9]《隋書》〈陳稜傳〉也記載，陳稜與張鎮周於大業六年（610）率東陽兵萬餘人由義安泛海征流求，虜數千人而歸。[10]

三國之夷洲與隋之流求究係臺灣或今琉球，至今爭議未決。[11]

中國史籍有關臺灣的記載而較少爭議者，始於宋代，而往往涉及澎湖。

樓鑰〈汪大猷行狀〉與周必大〈汪大猷神道碑〉均言，乾道七年（1171）汪大猷任泉州知府，因海中島嶼平湖受島夷毗舍邪侵擾，而在平湖駐軍，並剿滅來犯之毗舍邪。[12]乾道八年（1172）任廣西提刑獄的林光朝在其〈陛辭劄子〉也報告，毗舍耶不知其來處，不僅侵襲平湖，且入犯泉州近郊之北鎮。甚至潮惠一帶也因之戒嚴。[13]

8　（三國）陳壽著，裴松之注，楊家駱主編，《三國志》（臺北：鼎文，1980），頁 1350,1383。

9　（隋）魏徵等著，楊家駱主編，《新校本隋書附索引》（臺北：鼎文，1980），頁 1822-1825。亦見方豪，《臺灣早期史綱》（臺北：學生，1994），頁 22-24。

10　（隋）魏徵等著，楊家駱主編，《新校本隋書附索引》，頁 1519。

11　較晚近討論見周婉窈，〈山在瑤波碧浪中——總論明人的臺灣認識〉；及杜正勝，〈臺灣歷史圖像的表層和內裏——特就流求論〉。

12　（宋）樓鑰，《攻媿集》（中國基本古籍庫，清武英殿聚珍版叢書本），〈敷文閣學士宣奉大夫致仕贈特進汪公行狀〉，頁 765-776；（宋）周必大，《文忠集》（中國基本古籍庫，清文淵閣四庫全書本），〈敷文閣學士宣奉大夫贈特進汪公大猷神道碑〉，頁 560-564。原見方豪，《臺灣早期史綱》，頁 33-34；及曹永和，〈早期臺灣的開發與經營〉收於《臺灣早期歷史研究》（臺北：聯經，1979），頁 71-156。上述宋代記述被收入《宋史》卷 400〈汪大猷傳〉，及卷 491〈流求國列傳〉。但〈汪大猷傳〉僅言毗舍邪劫掠泉州海濱居民，大猷造屋駐軍，未指名澎湖。〈流求國列傳〉言其旁毗舍邪國劫掠泉州海濱數地，亦未言澎湖。似可推論《宋史》相關著者對於此事之瞭解遠比樓鑰、周必大等人含糊。見（宋）脫脫等著，楊家駱主編，《新校本宋史并附編三種》（臺北：鼎文，1980），頁 12145,14127。

13　（宋）林光朝，〈輪對劄子〉，收於黃淮、楊士奇等編，《歷代名臣奏議》

　　宋理宗寶慶元年（1225）泉州市舶使趙汝适撰《諸蕃志》，除轉抄《隋書》資料於〈流求國〉條目外，另有〈毗舍耶〉條。他說泉州晉江縣之彭湖與毗舍耶密接，煙火相望，常受寇掠。淳熙年間（1174-1189）毗舍耶曾侵擾泉州海濱。但趙汝适將流求與毗舍耶並列，並未交代兩者關係。[14]

　　泉州晉江縣轄下東方外島平湖、彭湖顯然都指澎湖。故可確定汪大猷時澎湖已有漢人與駐軍。澎湖距臺灣西南部海岸約 50 公里，距離廈門外島金門約 130 公里，相當於新竹海岸與福州外島平潭島之間的距離。宋人既能移住澎湖，表示其航行至臺灣海岸並不困難。即使不登陸，也不可能對臺灣海岸陌生。

　　趙汝适說澎湖與毗舍耶煙火相望，也在宋代其他文書獲得佐證。紹定五年（1232）知泉州的真德秀，在〈申樞密院措置沿海事宜狀〉不僅提到毗舍耶侵擾泉州海濱，且言毗舍耶「其地闞臨大海，直望東洋，一日一夜可至彭湖。彭湖之人，過夜不敢舉煙，以為流求國望見，必來作過」。[15]因此，真德秀知道毗舍耶來自流求，而流求在澎湖之東，煙火相望。這應是臺灣，而不可能是今琉球或南洋任何島嶼。今琉球群島與澎湖間隔著臺灣島，不可能互望。今琉球群島若與中國沿海互望，應該是與浙江的外島互望較合理。南洋群島最北的呂宋島，距澎湖六百公里以上，也難煙火互望。

　　（中國基本古籍庫，清文淵閣四庫全書本），頁 7044-7045。原見黃寬重，〈南宋「流求」與「毗舍耶」的新文獻〉，《中央研究院歷史語言研究所集刊》57.3（1986）：501-510。《宋史》〈林光朝傳〉記其於乾道 8 年（1172）任廣西提點刑獄。見（宋）脫脫等著，楊家駱主編，《新校本宋史并附編三種》，頁 12862。

14　（宋）趙汝适《諸蕃志》（中國基本古籍庫，清學津討原本），頁 20-21。原見方豪，《臺灣早期史綱》，頁 34-5。

15　（宋）真德秀，《西山文集》（中國基本古籍庫，四部叢刊景明正德刊本），頁 106。原見方豪，《臺灣早期史綱》，頁 32；及曹永和，〈早期臺灣的開發與經營〉，頁 99-100。

　　宋代梁克家在福州方志《三山志》記載福清縣西南之興化灣海濱，亦言「昭靈廟下，光風霽日，窮目力而東，有碧拳然，乃流求國也。每風暴作，釣船多為所漂，一日夜至其界……今海中大姨山，夜忌舉火，慮其國望之而至也」。[16]

　　綜合前引宋代紀錄，流求不僅與澎湖煙火相望，甚至興化灣口居民都自認與流求煙火相望。而來自流求的毗舍耶不僅侵擾澎湖，且侵擾閩粵沿海，北起興化灣，南至潮惠。為時跨越乾道至紹定間，至少60年。

　　當然，趙汝适《諸蕃志》將流求國與毗舍耶並列，似乎成為日後《宋史》〈外國列傳七〉裡兩者並列的根據。〈外國列傳七〉言「流求國在泉州之東，有海島曰彭湖，烟火相望……無他奇貨，商賈不通……旁有毗舍邪國，語言不通」。[17]

　　在泉州與澎湖之東，這絕非今琉球，而是臺灣無疑。宋代這地理知識已很明確。而「無他奇貨、商賈不通」，也指出中國人對臺灣不感興趣與缺少細節記載的理由。

　　但既知此島存在，無論如何文明未開，偶有海商登陸貿易也很自然。乾隆中葉臺灣海防同知朱景英言：「臺地多用宋錢，如太平、元祐、天禧、至道等年號……相傳初闢時，土中有掘出古錢千百甕者，或云來自東粵海舶。余往北路，家僮於笨港口海泥中得錢數百……乃知從前互市，未必不取道此間」。[18]可見宋代已有少數漢人至笨港等地貿易，但未留下記載。

　　晚近考古發掘顯示，距今約 1500-1000 年的臺灣十三行文化早期

16　（宋）梁克家，《三山志》（中國基本古籍庫，清文淵閣四部全書本），頁 53-54。原見方豪，《臺灣早期史綱》，頁 32。

17　（宋）脫脫等著，楊家駱主編，《新校本宋史并附編三種》，頁 14127。

18　（清）朱景英著，臺灣銀行經濟研究室編，《海東札記：臺灣文獻叢刊 19》（臺北：臺灣銀行，1958），頁 52。原見方豪，《臺灣早期史綱》，頁 36-37。

遺址出土許多唐宋遺物，包括錢幣、青銅器、瓷器等。十三行文化中期遺址考古甚至顯示，宋元至明中葉之間，品質較佳之中國陶瓷輸入大增，以致於臺灣本土製陶器數量大減。直到明中葉海禁妨礙中國陶瓷輸入，十三行文化晚期遺址才見本土陶器數目復增。[19]晚近考古學者劉益昌等人根據大坌坑考古發掘所得更指出，相當北宋末期與南宋初期的 11 世紀後葉與 12 世紀，大坌坑出現許多來自浙江、福建、江西的陶瓷器。11 世紀末期者較少，主要為 12 世紀產品。相當南宋中後期的 12 世紀後葉與 13 世紀則出現大量的浙江與福建陶瓷器，與在日本九州、今琉球出土者驚人的類似。相當於南宋末期至明初的 13 世紀末至 14 世紀則出現來自浙江、福建、江西的陶瓷。[20]

　　總言之，中國海商至遲在宋代已與臺灣原住民建立穩定貿易關係，包括北部之十三行與南部笨港。雖未留下文字紀錄，但可推論福建海員對臺灣應有相當清楚知識。

　　雖然宋代福建人對臺灣有相當清楚的地方知識，但這地方知識並不易傳播給泉州以外一般文人。方豪指出，宋末馬端臨《文獻通考》對流求的記述，都是雜採《隋書》、《諸蕃志》等湊成，敘述比前人更含糊不確。甚至《宋史》也承襲了這抄襲矛盾的問題。[21]

　　宋代的流求，到了元代改稱瑠求。《元史》〈外夷列傳三瑠求〉記載：「瑠求在南海之東，漳、泉、興、福四州界內，澎湖諸島與瑠求相對，亦素不通。天氣清明時，望之隱約，若煙若霧，其遠不知幾千里也。西南北岸皆水，至澎湖漸低，近瑠求則謂之落漈，漈者水趨下而不回也。凡西岸漁舟至澎湖已下，遇颶風發作，漂流落漈，回者

19　劉益昌，《淡水河口的史前文化與族群》（八里：臺北縣立十三行博物館，2002），頁 118-131。

20　王淑津、劉益昌，〈大坌坑遺址出土十二至十四世紀中國陶瓷〉，《福建文博》，2010.1，頁 45-61。

21　方豪，《臺灣早期史綱》，頁 39-43。

百一。瑠求在外夷最小而險者也，漢唐以來，史所不載，近代諸番市
舶不聞至其國者」。世祖至元二十九年，海船副萬戶楊祥奉命征撫瑠
求。經澎湖，登陸瑠求，與居民小規模交戰而還。又言「成宗元貞三
年，福建省平章政事高興言，今立省泉州，距瑠求為近，可伺其消息，
或宜招宜伐，不必它調兵力，興請就近試之。九月，高興遣省都鎮撫
張浩、福州新軍萬戶張進赴瑠求國，禽生口一百三十餘人」。[22]

　　另一方面，元人汪大淵經歷南洋各地後，著《島夷誌略》以記見
聞。開端就列舉澎湖，「自泉州順風二晝夜可至」，屬泉州晉江縣，
至元間（1335-1340）立巡檢司。繼又言琉球，「地勢盤穹，林木合抱。
山曰翠麓、曰重曼、曰斧頭、曰大崎。大崎山極高峻，自澎湖望之甚
近」。並言其貿易之貨，「用土珠、瑪瑙、金珠、粗碗、處州瓷器之
屬」。因此，可以確認，汪大淵親臨琉球，而琉球是「自澎湖望之甚
近」。這不可能是今琉球，而是臺灣無疑。[23] 汪大淵稱臺灣為琉球，
顯然是從過去流求、瑠求而來。元人甚至已為臺灣山峰命名，表示有
人反覆到臨，最可能者當然是商人。

　　更有甚者，汪大淵的島夷記事，從離中國大陸最近的澎湖開始，
次及琉球，再南向記述今菲律賓之三島、麻逸，再及南洋與印度洋各
地。但並未提及北向的日、韓或今琉球。以汪大淵之採同方向由近而
遠的敘事方式，如果他的琉球是指今琉球，則在今琉球之後，敘及今
菲律賓各地前，應會先提到夾在中間的臺灣，不論名稱為何。但在其
所記琉球與菲律賓三嶼之間，並無任何可被解讀為臺灣者。更可推論
汪大淵所謂的琉球是臺灣。汪大淵使用琉球，而非流求、瑠求，可見

22　元貞三年亦即大德元年。〈成宗本紀〉記伐瑠求次年遣歸俘虜。見（元）宋濂等
　　著，楊家駱主編，《新校本元史并附編二種》，頁 409,414,4667-4668。

23　（元）汪大淵著，蘇繼廎校釋，《島夷誌略校釋》（北京：中華，1981），頁
　　13-17。亦見方豪，《臺灣早期史綱》，頁 47-49。

三者只是同音異字。臺灣既未入中國版圖，也通商有限。官方對其少有興趣，沒有明確名稱。福建人口耳相傳，是以音同而用字各異。

曹永和同意宋元所謂琉球大多指臺灣。但此流求是「無他奇貨、商賈不通」，然宋元有數則史料記載與流求間其實有通商，因此懷疑宋元還有另一個流求。[24]

曹永和據以認定另一個流求存在的史料，一是北宋蔡襄《荔枝譜》提到荔枝加工外銷：「福州種殖最多……若後豐寡商人知之，不計美惡，悉爲紅鹽者，水浮陸轉，以入京師。外至北戎、西夏。其東南舟行新羅、日本、流求、大食之屬」。[25]

其二則為李復〈與喬叔彥通判〉言：「某嘗見張丞相士遜知邵武縣日，編集閩中異事云：泉州東至大海一百三十里，自海岸乘舟，無狂風巨浪，二日至高華嶼。嶼上之民，作鯊臘⊠鱔者千計。又二日至䵣嶼，䵣形如玳瑁。又一日至流求國，其國別置館於海隅，以待中華之客。每秋天無雲，海波澄靜，登高極望，有三數點如覆釜。問耆老，云是海北諸夷國，不傳其名。流求國，隋史書之不詳。今近相傳所說如此，去泉州不甚遠，必有海商往來」。[26]

類似但更含糊者尚有元代楊翮〈送王庭訓赴惠州照磨序〉言：「世傳嶺南諸郡近南海。海外真臘、占城、流求諸國蕃舶咸至。象、犀、珠璣、金貝、名香、寶布，諸凡瑰奇珍異之物，寶於中州者，咸萃于是。

---

24 伊能嘉矩著，國史館臺灣文獻館編譯，《臺灣文化志，上卷，中譯本修訂版》（臺北：臺灣書房，2011），頁 20-22；方豪，《臺灣早期史綱》，頁 43；曹永和，〈中華民族的擴展與臺灣的開發〉，收於《臺灣早期歷史研究》（臺北：聯經，1979），頁 1-24；曹永和，〈明洪武朝的中琉關係〉。

25 （宋）蔡襄，《荔枝譜》（中國基本古籍庫，宋百川學海本），頁 2。原見曹永和，〈明洪武朝的中琉關係〉，頁 199。

26 （宋）李復，《潏水集》（中國基本古籍庫，清文淵閣四庫全書本），頁 42-43。原見曹永和，〈明洪武朝的中琉關係〉，頁 200。

然其地特多瘴癘，又猱獠出沒，為生人患。曩時士大夫率憚往官焉。」[27]

　　曹永和即根據蔡襄、李復、楊翩等之文，認為宋元除了「無他奇貨、商賈不通」的流求之外，似乎還有另一個與中國通商的流求。易言之，兩個流求共用一名。為此留下明初楊載出使第二個流求的伏筆。

　　本文以為，曹永和這般解讀，似乎過度強調了所謂臺灣「無他奇貨、商賈不通」之說。一般人敘事難免簡化。「無他奇貨、商賈不通」未必指完全沒有通商，而僅是強調貿易稀少。前引《後漢書》〈東夷列傳〉言，「又有夷洲、澶洲……人民時至會稽市。會稽東冶縣人有入海行遭風，流移至澶洲者。所在絕遠，不可往來」。[28] 若果真「不可往來」，又如何知道有人飄移至彼？顯然是有人來往過，才知澶洲存在。可見所謂「所在絕遠，不可往來」只是簡化的形容，並非真的完全沒有往來。同理，臺灣「無他奇貨、商賈不通」之說，也是通商很少的簡化說法，不能僵化解釋為完全沒有通商。

　　何況前述清代臺灣出土宋錢，晚近十三行考古遺址出土唐宋以來中國產物，顯示宋代確與臺灣有貿易。而蔡襄、李復等直接提及流求貿易的記述又如此稀少，顯示貿易量確實低。易言之，宋人與臺灣確有貿易，但稀少到當代記錄僅蔡襄、李復等寥寥數筆，以致多數人可以過度簡化的說臺灣是「無他奇貨、商賈不通」。這並不需假定第二個流求的存在。何況元代汪大淵登陸臺灣，言華人至此貿易，更排除第二個流求存在的必要。

　　其次，臺灣面積三萬餘方公里，平原面積約一萬方公里。今琉球本島面積僅 1206.49 平方公里，3 分之 2 土地為丘陵，多山程度僅略

27　（元）楊翩，《佩玉齋類稿》（中國基本古籍庫，清文淵閣四庫全書本），頁27-28。原見曹永和，〈明洪武朝的中琉關係〉，頁 204。

28　（後漢）范曄著，李賢等注，司馬彪補志，楊家駱主編，《新校本後漢書并附編十三種》，頁 2822。

低於臺灣。以同樣史前原始社會的低生產力，偏北較冷的今琉球可養活人口的土地遠小於臺灣，故史前今琉球的人口遠少於臺灣，市場規模遠小於臺灣。若同樣與中國貿易，今琉球的貿易量應遠低於臺灣，被中國文人注意記載的機率也遠低於臺灣。要說宋代文人會不知較近、較大的臺灣貿易，而卻注意到更遠而規模更小的今琉球貿易，不免違反常理。

再其次，所謂相距甚遠的今琉球與臺灣兩地會共用一個地名之說，也完全違反了航海常理。京城的文人或可能對遙遠的東方海外島嶼認知含糊，將數地混為一談。但海員出海，必須有精確的地理知識，否則不僅無法到達目的地，連生還都成疑問。對福建海員而言，臺灣與今琉球二者方位與距離差異懸殊，他們不可能將兩者混用同一地名。何況唐宋以來中國對遙遠的南海各地都可分辨地名，汪大淵《島夷誌略》甚至逐一羅列印度洋諸國，宋元海員豈可能對較近的臺灣與今琉球反而兩地共用一名？

論者或謂，西班牙人與葡萄牙人在世界各地屢屢重複使用福爾摩沙與聖第牙哥之名，兩地共用一名並非罕見。但這說法忽略了上述同名地點都在地球上相距甚遠的區域，不會造成航海時的混淆。沒有海員會在航海時混淆臺灣此一福爾摩沙與南美洲的另一福爾摩沙。但臺灣與今琉球在相連海域，遠方文人或可對之混用一名，福建海員為航海需求勢必對之有明確的不同稱呼。

最後，曹永和所據的前引李復之文，明言流求「去泉州不甚遠」。這顯然比較可能是指距離泉州不足兩百公里的臺灣，而非距泉州約八百公里的今琉球。今琉球比臺灣更遠離中國海岸，距離數倍，航海之險遠逾臺灣。唐代中期日本遣唐使採南島路來回，從九州出航南行至今琉球本島之北的奄美大島後西行橫越東海，每次二至四艘使船同行，

幾乎每次都有船難。[29] 明清兩代使臣來往福建與今琉球之間，也往往
有九死一生的瀕臨海難經驗。[30] 東海之險甚至使明清兩代琉球人將來
往中國的「唐旅」等同冥土之旅而相互推辭。[31] 這般連使臣巨舟都覺
遙遠危險的旅程，豈是李復輕描淡寫的「去泉州不甚遠」？相對於今
琉球航海之險，宋代趙汝适言侵擾澎湖與泉州的毗舍耶「不駕舟楫，
惟以竹筏從事，可摺疊如屏風，急則群昇之，汹水而遁」。[32] 可以駕
駛如此簡陋的竹筏到澎湖或泉州劫掠的流求人，難道不是來自「去泉
州不甚遠」的臺灣嗎？日本琉球學始祖新井白石雖認定宋人所謂流求
是今琉球，但連他也認為今琉球距澎湖太遠，不可能煙火互望，而且
所謂從今琉球駕駛竹筏到泉州劫掠是航海技術上不可行的誤傳。[33]

　　就歷史傳承而言，元人之瑠求、琉球應該是宋人流求的同音異字。
宋元更替之際，宋之泉州地方官不戰而降，泉州未經大亂。[34] 泉州人
對流求的知識應可完整傳遞。

　　除非因為戰爭或巨大天災導致慘重的社會倒退，人類社會的知識

---

29 木宮泰彥著，陳捷譯，《中日交通史》（高雄：復文，1984），頁 103-110；古
　　瀬奈津子著，高泉益譯，《遣唐使眼中的中國》（臺北：商務，2005），頁 3-10。

30 如明代陳侃、郭汝霖、蕭崇業、夏子陽的經歷，見（明）陳侃，《使琉球錄》，
　　收於臺灣銀行經濟研究室編，《使琉球錄三種：臺灣文獻叢刊 287》（臺北：臺
　　灣銀行，1957），頁 1-52，見頁 13-15,20；（明）郭汝霖，《郭汝霖使琉球錄》
　　（那霸：球陽研究會，1969），頁 24-25；（明）蕭崇業，《使琉球錄》收於臺
　　灣銀行經濟研究室編，《使琉球錄三種：臺灣文獻叢刊 287》（臺北：臺灣銀
　　行，1957），頁 53-170，見頁 75-76；（明）夏子陽，《使琉球錄》，收於臺灣
　　銀行經濟研究室編，《使琉球錄三種：臺灣文獻叢刊 287》（臺北：臺灣銀行，
　　1957），頁 171-290，見頁 225-227。

31 學者估計，明清五百年間，琉球人到訪中國者約 20 萬人。海難頻傳，使琉球人
　　視「唐旅」近乎是冥土之旅的同義詞。見比嘉實，《「唐旅」紀行：琉球進貢使
　　節の路程と遺跡、遺跡の調査》（東京：法政大學沖繩文化研究所，1996），頁
　　3,11。

32 （宋）趙汝适，《諸蕃志》，頁 20-21。

33 （清）新井君美，《南島志》，收於新文豐出版社編，《叢書集成續編，第 245 冊》
　　（臺北：新文豐，1991），頁 359-382，見頁 369。

34 見〈元世祖本紀〉，（元）宋濂等著，楊家駱主編，《新校本元史并附編二種》，
　　頁 189。

普遍呈現逐漸累積、澄清的過程。我們應可合理假定福建人對東方外海島嶼的知識應是逐漸累積與澄清。宋元福建很多人顯然知道流求、瑠求、琉球處在當今臺灣的位置，而非今琉球。

另一方面，隋代陳稜從福建之南的潮洲出發征流求，其知識應是福建人地方知識的一環。因此，隋唐福建人所理解的流求，也就是陳稜征伐的流求，應該一脈相傳成為宋人所知的流求。它們都指臺灣，而非今琉球。我們無法在此更進一步討論隋代之事，但不妨將之提出，作為刺激往後研究的假說。

三、今琉球失落的古名

若宋元的流求、琉球是指臺灣，則當時今琉球的地名為何？

今琉球最初出現在史籍，是唐代鑑真和尚東渡日本時，以時稱阿兒奈波島的今琉球本島作為從蘇州到九州的中繼站。

唐天寶十二年（753）鑑真和尚受日本遣唐使之邀，搭乘其歸國使船赴日。自蘇州黃泗浦啟航，四舟同行。十一月「十五日壬子，四舟同發，有一雉飛第一舟前，仍下矴留，十六日發。廿一日戊午，第一第二兩舟同到阿兒奈波島，在多禰島西南。第三舟昨夜已泊同處。十二月六日南風起，第一舟著石不動，第二舟發向多禰去。七日至益救島。十八日自益救發，十九日風雨大發，不知四方。午時，浪上見山頂。廿日乙酉午時，第二舟著薩磨國阿多郡秋妻屋浦。廿六日辛卯，延慶師引大和上入太宰府」。阿兒奈波島據考證便是今琉球本島，多禰島與益救島則為今琉球北端之種子島與屋久島，秋妻屋浦在九州南端之鹿兒島，太宰府在九州中部。[35]

35　（唐）真人元開著，梁明院校注，《唐大和上東征傳校注》（揚州：廣陵書社，

　　鑑真東渡是日本佛教史大事，且搭乘遣唐使船，同行僧眾 24 人。其航行紀錄乃外交使團官方紀錄，應相當嚴謹，遠非一般雲遊僧人或墨客之個人筆記可擬。更有甚者，既搭乘使船，同行使團成員與船員對東海史地與航路之理解應是當年之最。故鑑真的航行紀錄深值參考。

　　鑑真東渡紀錄顯示，使團從蘇州四舟齊發，五天後三舟先後到達阿兒奈波島停泊。顯然這是依計畫順利到達，而非在風暴中迷航而至。若是迷航，不可能三舟在短時間內先後到達同地。何況東航紀錄載從阿兒奈波島前往九州路上遭風雨，但並未記載從蘇州前往阿兒奈波島路上遇風雨。可見從蘇州航向阿兒奈波島是預定計畫，而非遭風暴迷航所致。

　　檢視地圖，蘇州、阿兒奈波島、太宰府三點構成近乎等邊三角形。若遣唐使團目的地為九州中部之太宰府，則從蘇州經阿兒奈波島前往九州南部，乃是航行等邊三角形之兩邊，海上航程為從蘇州直航九州中部之加倍。使團為何選擇如此曲折而較遠的航路？原因或在配合風向。11 月是東北季風時節，從蘇州取東南方向利用側風航行去阿兒奈波島，而後續採側風北行去九州，遠比從蘇州取東北東方向逆風直航九州更可行。在公認不利航行的東北季風時節橫越東海，並選擇曲折航路，表示使團熟知東海航路。另一方面，使團事先計畫以阿兒奈波島為中繼站，顯然對當地已有相當認識，應該已有日本人與當地交往過。

　　而鑑真出身揚州，正是當年東海海運重鎮。鑑真東渡努力長達 12 年方成功。天寶七年第五次企圖東渡時，甚至遭遇風暴而從舟山群島飄至海南島。[36] 各種理由相加，鑑真與從者對海上種種應有相當知識

　　2010），頁 99-114。

36　（唐）真人元開著，梁明院校注，《唐大和上東征傳校注》，頁 6,50-57。

與關懷。若阿兒奈波島即隋之流求，東渡紀錄似乎沒有理由不提。

　　但記載鑒真東渡的《唐大和上東征傳》是日本人寫給日本人看的，並非中國史料。如果我們承認前述中國古籍上宋代以前的夷洲、流求等迄今無法確認到底是指臺灣或今琉球，則在明朝使臣到達今琉球之前，中國並無任何有關今琉球的確切記載。但這並不意指今琉球在明朝以前與文明世界沒有接觸。

　　晚近考古顯示，今琉球在 11 世紀後半與 12 世紀已開始受到中國與日本間貿易的關連，出土白磁碗，共伴著德之島生產的類須惠器與九州產的滑石製石鍋等。[37] 從 12 世紀末、13 世紀初（約當南宋）開始出現中國陶瓷器。13、14 世紀時（元代）遺址中陶瓷器數量與種類增加。明以後陶瓷出土遽增。中國陶瓷多來自閩浙，種類齊一，顯示貿易主導權在賣方。由華人輸入，非琉球人出海所購。[38]

　　晚近考古學者劉益昌等人指出，臺灣北部大坌坑遺址出現甚多相當北宋末期到南宋的 11 世紀後葉至 13 世紀來自浙江、福建、江西的陶瓷器，與在日本九州、今琉球出土者驚人的類似。因此推論 11 世紀後葉起，中國海商從福建出航，前往日本貿易，沿途可能停靠臺灣北部與今琉球，進行小規模貿易。[39]

　　將前節所述宋元兩代與臺灣貿易的記述同時列入考慮，我們可以推論，至遲宋元兩代，中國海商應已分別與臺灣及今琉球建立長期但小規模的貿易。既長期貿易，則海員應對臺灣與今琉球各有專屬地名。需要精確地理知識的海員絕不可能將方位及距離差異懸殊的臺灣與今

37　後藤雅彥、邱鴻霖，〈從沖繩考古學的現狀看與臺灣考古學的接點〉，《考古人類學刊》，68（2008），頁 137-148。

38　陳宗仁，《雞籠山與淡水洋：東亞海域與臺灣早期史研究，1400-1700》（臺北：聯經，2005），頁 47-48。

39　王淑津、劉益昌，〈大坌坑遺址出土十二至十四世紀中國陶瓷〉，《福建文博》，2010.1，頁 45-61。

琉球共用一名，因為這形同航海自殺。

另一方面，今琉球與宋元的民間貿易雖然可能對今琉球的歷史發展有重大影響，但對中國朝廷與文人主流文化而言卻微不足道。

理由在於，臺灣離福建近處僅 130 公里，今琉球距離浙江海岸卻將近 600 公里。今琉球遠比臺灣更遠離中國海岸，也更遠離中國對外貿易主要航道，土地更小，更偏北寒冷而物產更貧乏，與中國貿易極可能規模也更小。

前述宋元福建海員與海商對臺灣應有相當清楚的地方知識，但這地方知識卻難以傳入朝廷與文人的主流文化。如果較近、較大的臺灣在宋元主流文化的記述裡也不過寥寥數語，則較遠、較小的今琉球被宋元主流文化完全忽視並不奇怪。如果前引毗舍耶侵擾閩粵兩省海濱至少 60 年的外患大事都沒有出現在宋代正史裡，則今琉球此等海外僻地被完全忽視又何異之有？

總之，今琉球在宋元兩代海員的地方知識裡應有專屬地名，不是流求或琉球，但這地名沒有傳進宋元朝廷與文人的主流文化，被歷史遺失了。

宋元所謂流求、琉球不太可能指涉今琉球的另一理由在於，既然今琉球遠比臺灣更遠離中國，航海之險遠逾臺灣，則從地理知識擴張由近而遠的常理而言，中國海員應該會先認識較近的臺灣，而後及於較遠的今琉球。

古代中國海外貿易主要對象在南洋。來往華東與南洋間之眾多船舶，必須穿越臺灣海峽，但卻沒有理由遠航東海外緣而接近今琉球。眾多海員目視見及或甚至遇風吹至臺灣的機會遠高於目視或吹至今琉球的機會。更有甚者，若被風吹至臺灣，則再度返回一兩百公里外的大陸並非不可能。但若被吹到今琉球，則再度跨越六百多公里寬的東海回到文明世界來報告海難經驗的存活率更低。易言之，古代中國人

對臺灣的認識應遠多、遠早於對今琉球的認識。如果中國人已知今琉球，則應更早知道臺灣。若古人所認知的流求、琉球是指今琉球，則古人應該有另一地名以稱呼更近、更大、更早發現的臺灣。但中國人對東南外海島嶼的知識，並無比流求更近、更大、更早發現的島嶼存在。因此宋元之流求、琉球就是指臺灣。堅持古人所謂流求、琉球是指今琉球的所謂沖繩論者，既然不能指出當時另一用來指稱臺灣的地名，就已經違反了海外知識擴張由近而遠的常理。

　　總之，今琉球的古名極不可能是流求或琉球，宋元海員應該對之有其他不同名稱。但由於其與宋元的貿易往來太稀薄，遠少於彼時稱流求、琉球的臺灣，難以引起中國文人注意，未入文獻，以致於今琉球的古名被歷史遺忘了。

　　但除了中國，今琉球還有另一文明來源。

　　清順治年間成書之琉球王國官史《琉球國中山世鑑》，及據此於康熙年間改寫成書之《中山世譜》，都說浦添按司尊敦於南宋淳熙十四年（1187）稱王，為舜天王。[40]

　　《中山世譜》亦記載琉球之英祖時代，即宋咸淳年間（1265-1274），外來僧侶禪鑑在浦添創立極樂寺，引入佛教。元末明初，日僧賴重法印到琉球，創設波上山護國寺。[41] 近代學者上山賢一則稱禪

40　（清）向象賢，《琉球國中山世鑑》，收於殷夢霞、賈貴榮、王冠編，《國家圖書館藏琉球資料續編，上冊》（北京：北京圖書館，2002），頁 823-1016，見頁863；（清）蔡鐸等編，《中山世譜》，收於殷夢霞、賈貴榮、王冠編，《國家圖書館藏琉球資料續編，下冊》（北京：北京圖書館，2002），頁 1-622，見頁45-46,66。

41　「咸淳年間……先是一僧名禪鑑，不知何處人，駕舟飄至那霸。王命構精舍于浦添，名極樂寺。令禪鑑禪師居焉。是我國佛僧之始也。」見（清）蔡鐸等編，《中山世譜》，頁 71-72。18 世紀編撰的《琉球國由來記》所收〈諸寺舊記序〉則言禪鑑可能是朝鮮人或日本人，見（清）外間守善、波照間永吉編，《定本琉球國由來記》（東京：角川，1997），頁 174。至於護國寺，「本國嘗建寺於波上山，名曰護國寺。先是一僧到國，名叫賴重法印，蓋日本僧也。我國創建此寺，以為開山住持。至其年代，不可委考。然記賴重於洪武十七年入滅。則元朝之末，明朝之始，到國建寺無疑」。見（清）蔡鐸等編，《中山世譜》，頁 86-87。《中

鑑與賴重法印到琉球分別是 1265 年 1365 年，並言日本僧侶不僅引入佛教，並傳入漢字。[42]

但《中山世譜》與《中山世鑑》的史前史有許多神話與附會之說，許多學者並不確信。宮田俊彥指出，鑑真東渡經過阿兒奈波島是今琉球本島首次出現於歷史。此後直到明使到達，之間其他史料並不能確認真實。[43]

但不論琉球王國史書是否可靠，今琉球與日本間的歷史關係應該比其與中國關係更深遠。

檢視地圖，今琉球本島距最近之浙江海岸約 600 公里，中間空無一物。帆船航程 5 至 10 日，中途氣象變化難測而危險。但今琉球本島距日本九州島南端之鹿兒島半島不過約 500 公里。中間列島串連，各島相距多僅三四十公里。相隔較遠的橫當島與奄美大島之間也不過約 50 公里。天晴時在高處可以鄰島互望，[44] 彼此在半天至一天的帆船航程之內，全程在島嶼視線內，氣象可以預期，航行相對安全。拋開民族學上日琉是否同源的爭議不論，純就海上距離與帆船時代航海技術而言，文明開化以後的日本人逐島航行到今琉球本島，遠比中國人跨越東海前去要安全容易很多。連朝鮮人經對馬島、九州而逐島航行到今琉球都可能遠比中國人橫越東海去今琉球更安全容易。甚至日本人逐島航行到今琉球本島可能都比中國人從福建航行到 130 公里外的澎湖更安全容易。易言之，純就交通常理而論，唐代文明開化後的日本人應遠比中國人更早與今琉球發生交流。日本古史 7 世紀以來頗有些

山世鑑》相對章節並無有關兩僧建寺記述。

42 上里賢一著，陳瑋芬譯，〈琉球對儒學的受容〉，《臺灣東亞文明研究學刊》，3.1（2006.6），頁 3-25。

43 宮田俊彥，《琉明、琉清交涉史の研究》（東京：文獻出版，1996），頁 35。

44 筆者曾數度於晴天在海拔僅一百公尺的鼻頭角以肉眼望見北方五十公里外的棉花嶼，及更近之花瓶嶼。可以確認相距五十公里的島嶼確實可在高處互望。

日本人稱為南島的今琉球群島人來貢的記載。[45] 日本古史此等記載或許也含糊到無法確證，但衡諸地理條件，並非荒誕不稽。而這常理確實也反映在日本遣唐使團使用今琉球作為往來中國的中繼站。

木宮泰彥《中日交通史》歸納日本遣唐使來往中國航路。早期均採北路，從九州之博多經對馬海峽渡海，沿朝鮮半島航向華北。由於沿岸航行，相當安全。但文武天皇至孝謙天皇朝，相當於唐中宗、睿宗、玄宗朝，遣唐使改採南路。因尚不瞭解季節風，故相當危險，幾乎每次使團都有船難。改採南路理由，一則新羅統一朝鮮半島，與日本交惡。二則日本勢力逐漸伸入所謂南島，即今琉球群島，尤其奄美島及以北諸島。天平七年（735）起甚至屢次派人在南島各島樹牌，記述島名、泊船處、有水處、去就國行程等，以便漂流之船隻知所歸向。故日本逐漸瞭解南島形勢。行走南路的遣唐使從九州出發，到奄美附近，西渡東海而達長江口之蘇州、揚州、甚至明州一帶。歸時亦如此。[46] 這事最無可爭議的史證在於西元 753 年鑑真東渡，就是從蘇州航向時稱阿兒奈波島的今琉球本島，而後北向九州。

簡言之，至遲唐中葉，日本已與今琉球建立穩定海上交通，各島有明確名稱，偶有朝貢日廷的記載，甚至遣唐使團可以之為歸國中繼站。

上述歷史回顧也獲得考古發掘的支持。高宮廣衛研究唐開元通寶在九州、琉球群島與臺灣的出土紀錄，發現臺灣原住民遺址出土開元通寶確認者僅十三行一處。但琉球群島卻多達十三處。[47] 當然，開元

45　日本琉球學始祖新井白石即採此說，見（清）新井君美，《南島志》，頁 368-369。亦見伊波普猷，《沖繩歷史物語》（東京：平凡社，1998），頁 26-52；喜舍場一隆，〈古代における南島〉，《南島史學》，71（2008.6），頁 61-78。

46　木宮泰彥著，陳捷譯，《中日交通史》，上冊頁 103-110；亦見宮城榮昌，《琉球の歷史》（東京：吉川弘文館，1977），頁 20-22；宋錦鵬，《南宋交通史》（上海：古籍，2008），頁 189。

47　高宮廣衛，〈開元通寶と按司の出現（予察）〉，《南島文化》，19（1997），

通寶未必由中國人直接輸入琉球群島，也可能是透過日本貿易而輸入。開元通寶出現琉球群島也未必表示在唐代就到達該地，也可能是後代人帶去的。貨幣比陶瓷器輕便易帶，琉球群島在宋元時代輸入中國陶瓷前就已獲得唐代貨幣也很合理。

綜合判斷，今琉球對外交往應是日本先於中國。是以宋元時到達今琉球傳播佛教的是日僧，而非華僧。[48] 甚至往後朝鮮可能都對琉球佛教發展有所影響。[49] 但顯然今琉球在明朝以前仍文明未開，地貧人少，日本人與其交往畢竟有限，以致日本史料對之記載亦極稀少。無論如何，唐代日本人至少有明確航行至今琉球本島的紀錄，並給予阿兒奈波島此一明確島名。據說現名沖繩正是由此演變而來。[50]

開元通寶出土於今琉球遠多於臺灣，宋元時僧人到達今琉球而未到臺灣，宋代今琉球已有人稱王而明末臺灣仍部落分立。這些都指向今琉球文明發展領先臺灣。原因極可能正是今琉球對日本交通遠比臺灣對中國交通安全方便，因此，透過日本，今琉球領先臺灣傳入東亞古文明。

另一方面，明朝使臣到達今琉球之前，日本人應有固定地名稱呼今琉球，是否一直稱阿兒奈波島另當別論。同時，宋元海員應也有固定名稱給今琉球，是否與日本人相同則非吾人所知，是否同於當地人自稱亦非吾人所知。正如中國人將美國 San Francisco 稱為風馬牛不相

頁 1-22；高宮廣衛、宋文薫，〈琉球弧および臺灣出土の開元通寶──特に 7-12 世紀ごろの遺跡を中心に〉《南島文化》，18（1996），頁 1-12。

48 極樂寺與日本的可能關連，見真喜志瑤子，〈琉球極樂寺と圓覺寺の建立について（一）──本土との交流の二つのかたち〉，《南島史學》，27（1986.4），頁 26-47。

49 琉球圓覺寺與朝鮮的可能關係，見真喜志瑤子，〈琉球極樂寺と圓覺寺の建立について（二）──本土との交流の二つのかたち〉，《南島史學》，29（1987.4），頁 13-33。

50 東恩納寬惇，《琉球の歷史》（東京：至文堂，1959），頁 14。

及的舊金山，本地人與外人使用不同地名並非少見。合理推論是，宋
元海員既以流求稱呼臺灣，則絕不會以同名稱呼今琉球。海員出海，
絕不可能容許此種地理的含糊。但不論宋元海員如何稱呼今琉球，此
一地名並未進入中國朝廷與文人的主流文化，因為此地對中國朝廷毫
不重要。也因此，古代福建人用以稱呼今琉球的名稱已經被歷史遺失
了。

四、楊載的移花接木

前述宋元人已知福建泉州所屬澎湖之東有島嶼，名曰流求、瑠求、
琉球。同音異字，顯示這名稱並非官定地名，而來自民間地方知識。
口耳相傳，沒有標準寫法。澎湖望見流求的記載更顯示福建人對臺灣
的方位與野蠻無文有清楚的地方知識。

但到了明代，琉球之名卻被改用於今琉球，臺灣則被改稱小琉球。
這歷史轉折如何可能發生？

歷史記載，明太祖即位後，遣使昭告各國，要求各國稱臣入貢。
各路使臣帶著前人知識出洋尋找各國。洪武五年（1372）楊載奉命招
諭琉球。當時今琉球本島政治分立，大小酋長稱為按司。楊載找上浦
添按司察度，得到他願意向明朝稱臣入貢的承諾，便讓其以琉球國中
山王列名藩屬，並使用汪大淵的寫法，返國覆命，達成任務。往後山
南、山北二國也向明朝稱臣入貢，尋為中山所併，明廷卻並未追究此
擅滅屬國之罪。[51]

---

51 《明史》〈列傳二百十一外國四〉言：「琉球居東南大海中，自古不通中國。元
　　世祖遣官招諭之，不能達。洪武初，其國有三王，曰中山，曰山南，曰山北，皆
　　以尚為姓，而中山最強。五年正月命行人楊載以即位建元詔告其國，其中山王
　　察度遣弟泰期等隨載入朝，貢方物。」見（明）張廷玉等著，楊家駱主編，《新
　　校本明史并附編六種》（臺北：鼎文，1980），頁8361。亦見陳宗仁，《雞籠

　　上述明朝使臣出使琉球的故事疑點重重，史家卻罕質疑。

　　首先，明太祖洪武六年（1373）5月之《祖訓錄》告誡子孫云：「凡海外夷國如安南、占城、高麗、暹羅、琉球、西洋、東洋、及南蠻諸小國，限山隔海，闢在一隅。得其地不足以供給，得其民不足以使令。若其不自揣量來撓我邊，則彼為不祥。彼既不為中國患，而我興兵輕伐，亦不祥也。吾恐後世子孫倚中國富強，貪一時戰功，無故興兵，致傷人命，切記不可。但胡戎逼近中國西北，世為邊患。必選將練兵，時謹備之」。[52]

　　但洪武二十八年（1395）《皇明祖訓》同一訓誡卻改為：「四方諸夷，皆限山隔海，闢在一隅。得其地不足以供給，得其民不足以使令。若其不自揣量來撓我邊，則彼為不祥。彼既不為中國患，而我興兵輕伐，亦不祥也。吾恐後世子孫倚中國富強，貪一時戰功，無故興兵，致傷人命，切記不可。但胡戎與西北邊境，互相密邇，累世戰爭。必選將練兵，時謹備之。今將不征諸夷國名開列於後：東北朝鮮國，正東偏北日本國，正南偏東大琉球國，小琉球國……」，小琉球國註記曰「不通往來，不曾朝貢」。[53]

　　洪武六年《祖訓錄》裡的琉球一國，為何在洪武二十八年《皇明祖訓》變成大小琉球兩國？顯然是洪武六年《祖訓錄》頒佈後明太祖對琉球的知識增加了。最可能原因，正是洪武五年初次遣琉球使臣歸國並帶來有關琉球的新知識。[54] 正如洪武二十五年（1392）李成桂推翻高麗王國而建立朝鮮王國，使洪武六年《祖訓錄》裡的高麗變成洪

山與淡水洋：東亞海域與臺灣早期史研究，1400-1700》，頁50；仲原善忠，《琉球の歷史》（東京：琉球文教，1958），上冊頁29。

52　（明）朱元璋，《明朝開國文獻》（臺北：學生，1966），頁1686-1687。

53　（明）朱元璋，《明朝開國文獻》，頁1588-1591。

54　陳宗仁，《雞籠山與淡水洋：東亞海域與臺灣早期史研究，1400-1700》，頁58。

武二十八年《皇明祖訓》裡的朝鮮。明太祖顯然不斷根據新事實來改寫其訓誡子孫的文件。易言之，使臣招撫今琉球歸來與明太祖視野裡大小琉球之分有關，前者先於後者。

其次，明初今琉球本島分成三國，曰中山、山北、山南，並無琉球字樣。事實上，明清兩代琉球王國國史上自稱的正式國名一直都是中山國，而非琉球。清代使臣也發現一般琉球鄉下百姓並不自稱其地為琉球。[55] 琉球之名顯然不是今琉球人自稱，而是明使楊載帶去的。這名稱最可能來源正是宋元的琉球。這當然是大膽推測。但若說原來國名並無琉球字樣的今琉球本島三國，會在明使到達時無故不約而同在各自國名之上自加琉球字樣，機會實在渺茫。

但若琉球之名是明使帶去的，問題變成他們為何要將原屬臺灣的琉球之名帶去今琉球？

戰前東京大學教授和田清曾設想，奉命招撫琉球的使臣楊載發現臺灣野蠻無文，無從令其稱臣入貢，但又不敢據實回報朝廷。乃引誘文明程度較高的沖繩人以琉球王國之名向明廷稱臣入貢，從而導致琉球一名的改屬。和田清的設想僅寥寥數語，且承認這解釋沒有確證，但認為這是最合理推論。[56] 為便討論，讓我們權且將和田清這般設想稱為移花接木說。

曹永和曾在〈明洪武朝的中琉關係〉一文否定和田清的移花接木說。主要理由在於，以明太祖之精明嚴厲，楊載不可能如此大膽欺君。其次，宋代有關流求記載雖多數指臺灣，但少數紀錄似乎指向另一與中國貿易較多的流求。更其次者，楊載出使琉球前曾兩度出使日本，

---

55 康熙 59 年使琉球之徐葆光記載「琉球土人居下鄉者，不自稱琉球國，自呼其地曰『屋其惹』；蓋其舊土名也」。見（清）徐葆光撰，臺灣銀行經濟研究室編，《中山傳信錄：臺灣文獻叢刊 306》（臺北：臺灣銀行，1957），頁 266。

56 和田清，〈琉球臺灣の名稱について〉及〈再び隋書の流求國について〉。

極可能曾途經今琉球歸國，明太祖透過其報告應事先對今琉球有所瞭解。海防與馬的需求也可能使明太祖重視琉球的藩屬關係。因此明太祖本來就是派楊載去招撫今琉球，並非被楊載所欺。[57]

仔細讀之，曹永和對和田清的反駁主要是建立在楊載不可能大膽欺君的常理上。其餘有關貿易、海防、馬、先前琉球見聞等都屬次要，並非關鍵。

但我們有理由推測，楊載出使琉球的原始目標確實是宋元史料上的琉球，亦即當時福建海員普遍知道而中國朝廷與一般文人知識含糊的琉球，也就是臺灣，而非今琉球。

第一個疑點是明清兩朝中國與琉球王國雙方使臣來往出入的中國港口。純就交通便利而言，明初雙方使臣來往兩國都城南京與那霸之間，應該是經由長江口兩城直航，而非經由遙遠的福州或泉州。遷都北京後更無理由從遙遠的福建出入。但明清兩朝雙方使臣都從福建出入，不僅海上航程較遠，風險較大，且需陸路往來南京或北京，顛簸於道，翻山越嶺，徒然勞苦。何況雙方使臣跨越數省來回，沿途地方接待，民脂民膏糜費不堪，純然多此一舉，更違反明太祖節儉之習。[58]凡此諸點，在在令人難解。

論者或謂，來往中國與今琉球之間必須取道福建，這是為了順應季風航行所需。這說法未免低估了古人航海技術，也忽略了東亞航海歷史。

首先，隋唐以來中日之間海上往來皆須橫渡東海，常由江浙各港

---

57 曹永和，〈明洪武朝的中琉關係〉。曹永和有關馬對明琉關係影響的觀點之進一步演伸，見平田守，〈琉明關係にゎける琉球の馬〉，《南島史學》，28（1986.9），頁 76-93；及池谷望子，〈琉球の國際貿易の開始〉，《南島史學》，77,78（2011.12），頁 31-48。

58 謝必震，〈論古代福州港與中琉航海交通〉，收於鄭永常編，《海港、海難、海盜：海洋文化論集》（臺北：里仁，2012），頁 71-84。

出入。木宮泰彥《中日交通史》指出，唐代中期日本遣唐使團已屢使用今琉球本島及奄美大島作為來往長江口的中繼站。北宋時華船來往日本，通常由兩浙來往九州西海岸外的值嘉島而後到九州。南宋、元、明時代，中日貿易船與使船通常來回九州之博多與寧波之間。[59] 既然中日間交通可由寧波或長江口出入，日本遣唐使團歸國甚至從蘇州出航，以今琉球為中繼站，則中琉使臣應可比照辦理無礙，不需取道南方遙遠的泉州或福州。

　　前節已述，鑑真東渡日本便是搭乘遣唐使船於天寶十二年 11 月 16 日自蘇州黃泗浦啟航，21 日到達時稱阿兒奈波島的今琉球本島，然後等待南風以北航九州。[60] 既可在冬季由長江內港蘇州航向今琉球，就沒有理由不能從另一長江內港南京出航。

　　其次，明末以來閩粵海商航渡南海前往東南方的馬尼拉與西班牙人貿易，航向與從長江口前往那霸相仿，可推論從長江口到今琉球的風向無礙航行。

　　再其次，清代福建移民從漳泉各口岸渡臺，依目的地而定，其航向為正東至東南之間。這與從長江口前往那霸的航向近乎平行。事例之一，清初撰述《裨海紀遊》的郁永河在康熙三十六年（1697）二月從廈門直航臺南，是年十月從淡水河口直航福州，[61] 兩次均在東北季風時節。若風向允許中國帆船甚至在東北季風時節從福建直航臺灣來回，當然也允許他們從長江口直航那霸來回。

59　木宮泰彥著，陳捷譯，《中日交通史》，上冊頁 103-110,283，下冊頁 1-8,9-106, 209。亦見宮城榮昌，《琉球の歷史》，頁 20-22；宋錦鵬，《南宋交通史》，頁 189。

60　（唐）真人元開著，梁明院校注，《唐大和上東征傳校注》，頁 99-114。事實上，載有大使藤原清和、副使大伴古麻呂、吉備真備的第一船在北行途中遭風吹至安南。藤原清和只好再度入唐並仕唐，無力返鄉，終老中國。見增村宏，《遣唐使の研究》（京都：同朋舍，1988），頁 239-270。

61　（清）郁永河著，方豪編校，《裨海紀遊：臺灣文獻叢刊 44》（臺北：臺灣銀行，1959），頁 5,41。

更其次者，明清時琉球王國不僅向中國入貢，且與南洋、日本、朝鮮往來。[62] 既可從今琉球四向來回各地，若說唯獨不能航向長江口去南京進貢，未免於理不通。事實上，明朝紀錄顯示，從那霸啟航的琉球貢船雖以福州為目的地，但受風向影響，經常先到達寧波外海的定海或福建長樂閩江口五虎門，而後才航向指定港口福州。宣宗朝甚至常到浙江溫州之瑞安登陸。[63] 以鑒真東渡經驗為鑑，從那霸航行到福州似乎未必比到長江口更方便。

總之，風向不至妨礙長江口與那霸之間航行，因此也非雙方使臣捨近求遠取道福建的理由。

論者或謂，明使取道福建是因福建造船技術較佳。此說不能成立，最明顯原因是鄭和下西洋的龐大艦隊是在南京船廠建造的，沒有理由說使臣的一二封舟無法取材於南京。

如果風向與船隻都不是問題，則明清兩朝中琉雙方使臣捨都城南京港口不用，寧由遠離京城而交通不便的福州、泉州出入，唯一比較合理的解釋是，這只不過是延續第一批使臣建立的慣例而已。只因洪武 5 年明朝首次遣使琉球是從福建出海，[64] 便建立了雙方使臣由福建出入的慣例。這是本文推測，但除此之外，並無更合理解釋。

問題正在於第一次使臣為何要從福建出海？如果他們從當時都城南京出發時，本就計畫前往那霸，則大可在朝廷受命後，逕在南京登船，如同鑒真東渡之行，從長江口東南向直航那霸。沒有理由千里迢

---

62 豐見山和行、高良倉吉，《琉球、沖繩と海上の道》（東京：吉川弘文館，2005），頁 75-80；高良倉吉、田名真之編，《圖說琉球王國》（東京：河出書房，1993），頁 18-22。

63 廖大珂，《福建海外交通史》（福州：福建人民出版社，2002），頁 190；岡本弘道，《琉球王國海上交涉史研究》（沖繩宜野灣市：榕樹書林，2010），頁 206-212。

64 首次遣琉球使臣楊載由福建出海，見陳宗仁，《雞籠山與淡水洋：東亞海域與臺灣早期史研究，1400-1700》，頁 50-51。

迢先陸路南行到福建，造辦船隻，採辦禮物，而後揚帆東北行去那霸，取道三角形的兩邊。不僅海上航程較遠，且憑添陸路折騰，更遠離朝廷耳目監督。

第一次使臣會從福建出海，比較合理解釋應在於，使臣原始目的地是宋元史料上的琉球。而宋元史料明指琉球在福建外海，而非江浙外海。因此奉派琉球的使臣選擇了合理途徑，從南京取道福建，並使用熟悉琉球海域的福建海員帶路駕船，從福建前往琉球，也就是臺灣。

更有甚者，洪武五年的首任遣琉球使臣楊載曾在洪武二年奉派招諭日本，[65] 對東海之瞭解應遠勝朝中眾臣。若楊載出發前已知奉派的琉球是指今琉球，他大可從南京啟航，沒有必要折騰自己取道福建。楊載在使日之後選擇從福建出發去琉球，比較合理解釋是當代知識告訴他，琉球就在福建外海，而非浙江外海。易言之，楊載出京前所瞭解的任務目的地琉球就是臺灣，而非今琉球。

從福建出航到臺灣並不難。但使臣的原始外交目的卻是不可能的任務。

楊載的任務是要求琉球國王向明朝稱臣受封入貢。但直到明末荷蘭人到達，臺灣原住民不僅分成至少二十餘族，彼此語言不通。且各族由許多小部落組成。少者數百人，極大部落也不過一二千人。大小部落各自為政，相互征戰，沒有超出部落以上政治組織。[66] 明末日本人稱臺灣為高砂。當時統一日本的豐臣秀吉曾於萬曆二十一年（1593）遣使高砂，曉諭高砂國王向他稱臣入貢。結果找不到高砂國王受命，

65　《明史》列傳第二百十〈外國三日本〉。見（明）張廷玉等著，楊家駱主編，《新校本明史并附編六種》，頁 8341。

66　Tonio Andrade（歐陽泰）著，鄭維中譯，《福爾摩沙如何變成臺灣府》（臺北：遠流，2007）；楊彥杰，《荷據時代臺灣史》（臺北：聯經，2000）；康培德，〈十七世紀的西拉雅人生活〉，收於詹素娟、潘英海編，《平埔群族與臺灣歷史文化論文集》（臺北：中央研究院臺灣史研究所籌備處，2001），頁 1-31。

詔書送達無門，使臣任務不了了之。[67] 翁佳音指出荷領、鄭氏時期及清初臺灣中部其實出現過持續百年跨越部落的酋長大肚番王。[68] 但臺灣原住民組織並未穩定到成立雛形國家的程度。

豐臣秀吉的使臣在臺灣找不到高砂國王，比他早三百年的明初使臣到臺灣當然也同樣找不到琉球國王。要求琉球國王向明朝稱臣入貢的使命無從完成。

另一極可能替代情景，則是楊載尚未從福建出航，就已從福建海員之口知道臺灣其實沒有琉球國王可以稱臣入貢。因此省去徒勞，根本不曾前來臺灣。

不論是到達臺灣後找不到琉球國王，或在福建就知道沒有琉球國王可尋而沒有啟航前來臺灣，楊載都面臨君命不達的窘境。

但福建海員顯然知道臺灣東北方有另一島嶼，也就是今琉球，文明程度高於臺灣原住民，已有比臺灣原住民部落更大的政治組織，或可勸使其向明廷稱臣入貢。

甚至，楊載奉命出使琉球前，可能已對今琉球有所知。曹永和指出，多項史料顯示楊載於洪武四年第二度出使日本歸國，曾路經今琉球。因此，他認為楊載奉使琉球前已對今琉球有所瞭解，且可能已報告明太祖。因此明太祖與楊載事先已知出使的琉球就是今琉球。[69]

本文以為，即使楊載在洪武四年已對今琉球有所瞭解，這並不表示他當時已知臺灣無法稱臣入貢。這是兩件獨立的事情。

---

67 見方豪，《臺灣早期史綱》，頁 114；周婉窈，〈山在瑤波碧浪中——總論明人的臺灣認識〉。

68 翁佳音，《異論臺灣史》（板橋：稻鄉，2001），頁 51-95。亦見翁佳音，〈新港有個臺灣王：十七世紀東亞國家主權紛爭小插曲〉，《臺灣史研究》，15.2（2008），頁 1-36。

69 「明洪武初行人楊載使日本歸道琉球遂招之」，見（明）鄭若曾，《鄭開陽雜著》（中國基本古籍庫，清文淵閣四庫全書本），頁 72。原見曹永和，〈明洪武朝的中琉關係〉。

　　前已述及，明以前中國朝廷與文人主流文化從無對今琉球的記載。但宋元海商確實曾與今琉球貿易，並給了今琉球一個地名，但不叫流求，因為閩人地方知識裡的流求很明確是指臺灣。因此，即使楊載曾在洪武四年經過今琉球，他所知道的該島地名應該不叫琉球。

　　另一方面，中國官方一直對福建外海稱為流求、琉球的臺灣只有含糊的知識。因此列入遣使招貢的對象。但明廷顯然不知道臺灣文明未開到無法稱臣入貢。如果三百年後的豐臣秀吉對臺灣的文明未開都完全無知，則明太祖對臺灣無知也並不算特別嚴重。如果明太祖對臺灣如此無知，則楊載奉命出發之際應該也對臺灣同等無知。即使他對今琉球有所瞭解，也仍對臺灣無知，兩件事並不矛盾。

　　總之，即使楊載曾在洪武四年到過今琉球，他所知道的該島地名也非琉球，該地也非洪武五年他奉使之地。因此，奉派琉球後，曾經出使而應熟知東海地理的他，並未選擇從南京直航那霸，反而千里迢迢陸路顛簸到福建，準備出航去福建外海的琉球。

　　更有甚者，楊載出京之際，也並不知臺灣文明未開到無法就撫，因此尚未想到移花接木的必要。若他在出發前就已打算移花接木以今琉球代替臺灣稱臣入貢，他也不必前去福建，大可從南京直航那霸。

　　易言之，楊載確實準備經由福建前往宋元稱為琉球的臺灣。他是在到達福建後，才從福建人之口知道原來稱為琉球的臺灣文明未開到無法稱臣入貢，也才想到移花接木之計，以今琉球來代替臺灣。

　　這大膽欺君的移花接木之計如何可能？

　　前述宋元兩代琉球之名屬於臺灣，故當時福建人必然使用他名稱呼今琉球。但連臺灣在宋元兩代的記載都極稀少，今琉球記載當然更少，因此這他名從未進入中國朝廷或文人的主流文化，因此朝廷對今琉球全然無知。另一方面，雖然從福建海員觀點而言，臺灣與今琉球是方位距離懸殊的兩地，但從都城南京朝臣的觀點而言，兩地相近，

難以區分。何況中國官方對古來琉球的知識極貧乏，僅知其在福建外海。對其社會與政治一無所知，以致離譜到遣使要求其稱臣入貢。

明朝海外知識貧乏的最鮮明表現在於其對日本的知識。受中國文化與制度影響最深之鄰邦莫過朝鮮與日本。從倭寇騷擾中國沿海，乃至於大軍侵入朝鮮，對明朝國運影響最大者也是日本。從唐至元，中國歷朝雖不承認日本天皇頭銜，但仍知其為日本國君而稱之為日本國王。明朝卻長期糊塗到冊封其掌握政權的幕府將軍為日本國王，儼然不知將軍之上有天皇。

曹永和認為楊載不敢移花接木的主要理由是明太祖精明嚴厲，楊載應該不敢欺君。明太祖確實精明嚴厲。但他顯然對日本國王為何並不清楚，或者使臣也不敢據實向他報告日本國王並非日本國君，且日本真正國君居然僭稱天皇。可見明太祖精明嚴厲的效果在現實上有其極限。而明朝出使日本的第一個使臣不是別人，正是楊載。楊載首次使日被扣留三個月才放回國，他真的不知道扣留他的懷良親王不是日本國君嗎？他真的不知道日本別有天皇嗎？或者，他為何不據實向明太祖報告懷良不是日本國君，日本國君自稱天皇？

如果明廷對日本可以糊塗至此，則對臺灣與今琉球更無知也不令人驚訝。在朝廷對兩處島嶼都極端無知狀態下，將遠處的島嶼冒稱琉球，以滿足朝廷的稱臣入貢要求，並讓使臣達成親歷風濤之險招撫外夷的大功，於公於私，豈不都遠比據實報告琉球無法受命稱臣入貢更圓滿？

我們有理由相信福建海員與今琉球有所來往，因此具備對今琉球的基本知識，並且使今琉球君臣也對中國有基本認識。

理由一是前述考古顯示，宋元以來今琉球與中國有貿易。此後持續有中國海員到臨今琉球是很合理推論。

理由二，楊載到達今琉球，居然能說服其君主向中國稱臣入貢，

表示使團與當地君主之間，有人可以通譯。商人以貨易貨或可語言不通而比手劃腳進行，稱臣入貢的談判與儀節卻絕非比手劃腳可以行得通。使團成員或地主國有人可以通譯是必要條件。這表示雙方海上貿易已有相當基礎，雖然中國朝廷全然不知。

　　理由三，依據明朝使臣前往各國招撫的報告可知，依明朝禮制，屬國向中國稱臣入貢，並非僅派遣使臣到本國人眼目之外的中國觀見皇帝即可，而是必須在本國就舉行公開儀式，當著本國臣民之面向代表皇帝的中國使臣磕頭鞠躬。[70] 對任何君主而言，這不但是極端屈辱的儀式，而且帶來在本國失去威信的嚴重風險。若非君臣上下都確知中國不可冒犯或稱臣利益大到值得忍受屈辱，否則很難想像有任何君主願意忍受此種屈辱與風險。事實上，長期與中國文化交流或貿易的日本與爪哇都拒絕向武功鼎盛的元朝使臣屈膝。楊載曾在洪武二年出使日本。當時日本南北朝分裂，楊載使團接觸者是控制九州的懷良親王。企圖招諭懷良的結果是使團七人有五人被殺，僅楊載與吳文華倖免，拘留三月後獲釋。[71] 因此，招撫外國絕非輕易之舉。大難不死的楊載更應戒慎恐懼。而楊載居然順利使今琉球的三個國王都同意自我矮化而向中國稱臣入貢，表示地主國上下對中國有起碼知識，知道中國強大富裕，值得忍受稱臣的屈辱以換取利益或避免打擊。這種國際知識只能透過長期貿易往來才能累積建立。

　　總之，我們有理由相信福建海員對當時今琉球有相當知識與來往，他們也知道當地人對中國有基本知識，因此可以仲介使臣與當地君主接觸談判。也因此才能說服使臣甘冒風濤之險前往該地執行危險

70　例如嘉靖間遣琉球使臣陳侃、萬曆間使臣蕭崇業、夏子陽各自描述的儀節，見（明）陳侃，《使琉球錄》，頁14-16；（明）蕭崇業，《使琉球錄》，頁83；（明）夏子陽，《使琉球錄》，頁229。

71　林景淵，《迷濛七世紀：幕府時代的中日關係》（臺北：南天，2007），頁113。亦見木宮泰彥著，陳捷譯，《中日交通史》，下冊頁183。

的外交任務，而不虞葬身大海或被不甘受辱的外夷君主所殺。

當然，如果楊載曾在洪武四年經由今琉球歸國，他對今琉球的第一手知識應該更使他明白招撫今琉球代替臺灣是個好辦法。

但雙方長期貿易成熟到福建海員自信可以牽成外交的今琉球，中國官方卻一無記載，顯示地方知識與朝廷主流知識間的嚴重差距。中國官方以夷洲、流求、琉球之名知道東方島嶼一千餘年，但知識含糊到明廷不知臺灣沒有君主可以稱臣入貢。另一方面，福建海員與今琉球長期貿易到有人可以擔任使團通譯，而中國官方卻一無記載。

但也正是地方知識與朝廷主流知識間的嚴重差距，使楊載可以移花接木，將浙江外海的今琉球冒充福建外海的原琉球，也就是臺灣，而居然沒有被朝廷眾多文武官員發覺。

論者或謂，古人海外知識不足，因此古琉球之名其實是臺灣與今琉球所共用，楊載並未移花接木。但這二地共用一名的說法無法解釋宋元史籍之琉球根本無法從地理角度解讀為今琉球，只能解讀為臺灣。更有甚者，從福建海員觀點而言，臺灣與今琉球乃涇渭分明的兩地。說他們居然會以同一地名稱呼兩地實在不可思議。若有海員如此糊塗，出海後生還的機率應微乎其微。

論者或謂，楊載可能並未移花接木。明廷本就知道琉球有大小之分，他們知道臺灣是小琉球，而使臣奉命招撫的是大琉球。但這說法無法解釋為何宋元對琉球的記載從無大小之分，也無法解釋為何《明祖訓》上出現大小琉球之分是琉球入貢之後才發生。因此，我們必須結論說，明廷原來並無大小琉球之分，當然也不知今琉球的存在。明太祖初次遣使時所瞭解的琉球就是史書上的琉球，也就是臺灣。楊載確實移花接木，為掩飾此事而發明了大小琉球的說法，宣稱入貢者是大琉球，而過去福建人所謂的琉球是小琉球。

論者或謂，既然福建海員知道臺灣與今琉球是兩處不同地方，明

廷或許也知道使臣到達的所謂琉球王國並非宋元史書上的琉球，而是
另一島嶼，只不過改用琉球之名稱之。這說法很難成立。理由在於，
福建海員既知臺灣與今琉球兩者同時存在，則必然給予兩者各自地名，
以資區分。若明廷期望今琉球入貢，只要指示其君主以當時福建人使
用的該地名即可，或者使用古書上其他海島之名亦可，如蓬萊、東鯤、
澶洲之屬，絕無必要移用宋元普遍用以稱呼臺灣的琉球之名，徒增混
淆。宋元史書上對琉球的記載更從未顯示此一地名有何神聖可貴而值
得冒用之處。

　　事實上，明朝初使到達時，今琉球本島分裂為三國。彼等自稱的
國號是中山、山北、山南。並無琉球字樣，一點都不混淆。更有甚者，
終明清兩朝，向中國入貢的所謂琉球王國自稱的正式國名始終都是中
山國，而非琉球。因此，若逕以中山、山北、山南之名入貢，省去琉
球之稱，對明太祖顯然亦無不可。但奉派琉球的使臣就有君命不達之
憂了。

　　此外，誠如和田清指出者，臺灣遠大於今琉球。將今琉球稱為大
琉球，稱臺灣為小琉球，未免不自然。[72] 易言之，若是中國海員依據
長期經驗自行區分大小琉球，必然稱臺灣為大琉球，而今琉球為小琉
球。將遠遠大於今琉球的臺灣稱小琉球，表示命名者不是根據常民知
識，而是另有政治動機並運用政治權威來歪曲地理事實。

　　總之，今琉球會被楊載隱去原名，而冒用原屬臺灣的琉球之名向
明廷稱臣入貢，表示楊載知道朝廷原先並不知曉今琉球的存在，而且
使臣原本任務是去招撫當時稱為琉球的臺灣，而非今琉球。因此，臺
灣與今琉球的名稱混淆，應是楊載蓄意製造的，用以掩飾出使琉球的
原始使命之失敗。為此目的，今琉球的原名被他隱去而改稱為琉球，

---

72 和田清，〈琉球臺灣の名稱について〉，頁 573。

臺灣則從琉球被含糊的改稱小琉球。

　　楊載移花接木的後果之一，是他不敢據實報告，從南京直航那霸其實遠比從福建出海更合理。他必須假裝琉球王國就如同史書所記是位在福建外海近處，因此必須從福建出入。楊載不僅欺君，而且整慘了明清兩代中琉雙方使臣，必須多此一舉的在京城與福建間顛簸於道，翻山越嶺。此外，他也給此後五百年的福建人增加了頻頻接待琉球使團的糜費負擔。

五、被愚弄的明清兩朝與琉球王國

　　楊載的移花接木不僅瞞過明太祖，甚至愚弄了此後明清兩朝君臣，表現在明清遣琉球使臣對自身任務目的地的認知。

　　明代遣琉球使臣留下的四部《使琉球錄》都包括〈群書質異〉一章，內容是比對明朝以前史書所述琉球與彼等在琉球親所聞見的差異。他們都將明朝以前史書上所謂流求、瑠求、琉球的相關記載當作有關琉球王國的歷史記載，然後指出古書所記與親眼所見有異。[73] 使臣的認知顯然反映了朝廷的認知。

　　易言之，終明之世，朝廷都認為稱臣入貢的琉球王國就是前朝史書上的流求、瑠求、琉球。可見楊載原本奉派的琉球確是史書上的琉球。只不過前朝史書上的琉球是指臺灣，而楊載則移花接木將之套用於今琉球。

　　楊載的移花接木之所以沒有被揭穿，原因之一可能是直到明末萬曆朝之前，臺灣對明朝而言形同不存在，因此名稱為何也就無關緊要。

73　（明）陳侃，《使琉球錄》，頁 23,28-30,50；（明）蕭崇業，《使琉球錄》，頁 115,117-118；（明）夏子陽，《使琉球錄》，頁 253-254,260-263；（明）郭汝霖，《郭汝霖使琉球錄》，頁 57-66。

一方面，明太祖的祖訓既將小琉球列為不征之國，明朝諸帝也就沒有藉口如同孫權或隋煬帝般純為帝王個人野心而用兵島夷。另一方面，臺灣文明不開，貿易極有限，原住民也不曾再侵擾澎湖或福建，雙方無事，也就不值得注意。

臺灣對明廷之無關緊要，表現在歷史記載的缺乏。例如，各朝皇帝實錄是皇帝崩後朝臣依據檔案所編在位時每日政務記載，雖有時因政治考慮而省略特定人、事，但大體保存了每日政務記錄。太祖朝有關小琉球之最早記載出現在洪武二十五年（1392）五月己丑有關琉球人漂流至廣東惠州的報告：「遣琉球國民才孤那等二十八人還國。人賜鈔五錠。初才孤那等駕舟和蘭埠採硫黃，於海洋遇大風，飄至小琉球界，取水被殺者八人，餘得脫，又過風飄至惠州海豐，為邏卒所獲」。[74] 除此一事而外，檢視太祖、太宗、仁宗、宣宗、英宗、憲宗、孝宗、武宗、世宗、穆宗、神宗、光宗、熹宗、崇禎諸帝實錄，有關日本、琉球、朝鮮、南海諸國的入貢、通使、糾紛等記載不絕，但居然找不到任何有關小琉球的紀錄。易言之，假設歷朝實錄沒有刻意省略，則在明太祖宣告小琉球為不征之國後，除了洪武二十五年漂流民事外，明朝諸帝確實不曾再收到任何有關小琉球的報告，當然更不曾有過任何指示。小琉球根本不曾出現在明朝皇帝的視野裡。

小琉球不曾出現在歷朝實錄，當然不表示不曾出現在其他官方文書。遣琉球使臣等官員確實偶會記載航經小琉球外海之屬。但《實錄》記載的是皇帝親自聞報的政事。事實上，連琉球人漂流至惠州此等無關國計民生的外國人海難事件都會出現在《太祖實錄》裡，相對而言，不曾出現在實錄的小琉球事務應更屬小事了。如此無關緊要的地方，

74　（明）李景隆等編，中央研究院歷史語言研究所校，《明太祖實錄》（臺北：中央研究院歷史語言研究所，1962），頁 3197。原見曹永和，〈歐洲古地圖上之臺灣〉，收於《臺灣早期歷史研究》（臺北：聯經，1979），頁 295-368。見頁 318。

名稱為何當然也無人計較。

　　不僅臺灣長期對明廷無關緊要，連琉球王國對明廷都無關緊要。琉球王國在明代歷朝皇帝實錄中現身不絕。但除了頻頻入貢滿足皇帝虛榮，藉機貿易，以及麻煩福建人接待之外，對於明朝與東亞的政治、軍事、經濟不曾發生任何影響。貧瘠的琉球王國甚至連足以讓皇帝欣賞的獨特貢物都沒有。其貢品居然多是透過貿易獲得的外國產物，[75]或是被明廷禮部嫌小的土產貢馬，[76]聊表對皇帝的敬意而已。琉球王國對明朝而言只有儀式意義，無實質後果可言。以致萬曆四十年（1612），在倭寇之禍當頭，明廷居然坐視日本薩摩藩出兵琉球，挾持國王，使琉球此後兩百多年處於薩摩藩實質統治之下，還故意假裝不知此事。[77]相較於明廷耗盡國力出師擊退豐臣秀吉對朝鮮的進犯，琉球王國之無足輕重可見一斑。薩摩藩實質控制琉球王國，但為了與中國貿易之利，卻允許其表面上繼續對中國稱臣入貢，直到清末才正式併吞琉球。明清兩朝默許琉球王國被日本實質控制，顯示當時琉球王國對中國海防無關緊要，即使成為倭寇巢穴也無所謂。前述曹永和以海防考慮為理由之一，解釋明太祖為何要與琉球王國建立關係，顯

75　曹永和，〈中國海洋史話〉，收於《中國海洋史論集》（臺北：聯經，2000），頁 1-147，見頁 85-87；謝必震，《明清中琉航海貿易研究》，頁 14-16。

76　此正統二年六月甲子事。見（明）孫繼宗等編，中央研究院歷史語言研究所校，《明英宗實錄》（臺北：中央研究院歷史語言研究所，1962），頁 0611。

77　依《明史》〈神宗本紀〉，日本侵琉球，執國王尚寧，事在萬曆三十七年。萬曆四十年尚寧遣使向明廷報告歸國。見（明）張廷玉著，楊家駱主編，《新校本明史并附編六種》，頁 287,289。明廷顯然是在尚寧報告歸國後方知日本入侵事。故《明神宗實錄》載，萬曆四十年六月庚午，「浙江總兵官楊崇業奏〈偵報倭情〉言：『探得日本以三千人入琉球，執中山王，遷其宗器。三十七、八兩年，疊遣貢使，實懷窺竊」。該年十一月壬寅，大學士葉向高又報告：「蒙發擬福建巡撫丁繼嗣一本〈為琉球封貢事〉，此本已經部覆，催請未發。臣聞琉球已為倭併，其來貢者半係倭人，所貢盔甲等亦係倭物；蓋欲假此窺伺中國，心甚叵測」。同月乙巳，「禮部覆福建巡撫丁繼嗣奏，謂琉球情形叵測，宜絕之便。但彼名為進貢，而我遽阻回，則彼得為辭，恐非柔遠之體。請諭彼國新經殘破，當厚自繕聚；候十年之後物力稍充，然後復修貢職未晚」。見臺灣銀行經濟研究室編，《明實錄閩海關係史料：臺灣文獻叢刊 296》（臺北：臺灣銀行，1971），頁 106,110,111。

然是過度高估了琉球王國對中國的海防價值。

易言之，臺灣與今琉球對明朝而言都長期無足輕重。因此楊載將臺灣的原名琉球改用於今琉球，而改稱臺灣為小琉球，對明廷而言，確實無關緊要。或許這是楊載的移花接木始終未被揭發的主要原因。

臺灣開始出現在明朝皇帝實錄裡，是在神宗萬曆朝，當日本人與荷蘭人開始利用臺灣作為前進基地以威脅浙閩粵海疆以後。但其時明朝上下卻大多改稱臺灣為東番。小琉球之名就此無聲無息的被多數人遺忘。

楊載的移花接木不僅瞞過明朝君臣，且繼續誤導清朝君臣。

康熙二十三年翰林院檢討汪楫出使琉球後撰《中山沿革志》，序言云：「琉球，隋書宋史皆曰流求，元史則曰瑠求，時皆未與中國通」。然後繼續記述隋煬帝命朱寬、陳稜征流求、以及元代楊祥、高興征瑠求等情事，然後才進到明朝招撫琉球的經過。[78]

康熙五十九年使臣徐葆光在琉球王國停留 8 個月，詳細採訪，返國次年著作《中山傳信錄》，序言云：「琉球見自『隋書』，其傳甚略；『北史』、『唐書』、宋、元諸史因之」。[79]

乾隆二十一年使琉球副使翰林院侍講周煌根據歷朝史料與自身出使採訪所得編輯《琉球國志略》，並呈乾隆皇帝御覽。其卷二〈國統〉言：「天孫氏：琉球始祖……《隋書》云：『王姓歡斯，名渴剌兜，國人呼王為「可老羊」、王妻曰「多拔茶」』；其即天孫氏之世歟！」[80]。而在敘述明朝初使招諭琉球時，周煌又言：「臣按隋大業元年，海帥

78　（清）汪楫，《中山沿革志》，收於北京故宮博物院編，《使琉球雜錄等四種》（海口：海南，2001），頁34。

79　（清）徐葆光著，臺灣銀行經濟研究室編，《中山傳信錄：臺灣文獻叢刊306》，頁3。

80　（清）周煌著，臺灣銀行經濟研究室編，《琉球國志略：臺灣文獻叢刊296》（臺北：臺灣銀行，1971），頁38-39。

何蠻上言：『海上有煙霧狀，不知有幾千里；乃流求也』。流求之名，始見於此。三年、四年，屢遣使招之，不服。元世祖至元中，曾命將往伐，無功而還。成宗元貞初亦以師征，卒不聽命。至明太祖洪武初，遣行人詔往諭，而方貢乃來。此琉球通中國之始也」。[81]

易言之，清朝君臣，一如明朝君臣，也都相信稱臣入貢的琉球王國就是明朝以前古書上的流求、琉球。楊載的移花接木成功的瞞過了明清兩朝君臣。

楊載不僅瞞過了明清兩朝君臣，可能還幫助琉球王國發明他們的歷史。清順治間編纂之琉球王國官史《中山世鑑》不僅包含大量開國神話，且納入中國史書記載的隋煬帝征流求，只不過改從被害者角度敘事。[82]康熙年間依《中山世鑑》改寫的國史《中山世譜》，不但納入隋煬帝征流求事，且加碼添入宋代流求人騷擾泉州事，自認其罪行，並納入元世祖征瑠求事。[83]乾隆間依據前二書增修而來之國史《球陽》，卷一〈國初〉當然也納入隋、元之征伐與宋代流求島民騷擾泉州事。[84]

但本文前已論及，即使隋代所征之流求究係今琉球或臺灣容有爭議，學界多數已公認宋元兩代的流求、瑠求、琉球比較可能是指臺灣，非今琉球。琉球王國官史納入宋元之事純是附會，動機或在將本國歷史前推，建立與文明世界的關連。從《中山世鑑》納入隋之征伐，到

---

81 （清）周煌著，臺灣銀行經濟研究室編，《琉球國志略：臺灣文獻叢刊 296》，頁 49。

82 （清）向象賢，《琉球國中山世鑑》，頁 841,861-862。

83 （清）蔡鐸等編，《中山世譜》，頁 44-47,62,72-73。有關宋代劫掠事見頁 62，該段文字言南宋淳熙年間琉球國內亂，「先是本國船隻有往諸國以致貿易者，必奉憲令而後過海洋。方是時也，皆因兵亂而私竊過海者甚衆。故宋史流求傳有云：淳熙年間，流求常率數百輩，猝至泉州之水澳頭等村，肆行殺掠者，以此故也。」

84 （清）鄭秉哲等編，《球陽》（筑波大學圖書館抄本，年代不詳，網上下載），無頁碼。

《中山世譜》追加宋元記事，更反映了這逐步虛構歷史的過程。如果宋元之事都可如此牽強附會，則更久遠的隋代征伐故事當然也非真實記憶，而是從中國史書抄來的。

　　此等牽強附會可以發生，唯一依據是楊載將琉球一名給了他們。但因國史中此等故事太過牽強，以致近代日本、琉球史家在討論今琉球史前史時，雖然都會提到隋、元征伐事，但通常也持疑。或許因這些史前史太不可靠，以致於近代史家短暫回顧琉球王國這段歷史時，連《中山世譜》上提到的僧人禪鑑、賴重法印入琉球引入佛教等文化發展大事都加以懷疑而很少提到。因為即使《中山世譜》最後也必須承認，直到明太祖遣使琉球，「由是琉球始通中國」，[85]才開始有可靠的歷史記載。

　　今琉球人因楊載移花接木而自認是明朝以前古籍上的流求，這歷史觀點也被日本琉球學始祖新井白石在其1719年成書的開宗之作《南島志》未加質疑的接受，而成為有關古流求究係臺灣或今琉球之辯裡沖繩論之基石。[86]新井白石認定隋代朱寬所征伐之流求就是今琉球，而隋代征伐記錄是今琉球歷史最早的紀錄。[87]他也認定元代所征瑠求就是今琉球，[88]而《元史》〈外夷列傳三瑠求〉記載海水「近瑠求則謂之落漈」就在今琉球，[89]他甚至認為元代汪大淵在《島夷誌略》所言其親身登臨觀日出的琉球之大崎山就在宮古島。[90]有趣的是，對於

85　（清）蔡鐸等編，《中山世譜》，頁83。

86　（清）新井君美，《南島志》。亦見陳捷先，〈《南島志》簡介〉，《臺大歷史學報》，19（1996.6），頁201-218。

87　（清）新井君美，《南島志》，頁361。

88　（清）新井君美，《南島志》，頁369。

89　（清）新井君美，《南島志》，頁366。

90　汪大淵在〈琉球〉一節之始言：「地勢盤穹，林木合抱，山曰翠麓、曰重曼、曰斧頭、曰大崎。其峙山極高峻，自彭湖望之甚近。余登此山則觀海潮之消長，夜半則望暘谷之日出，紅光燭天，山頂為之俱明」，見（元）汪大淵著，蘇繼廎校

宋人謂流求與澎湖煙火相望，流求人駕竹筏侵擾澎湖與泉州，好鐵器等，新井白石卻直指宋人所言不實：「按流求去澎湖五百里，豈是煙火相望之地哉？面海路險惡，舟楫之制非其堅厚則不可涉矣。且其有鐵器，縛竹為筏，皆是巴旦之俗，其國亦云澎湖不甚用遠，蓋宋人謬認之言耳」。[91] 易言之，他似乎認為宋人所見侵擾者來自巴旦，而非流求。但卻忽略了菲律賓的巴旦距離澎湖與泉州之遠並不亞於沖繩。

六、結語

本文指出，臺灣與福建相對，今琉球與浙江相對。但中國古人提到流求都以福建或澎湖為出發點，而非浙江，顯示他們所認知的流求應是福建外海的臺灣，而非浙江外海的今琉球。

其次，今琉球遠比臺灣更遠離中國海岸，航海之險更甚，也更遠離中國對外貿易主要航道。以地理知識擴張由近而遠的常理而論，中國人應該會先認識臺灣，而後及於今琉球。

另一方面，海員出海需要精確地理知識，海員不可能以同一地名稱呼方位、距離差異懸殊的臺灣與今琉球兩地。

因此，如果中國古人已經知道今琉球，則必然更早就知道離中國較近、較大的臺灣，並使用不同地名。但中國史書對東方外海島嶼從無比流求、琉球更近、更大島嶼的記載。合理推論，中國古籍上所記東方外海最大的島嶼就是臺灣，而極不可能是指今琉球。是以古籍上的流求、琉球，乃至夷洲，指涉臺灣的可能性遠高於指涉今琉球。

釋，《島夷誌略校釋》，頁 16-17。新井白石則曰「島夷志云大崎山極高峻夜半登之望暘谷日出一紅光燭天山頂為之俱明或此在」，見（清）新井君美，《南島志》，頁 366。

91 （清）新井君美，《南島志》，頁 369。

　　進一步言，即使三國至隋有關夷洲、流求的記載究係指涉臺灣或今琉球仍有爭議，但宋元的流求、瑠求、琉球已經很顯然是指臺灣，不可能是今琉球。史家會爭論流求究竟是臺灣或今琉球，並非因為有關流求的史料指向今琉球。真正原因是琉球一名在明初改屬於今琉球，令人困惑難解。

　　本文推論，琉球一名在洪武初年改屬，正如同和田清所主張者，原因出在明朝首次遣琉球使臣楊載的移花接木。以致於今琉球之進入中國歷史同時導致臺灣之改名為小琉球。

　　楊載欺君而將琉球一名移花接木從臺灣改用於今琉球，固然離奇大膽，但睽諸先後史實，並非不可能。

　　本文指出，至遲宋元福建人對稱為流求、琉球的臺灣已經有小規模貿易往來，並應有清楚的地方知識。但在知識傳播困難而階級差異懸殊的古代社會，由於流求在政治經濟上對中國無足輕重，使福建人對流求的地方知識並未充分納入朝廷與文人的主流文化。因此宋元有關流求史料不過寥寥數語。

　　同時，宋元海商應也與今琉球建立長期而小規模貿易，並給予固定地名。但今琉球遠小於臺灣，宋元與此地之貿易甚至比臺灣更不足道，此地對中國政治經濟也更無足輕重，因此閩人相關之地方知識完全沒有進入中國朝廷與文人記述裡。福建海員稱呼今琉球的古地名因而被歷史遺失了。

　　中國朝廷主流文化對臺灣與今琉球兩者的極端無知，使楊載的移花接木成為可能。明太祖對日本君主的無知也反映其對臺灣與今琉球應該更無知，而可能被使臣欺瞞。

　　楊載移花接木的跡象之一，在於明清兩朝中國與琉球王國雙方使臣捨方便的南京與那霸直航而不為，卻繞遠道從福建出入，不僅海上航程較遠，風險較大，且憑添陸路折騰。唯一合理解釋是此乃延續首

批遣琉球使臣的慣例。

　　首次出使琉球的楊載曾經使日而應熟知東海地理。他會選擇從福建出發前往琉球，而非從都城南京直航那霸，顯示他出發時所瞭解的任務目的地是史書所記福建外海近處的琉球，也就是臺灣，而非浙江外海的今琉球。不論楊載原先是否知道當時另有其名的今琉球，他是在到達福建後才知臺灣文明未開，無法招撫，也才想到移花接木，以今琉球代替臺灣向明廷稱臣入貢。

　　正因楊載欺君而移花接木，使其不敢向明廷報告，他招撫成功的琉球，從南京經由長江口直航那霸遠比從福建前往更合理。以致於明清雙方使臣繼續從福建出入。

　　楊載移花接木的文字證據，在於明清兩朝君臣與琉球王國官史都認定稱臣入貢的琉球王國就是明朝以前史書上的琉球，顯示明太祖並不知道楊載招撫的琉球並非前朝史書上的琉球。且明清兩朝琉球王國的正式國名始終是中山國，也顯示琉球之名是楊載所加，非當地人原本自稱。

　　楊載的移花接木造成百年來臺灣史的一大困擾。使許多史家不敢確認古書上有關流求、琉球的記載確實是描述臺灣，而非今琉球。但若楊載移花接木的設想可以成立，則此百年爭議將大體消除。古流求、琉球即臺灣。甚至夷洲都極可能是臺灣。

參考文獻

文獻史料

（漢）司馬遷著，裴駰集解，司馬貞索隱，張守節正義，《新校本史記三家注并附編二種》。臺北：鼎文，1981。

（漢）班固著，顏師古注，楊家駱主編，《漢書》。臺北：鼎文，1986。

（後漢）范曄著，李賢等注，司馬彪補志，楊家駱主編，《新校本後漢書并附編十三種》。臺北：鼎文，1981。

（三國）陳壽著，裴松之注，楊家駱主編，《三國志》。臺北：鼎文，1980。

（隋）魏徵等著，楊家駱主編，《新校本隋書附索引》。臺北：鼎文，1980。

（唐）真人元開著，梁明院校注，《唐大和上東征傳校注》。揚州：廣陵書社，2010。

（宋）李復，《潏水集》。中國基本古籍庫，清文淵閣四庫全書本。

（宋）林光朝，〈輪對劄子〉，收於黃淮、楊士奇等編，《歷代名臣奏議》。中國基本古籍庫，清文淵閣四庫全書本，頁 7044-7045。

（宋）周必大，《文忠集》。中國基本古籍庫，清文淵閣四庫全書本，〈敷文閣學士宣奉大夫贈特進汪公大猷神道碑〉，頁 560-564。

（宋）真德秀，《西山文集》。中國基本古籍庫，四部叢刊景明正德刊本。

（宋）梁克家，《三山志》。中國基本古籍庫，清文淵閣四部全書本。

（宋）脫脫等著，楊家駱主編，《新校本宋史并附編三種》。臺北：

　　鼎文，1980。

（宋）趙汝适，《諸蕃志》。中國基本古籍庫，清學津討原本。

（宋）樓鑰，《攻媿集》。中國基本古籍庫，清武英殿聚珍版叢書本，
　　〈敷文閣學士宣奉大夫致仕贈特進汪公行狀〉，頁 765-776。

（宋）蔡襄，《荔枝譜》。中國基本古籍庫，宋百川學海本。

（元）宋濂等著，楊家駱主編，《新校本元史并附編二種》。臺北：
　　鼎文，1981。

（元）汪大淵著，蘇繼廎校釋，《島夷誌略校釋》。北京：中華，
　　1981。

（元）楊翮，《佩玉齋類稿》。中國基本古籍庫，清文淵閣四庫全書本。

（明）朱元璋，《明朝開國文獻》。臺北：學生，1966。

（明）李景隆等編，中央研究院歷史語言研究所校，《明太祖實錄》。
　　臺北：中央研究院歷史語言研究所，1962。

（明）郭汝霖，《郭汝霖使琉球錄》。那霸：球陽研究會，1969。

（明）孫繼宗等編，中央研究院歷史語言研究所校，《明英宗實錄》。
　　臺北：中央研究院歷史語言研究所，1962。

（明）陳侃，《使琉球錄》，收於臺灣銀行經濟研究室編，《使琉球
　　錄三種：臺灣文獻叢刊 287》。臺北：臺灣銀行，1957，頁 1-52。

（明）夏子陽，《使琉球錄》，收於臺灣銀行經濟研究室編，《使琉
　　球錄三種：臺灣文獻叢刊 287》。臺北：臺灣銀行，1957，頁 171-
　　290。

（明）張廷玉等著，楊家駱主編，《新校本明史并附編六種》。臺北：
　　鼎文，1980。

（明）臺灣銀行經濟研究室編，《明實錄閩海關係史料：臺灣文獻叢
　　刊 296》。臺北：臺灣銀行，1971。

（明）鄭若曾，《鄭開陽雜著》。中國基本古籍庫，清文淵閣四庫全書本。

（明）蕭崇業，《使琉球錄》，收於臺灣銀行經濟研究室編，《使琉球錄三種：臺灣文獻叢刊287》。臺北：臺灣銀行，1957，頁53-170。

（清）外間守善、波照間永吉編，《定本琉球國由來記》。東京：角川，1997。

（清）朱景英著，臺灣銀行經濟研究室編，《海東札記：臺灣文獻叢刊19》。臺北：臺灣銀行，1958。

（清）向象賢，《琉球國中山世鑒》，收於殷夢霞、賈貴榮、王冠編，《國家圖書館藏琉球資料續編，上冊》。北京：北京圖書館，2002。

（清）汪楫，《中山沿革志》，收於北京故宮博物院編，《使琉球雜錄等四種》。海口：海南，2001。

（清）郁永河著，方豪編校，《裨海紀遊：臺灣文獻叢刊44》。臺北：臺灣銀行，1959。

（清）周煌著，臺灣銀行經濟研究室編，《琉球國志略：臺灣文獻叢刊269》。臺北：臺灣銀行，1971。

（清）徐葆光撰，臺灣銀行經濟研究室編，《中山傳信錄：臺灣文獻叢刊306》。臺北：臺灣銀行，1957。

（清）新井君美，《南島志》，收於新文豐出版社編，《叢書集成續編，第245冊》。臺北：新文豐，1991，頁359-382。

（清）鄭秉哲等編，《球陽》。筑波大學圖書館抄本，年代不詳，網上下載。

（清）蔡鐸等編，《中山世譜》，收於殷夢霞、賈貴榮、王冠編，《國家圖書館藏琉球資料續編，下冊》。北京：北京圖書館，2002。

近人著作

上里賢一著，陳瑋芬譯，〈琉球對儒學的受容〉，《臺灣東亞文明研究學刊》，3.1(2006)，頁 3- 25。

王淑津、劉益昌，〈大坌坑遺址出土十二至十四世紀中國陶瓷〉，《福建文博》，2010.1，頁 45-61。

方豪，《臺灣早期史綱》。臺北：學生，1994。

木宮泰彥著，陳捷譯，《中日交通史》。高雄：復文，1994。

平田守，〈琉明關係にねける琉球の馬〉，《南島史學》，28(1986)，頁 76-93。

古瀨奈津子著，高泉益譯，《遣唐使眼中的中國》。臺北：商務，2005。

比嘉實，《「唐旅」紀行：琉球進貢使節の路程と遺跡、遺跡の調查》。東京：法政大學沖繩文化研究所，1996。

仲原善忠，《琉球の歷史》。東京：琉球文教，1958。

池谷望子，〈琉球の國際貿易の開始〉，《南島史學》，77,78(2011)，頁 31-48。

伊能嘉矩著，國史館臺灣文獻館編譯，《臺灣文化志，上卷，中譯本修訂版》。臺北：臺灣書房，2011。

伊波普猷，《沖繩歷史物語》。東京：平凡社，1998。

宋錦鵬，《南宋交通史》。上海：古籍，2008。

杜正勝，〈臺灣歷史圖像的表層和內裏——特就流求論〉，《臺灣風物》，63.3(2013)，頁 13-68。

林景淵，《迷濛七世紀：幕府時代的中日關係》。臺北：南天，2007。

周婉窈，〈山在瑤波碧浪中——總論明人的臺灣認識〉，《臺大歷史學報》，40(2007)，頁 93-148。

和田清，〈琉球臺灣の名稱について〉，《東洋學報》，14.4(1924)，頁 558-581。

和田清，〈再び隋書の流求國について〉，《歷史地理》，57.3(1931)，頁 203-226。

岡本弘道，《琉球王國海上交涉史研究》。沖繩宜野灣市：榕樹書林，2010。

東恩納寬惇，《琉球の歷史》。東京：至文堂，1959。

真喜志瑤子，〈琉球極樂寺と圓覺寺の建立について（一）——本土との交流の二つのかたち〉，《南島史學》，27(1986)，頁 26-47。

真喜志瑤子，〈琉球極樂寺と圓覺寺の建立について（二）——本土との交流の二つのかたち〉，《南島史學》，29(1987)，頁 13-33。

後藤雅彥、邱鴻霖，〈從沖繩考古學的現狀看與臺灣考古學的接點〉，《考古人類學刊》，68(2008)，頁 137-148。

梁嘉彬，〈琉球古今見聞考實〉，《東海大學學報》，2.1(1960)，頁 1-22。

梁嘉彬，《琉球及東南諸海島與中國》。臺中：東海大學，1965。

陳宗仁，《雞籠山與淡水洋：東亞海域與臺灣早期史研究，1400-1700》。臺北：聯經，2005。

陳捷先，〈《南島志》簡介〉，《臺大歷史學報》，19(1996)，頁 201-218。

高良倉吉、田名真之編，《圖說琉球王國》。東京：河出書房，1993。

高宮廣衛，〈開元通寶と按司の出現（予察）〉，《南島文化》，

19(1997)，頁 1-22。

高宮廣衛、宋文薰，〈琉球弧および臺灣出土の開元通寶——特に7-12
　　世紀ごろの遺跡を中心に〉，《南島文化》，18(1996)，頁 1-12。

宮田俊彥，《琉明、琉清交涉史の研究》。東京：文獻出版，1996。

宮城榮昌，《琉球の歷史》。東京：吉川弘文館，1997。

翁佳音，《異論臺灣史》。板橋：稻鄉，2001。

翁佳音，〈新港有個臺灣王：十七世紀東亞國家主權紛爭小插曲〉，《臺
　　灣史研究》，15.2(2008)，頁 1-36。

康培德，〈十七世紀的西拉雅人生活〉，收於詹素娟、潘英海編，《平
　　埔群族與臺灣歷史文化論文集》。臺北：中央研究院臺灣史研究所
　　籌備處，2001。頁 1-31。

曹永和，〈中華民族的擴展與臺灣的開發〉，收於《臺灣早期歷史研
　　究》。臺北：聯經，1979。頁 1-24。

曹永和，〈早期臺灣的開發與經營〉，收於《臺灣早期歷史研究》。
　　臺北：聯經，1979。頁 71-156。

曹永和，〈歐洲古地圖上之臺灣〉，收於《臺灣早期歷史研究》。臺北：
　　聯經，1979。頁 295-368。

曹永和，〈中國海洋史話〉，收於《中國海洋史論集》。臺北：聯經，
　　2000。頁 1-147。

曹永和，〈明洪武朝的中琉關係〉，收於《中國海洋史論集》。臺北：
　　聯經，2000。頁 191-232。

黃寬重，〈南宋「流求」與「毗舍耶」的新文獻〉，《中央研究院歷
　　史語言研究所集刊》，57.3(1986)，頁 501-510。

喜舍場一隆，〈古代における南島〉，《南島史學》，71(2008)，頁
　　61-78。

楊彥杰，《荷據時代臺灣史》。臺北：聯經，2000。

廖大珂，《福建海外交通史》。福州：福建人民出版社，2002。

增村宏，《遣唐使の研究》。京都：同朋舍，1988。

豐見山和行、高良倉吉，《琉球、沖繩と海上の道》。東京：吉川弘文館，2005。

劉益昌，《淡水河口的史前文化與族群》。八里：臺北縣立十三行博物館，2002。

謝必震，《明清中琉航海貿易研究》。北京：海洋，2004。

謝必震，〈論古代福州港與中琉航海交通〉，收於鄭永常編，《海港、海難、海盜：海洋文化論集》。臺北：里仁，2012。頁 71-84。

Andrade, Tonio（歐陽泰）著，鄭維中譯，《福爾摩沙如何變成臺灣府》。臺北：遠流，2007。

唐山過澎湖：宋元人何以不移住臺灣？

　　臺灣與福建僅一水之隔。福建在唐代急速漢化，宋代已列中國經濟與文化重心，明代已出現地少人多的嚴重生計困難。但一水之隔的臺灣直到明末荷蘭人入臺，招募漢人佃墾，才開始出現史料可稽的漢人社會。臺灣為何開發如是之遲？漢人為何不更早移住臺灣？

　　與人口密集的中國東南沿海相距如此之近，而往來移民如此之遲，臺灣是歷史的遲到者。這遲到的現象，與澎湖相比，更顯得突兀。

　　澎湖離臺灣西南海岸不足 50 公里，離中國大陸沿海約 130 公里。宋元兩代澎湖已有漢人定居，甚至駐軍設官。漢人軍民既然已跨越 130 公里海峽長居澎湖，為何不更進一步登陸不足 50 公里外更廣大、更肥沃的臺灣島？何況臺灣海峽北窄南寬，海峽南部的澎湖距金門、廈門約 130 公里，而海峽北部的臺灣新竹海岸距離福建平潭也是約 130 公里。從平潭航向新竹，與從金門、廈門航向澎湖大約等距。與大陸距離相若，宋元人為何只移住澎湖卻不移住臺灣北部？

　　這似乎很合邏輯的重要問題卻在臺灣史學界少有問者，更未見有系統討論。但研究臺灣開發史不僅應研究臺灣史如何開始，也應理解臺灣史為何在似乎應該開始時卻未開始。應該開始卻未開始，表示有某些因素妨礙其開始，而這些因素對於理解往後臺灣史的開展應有其重要意義。本文目的正在於反省此一臺灣歷史之始的重要議題。

　　宋元人既已移居澎湖，為何不移住不足 50 公里外的臺灣？一個很

直覺的可能解釋是宋元人雖移居澎湖，但因海洋阻隔而不知臺灣存在。

　　除此直覺解釋之外，過去學者們在未有系統研究情況下，對此一問題曾近乎一語帶過的簡略提及三種可能解釋。一是黑水溝的阻礙（吳密察 2012:19），二是臺灣產無奇貨（曹永和 1979b），三是臺灣原住民的抗拒（周婉窈 2009:49）。

　　本文將指出，首先，臺灣考古遺址發掘與元人汪大淵親臨臺灣的記載顯示，宋元海員商人來過臺灣從事貿易。宋元人不入臺灣並非因為不知臺灣存在。其次，黑水溝只是臺灣海峽比較凶險之處，但從未成為航運障礙。再其次，產無奇貨可以解釋史前臺灣貿易不發達，但無法解釋為何宋元人移居同樣產無奇貨的澎湖但卻不移居臺灣。最後，原住民對外來移民的抗拒可能才是宋元移民到達澎湖但卻不入臺灣的主要原因。

一、宋元人移住澎湖的事實

　　澎湖考古發掘顯示，澎湖在十世紀，相當於唐末，可能已有漢人移住（臧振華 1999:72）。至遲在宋代已有漢人移住澎湖的可靠文獻記載。宋代樓鑰的〈汪大猷行狀〉與周必大的〈汪大猷神道碑〉兩文都提到，乾道七年（1171）汪大猷任泉州知府，因海中島嶼平湖受島夷毗舍邪侵擾，而在平湖駐軍。

　　樓鑰言汪大猷：「四月起知泉州，到郡遇事風生，不勞而辦。郡實瀕海中，有沙洲數萬畝，號平湖。忽為島夷號毗舍邪者奄至，盡刈所種。他日又登海岸殺略。禽四百餘人，殲其渠魁，餘分配諸郡。初則每遇南風，遣戍為備，更迭勞擾。公即其地造屋二百間，遣將分屯。軍民皆以為便，不敢犯境」（樓鑰，頁 771-772）。

　　周必大亦言汪大猷：「四月起知泉州。海中大洲，號平湖，邦人就植粟麥麻。有毗舍耶蠻揚驅奄至，肌體漆黑，語言不通，種植皆為所穫。調兵逐捕，則入水持其舟而已。俘民為鄉導，刭掠近城赤洲。於是春夏遣戍，秋暮始歸，勞費不貲。公即其地造屋二百區，留屯水軍，蠻不復來」（周必大，頁 562）。[1]

　　半世紀後，宋理宗寶慶元年（1225）泉州市舶使趙汝适撰《諸蕃志》，其中〈毗舍耶〉條言：「毗舍耶，語言不通，商販不及。祖裸盱睢，殆畜類也。泉有海島，曰彭湖，隸晉江縣，與其國密邇，煙火相望。時至寇掠，其来不測，多罹生噉之害，居民苦之。淳熙間，國之酋豪常率數百輩猝至泉之水灣圍頭等村，恣行兇暴」（趙汝适，頁 20-21）。

　　學界多以為宋人所言毗舍耶來自臺灣。但不論毗舍耶是否來自臺灣，樓鑰、周必大、趙汝适都指出泉州晉江縣海島平湖、彭湖有居民，甚至為保護居民而駐軍。

　　泉州晉江縣轄下東方外島平湖、彭湖顯然都指澎湖。故可確定汪大猷時澎湖已有漢人與駐軍。

　　澎湖之漢人居民延續到元代。元人汪大淵在親歷南洋各地後著作《島夷誌略》，第一條即言澎湖：「島分三十有六，巨細相間，坡隴相望，乃有七澳居其間，各得其名。自泉州順風二晝夜可至。有草無木，土瘠不宜禾稻。泉人結茅為屋居之。氣候常暖，風俗朴野，人多眉壽。男女穿長布衫，繫以土布。煮海為鹽，釀秫為酒，採魚蝦螺蛤以佐食，爇牛糞以爨，魚膏為油。地產胡麻、綠豆。山羊之孳生數萬為羣。家以烙毛刻角為記，晝夜不收，各遂其生育。工商興販，以樂

1　樓鑰與週必大資料原見方豪（1994:33-34）及曹永和（1979b）。這些記述被收入《宋史》卷 400〈汪大猷傳〉，及卷 491〈流求國列傳〉。見脫脫（1980:12145,14127）。

其利地。地隸泉州晉江縣。至元間立巡檢司，以週歲額辦鹽課中統錢鈔一十錠二十五兩，別無科差」（汪大淵，頁 1）。

值得注意的是，周必大說澎湖「邦人就植粟麥麻」。樓鑰也說「島夷號毗舍邪者奄至，盡刈所種」。兩者都帶來漢人在澎湖從事耕種農業為生的印象。而汪大淵則說澎湖「土瘠不宜禾稻」，漢人居民以漁牧為生，佐以雜糧農作。

現代地理研究指出，澎湖群島地勢平坦，無法形成地形雨。一年雨量僅約 1000 公厘，蒸發量卻達 1800 公厘。故農耕困難，僅能種植耐旱作物（陳培源、張郇生 1995:20）。因此，汪大淵的理解顯然比樓鑰與周必大更接近事實。原因或在樓鑰與周必大對澎湖的理解來自二手記述，而汪大淵則是親身見聞。

前輩學者曹永和（1979c，1979d）更進一步認為，漢人初入澎湖，主要非在農耕，而在以之為漁場。這應是比較正確的歷史解讀。晚近考古發掘也顯示，澎湖漢人在南宋以前是以魚、貝為主食，農牧是南宋才發展（臧振華 1997；1999:72-73）。

澎湖距離臺灣西南海岸不足 50 公里，距離金門、廈門海岸則達約 130 公里。漢人既在宋元兩代即已跨越 130 公里海峽移民澎湖，從事漁牧與旱作農業，無論比重如何，都顯示當時福建已人口飽和，需要向外移民謀生。既然如此，一個很邏輯的問題便是，漢人為何不更進一步移居僅僅 50 公里外更廣大、更宜農牧的臺灣？

但過去研究臺灣開發史的史家很少質疑臺灣為何如此遲於進入歷史。即使少數史家已注意到漢人在宋元即已移居澎湖，也通常不會質疑當時漢人為何不更進一步移居臺灣（例如方豪 1994:29-50；曹永和 1979a，1979d；洪麗完、張永楨、李力庸、王昭文 2006:64-65）。只有少數史家曾經提出此一疑問。但他們對此問題也很少仔細研究，因此他們提出的答案通常很片段簡短。

二、不知臺灣存在？

　　宋元人移居澎湖而不移居臺灣，一個最方便的可能解釋是宋元人不知臺灣島的存在。

　　中國古史上的夷洲與流求到底是不是臺灣，一直是學界爭論的議題。但不論古史上的夷洲與流求是否臺灣，考古遺址出土證據指出，至遲宋人已知道臺灣存在。

　　乾隆中葉臺灣海防同知朱景英言：「臺地多用宋錢，如太平、元祐、天禧、至道等年號……相傳初闢時，土中有掘出古錢千百甕者，或云來自東粵海舶。余往北路，家僮於笨港口海泥中得錢數百……乃知從前互市，未必不取道此間」（朱景英 1958:52）。可見宋代已有漢人至笨港等地貿易，但未留下文字記載。

　　晚近考古發現也支持朱景英的推論。考古發掘顯示，距今約1500-1000 年的臺灣十三行文化早期遺址出土許多唐宋遺物，包括錢幣、青銅器、瓷器等。十三行文化中期遺址考古甚至顯示，宋元至明中葉之間，品質較佳之中國陶瓷輸入大增，以致於臺灣本土製陶器數量大減。直到明中葉海禁妨礙中國陶瓷輸入，十三行文化晚期遺址才見本土陶器數目復增（劉益昌 2002:118-131；亦見臧振華 1997；陳宗仁 2005:35-36）。易言之，考古可證中國海商至遲在宋代已與臺灣原住民建立穩定貿易關係，雖然彼等並未留下文字紀錄。

　　宋人在臺灣僅留下考古遺跡，元人則留下明確文字記述。前引元人汪大淵在親歷南洋各地後所著《島夷誌略》，第一條言澎湖，第二條即言琉球：「地勢盤穹，林木合抱。山曰翠麓、曰重曼、曰斧頭、曰大崎。其崎山極高峻，自彭湖望之甚近。余登此山，則觀海潮之消長。夜半則望暘谷之出紅光燭天，山頂為之俱明。土潤田沃，宜稼穡。

氣候漸暖，俗與彭湖差異。水無舟楫，以筏濟之。男子婦人拳髮，以花布為衫。煮海水為鹽，釀蔗漿為酒。知畨主酋長之尊，有父子骨肉之義。他國之人倘有所犯，則生割其肉以啖之，取其頭懸木竿。地產沙金、黃荳、麥子、硫黃、黃蠟、鹿豹、麂皮。貿易之貨，用土珠、瑪瑙、金珠、粗碗、處州磁器之屬。海外諸國盖由此始」（汪大淵，頁1）。學界已公認汪大淵所謂琉球即指臺灣，故元人登陸臺灣貿易殆無疑問。

　　總之，即使宋元朝廷不瞭解臺灣，即使宋元史書未記載漢人來臺，宋元兩代中國東南沿海地方海員對臺灣一島其實已有相當清楚的認識，包括臺灣的風土氣候。也與臺灣有所來往。宋元福建海濱居民移住澎湖而不移住臺灣，原因絕非不知臺灣的存在，也非不瞭解臺灣風土氣候，而是另有理由。

三、黑水溝之險？

　　吳密察在《臺灣通史──唐山過臺灣的故事》（2012:19）引用《元史》〈外國列傳瑠求條〉指出，元代澎湖已是漢人世界，甚至設官徵稅。但一水之隔的臺灣仍素不通。至於不通的原因，他似乎同意《元史》之意，將之歸因於澎湖以東「落漈」的阻隔。

　　《元史》〈外夷列傳三〉〈瑠求條〉記載：「瑠求在南海之東，漳、泉、興、福四州界內，澎湖諸島與瑠求相對，亦素不通。天氣清明時，望之隱約，若煙若霧，其遠不知幾千里也。西南北岸皆水，至澎湖漸低，近瑠求則謂之落漈，漈者水趨下而不回也。凡西岸漁舟至澎湖已下，遇颶風發作，漂流落漈，回者百一。瑠求在外夷最小而險者也，漢唐以來，史所不載，近代諸番市舶不聞至其國者」（宋濂等

1981:4667）。

《元史》所謂的落漈在清代臺灣方志與文獻裡一再以黑水溝之名出現。

康熙二十三至二十四年在任的清朝首任諸羅知縣季麒光在其〈臺灣雜記〉中言：「黑水溝，在澎湖之東北，乃海水橫流處。其深無底，水皆紅、黃、青、綠色，重疊連接，而黑色一溝為險，舟行必藉風而過。水中有蛇，皆長數丈，通身花色，尾有梢向上，如花瓣六、七出，紅而尖；觸之即死。舟過溝，水多腥臭，蓋毒氣所蒸也」（季麒光1965）。

康熙三十六年來臺的郁永河在《裨海紀遊》言：「臺灣海道，惟黑水溝最險。自北流南，不知源出何所。海水正碧，溝水獨黑如墨，勢又稍窪，故謂之溝。廣約百里，湍流迅駛，時覺腥穢襲人。又有紅黑間道蛇及兩頭蛇繞船游泳，舟師以楮鏹投之，屏息惴惴，懼或順流而南，不知所之耳。紅水溝不甚險，人頗泄視之。然二溝俱在大洋中，風濤鼓盪，而與綠水終古不淆，理亦難明」（郁永河1959:5-6）。

康熙四十四至四十七年間先後任臺灣海防捕盜同知與諸羅知縣的孫元衡著有《赤崁集》，其中〈黑水溝〉一詩之序云：「大海洪波，實分順逆；凡適他國，悉循勢以行。惟臺與廈藏岸七百里，號曰橫洋；中有黑水溝，色如墨，曰黑洋，廣百餘里，驚濤鼎沸，勢若連山，險冠諸海。或言順流而東，則為弱水；雖無可考證，然自來浮去之舟，無一還者，蓋亦有足信焉」（孫元衡1958:5-6）。

康熙六十一年巡臺御史黃叔璥在《臺海使槎錄》除引用上述《赤崁集》之言外，又言：「由大擔出洋，海水深碧，或翠色如靛。紅水溝色稍赤，黑水溝如墨，更進為淺藍色。入鹿耳門，色黃白如河水」（黃叔璥1960:10）。

乾隆三十七年臺灣海防同知朱景英所著《海東札記》則言：「廈

門達臺灣七百餘里中，巨浸界之，或曰『岐海』，一曰『橫洋』。自大嶝乘西北風，針盤定巽向，放舟出洋後，混茫一氣，四望青蒼，天角下垂，銀濤怒捲。若乃天無片雲，微風不動，中流停，棲泊末由。既而颶舉浪掀，高帆峭起，瞥爾千里，簸蕩無垠，局促海舶中者，鮮不眩搖心目、震懾魂神者矣。船將屆澎湖，經黑水溝，乃海水橫流處，深無底，水多青紅碧綠色，勢若稍窪，故謂之溝，廣約百里。舟利乘風疾行，遲則怒浪夾擊，且水深不能下碇也」（朱景英 1958:11）。

　　此後清代臺灣文獻與方志有關黑水溝的記載，大體不出前引文獻的抄襲重製。比較有系統者，可見嘉慶至咸豐年間李元春綜合前人記述之《臺灣志略》。該書言：「黑水溝為澎、廈分界處，廣約六七十里，險冠諸海，其深無底，水黑如墨，湍激悍怒，勢又稍窪。舟利乘風疾行，亂流而渡，遲則波濤衝擊，易致針路差失（按黑水溝有二：其在澎湖之西者，廣可八十餘里，為澎、廈分界處，水黑如墨，名曰大洋；其在澎湖之東者，廣亦八十餘里，則為臺、澎分界處，名曰小洋。小洋水比大洋更黑，其深無底。大洋風靜時，尚可寄椗，小洋則不可寄椗，其險過於大洋；此前輩諸書紀載所未及辨也）」（李元春1958:16）。

　　黑水溝如今成為唐山過臺灣故事裡先人冒險犯難的象徵，人人耳熟能詳。前引先人對黑水溝的描述，部分得到現代科學的印證。

　　當代海洋科學研究指出，臺灣處於由菲律賓北上的西太平洋暖流的路徑上。被稱為黑潮的太平洋暖流主流經由臺灣東岸北上，支流經由臺灣海峽北上。故臺灣海峽的海流終年由南向北。臺灣海峽平均水深60公尺。但在澎湖本島與臺灣島之間，有一北窄南寬的海槽，稱為澎湖水道，寬約30公里，水深100至200公尺。臺灣海峽海流超過一半的流量集中在澎湖水道。加上潮汐影響，使澎湖水道海流強勁。先民渡臺，經過此一危險水域，稱之為黑水溝。但澎湖水道之所以特

別湍急，除了該處海深特劇之外，部分原因是彰化、雲林海岸向外延伸，直到臺灣海峽中線附近，形成水深僅約 40 公尺的雲彰隆起。經澎湖水道北流的海流遇到雲彰隆起的阻擋，一方面在澎湖之北轉西北向而流經海峽西部，一方面因水道在澎湖東側深度急速減少而海水湧升。因此，黑水溝之險其實並非縱貫整個臺灣海峽，而大體僅限於澎湖與嘉義、臺南之間（戴昌鳳 2003:35，62-63）。

　　總之，先人所謂黑水溝應即現代地理學上所謂的澎湖水道，確實是臺灣海峽中海流強勁險惡之處。但將黑水溝之險解釋為先人渡臺的障礙，到底正確至何程度？

　　從前引清人記述來看，黑水溝確實是清代水手航渡臺灣海峽時最兇險之處，需要特別謹慎小心。但從無人指其為不可渡越的天險，或因黑水溝而躊躇不前。

　　前引元人汪大淵親臨臺灣，但並未抱怨黑水溝之險。明末漁民更已來往澎湖與北港間捕魚。萬曆四十四年（1616）八月巡撫福建右副都御史黃承玄〈條議海防事宜疏〉言：「至於瀕海之民，以漁為業；其採捕於彭湖、北港之間者，歲無慮數十百艘」（黃承玄 1971）。由黃承玄之言看來，黑水溝之險並未構成明代漁民在澎湖與北港之間來往捕魚為生的障礙。此後荷蘭人入臺，佔有今臺南安平，建立熱蘭遮城，強迫冬季到北港外海捕烏魚的福建漁船必須於捕魚前後到熱蘭遮城向其登記、納稅（曹永和 1979b，1979d，1979e），等於強迫福建漁民在海象最惡劣的冬季在黑水溝之間穿梭來回，但這也未妨礙福建漁民年年前來捕烏。可見黑水溝之險並不足妨礙航行。而荷人入臺後，積極招攬漢人海商與農業移民，從此臺南與福建間航運不絕，未聞貿易或移民因黑水溝之險而躊躇不前者。足證黑水溝只是海峽中相對最險處，而非不可渡越之險。因此，黑水溝不可能是宋元兩代漢人移居澎湖而卻不入臺灣的理由。

更有甚者，前已述及，澎湖水道或黑水溝湍流僅限於澎湖與嘉義、臺南之間。臺灣雲林、彰化以北與福建之間航行往來，並不須經由澎湖與澎湖水道，自然也無黑水溝之險可言。

前引李元春《臺灣志略》記臺灣往福建航程言：若從鹿耳門出航，則「帆往福州，望北直去，至閩安鎮，水程一十五更，不用灣泊澎湖。若從北路淡水西渡，水程僅七更。登舟半日，可見關潼山。自關潼趨定海，行大洋中五六十里，至五虎門；兩山對峙，勢極雄險，為閩省外戶。門外風力鼓盪，舟帆顛越；既入門，靜淥淵淳，與門外迥別。更進為城頭，土名亭頭；十里即閩安鎮，再數十里至南臺大橋」（李元春 1958:15）。

臺灣海峽北窄南寬。前述澎湖距離廈門、金門海岸約 130 公里。而臺灣新竹海岸距離福州外島平潭島亦僅約 130 公里。易言之，宋元人從福建沿海航行至澎湖或直航新竹沿海，兩者距離相等。也就是從福建海岸移居臺灣中北部並不比移居澎湖更遠或更困難，也不必跨越黑水溝。

黑水溝之所以成為臺灣移民史上的深刻記憶，理由是清初移民來臺大多經過黑水溝。而清初移民之所以須經黑水溝，原因在於臺灣之農業開發始於臺南，因此早期福建移民會經過黑水溝前往臺南。而臺灣開發之始於臺南，肇因於荷蘭人選擇臺南設立其貿易據點，而非淡水、雞籠。這純是荷蘭人一時貿易據點選擇的歷史偶然，並沒有任何地理因素限制臺灣的農業開發一定要從臺南開始。在荷蘭人稍後來臺的西班牙人選擇以淡水、雞籠作為經營臺灣的起點，並沒有比荷蘭人在臺南遇到更多地理與航海障礙。

總之，黑水溝之成為臺灣史的重要記憶，並非地理的必然，而純是荷蘭人一時選擇貿易據點所在而造成此後清初移民渡越黑水溝前往臺南的歷史偶然。

　　何況清代中葉以後，臺灣南部土地開發殆盡，中北部成為開發目標。來自福建的移民直接航行到臺灣中北部登陸，如前引李元春所述，並不須經過澎湖與黑水溝。黑水溝不僅不是不可跨越的天險，甚至也不是所有來臺移民的必要經驗。清代中葉以後來臺移民極可能絕大多數並未經過黑水溝。

　　總之，不論今日臺灣民間故事如何傳說黑水溝之險，黑水溝其實不是臺灣海峽航運的必經障礙，更非不可克服障礙，因此也非宋元人移居澎湖但卻不移住臺灣的理由。

四、無他奇貨

　　曹永和（1979c）曾指出，漢人初入澎湖，主要非在農耕，而在以之為漁場。直到元代，中國雖可能屢次征伐臺灣，但漢人之終不入臺灣，係因產無奇貨，沒有當時國際貿易重視的香藥、犀角、象牙、瑠璃、琥珀、真珠等物。

　　曹永和有關臺灣產無奇貨的觀點起源於《宋史》。《宋史》〈外國列傳七〉言：「流求國在泉州之東，有海島曰彭湖，烟火相望……無他奇貨，商賈不通……旁有毗舍邪國，語言不通」（脫脫等1980:14127）。

　　臺灣產無奇貨，似是學界公認。但為何產無奇貨，卻少有問者。臺灣產無奇貨，原因很簡單。臺灣與福建、廣東僅一水之隔，緯度、氣候、物產相近。臺灣能生產的，福建、廣東大多已有之。在清末樟腦成為臺灣特有出口大宗之前（林滿紅 1997），從貿易觀點而言，臺灣確實產無奇貨。

　　問題在於，產無奇貨可以解釋為何宋元明三代臺灣與中國貿易規

模小到正史不載，但卻不能解釋為何沒有農漁業移民。澎湖也產無奇貨，但宋元時即有漢人定居，甚至政府為之設官駐軍。澎湖漢人移民並非因貿易而起，而是以農漁業為生。宋元人如果移居臺灣海岸，也可以如同移居澎湖一般捕魚為生。如今臺灣西海岸漁港羅列，漁村不少，可為明證。漢人如果移居臺灣，不僅可以捕魚，且可以農耕為生。臺灣可耕地遠多於澎湖，雨量遠大於澎湖，總體農耕條件遠優於澎湖，可以養活的移民遠多於澎湖。就農漁業的自然條件而言，臺灣優於澎湖。

因此，與大陸距離相似，同樣產無奇貨，同樣可以農漁業為生，宋元人卻僅移居澎湖而非臺灣，理由顯然不是臺灣產無奇貨。

五、原住民的抵抗

周婉窈在其《臺灣歷史圖說》曾疑惑為何澎湖開發遠早於臺灣，但並未細究。她僅簡短的推論說：「原因很難確知。也許因為臺灣自古就是南島民族的居住地，當宋代漢人在澎湖定居下來時，常受到對岸『島夷毗舍邪蠻』的侵掠，漢人移民因此畫地自限吧？」（周婉窈 2009:49）。

這其實是很重要的觀察。臺灣原是南島民族居地，原始部族之間本就為爭奪土地、獵場、資源而長年大小衝突不斷。任何外人大量移入，也不可避免要與原住民爭奪土地，衝突極難避免。康熙後葉任臺灣知縣與臺廈道先後達八年的陳璸在其〈條陳經理海疆北路事宜〉即言：「且各社毗連，各有界址，是番與番不容相越，豈容外來人民侵佔？」（陳璸 1961）。

移民與原住民為競爭土地資源而發生衝突，幾乎是人類移民史的

普遍經驗。歐洲人移民美洲、澳洲，莫不與原住民因爭奪土地而發生衝突與戰爭，因而訴之武裝殖民。荷蘭人入臺灣後，一旦超出僅設貿易據點階段而企圖開發內陸土地，也迅即與原住民部落發生衝突，必須以武力壓制原住民的抗拒（Andrade 2007；楊彥杰 2000）。明鄭、清朝在臺灣，也不斷面臨原住民的武力反抗，導致鎮壓與屠殺。

移民因為原住民抗拒而失敗，並非少見。英國人拓殖北美洲，1585 建立的最早殖民地洛諾克（Roanoke）即因原住民攻擊而消滅無蹤（Johnson 2010:14-19）。在臺灣，清代漢人入墾宜蘭平原，最初墾者林漢生等人的嘗試也因原住民抵抗而失敗（高雙印、吳秀玉 1997:43-44）。

要成功實現農漁業移民，必須依賴集體武裝，以優勢武力壓制原住民的抗拒。集體武裝移民，歷史上可見之形式有多種。

形式之一，由國家派遣武力保護移民，甚至屠戮原住民，例如英國之殖民澳洲與壓迫原住民（李龍華 2003:24），以及美國之掠奪原住民土地以容納歐洲移民（馬全忠 2008；陳靜瑜 2013:20-27）。這往往由政府軍直接鎮壓原住民反抗。

在臺灣，康熙末朱一貴之役來臺的藍鼎元在其〈謝郝制府兼論臺灣番變書〉就指出政府駐軍保護移民的意義：「計竹塹埔至鳳山崎寬平百餘里，可闢千頃良田，向以無民棄置，致野番出沒為行人患。若安設官兵，則民不待招而自聚、土不待勸而自闢，歲多產穀十餘萬，為內地民食之資，而野番不能為害矣！」（藍鼎元 1959）。循至清末，清廷更以開山撫蕃為名，以武力鎮壓原住民反抗，協助漢人移民開發東部（許雪姬 1993:91-105；康培德 1999:200-206；潘繼道 2008:57-102；施政鋒 2010）。

形式之二，由國家特許的拓墾團體出而組織武裝殖民，如英國之特許不同團體以武力開拓美洲各殖民地，荷蘭之特許東印度公司以武

力殖民東南亞與臺灣。臺灣的顯著例子則是清代道光年間，臺灣官方特准姜秀巒等人組織金廣福公司，藉武力驅逐原住民以拓墾新竹東郊之北埔一帶丘陵區（吳學明 2000）。

形式之三，由自主之宗教團體或地方豪強出而號召追隨者，自行組織武力拓墾。著名例子之一是五月花號移民之拓墾新英格蘭。在臺灣的顯著例子是清代吳沙，在未經官方許可下，率眾強行拓墾宜蘭平原，奪取噶瑪蘭族原住民土地（高雙印、吳秀玉 1997:105-172）。

比較臺灣與澎湖，我們或可推論，澎湖眾小島上，或者原本沒有原住民，或者因地小以致原住民人數少到輕易可以被小股漢人驅逐或征服。是以宋元即有漢人移居。從樓鑰與周必大的敘述，汪大猷在澎湖駐軍是在漢人移民定居之後，因此即使澎湖曾發生漢人移民驅逐原住民之事，大約也不是國家主導的，應是民間自力所為。

但臺灣島遠大於澎湖，原住民人口遠多於澎湖。移民不論移住何地，都不可避免會與周遭原住民部落發生競爭與衝突。外來農漁業移民要克服原住民的抗拒，必須有國家武力支持，或有人出而組織拓墾團體以實施大規模集體武裝移民。但宋元明各朝政府即使已將澎湖納入版圖，甚至駐軍保護居民，卻顯然都不認為有必要武裝殖民臺灣。他們都不認為臺灣值得國家投注資源開發。

遲至明朝末年，前引萬曆四十四年（1616）八月巡撫福建右副都御史黃承玄上〈條議海防事宜疏〉，論及當時被明人稱為東番的臺灣島，有言：「頃者，越販奸民往往託引東番輸貨日本。今增防設備，扼要詰奸；重門之柝既嚴，一葦之航可察：其便二也。茲島故稱沃野，向者委而棄之，不無遺利之惜。今若令該總率舟師屯種其間，且耕且守；將數年以後，胥原有積倉之富，而三單無餱糧之虞：其便三也。至於瀕海之民，以漁為業；其採捕於彭湖、北港之間者，歲無慮數十百艘。倭若奪而駕之，則蹤影可溯；我若好而撫之，則喉息可聞：此

不可任其自為出沒者。宜並令該總會同有司聯以什伍、結以恩義、約以號幟；無警聽其合佃漁，有警令其舉號飛報：則不惟耳目有寄，抑且聲勢愈張。茲險之設，永為海上干城矣。伏候聖裁！」（黃承玄1971）。

　　易言之，黃承玄認知到臺灣沃野，棄之可惜。建議明廷駐軍屯墾。但明廷畢竟沒有依議將臺灣納入版圖。除了傳說中顏思齊海商或海盜集團曾在笨港一帶短暫設立據點之外，一直未有漢人農漁業移民移住臺灣（連橫 1977:567-568）。

　　直到 1624 年，荷蘭東印度公司企圖在中國版圖之內的澎湖設站與中國貿易，卻遭中國官方驅逐，不得不將貿易據點移到中國版圖之外的今臺南安平，並開始武力控制周遭的原住民部落，因而創造了農漁業移民的條件。從此漢人農業移民即開始大量湧入臺灣，開展了臺灣歷史。易言之，閩粵潛在農業移民人口龐大，但在荷蘭人入臺之前，沒有政府或其他組織有意願組織武力保護，以致於無法實施農漁業移民。因此，周婉窈指認的原住民抗拒確實是宋元人移居澎湖而不移居臺灣的原因，而荷蘭人以武力控制原住民而創造出歐陽泰所謂的荷蘭治世（Andrade 2007:134-153），確實是漢人移民得以開發臺灣的重要條件。

結論

　　宋元人從福建跨越 130 公里海峽移住澎湖，但卻未移住距離澎湖不足 50 公里，距離福建平潭僅 130 公里的臺灣。臺灣是歷史的遲到者。但這遲到的現象，卻在臺灣史學界少有疑問者，更無有系統探討其原因者。

本文指出，宋元人與臺灣貿易的遺跡與記述顯示，宋元人曾到臨臺灣貿易，雖然規模小到宋元史書無載。因此，宋元人移住澎湖而不移住臺灣，原因絕非不知臺灣存在。

臺灣民間傳說裡耳熟能詳的黑水溝確實是臺灣海峽最凶險處，但不論文獻記述或渡臺史實都顯示，黑水溝並未成為渡臺障礙。何況從福建直航雲林、彰化以北的臺灣中北部並不需經過黑水溝。故黑水溝之險也非宋元人移住澎湖但卻不移住臺灣的原因。

產無奇貨可以解釋為何史前臺灣貿易規模小到正史不載，但不能解釋同樣產無奇貨的澎湖在宋代即有漢人農漁業移民，而臺灣卻沒有。宋元人移居澎湖顯然不是為了貿易，而是以農漁業為生。臺灣農漁業條件並不遜於澎湖，卻不能吸引宋元兩代已到達澎湖的漢人農漁業移民，顯然另有原因。

本文結論，臺灣原住民對外來移民的抗拒才是漢人遲遲不入臺灣的主要原因。澎湖地小，即使過去曾有原住民，人數也少到不足以抵抗小規模的漢人武裝移民。但臺灣土地遠大於澎湖，原住民人口以萬計。若無國家或其他集團提供武力保護，小規模的漢人移民無法克服原住民的抗拒與衝突，因此漢人移民無法移住臺灣。直到荷蘭人來臺，提供武裝移民的條件，立即後果是漢人農業移民大量且迅速湧入臺灣。

當然，我們也可以推想，如果臺灣與南洋群島一樣出產香木等奇貨，則即使有原住民抗拒，宋元明朝廷或富商在財富引誘下，也極可能願意耗資組織武力，保護漢人移民入臺。但臺灣畢竟產無奇貨，讓臺灣原住民一時逃過了懷璧其罪之劫，直到荷蘭人因為需要與中國的貿易基地而入臺。

原住民的抗拒導致漢人在未有國家武力支持時無法移民臺灣，也指出臺灣開發史的一個不幸事實。荷領以來，漢人移住臺灣，與原住民競爭土地使用，不免引起原住民反抗。而各朝政府與漢人以武力鎮

壓原住民，也就成了臺灣開發史的核心要素。討論臺灣開發史，只注重漢人開墾偉業，忽略原住民所受傷害，並非公允之史。如果討論日本治臺必須論及臺人所受不平，則研究明鄭與清代治臺，同樣不能不論原住民所受的不平。

參考文獻

潘繼道。2008。《國家、區域與族群：臺灣後山奇萊地區原住民族群
　　的歷史變遷（1874-1945）》。臺東：東臺灣研究會。

馬全忠。2008。《印第安民族運動史》。臺北：聯經。

方豪。1994。《臺灣早期史綱》。臺北：學生。

戴昌鳳。2003。《臺灣的海洋》。新店：遠足文化。

脫脫等著。1980。《新校本宋史并附編三種》，楊家駱主編。臺北：
　　鼎文。

李龍華編著。2003。《澳大利亞史》。臺北：三民書局。

李元春。1958。《臺灣志略》（臺灣文獻叢刊十八）。臺北：臺灣銀
　　行經濟研究室。

劉益昌。2002。《淡水河口的史前文化與族群》。八里：臺北縣立十
　　三行博物館。

連橫。1977。《臺灣通史》。臺北：幼獅。

林滿紅。1997。《茶、糖、樟腦業與臺灣之社會經濟變遷（1860-
　　1895）》。臺北：聯經。

樓鑰。〈敷文閣學士宣奉大夫致仕贈特進汪公行狀〉。《攻媿集》，
　　頁 765-776。中國基本古籍庫：清武英殿聚珍版叢書本。

藍鼎元。1959。〈謝郝制府兼論臺灣番變書〉。《治臺必告錄》（臺
　　灣文獻叢刊一七），丁日健編，頁 68-70。臺北：臺灣銀行經濟研
　　究室。

高雙印、吳秀玉。1997。《開蘭始祖——吳沙之研究》。臺北：師大
　　書苑。

康培德。1999。《殖民接觸與帝國邊陲：花蓮地區原住民十七至十九世紀的歷史變遷》。板橋：稻鄉。

黃承玄。1971。〈條議海防事宜疏〉。《明經世文編選錄》（臺灣文獻叢刊二八九），臺灣銀行經濟研究室編，頁 202-210。臺北：臺灣銀行經濟研究室。

黃叔璥。1960。《臺海使槎錄》（臺灣文獻叢刊四）。臺北：臺灣銀行經濟研究室。

洪麗完、張永楨、李力庸、王昭文。2006。《臺灣史》。臺北：五南。

季麒光。1965。〈臺灣雜記〉。《臺灣輿地彙鈔》（臺灣文獻叢刊二一六），臺灣銀行經濟研究室編，頁 1-2。臺北：臺灣銀行經濟研究室。

許雪姬。1993。《滿大人最後的二十年：洋務運動與建省》。臺北：自立晚報。

朱景英。1958。《海東札記》（臺灣文獻叢刊十九）。臺北：臺灣銀行經濟研究室。

趙汝适。《諸蕃志》。中國基本古籍庫：清學津討原本。

周必大。〈敷文閣學士宣奉大夫贈特進汪公大猷神道碑〉。《文忠集》，頁 560-564。中國基本古籍庫：清文淵閣四庫全書本。

周婉窈。2009。《臺灣歷史圖說（史前至一九四五年）》，增訂本。臺北：聯經。

陳璸。1961。〈條陳經理海疆北路事宜〉。《陳清端公文選》（臺灣文獻叢刊一一六），頁 15-17。臺北：臺灣銀行經濟研究室。

陳培源、張郇生。1995。《澎湖群島地質與地史》。馬公：澎湖縣立文化中心。

陳靜瑜。2013。《他鄉變故鄉：美國亞裔族群史》。臺北：三民。

陳宗仁。2005。《雞籠山與淡水洋：東亞海域與臺灣早期史研究，1400-1700》。臺北：聯經。

施正鋒。2010。〈臺灣歷史中的加禮宛事件〉。《加禮宛戰役》，潘朝成、施正鋒編，頁 1-26。花蓮：國立東華大學原住民民族學院。

臧振華。1997。〈考古學與臺灣史〉。《中國考古學與歷史學之整合研究》，臧振華編，頁 721-42。臺北：中央研究院歷史語言研究所。

臧振華。1999。《臺灣考古》。臺北：行政院文化建設委員會。

曹永和。1979a。〈中華民族的擴展與臺灣的開發〉。《臺灣早期歷史研究》，頁 1-24。臺北：聯經。

曹永和。1979b。〈荷據時期臺灣開發史略〉。《臺灣早期歷史研究》，頁 45-70。臺北：聯經。

曹永和。1979c。〈早期臺灣的開發與經營〉。《臺灣早期歷史研究》，頁 71-156。臺北：聯經。

曹永和。1979d。〈明代臺灣漁業誌略〉。《臺灣早期歷史研究》，頁 157-174。臺北：聯經。

曹永和。1979e。〈明代臺灣漁業誌略補說〉。《臺灣早期歷史研究》，頁 175-253。臺北：聯經。

孫元衡。1958。《赤崁集》（臺灣文獻叢刊十）。臺北：臺灣銀行經濟研究室。

宋濂等。1981。《新校本元史并附編二種》，楊家駱主編。臺北：鼎文。

楊彥杰。2000。《荷據時代臺灣史》。臺北：聯經。

吳密察。2012。《臺灣通史──唐山過臺灣的故事，修訂版》。臺北：時報。

吳學明。2000。《金廣福墾隘與新竹東南山區的開發》（上下）。新竹：新竹縣立文化中心。

汪大淵。《島夷誌略》。中國基本古籍庫：清文淵閣四庫全書本。

郁永河。1959。《裨海紀遊》（臺灣文獻叢刊四四），方豪編校。臺北：
　　臺灣銀行經濟研究室。

Andrade, Tonio（歐陽泰）。2007。《福爾摩沙如何變成臺灣府》，
　　鄭維中譯。臺北：遠流。

Johnson, Paul。2010。《美國人的歷史》，上卷，秦傳安譯。北京：
　　中央編譯出版社。

沒有唐山媽？拓墾時期臺灣原漢通婚之研究

　　「有唐山公，無唐山媽」，是當代臺灣常見說法，意指今天臺灣漢人多是拓墾時期大陸來臺漢人男性與臺灣原住民女性通婚的後裔。由此而來的推論是，當今臺灣多數漢人身上有一半原住民血統。

　　上述諺語既不見於清代方志或《臺灣文獻叢刊》所納文獻，也不見於連橫（1985）與伊能嘉矩（2011a，2011b）兩位日治時期史家之作，[1]但如今卻耳熟能詳，難以查考其源流。

　　民間傳說當然通常過度簡化事實。作為比喻並無不可，但多數人大概都不會當真認為臺灣曾經原漢通婚到沒有唐山媽的程度。

　　因此，上述民間傳說目前雖偶在通俗研究裡被當作史實來引用（如白棟梁　1997：18，111，264；潘大和　1998：132-3），並出現在許多鄉土文化教材裡，[2]但學界卻少置詞。

　　一方面，只有少數歷史學家觸及原漢通婚，但對普及程度通常語

1　伊能嘉矩《臺灣文化志》討論清代渡臺限制（2011a：454-465）、原漢通婚之禁（2011b：318-323）、螟蛉子之俗（2011a：225-228），卻未言原漢通婚普遍，更未提「無唐山媽」。連橫《臺灣通史》「戶役志」、「風俗志」分別簡短提及搬眷及婚俗，但未提及原漢通婚或無唐山媽之說（1985：149-66，581-3）。

2　筆者隨意在網上搜尋，只要輸入唐山公三字，就看到大批文化機構網頁上此類說法。例如《臺南縣歸仁鄉保西地區鄉土資源調查》網頁〈台語俗諺故事〈有唐山公無唐山媽〉〉（http://www.bs1es.tnc.edu.tw/~history/page/p15/p15-09.htm）（2013年1月6日9時59分查閱）。《新港文教基金會會刊》2003期由會刊編輯委員江澤祥所撰〈唐山公與唐山媽〉（http://www.hkfce.org.tw/chinese/03_column/03_detail.php?kid=17&cid=193）（2013年1月6日10時3分查閱）。做此主張的網頁有高比例表達了強烈的政治情緒。

帶含糊（如 Shepherd 1993：386-8；洪麗完 1997：53-4，219；2009：169-73；周婉窈 2009：96；吳密察 2012：144-5）。

另一方面，明文反駁「無唐山媽」或類似主張者也很少，通常也很簡略（如鄧孔昭 1991，2011b；陳孔立 1997；尹章義 2002a，2002b；楊彥杰 2005；陳叔倬、段洪坤 2008；葉春榮 2009；周翔鶴 2011）。

多數學者似乎寧可略過通婚是否普及的問題，甚至根本不討論通婚一事。

但原漢通婚到底普及至何程度，確實是臺灣史的重大議題。四百年前，臺灣是原住民天下。今天，漢人取代原住民成為人口主力。這人口取代的過程，是研究臺灣史不可迴避的議題。而原漢通婚是這人口取代過程重要的一環。

這般重大社會史議題卻在學界少有討論，原因可能是缺乏系統化研究，原漢通婚普及程度不明，使多數學者無所適從，乾脆不提了事。

本文目的，正在釐清此議題。

本文將指出，臺灣開發史上確有原漢通婚，但只有少數漢人男性得與原住民女性通婚。理由有六。

首先，最簡單事實是，史料僅記載拓墾初期漢人男多於女，男性婚配困難，以及某些原漢通婚，但從未同時記載原漢大量通婚。史料倒是記載墾民來回兩岸、離臺返鄉、返鄉結婚等原漢通婚以外的選項。這是本文第一節的重點。

其次，臺灣漢人男多於女的記載其實僅出現在荷領到清初之間，乾隆初期後不復有此等記載。清初雖禁止女性來臺，但雍正乾隆朝屢屢開放搬眷，漢人男多於女現象已經緩解。這是第二節的重點。

再其次，相對於大量且迅速湧入的漢人，臺灣原住民人口偏少，可婚配女性遠少於漢人男性移民。多數漢人男性不可能有機會與原住

民女性婚配。這是第三節的重點。

第四，原住民有其族群意識與團結能力。如果原住民女性多數與漢人通婚，不但會剝奪族內男性婚配機會，且勢將導致原住民在一兩個世代內滅族。原住民部落不可能麻木不覺的允許此等滅族慘劇發生。事實上，或許反映此等顧慮，清朝法律長期禁止原漢通婚。同時，漢人對原住民的歧視更使通婚困難。這是第四節的重點。

第五，清代原漢通婚對象是所謂熟番，以後所謂平埔族。日治時期多數平埔部落仍然健在，顯示其女性過去並未大批嫁與漢人而剝奪本族男性結婚繁衍的機會。且直至日治末期，平埔族女性嫁與漢人者仍是少數。這是第五節的重點。

第六，晚近基因研究顯示，雖然許多臺灣漢人身上帶有原住民基因，但佔漢人基因平均比例很低，可見過去通婚有限。這是第六節的重點。

如果拓墾初期漢人移民男多於女，而多數漢人男性並未與原住民女性通婚，則他們如何繁衍後代？可能的答案，一是返回大陸原鄉，脫離臺灣史注意的範疇。二是婚後來臺或返鄉結婚後再來臺，夫妻分隔，久久相聚一次，有若今天大陸臺商或臺灣外籍勞工處境。某些人可能設法移眷入臺，包括偷渡入境。三是在源源不絕的移民中收養男嗣。無子者在親族中收繼男嗣本就是中國家族普遍現象，在移民情境下更是合理選擇。

更有甚者，即使初期男性移民無嗣，也並不妨礙臺灣漢人人口增長。距臺灣僅一日夜航程的閩粵，人口過剩，潛在的移民人數龐大，臺灣漢人並不需要依賴與原住民通婚來維持或擴大人口。

總之，漢人男性與原住民女性確有通婚之例，而且經過兩三百年的混血，有限的原漢通婚帶來的原住民母系血緣，透過漢人間代代通婚而擴散於臺灣漢人之中。另一方面，漢化的原住民融入漢人社會並

通婚。兩者相加，使今日臺灣許多漢人身上可能帶有原住民血緣，但原住民血緣佔漢人血緣平均比例其實很低。

下文將逐一檢視前述六點。

一、史料依據

原漢通婚可見於許多臺灣史料。甚至十九世紀末開港通商後，來臺西方人都還看到原漢通婚（如費德廉、羅效德 2006：36，55，280，325）。此種事例廣泛流傳在家族記述或民間傳說並不令人訝異。

因此，值得討論的不是原漢通婚是否發生，而在於原漢通婚是否大量且普遍到成為拓墾時期漢人男性婚姻的主要形式，以致於漢人男女性間的婚配相對稀少，而可以籠統的說「無唐山媽」？

檢視臺灣史料，從無任何史料記述原漢大量通婚，甚至漢人男多於女及婚配困難的記載也不多，且僅出現於乾隆中葉之前。

讓我們從荷領時期開始。當代史料記載漢人男多於女。例如，1661 年統計漢人男性約 35,000 人，女眷約近男性 10%（楊彥杰 2000：169-171）。但史料僅顯示漢人性比例懸殊，並未言漢人婚配困難。

原因不難理解。移墾初期，通常是男性隻身前來墾荒，家族俱留大陸原籍。且兩岸通航無礙，墾者不時往返。統計可稽者，如 1654-58 間漢人入臺者 24,606 人次，離臺者 19,988 人次（中村孝志 1997：39）。兩岸來回頻繁，多數人沒有必要攜眷入臺，漢人男多於女更不會成為原漢通婚的動機。許多移民可能來臺前已婚。未婚者若要成家，返鄉結婚比隻身在臺結婚更合家族禮儀。因此，即使臺灣漢人男多於女，並不表示婚配困難。

　　明鄭時期臺灣漢人也男多於女。但清鄭對立，不能自由通航。故漢人男性無法返鄉成家，確實婚配困難。施琅康熙七年〈盡陳所見疏〉言，投誠者報告，臺灣鄭氏官兵「無家眷者十有五、六」（施琅1958：6）。掠販婦女亦時有所聞（廖風德　1996：108）。但當代史料並無原漢因此大量通婚的記載。

　　事實上，明鄭的苛刻統治導致原漢關係極度惡劣，不利通婚。

　　明鄭入臺之初，糧食不繼，搜刮漢人與原住民部落，屢屢引起原住民反抗。被俘留用的荷蘭土地測量師 Meiji 即記載，大肚與瑯嶠番反，殲滅鄭軍二三千人（Meiji 2003:54）。

　　此類衝突延續至明鄭末。黃叔璥《臺海使槎錄》載：「沙轆番原有數百人，為最盛；後為劉國軒殺戮殆盡，只餘六人，潛匿海口；今生齒又百餘人」。又引用《海上事略》記：「康熙壬戌，偽鄭守雞籠，凡需軍餉，值北風盛發，船不得運，悉差土番接遞，男女老椎，背負供役；加以督運弁日酷施鞭撻，相率作亂，殺諸社商往來人役，新港仔、竹塹等社皆附焉」（黃叔璥　1960：128，133）。

　　後果可見於康熙三十六年（1697）來臺的郁永河在《裨海紀遊》記述：「鄭氏繼至，立法尤嚴，誅夷不遺赤子，併田疇廬舍廢之……故至今大肚、牛罵、大甲、竹塹諸社，林莽荒穢，不見一人」（郁永河　1959：36）。

　　此種嚴酷統治與相互屠戮顯然不利通婚。

　　清朝於康熙二十二年（1683）平定臺灣。首任臺灣知府蔣毓英於康熙二十四年纂修《臺灣府志》草稿，卷五〈風俗〉言臺灣「民男多女少，匹夫猝難得婦」。但該卷同時記述臺地漢人與番社婚俗，卻未載原漢通婚（蔣毓英纂修　2004：196-198）。

　　蔣毓英「民男多女少，匹夫猝難得婦」等土風記載尋被納入康熙二十五年補刻之《康熙福建通志》相關章節。文字略有異動，但有關

婚俗者敘述一致，也沒提到原漢通婚（金鋐主修 2004：93-94）。

康熙史料僅記漢人男多女少，未言原漢大量通婚，其實理由與前述荷領時期相同。兩岸恢復通航，墾民來往兩岸，尚未大量定居。許多移民可能本就已婚。未婚者若要結婚，返回大陸原籍結婚更合家族禮儀。沒有必要僅因臺灣漢人女性稀少而與原住民通婚。

三十年後，康熙五十五年（1716）《諸羅縣志》〈風俗志〉詳列漢人與原住民各自婚姻與家居風俗，卻未說漢人男多女少，也未記原漢通婚。但確實提到臺灣漢人婚姻兩個特點。

一為「但必多議聘金，以番錢六十圓為最下。女家貧者或先取至盡，納幣時竟達空函。有金不足而勒女不嫁者，有金已盡、貧不能嫁而愆期者；於是有貧而終身無婦者」（周鍾瑄主修 2004：221）。

二為「自襁褓而育之者，曰「『螟蛉』。臺俗八、九歲至十五、六，皆購為己子。更有年未衰而不娶，忽援壯夫為子，授之室而承其祀。有父無母，悖義傷倫，抑又甚矣」（周鍾瑄主修 2004：229）。

另一方面，該志〈雜記志〉倒是提到「男多於女，有村庄數百人而無一眷口者。蓋內地各津渡婦女之禁既嚴，娶一婦動費百金；故庄客佃丁稍有贏餘，復其邦族矣。或無家可歸，乃於此置室，大半皆再醮、遣妾、出婢也。臺無愆期不出之婢」（周鍾瑄主修 2004：362）。

上述三則記載如何解讀？很顯然，在諸羅縣此等新墾區，縣志作者確實看到漢人男多於女，婚配不易。但並未因此看到大量原漢通婚。漢人家室問題仍在漢人圈內解決。首先，女性太少，聘金高漲，貧者難以成家。墾殖有成者往往返回大陸原鄉而非留臺。留臺婚娶者「大半皆再醮、遣妾、出婢也」。連此等婚姻都有困難者，則收螟蛉子，甚至「忽援壯夫為子，授之室而承其祀」。但不論如何變通，獨不見大量原漢通婚。

　　《諸羅縣志》所述漢人男性婚配不正常現象，也出現在府城所在。康熙五十九年（1720）《臺灣縣志》〈輿地志〉言：「鄉間之人，至四、五十歲而未有室者，比比而是。閩女既不可得，或買掠販之女以為妻，或購掠販之男以為子。女則自十四、五歲至二十歲，男則自五、六歲至十五、六歲，均不為訝，其有室而不能生育者，亦買他人之子為己子焉」（王禮主修 2005：123）。這段話，幾乎是討論漢人婚配困難者所必引（如陳紹馨 1979：457）。但關心此現象的縣志依然沒有記載原漢大量通婚。

　　上引幾種臺灣漢人男性的婚姻選項，最容易被忽略者，首先是返回大陸定居。前引《諸羅縣志》〈雜記志〉言：「庄客佃丁稍有贏餘，復其邦族矣」（周鍾瑄主修 2004：362）。該志〈風俗志〉復言：「今佃田之客，裸體而來，譬之飢鷹，飽則颺去，積糶數歲，復其邦族」（周鍾瑄主修 2004：220）。

　　上述時人所見，正反映移民初期普遍的短期居留營生現象。來臺拓墾是為了生活。若開墾有成，可以售地離臺，落葉歸根，顯然是合理選擇。這選項普遍到有社會意義，原因是臺灣比大陸原籍富裕，創業積貯易成。

　　清初來臺官員幾乎都記載臺灣新土富裕，並抱怨居民生活奢侈。例如，康熙三十六年郁永河觀察到：「臺郡獨似富庶，市中百物價倍，購者無吝色，貿易之肆，期約不愆；傭人計日百錢，趑不應召；屠兒牧豎，腰纏常數十金，每遇拇蒲，浪棄一擲間，意不甚惜」（郁永河 1959：30）。

　　雍正七年至九年（1729-1731）任臺灣知府之沈起元在〈條陳臺灣事宜狀〉言：「漳、泉內地無籍之民無田可耕，無工可傭，無食可覓，一到臺地，上之可以致富，下之可以溫飽，一切農工商賈以及百藝之末，計工受直，比內地率皆倍蓰」（沈起元 1966；亦見伊能嘉矩

2011a：458-9）。

臺地富裕如此，足可推論，部分開墾有成的移民，出售在臺資產返鄉，應能成家立業，不再來臺。也因此脫離了臺灣史研究的視野。當然，返鄉者不必然個個衣錦榮歸。適應不良或創業失敗者回鄉也應非罕見。

不論臺灣漢人如何男多於女，只要這返鄉的選項存在，則後到移民取代返鄉者，臺灣漢人社會的存續就不成問題，並不需依賴原漢通婚來維持。

但過去除王世慶（1994：133-4）與施天福（2001：79）等之外，少有認真討論此一選項者。原因或在隱隱誤認移民必然一去不返。忽略了移民謀生需要理性選擇與嘗試，並不必然落地就矢志定居。且移民常有流寓性質，不論事業成敗，落葉歸根是許多移民的初衷，因之回流返鄉很常見。

例如，研究顯示過去從歐洲到美洲等新世界的移民大約有四成最終返回歐洲（Bairoch 1988:294）。中國移民亦如是。例如陳嘉庚移民新加坡致富後返國創立廈門大學，終老中國（Pan 1998:61-3,207）。臺灣開發史上許多家族都有成員從臺灣返居大陸原籍者，例如張士廂家族（王連茂、葉恩典編 1999）。直到今天，臺灣仍不斷有人外移多年後返臺定居。

總之，研究移民，必須一併考慮返鄉的可能。

除了離臺返鄉定居，其次容易被研究者忽略的選項，是婚後方來臺拓墾，或返鄉結婚，而妻子留鄉，丈夫來往兩岸。

清初限制婦女渡臺，但並未禁止男性來回兩岸。兩岸不過一日夜航程之遙，故移民來回頻繁，一如荷領時期。

康熙六十年朱一貴之役，南澳總兵藍廷珍率軍來臺，隨行堂弟藍鼎元於十年後之壬子年〈粵中風聞臺灣事論〉言臺地粵民：「往年渡

禁稍寬，皆于歲終賣穀還粵，置產贍家，春初又復之臺，歲以為常」
（藍鼎元　1958：63）。福建巡撫吳士功於乾隆二十五年〈題准臺民
搬眷過臺疏〉言：「按臺灣府屬一廳四縣，歸隸版圖將及百年。居其
地者，均係閩、粵二省濱海州縣之民；從前俱於春時往耕、西成回籍，
隻身去來，習以為常」（吳士功　2007）。

　　事實上，第一代移民來回兩岸的現象一直延續到日治末期。1905-
36 間入境臺灣之閩粵華工由每年四千餘人增至萬餘人，每年返國者約
來臺者八成（吳文星　1991：8-28）。這比例居然與前引荷領時期相近。

　　甚至直到今日，在臺外籍勞工仍然普遍單身來臺，定期返鄉探親。
大陸臺商亦多隻身赴任，一年返臺數次。夫婦為生計而長期分居是移
民常見現象。

　　類似現象亦可見於二次大戰前華僑赴美不得攜眷，許多移民返華
結婚生子後再度隻身赴美謀生，妻子多年不見一面（Pan 1998:262）。
反映在 1860-1910 年間在美華僑男性達女性十倍以上（陳紹馨　1979：
460-1）。

　　總之，早期來臺漢人，如果在臺結婚不易，則返回一水之隔的家
鄉結婚，即使不能搬眷入臺，每年或數年一次返鄉探視，應是合理選
項。並不必然要代之以原漢通婚。但像施天福（2001：82）這樣注意
到部分移民「返回原鄉成親」的研究者很少。這選項顯然沒有出現在
多數論者的思維裡。

　　我們或可推論，移民返鄉結婚，可能並非拓墾初期特色，而是第
一代移民的普遍現象。關鍵不在社會或時代，而在於移民個人的家族
牽掛與鄉土認同。

　　清代臺灣方志提到漢人男多女少者三次，最後一次是乾隆三年
（1738）《臺灣志略》〈民風土俗〉言：「又臺地男多女少，養女及笄，
即行遣嫁，從無溺女之陋習。紳士齊民少畜婢女，間有一二，年至二

十內外，便為擇配，更無錮婢之澆風」（伊士俍纂修 2004：278）。但伊士俍所見男多女少的後果，依然只是漢人女性早早結婚，而非原漢通婚。

原漢通婚沒有大量發生，除了方志無載之外，尚可從例外來推論。

康熙六十一年至雍正二年（1722-1724）間之巡臺御史黃叔璥於乾隆元年成書之《臺海使槎錄》卷五至卷七描述臺灣各地番社。卷五與卷六記述北路諸羅諸社婚嫁時，無一語及原漢通婚。只有卷七〈番俗六考〉〈南路鳳山番一〉敘及：「近日番女多與漢人牽手者」。〈南路鳳山傀儡番二〉則言：「歸化番女，亦有與漢人為妻室者」。〈南路鳳山瑯嶠十八社三〉言：「瑯嶠一社，喜與漢人為婚」（黃叔璥 1960：145，154，157）。瑯嶠一社的記載往後三度被收入方志中，包括乾隆九年（1744）《重修臺灣府志》（六十七、范咸纂修 2005：563）、乾隆二十五年《續修臺灣府志》（余文儀主修 2007：672）、以及乾隆二十七年（1762）《重修鳳山縣志》（王瑛曾編纂 2006：139）。

依一般寫作邏輯，如果原漢通婚很普遍，則當代作者們或者指出通婚普遍，或者因為見怪不怪而根本不提。他們會反覆提到「瑯嶠一社，喜與漢人為婚」，顯然正因此社是罕見的例外，以致值得記上一筆。

這特例居然從清初延續到清末。伊能嘉矩《臺灣文化志》（2011b：321）提到，同治初年臺灣府纂修之《臺灣輿圖》之〈鳳山輿圖說略〉記載，瑯嶠地方漢人與原住民通婚所生之「土生囝」達千餘人。1872年來臺的美國人李仙德也記載車城射寮五百村民大都是原漢混血，鄰近地區居民也多有混血者（LeGendre 2012:26-44）。1875年來臺西方人也特別提到車城附近某二村莊裡，男性皆漢人，女性皆原住民（Dudbridge 2010:46）。這些中外作者會特別提到此地，顯然正因其

為少見特例。

綜合前述，由荷領時期至清初，記述臺灣漢人男多於女或異常婚配的史料，從未同時記載漢人多數男性以原漢通婚來解決婚配困難。最可能原因顯然是原漢通婚雖然發生，但並非漢人男性普遍婚姻形式。而墾民來往兩岸、返鄉等記述，也解釋了不需原漢通婚的原因。

二、漢人女性移民

清朝究係何時開始禁止婦女渡臺是目前未解題目（鄧孔昭 1991，2011a）。[3] 事實上，康熙末葉起，清廷為防臺灣再成亂源，連在臺灣無產業與家室的男性都不准渡臺。只是從各朝上諭及奏疏中的無盡指責顯示，地方文武貪腐散漫，致閩粵男性偷渡臺灣普遍，使禁令成為具文。女性也有偷渡者，但畢竟不如男性方便。後果是清初臺灣漢人確實男多於女（陳忠純 2011；鄧孔昭、陳後生 2011）。

康熙末朱一貴之役來臺的藍鼎元在甲辰（1724）〈與吳觀察論治臺灣事宜書〉言：「客莊居民，從無眷屬。合各府、各縣數十萬之傾側無賴遊手群萃其中，無室家宗族之係累，欲其無不逞也難矣。婦女渡臺之禁既嚴，又不能驅之使去，可為隱憂。鄙意以為宜移文內地，凡民人欲赴臺耕種者，必帶有眷口，方許給照載渡，編甲安插。臺民有家屬在內地，願搬取渡臺完聚者，許具呈給照赴內地搬取」（藍鼎元 1958：52）。

易言之，朱一貴案後，清廷理臺官員漸認知臺灣漢人男多於女，

3　鄧孔昭（1991）指出清初臺灣人力缺乏，並未禁止來臺。康熙四十一年臺灣知縣陳璸〈條陳臺灣縣事宜〉建議渡者須取得原籍地方官發給照票，此後無照者不得渡臺。康熙五十六年《諸羅縣志》言「內地各津渡婦女之禁既嚴」，可見婦女渡臺已禁。但不知何年開始。

無家室者多，易成亂源。開放婦女渡臺遂成常有建議。

朝廷裡最早的開禁建議，是雍正五年七月閩浙總督高其倬〈奏聞臺灣人民搬眷情節摺〉（或稱〈請臺灣人民搬眷過臺疏〉）言：「人民居彼，既無家室，則無父母妻子之繫、久遠安居之心，所以敢於為非；若令搬眷成家，則人人守其田廬，顧其父母妻子，不敢妄為，實安靜臺境之一策。」因此建議有條件開放：「其開墾田土，實在耕食之人，欲行搬眷者，俱令呈明地方官詳細確查，實有墾種之田滿一甲並有房廬者，即行給照，移明該管地方官，令其搬往」。雍正於此奏摺硃批「且試行之」（高其倬 1972）。

但雍正的「且試行之」似乎被廷議否決了。以致乾隆五十二年（1787）十月二十三日〈上諭〉回顧此事言：「高其倬疏請，將在臺灣墾田耕種及有房屋民人，准其搬眷居住，經九卿議駁。自因臺灣係海洋重地，是以不令內地民人挈眷前往」（臺灣史料集成編輯委員會編 2004：129）。

此後海禁開閉，依乾隆二十五年福建巡撫吳士功〈題准臺民搬眷過臺疏〉言：陞任廣東巡撫鄂彌達具奏，於雍正十年五月經大學士鄂爾泰等議奏開禁，奉准臺民搬攜入臺。[4] 乾隆四年，總督郝玉麟以流寓民眷均已搬取，請定於乾隆五年停止給照，不准搬移。續於乾隆九年，巡視臺灣給事中六十七等再度具奏奉准臺民搬眷。於乾隆十一年四月十九日奉旨依議。乾隆十二年五月，閩督喀爾吉善請定限一年之後，不准給照。自此停止十有餘年。吳士功因之於乾隆二十五年上疏建請再度開禁（吳士功 2007），而閩浙總督楊廷璋則奏准開禁以一年為

4　吳士功省略未提者，雍正十一年二月二十日福建總督郝玉麟等上〈奏請遷徙臺灣之人民准其搬遷眷屬摺〉，言「臺地粵省流寓客民何止十餘萬，今能准其搬眷，內約計除無妻室者一半外，其有妻室者亦以一半計之，每人一妻一子，約共已增十餘萬丁口矣。若不指出許搬眷口，則奸民必有乘機攜帶親族人等之弊。臣等悉心斟酌，凡在臺客民，止許搬取內地妻子，以繫其身心，其餘概不准攜帶」（郝玉麟等 1998）。

限（楊廷璋 1963）。[5]

乾隆五十三年（1788）林爽文事件結束後，欽差協辦大學士福康安和福建巡撫徐嗣曾〈清查臺灣積弊酌籌善後事宜疏〉言：「至禁止攜眷之例，自雍正十年至乾隆二十五年，屢開屢禁，經前任總督楊廷璋酌請定限一年，永行停止。而挈眷來臺灣者，至今未絕。總因內地生齒日繁，閩粵民人渡海耕種，謀食居住，日久置有房產，自不肯將其父母妻子仍置原籍，搬取同來亦屬人情之常。若一概嚴行禁絕，轉易啟私渡情弊。前經臣福康安據實奏明，毋庸禁止。嗣後安分良民，情願攜眷來臺灣者，該地方官查實給照，准其渡海」（鄧孔昭2011a）。

福康安奏後，搬眷禁令似乎就此廢止（湯錦台 2010：165；鄧孔昭 2011a）。

值得注意的是，雖然在福康安建議前，搬眷經常被禁，但在偷渡普遍的臺灣，婦女偷渡雖不如男性方便，但確實經常發生。以致查獲偷渡案件裡，經常包括婦女。也因此福康安會說「挈眷來臺灣者，至今未絕」。

無論確實時間為何，清廷從雍正末起幾度開放臺民搬眷入臺，乃至於乾隆後期完全開放，後果必然是臺地男多於女及婚配困難的緩解。而這邏輯後果確實反映在史料上，包括消極不記載男多女少，以及積極記載家眷團聚。

---

5 乾隆二十六年二月閩浙總督楊廷璋上奏〈請停臺灣搬眷之例，酌籌禁戢偷渡之條，以靖海疆事〉言「竊照前撫臣吳士功請開臺灣流寓民人搬眷過臺之例，經臣因應及全臺大勢不便，聚集匪類，奏請定限一年停止，經部議覆准行⋯⋯自上年五月二十六日起，限至本年五月二十五日一年期滿。行據署廈門同知張採造報各廳縣給照搬眷到廈配船過臺民人共四十八戶，計男婦大小共二百七十七名⋯⋯伏思臺灣從前地廣土肥，物產饒裕，是以雍正十年及乾隆十一年兩次開禁，請照搬眷者甚多。今則邊界既不容私墾，而臺地生聚日繁，民人無可希冀。即在臺立業之人，尚多請照回籍。是以開禁一年，請照過臺，僅止四十餘戶」（楊廷璋1963）。

　　就消極不記載男多於女而言，除了上引幾條康熙與乾隆初的記述外，其他臺灣方志再沒有漢人男多女少、或極端婚配或繼承方式的記載。

　　此處我們必須簡略回顧方志體例。中國各省、府、縣通常每數十年會重修方志。主旨不在文采，而在記述。因此後志常大量襲用前志內容，甚至直接長篇抄襲。理由不難明白。既然重點不在文采而在記述，則如果前志所述正確，或現象依然存在，則直接抄錄前志最省事。如果社會變遷使前志所述現象消失，則後志刪去該記述。如果新現象出現，則後志加入新的記載。因此雖然前後方志繁簡不一，通常也不說明資料來源，更無嚴謹統計，但比較前後方志，仍能提供社會變遷的線索。

　　依此邏輯，臺地漢人男多女少的記述，在乾隆三年（1738）《臺灣志略》後的眾多方志中消失了，可合理推論該現象已顯著減緩。

　　除了消極不記載男多於女及婚配困難之外，乾隆朝史料更有積極指出家眷團聚大增者。原因正是渡海規則放寬，女眷渡海較易。

　　乾隆三年（1738）《臺灣志略》〈民風土俗〉章敘及「臺地男多女少」。但又言「自奉旨搬眷，郡城內外，居民多有父母、妻子之樂；鳳、諸兩邑，頗擬郡治，即彰化、淡水僻在北壤，亦差異於昔」（伊士俍纂修　2004：272）。這段話，除了指出清廷允許臺民搬眷之外，更指出各方討論清代男多於女問題時常忽略的一點，就是墾成區與新墾區的差異。

　　《臺灣志略》指出，清廷開放搬眷以後，開發成熟的「郡城內外」及「鳳、諸兩邑」，墾民已立業成家，「多有父母、妻子之樂」，男多於女問題不顯著。但新墾區如「彰化、淡水僻在北壤」，墾民尚未墾成安居，故男多於女，但比起從前也已經大有改善，「差異於昔」。

　　昔時狀況則可見於雍正五年閩浙總督高其倬〈奏聞臺灣人民搬眷

情節摺〉：「查得臺灣府所屬四縣之中，臺灣一縣，皆係古來住臺之人，原有妻眷。其諸羅、鳳山、彰化三縣，皆新住之民，全無妻子」（高其倬 1972）。

　　簡言之，男多於女的現象不多見於墾成地區，而見於新墾未熟之地。但我們可以想像，新墾區的墾民極可能是因開墾未熟、經濟基礎不固而沒有結婚或搬眷。待墾成之後方返鄉成家或搬眷是極可能的選項。過去研究忽視移民立業成家過程的時間與空間因素，只因新墾區開墾初期男多於女，就認定他們必然婚配困難，甚至必須原漢通婚，是很值得商榷的推論。

　　總之，雍正乾隆以後，斷續合法搬眷使漢人男多於女問題逐漸消解。乾隆中期以後更形同全面開放搬眷。

　　結果是乾隆五十二年（1787）福康安來臺灣平定林爽文之亂後，在《欽定平定臺灣記略》說：「舊例，內地民人至臺灣，不准攜帶眷屬，止許隻身居住耕種。今內地攜眷出口者，未聞稽查禁止。因何開此例禁，自有舊案可稽，已飭該道、府確切查明，另行覆奏。臣查海洋重地，禁止搬眷居住，使民人顧戀室家，不敢恣意為非，舊例原屬妥善。但臣經過各處村莊，民人等俱有眷屬，而查點投出難民，婦女幼孩尤多。該民人等居住臺灣，已歷數世」（福康安 1961：806）。易言之，臺灣歸清百年，福康安所見臺灣已是婚姻與家庭生活正常的地方。不論法條如何，實質上婦女渡臺無禁，令他困惑。以致於他建議乾脆廢除虛設的禁令。

三、原住民女性相對稀少

　　本節將指出，臺灣原住民人口很少。漢人在短期內大量湧入，使

原住民可婚配女性遠少於漢人男性。後果是多數漢人男性不可能有機會與原住民女性通婚。

日治前臺灣並無確切戶籍登記。要推算原漢通婚的可能比例，只能從原漢各自人口規模來推算。

讓我們先考察原住民人口。

荷蘭人入臺時，原住民農耕技術停留在刀耕火種的旱田游耕（中村孝志 1997：47-8；康德培 2001）。同等面積土地所需農業勞力與可養活人口數，都遠低於自然環境相似但從事水田耕作的閩粵漢人社會。

據康德培計算，西拉雅人居於晚近臺南縣 15 個鄉鎮，總面積約 690 方公里，1650 年代前統計人口 6000-8500 人。平均每平方公里 8-12 人，遠低於一般游耕農業社會人口密度上限之 20-30 人。荷領前食物豐富，致西拉雅人營養優於荷蘭人。1623 年荷人報告，西拉雅人平均高於荷人一個頭頸（康培德 2001）。

Tonio Andrade 估計，荷領時期臺灣西南平原之原住民人口密度可能僅每方公里 5 人。全臺灣總人口約僅十萬人（Andrade 2007:70,75-6）。

不論每方公里 5 人或 8-12 人，原住民人口密度偏低而總人口少乃可確認。臺灣三分之二土地為山地，平原面積僅約一萬平方公里（臺灣省政府農林廳 1999：276）。如果平原區原住民人口密度都與西拉雅部落一般，並以康德培的推估上限每方公里 12 人為準，則全臺平原區原住民總人口至多約十二萬人。

前輩社會學家陳紹馨估計，荷領時期臺灣全島共有原住民 15-20 萬人（陳紹馨、莊金德 1972：44；楊彥杰 2000：93）。這似乎是目前所見最寬的估計。但所謂全體原住民，包含了高山與平地。臺灣山區面積大於平地，但山區糧食來源遠不及平原。故平原地帶原住民人

口為山區加倍並非不合理。陳紹馨的估計與前述估計平原區至多約十二萬人並不矛盾。

中村孝志根據不全之荷領時期史料，計算 1647 至 1656 間數年度荷人控制下原住民村落數與人口數。最高峰為 1650 年之 315 社，15,249 戶，68,657 人。但 1655 年卻減為 39,223 人（中村孝志 1997：8；2002：37，45）。康培德指出，荷人為傳教與政治控制便利，曾推行原住民部落整併。故村落時有分合（康培德 2010）。但部落整併應只影響統計的部落數，並不影響總人口數。我們無法確認 1655 年人口大減的原因。但五年內人口大減，不可能是因為與漢人大量通婚。較可能是荷人控制力改變，統計疏漏所致。

荷人統計可稽的全臺平原區原住民人口在 1650 年高峰有 68,657 人，遠低於前述人口密度推算之上限十二萬人。為便往後推論，讓我們從寬估計平地原住民人口，暫且假定荷人來臨時有十二萬人。

我們有理由相信上述數字是荷人入臺以來平埔族人口的可能最高峰，此後逐漸減少，直到日治時期才緩慢成長。減少主要理由不在大量原漢通婚，而在外來壓迫。眾所周知，原住民在荷人、明鄭、清朝統治下，不僅稅負與勞役沈重，且因漢人大量捕鹿而剝奪傳統肉食來源，加上土地漸被漢人巧取豪奪，總體營養與生活水準下降，人口增殖機會極低，減少倒更可能。更有甚者，從荷至清，原住民都屢屢不堪壓迫而大舉反抗，遭到大規模殺戮。人口更不可能成長。

日治初期明治三十八年（1905）十月一日人口普查顯示，平埔族有男性 22,708 人，女性 23,724 人，總計 46,432 人（詹素娟 2005）。可見從十七到二十世紀，平埔族人口確實逐漸減少了。

因之，全臺平原區十二萬人，極可能是荷人入臺直到日治時期之間，任一時間點的平埔族人口可能最高估計值。這一數字已近荷蘭人實際統計之加倍，應屬嚴重高估。

而上述最高估計值是在不考慮原漢通婚下的最高值。如果原漢大量通婚，剝奪原住民男性婚配與繁衍機會，則原住民人口數將會更低。為便討論，本節後文暫且不考慮原漢通婚造成原住民人口減少的邏輯後果，而假定原住民始終維持人口最高估計值，以便指出，即使原住民維持人口最高估計值，其女性人數也遠遠少於臺灣漢人無眷男性，因此多數漢人男性不可能有機會與原住民女性通婚。

原住民人口中，假定與多數正常社會一樣男女各半，則女性佔人口約 50%。康德培指出，十七世紀歐洲人若安然度過童年，則平均可以活到四十五、六歲。而西拉雅人平均壽命可能超過五十歲（康德培 2001）。工業革命前社會女性普遍在二十歲前結婚。如果我們將女性區分為未婚及已婚二類，則大約二十歲前的未婚女性（包括女嬰），即使從寬估計，其總數不可能超過任一時間點女性人口之 60%，或當時原住民人口 30%。

以荷領時期而言，最高估計之十二萬原住民中，在漢人大舉來臨時，未婚而可能與漢人通婚的女性（包括女嬰）僅約人口 30%，也就是約 36,000 人。當時南部漢人聚居區之原住民至多佔全臺原住民之半，可婚女性至多 18,000 人。

現在讓我們檢視漢人男性數。1650 年統計，臺灣漢人 15,000，繳人頭稅者 11,000（中村孝志 1997：55，63）。江樹生估計各年漢人最高值與最低值之平均值為 1655 年 15,492 人，1658 年 22,500 人，1659 年至 1661 年各 27,500 人（江樹生 1997）。荷人在臺最後一年之 1661 年，荷人紀錄向其納人頭稅之漢人男性約 25,000 人，加上免稅與逃稅人口，有人估計臺灣漢人男性約 35,000 人。女眷約近男性 10%（楊彥杰 2000：169-171）。綜合考慮，1661 年臺灣約有 24,750 至 31,500 漢人男性無眷。

現在我們可以比較原住民女性可通婚人數與漢人男性數。

　　南部漢人聚居區原住民可婚女性至多 18,000 人，遠少於 1661 年臺灣南部約 24,750 至 31,500 漢人無眷男性。

　　易言之，早在荷領末期，漢人還相對不多時，無眷漢人男性人數已經超過可婚配的南部原住民女性。即使漢人男性都想與原住民女性通婚，多數也不能如願。而如果當時原住民女性居然高比例嫁給漢人，則南部原住民部落的存續將成疑問。不僅往後原住民人數勢將大減，而且往後來臺漢人男性也更不可能找到原住民女性通婚。但史料並未顯示原住民人口如此驟減。由此可以推論，荷領時南部原住民女性並未與漢人男性大量通婚。

　　明鄭時期漢人人口增加，使通婚更不易。

　　陳紹馨對於從荷領至明鄭末臺灣漢人人口曾先後提出兩組不同數字，一是從約十萬人增至約二十萬人，二是從五萬人增至約十二萬人（陳紹馨　1979：19，553）。

　　易言之，荷領末期人口加上鄭軍無眷官兵，明鄭時期臺灣漢人無眷男性可能增長至十萬人以上，遠超過前述全臺平地原住民可婚配女性之最寬估計 36,000 人。多數漢人男性即使有意願，也不可能有機會娶到原住民女性。何況原住民部落在清初大體健在。可見其並未在明鄭時滅絕，也可見明鄭時原住民女性並未大批嫁予漢人而剝奪本族男性婚配及繁衍機會。

　　若臺灣原住民女性在荷領及明鄭時就已經少到不可能滿足漢人男性婚配需求，則清代更是如此。

　　吳聰敏估計清朝平定臺灣，將明鄭部眾撤回大陸後，1682 年臺灣漢人約有 76,166 人（吳聰敏　2009：26）。但清代首任諸羅縣令季麒光與首任知府蔣毓英記載清初漢人移出與移入後，不包括老幼之實在男女性分別為 16,274 人與 13,955 人（吳聰敏　2009：26）。

　　不論何者正確，都對本文議題沒有影響。我們知道清代漢人男性

大舉入臺，人數迅速增加。問題在於增加到多少？

歷史學者許毓良曾匯集清代直接人口記錄，並自行根據正供數、倉貯數、墾地面積等資料推算人口，部分摘記如下表。

清代臺灣推估人口與歷史記載人口

年代	根據正供、倉貯、墾地面積估算人口	直接人口記錄
康熙二十三年 (1684)	5-7 萬	
康熙六十一年 (1722)	7-8 萬	30
雍正十三年 (1735)	9-13 萬	44
乾隆二十一年 (1756)	14-15 萬	66
乾隆三十八年（1773）		76
乾隆四十二年（1777）		83
乾隆四十六年（1781）		90
乾隆五十五年 (1790)		106
嘉慶十六年 (1811)		178
道光四年（1824）		250
光緒元年（1875）		300
光緒二十年（1894）	40 萬	

來源：許毓良 2008：524。

許毓良根據正供、倉貯、墾地面積等推算的人口數字都遠低於當代人記載。究竟是當代人記載比較正確，或其推算正確呢？

清末劉銘傳清賦後，臺灣耕地登記畝數為 477,4468 畝，較原先多出四百萬畝（許雪姬 1993：71-80）。顯示清代土地登記與賦稅不實，隱田多達八成以上。

因此，從低報的正供、倉貯、墾地面積等推算的人口當然也是嚴重低估。最明顯者，若依正供等推論，1895 年臺灣人口僅 40 萬，遠低於 1902 年底日人首次人口統計之 2,901,361 人（黃樹仁 2002）。可見清代的土地登記與賦稅嚴重缺漏，不足以推估人口。許毓良也曾根據清代鹽額推算當時臺灣人口。但其數字通常遠高於當代人的紀錄，清末數字更達四百萬人，遠高於日治初期統計人口。可見依鹽額推估

之人口數偏高而不能信。

　　另一方面，當代人的紀錄，雖不嚴謹，但應有所本。清代臺灣有相當嚴謹的鄉庄自治組織（戴炎輝 1979）。各地鄉庄與官府對人口應有相當掌握，不至完全偏離事實。[6] 例如，當代人記載 1875 年有 300 萬人，比 1902 年實際登記 2,901,361 人多，但遠比依正供等推估的 1894 年 40 萬人正確許多。綜合判斷，當代人記載並不精確。誤差來源可能是移民社會人口流動頻繁，但沒有遷出遷入的戶籍勾稽制度，以致重複計算流動人口。但就推估人口長期趨勢而言，仍大體可信。

　　如果我們承認當代人記載大體可信，則臺灣納入清廷版圖後僅僅四十年，康熙六十一年（1722），時人記載漢人已達三十萬人。這數字並未高於前引當時藍鼎元《平臺紀略》所言：「客莊居民，從無眷屬。合各府、各縣數十萬之傾側無賴遊手群萃其中」（藍鼎元 1958：52）。藍鼎元身為朱一貴之役入臺清軍總兵藍廷珍的親信幕僚，想必言有所本。三十萬人應非高估。而我們已知當時漢人男多於女，以致婚配不易。若假定三十萬漢人中男女各為二十萬人與十萬人，似乎已嚴重低估了男多於女的程度。但即使如此低估問題，仍然有十萬男性無眷。而本節反覆指陳，臺灣史上任一時間點平埔族未婚女性人口不可能超出 36,000 人。易言之，即使康熙末年平埔族未婚女性全部嫁與漢人而使平埔族絕後，也無法滿足半數無眷漢人男性的婚配需求。多數漢人仍然必須回大陸結婚。何況漢人繼續大量湧入臺灣，雍正十三年（1735）達 44 萬人，乾隆二十一年（1756）達 66 萬人。漢人男性

6　乾隆三十三年十一月福建巡撫鄂寧〈奏報民數穀數摺〉言「乾隆五年十一月二日奉上諭指示每歲仲冬該督撫將各州府縣戶口增減倉穀存用一一詳悉具摺奏聞」（鄂寧 1984），因此每年十一月各省巡撫都會奏報本省民數穀數。乾隆二十一年閩浙總督喀爾吉善暨福建巡撫鍾音奏報閩省民數穀數時，首次另列「臺灣府屬實在土著流寓并社番共八萬四千六百一十一戶大小男婦共六十六萬一百四十七名」（喀爾吉善、鍾音 1983）。前引許毓良之當代人口估計即已納入各年奏摺資料。

多於原住民女性的差距日愈擴大。

　　總之，不論任何時間點，平埔族人口至多十二萬人，未婚女性不逾 36,000 人。但從荷領末期、明鄭，到清代，臺灣漢人男性無眷人數都顯著超出原住民未婚女性。多數漢人男性不可能有機會與原住民通婚。何況多數原住民女性並未嫁與漢人而造成原住民絕後，可見原漢通婚只佔漢人男性婚配之相當少數。

　　目前有限的地區統計數字也支持上述推論。例如，洪麗完指出1790 年代臺灣中部平埔族人口共 9,225 人，而漢人在 1730 年代中期已約 35,000 人，1790 年代更應遠過此數。因此，漢人人口遠超過平埔族數倍（洪麗完 2009：101）。[7]即使中部平埔族女性全部嫁給漢人，也僅佔漢人男性配偶的少數。何況洪麗完指出十八世紀時原漢通婚並不頻繁。

　　臺灣原住民人口稀少以致不可能發生原漢大量通婚，或許是人類移民史上特例。多數社會，受制於交通或政治因素，外來移民通常遠少於原住民。因此少數外來男性獲得原住民女性配偶的機會相當大。歐洲人移民拉丁美洲、華人移民東南亞、歷史上華北漢人移民華南可能都如此。臺灣獨特處在於，原住民人口密度如此低，與人口飽和的大陸如此之近，卻長期沒有漢人移民前來。然一旦移民開始，漢人如潮水般湧入，移民人口迅速超越原住民，以致多數漢人男性不可能與原住民女性通婚。

7　洪麗完根據訴訟史料找出原漢通婚之例，但案例很少，也不能確定數目（洪麗完 2009：169-73）。1790 年代以後中部平埔族開始人口流失。主要原因是社域外遷徙，其次為認同變遷與異族通婚（洪麗完 2009：186-210）。

四、原住民族群意識與團結

　　歷史上，未嘗有任一民族，無論如何居於政治經濟社會劣勢，會完全缺乏族群意識到了本族女性大多數嫁與外族的程度。日治時期臺灣女性並沒有大批嫁給單身來臺且居統治民族地位的日本男性。戰後臺灣留學西方的眾多女性，即使定居國外，多數也沒有嫁給具備各種社經優勢的當地西方男性。我們有什麼理由相信原住民女性比漢人女性更喜歡嫁給異族？

　　所謂「無唐山媽」說法，表面上以漢人普遍有原住民血緣為榮。實際上，卻認定只要漢人男性需要，原住民女性就會拋棄本族男性而成群結隊嫁給漢人，以致原漢通婚到沒有唐山媽的程度。這說法無異完全抹煞原住民的自我意識。表面尊崇原住民，實則踐踏原住民。純粹是漢人自我優越感作祟下一廂情願的幻想。

　　問題不僅出在女性未必想嫁異族，而且也不可能有任何民族的男性會容忍本族女性大量外婚而導致滅族慘劇。

　　當然，此處所言，純是基於常識與歷史比較而來的推論。我們已經無法測量歷史上原住民的族群意識與通婚意願。但確實有歷史事件顯示，原住民有其族群意識與團結，表現在跨民族的平埔族集體行動。

　　最顯著者是集體武力反抗漢人壓迫。例如，雍正九年（1731）臺灣中部道卡斯族之大甲西社結交拍宰族之樸子籬等八社聯合抗官，演化成多族共同起事的大規模衝突，清廷武力鎮壓，使臺灣中部動盪四個月（洪麗完　1997：63-8）。

　　除了跨族群聯合武力反抗，平埔族群意識與行動能力也表現在兩次大規模移民。在長期被漢人巧奪豪取原有土地後，嘉慶九年（1804），臺灣中部平埔族以阿里史社為主力，糾集各族約十社近千

人，集體武裝移居宜蘭平原，與漢人移民競爭墾地。道光三年（1823），西部平原各族十五社之部分社眾共同移民埔里，並集資拓墾。他們在道光三年正月十五社簽訂《公議同立合約字》條款，包括「毋許引誘漢人在彼開墾，毋許傭雇漢人在地經營」。易言之，長期遭漢人欺壓後，平埔族產生了跨越原有部落的集體意識，採取集體行動對抗漢人（洪麗完 2009：275-325）。[8]

如果平埔族在飽受漢人壓迫之餘，能夠跨越部落界線，形成泛平埔族意識，聯合武力反抗漢人，或集體武裝移民，並拒絕漢人滲透，我們很難想像他們會麻木不覺的容忍本族女性大多數與漢人通婚，而眼見本族滅絕。當然，所謂意識，每人程度不同。但上述事例顯示有相當多平埔族人具備了對抗漢人的意識。至少他們家中的女性應該不會與漢人通婚。

這種對抗意識也表現在對漢化過程的悲憤。中部巴布薩族流傳的「貓霧捒番社曲」殷殷告誡「不要變成漢人，我們的語言要珍惜；年老人和年長者都這樣吩咐……你們忘掉番語，哪裡配得上番人……要警惕，不要變成漢人！」（洪麗完 1997：85）。

將原住民想像成缺乏自我意識到了被漢人欺壓至流離失所後還可以容忍原漢大量通婚，無異於漢人在剝奪原住民土地之後，連他們最基本的人格與尊嚴都要抹煞。這是精神上的種族滅絕，漢人優越感的最惡毒表現。

事實上，不僅原住民男性不可能容忍本族女性大量外婚而導致滅族，漢人男性對異族通婚也往往有種族歧視導致的利害考慮。

眾所周知，漢人習於歧視少數民族。日治時期來臺傳教的馬偕就記載：「在臺灣的漢人對於原住民很歧視，和他們以物易物、欺騙他

---

8 平埔族痛恨漢人，受漢人所迫而移居埔里之緣起，亦見《平埔蕃調查書》（臺灣總督府民政部警察本署／蕃務本署編 2013：42-9）。

們、並把他們推趕到他們的山地據點，對待他們就如同美國人對待印地安人一樣」（馬偕 2007：96）。

　　1909 年臺灣總督府民政部警察本署／蕃務本署根據 1908 年底各地警察機關調查所得編寫的《平埔蕃調查書》中，幾乎各地平埔族都報告了與馬偕所述類似被漢人欺凌壓迫歧視的經驗。阿緱廳甚至報告平埔族學童入學者較少，原因之一是受漢人學生蔑視而厭惡上學（臺灣總督府民政部警察本署／蕃務本署編 2013：90）。

　　又如，民俗研究者白棟梁指出，日治時期埔里巴宰海族仍過「番仔年」，但卻常引來漢人嘲弄，令人難堪。以致於約七八十年前，巴宰海人終於放棄本族傳統，開始過漢人的年，免惹譏諷（白棟樑 1997:203-04，215，259）。類似場景在臺灣原漢關係中多到不及備載。直到今天，在臺灣的外籍配偶與外籍勞工在語言使用、宗教崇拜、飲食、休閒活動等方面仍然經常面臨族群歧視。

　　在種族歧視普及漢人圈的現實下，如果沒有強力誘因，一般漢人男性是否願意與原住民通婚而被人指點取笑實在很值得懷疑。畢竟，即使臺灣漢人女性太少，與其娶原住民妻子而終生被鄰人輕視嘲笑，可能還不如忍受一時奔波之苦返回一水之隔的閩粵原鄉結婚。尤其乾隆中葉攜眷之禁形同具文以後。

　　總之，漢人一面歧視原住民，一面又幻想原住民女性都樂於嫁給漢人，不是很幼稚嗎？合理推論是，種族歧視下，原漢雙方對通婚都不會太熱心。

　　史料與經驗研究也支持上述推論。

　　例如，洪麗完研究中部岸裡社高度漢化的土官潘氏家族，發現除康熙年間有女嫁給通事張達京之外，潘氏家族在清代一直維持同村同族內婚。再度與漢人通婚係日治以後（洪麗完 1997：324-5，441-2）。

又如，今嘉義民雄一帶的打貓社，從荷領到乾隆時代都維持百餘戶。但 1897 年伊能嘉矩往訪時僅餘八戶。梁志輝認為人口減少原因包括通婚與認同改變（梁志輝　2001）。但顯然直到乾隆朝漢人已暴增時，打貓社人仍未因大量通婚而族群萎縮。

又如，竹塹社錢姓與衛姓家族，直到約道光間始與漢人通婚，漸被漢化（張炎憲、李季樺　1995：191）。更直到咸豐年間才開始大量與漢人通婚（李季樺　1989，引自林文凱　2011）。

遲至日治初，伊能嘉矩發現臺灣北部平埔族生活習慣與語言多已漢化，僅宜蘭平埔族保持舊俗與語言。但平埔族雖多漢化，有一半部落仍未與外族通婚，保持體質特徵。宜蘭平埔族尤其如此（伊能嘉矩 1996a：244）。伊能嘉矩也發現，雖然雙方頗有來往，但平埔族與漢族都認為彼此不同族，界線分明，稱謂也不同。漢人稱人，平埔族稱番，不稱人（伊能嘉矩　1996a：75-6）。稍後伊能氏尋訪全臺各地原住民，包括高山原住民與平埔族。其田野記錄詳細記載各地平埔族生活及語言漢化、甚至與漢人混居等情事，但原漢通婚卻僅提到幾次（1996b：66，245）。

與伊能嘉矩同時代的鳥居龍藏也數度在臺灣各地進行高山原住民與平埔族考察，記載許多平埔族漢化情事。但除提到東埔一位通事係漢人與布農族通婚後代外（鳥居龍藏　1996：378），沒有提到原漢通婚。

當然，研究者可能因為無法目視分辨而對某些原漢通婚視而不見。但從伊能嘉矩與鳥居龍藏的詳實田野紀錄看來，他們不像遲鈍的觀察者，且喜歡逢人就問個不停。如果他們沒有記載太多目擊的通婚實例，最可能原因是所見確實有限。

更有甚者，伊能嘉矩常記載平埔族老人敘述被漢人迫害經驗，歷歷在目。極端者，如直到日人到達前，花東縱谷漢人經常以暴力攻擊

當地平埔族移民，掠奪財物（伊能嘉矩　1996b：315）。[9]

　　事實上，1908 年底警察機關調查各地編寫《平埔蕃調查書》時，臺東平埔族仍記得他們在七十餘年前才因在西部受盡漢人欺壓而移居臺東。且 1888 年因租稅事而大舉反抗，遭清軍屠戮。宜蘭平埔族也還記得當年吳沙率漢人武力佔領宜蘭平原，平埔族武力抵抗失敗而被迫放棄土地（臺灣總督府民政部警察本署／蕃務本署編　2013：113-4，121-2）。

　　在這般族群關係下，要說平埔族多數女性會樂於嫁給漢人壓迫者，恐怕只是漢人一廂情願。

　　更明確者，前述《平埔蕃調查書》記載，1908 年底多數平埔族已通漢語，但大體漢化且普遍與漢人通婚者，僅臺北廳、嘉義廳、恆春廳射麻裡庄與山腳庄（頁 100-8，131，148-51）。其他多有隔閡。如苗栗廳三叉河支廳鯉魚潭社巴則海族「結婚係番族互相嫁娶，鮮少與普通本島人通婚者，然亦不能謂全無」。通霄支廳道卡斯族至日治初仍不願與漢人通婚，「如今則有番社與福建種族互相婚嫁者」。後壠支廳哈武灣族「道光年間尚嚴禁與外族通婚及收養關係，不准外族進入，然隨著與漢人之間交通接觸頻繁，雖少有背叛者，但社會制裁已稍見緩和，有默許之傾向。改隸以來，則蔚然開放成自由風氣」。鹽水港廳平埔族多為西拉雅族，日治初仍不與漢人通婚，1908 時已有通婚者。其他如鳳山廳、臺南廳、桃園廳之平埔族已漢化，有通婚，但時間與程度未詳載（頁 59，63，68，134，138，146，159）。

　　晚近學者研究戶口資料，更統計指出原漢通婚不普遍，直到日治

9　今屏東萬巒鄉平埔族聚落萬金村多數村民在 1861 年改信天主教，此後不斷遭周圍漢人部落暴力攻擊迫害。1895 年萬金庄在漢人圍攻下甚至有滅村之虞，幸攻臺日軍抵達庇護，方獲保全。這血淚斑斑的歷史控訴現仍在天主教會《道明會的神父第二次來臺開教》網頁上（http://www.catholic.org.tw/dominicanfamily/taiwan_history_secondtime.htm, 2013.2.18 查閱）。

時期亦然。

Melissa Brown 研究臺南大內鄉頭社、吉貝耍、番仔田等地。日治時期戶口記錄顯示，1905-1910 年間當地漢人有原住民母親者僅 3%。訪談發現，受訪漢人之父祖兩輩曾娶原住民者僅 11.8%（Brown 2000:71-2）。1925-1935 年代以後通婚始急速增加。Brown 認為從前通婚不多是因族群歧視，例如平埔族女性被漢人稱為番婆，使原漢雙方都對通婚遲疑（Brown 2000:101-2）。

人類學者葉春榮研究閩南人與平埔族比鄰而居的臺南山村葫蘆，田野調查與日治時期戶口資料顯示，村內兩族群仍多各自聚居。1946 年有 176 戶，1338 人，兩族群各半。從 1850 至 1946 年間，全村 365 次婚姻，原漢通婚僅 24 次，佔 6.5%。最早一次在 1898 年，第二次 1906 年。次數較多是 1915 以後。以漢人為主之家庭僅 11.2% 曾與平埔族通婚。以平埔族為主家庭僅 12.3% 曾與漢人通婚。直到光復後，當地漢人仍因看不起平埔族而不願通婚，寧可與遠地漢人通婚。原漢通婚障礙主要是漢人對原住民的歧視。故通婚漢人多為社會邊緣人（葉春榮 2009）。

日治時期，臺南新市平埔聚落村民全是基督徒，僅少數與福佬人通婚。且絕非漢人婦女嫁過來。因此，雖已漢化，全村基本上保持平埔血統（陳柔森主編 1999：149）。

邱正略與康豹（2011）研究埔里烏牛欄庄，發現日治時期該庄居民約六成為移居之平埔族，其餘多為漢人。1241 次婚姻入戶與除戶登記中，雙方族群身份知悉者 404 次。其中至少一方為平埔族者 250 次。其中 200 次為平埔族間通婚。僅 50 次原漢通婚。且平埔族婚姻有相當比例是與移民埔里前之原鄉平埔族通婚。易言之，平埔族似寧可與遠地同族通婚甚於與當地漢人通婚。即使我們假定前述原漢通婚比例偏低現象集中在日治初期，仍然符合本文推論，也就是直到日治前期，

原漢通婚並非原住民女性婚姻的多數。

李國銘研究屏東平原西部某一平埔族聚落，發現村民大多姓潘，日治時期戶籍資料顯示幾乎所有婚姻都只在潘姓間進行。他們選擇與遙遠的平埔聚落通婚，而不願與鄰近的閩南、客家居民通婚。然而，民國八十年調查卻顯示，平埔青年不再願意和族人通婚，嫁娶的對象只有閩南籍、客家籍與外省籍（李國銘 2004：13-14）。

民族學家林修澈發現，苗栗縣後龍鎮新港社的斗葛族（道卡斯族）直到 1970 年代仍保留完整的民族聚居，維持族內通婚（林修澈 2001b：22）。

最後，筆者使用日治時期歷年《臺灣人口動態統計》之〈種族（細別）ニ依リ分チタル結婚〉統計表（臺灣總督府 1905-1930），計算資料可得之最早五年與最後五年漢人與原住民之間婚姻分配。統計顯示，平埔族女性結婚對象為漢人與生蕃者，1905-1909 五年間僅分別27.9% 與 0.9%，1926-1930 年間升至 37.4% 與 1.7%。其餘為平埔族自相結婚。但因漢人人數遠多於平埔族，故同兩時期漢人與平埔族通婚都僅佔漢人男性結婚之 0.5%。有趣的是漢人女性與平埔族男性通婚似乎比一般想像稍多。前面所述兩時期，漢人女性結婚對象為平埔族者均為 0.3%。同二時期，與漢人通婚者佔平埔族男性結婚之比例從19% 增至 28%。總之，直到日治中後期，平埔族大多數仍然未與漢人通婚。原漢通婚僅佔漢人婚姻微不足道的少數。

總之，史料從未記載原漢大量通婚，反而一致指出，就全臺灣而言，從清代到日治，原漢通婚並非雙方各自婚配的多數。而清末與日治時期，漢人已遠多於平埔族。即使此後原住民女性終於願意大量嫁給漢人，通婚者佔漢人比例其實甚低。

另一方面，我們已知，清末與日治時期，平埔族已大體完成語言與生活習慣漢化。因此，或可推測，多數原漢通婚可能發生在原住民

漢化大體完成之後。漢化完成，意指原住民比較可能融入漢人社會，族群意識難以維持，也因此不易抗拒通婚。易言之，原住民與漢人通婚者，可能多數並非通婚後漢化，而是漢化後才通婚。本文無法進一步檢證此項推測，但不妨列出作為研究假設，用以導引此後研究。

總之，原漢通婚確實發生，但非漢人男性主要婚配形式。

事實上，史料顯示，原漢通婚較常見於原住民部落裡的所謂番割或通事，而非一般漢人。

依昔日用語，番割即是漢人而通番語、與番人熟，於生番界與生番交易物品者。通常娶番婦。其與番人交易，稱換番（林玉茹 2000：140-2）。

康熙三十六年（1697）來臺採硫的郁永河觀察到：臺地番社治理「仍沿包社之法，郡縣有財力者，認辦社課，名曰社商；社商又委通事夥長輩，使居社中……且皆納番婦為妻妾」（郁永河 1959：36）。

康熙末年來臺之黃叔璥，在《臺海使槎錄》亦言番社通事欺壓番人，「或納番女為妻妾，以致番民老而無妻，各社戶口日就衰微」。因此禁止通事定居社中或通婚，「盜買盜娶者，除斷令離異，仍依律治之」（黃叔璥 1960：170）。

這些原漢通婚較常發生於原住民部落漢人通事的記載，其實符合前面所述種族歧視的邏輯。漢人歧視原住民，取笑原住民。合理推論，漢人娶了原住民妻子，也會成為其他漢人訕笑對象。若非特別強烈的感情或利益考慮，一般漢人未必願意與原住民通婚。而擔任通事正是漢人在原住民部落牟取貿易與開墾利益的重要機會。通婚成了獲取利益的手段。

開發臺中平野的墾首張達京、開發臺北平野的賴科等人都是如此（尹章義 1989：15-6，197）。直到清末來臺西方人都看到原漢通婚

的漢人一方有強烈的原漢通商動機（如費德廉、羅效德編譯　2006：36，55，280，325）。Shepherd 也發現，漢人入贅平埔族家庭，通常是為了獲得土地（1993：386-7）。洪麗完研究中部平埔族也有類似發現（1997：53-4，219）。

除了通事，前引葉春榮（2009）的研究發現，與原住民通婚的漢人多屬貧困的社會邊緣人。這其實與現代臺灣對外通婚很類似。經濟學家駱明慶（2006）統計分析指出，近年臺灣男性婚娶外籍配偶者，通常是教育程度較低的社會經濟弱者。社會底層男性難在本族尋得配偶，不得不在被歧視的異族中求偶。

這也解釋了為何 Shepherd、Brown 與葉春榮等人一致發現，原漢通婚有高比例是漢人男性入贅平埔族。直到晚近，學者田野研究仍顯示，對漢人男性而言，入贅是相當不體面的事，非不得已不為之（文崇一等　1975：80-4）。在農業社會，土地是生計來源。我們或可推論，過去部分貧困漢人不得不以入贅被歧視的平埔家庭作為獲取土地與生計的手段。

綜合上述，我們可以推論，除了有強烈利益動機的通事之屬，或生計困難的社會邊緣人，一般漢人男性未必願意忍受被人歧視訕笑而與原住民女性通婚。原漢通婚並不像一般想像的容易或普及。

除了歧視導致的相互排斥，更嚴重的考慮是族群延續問題。如果原漢大量通婚，則將有高比例原住民男性無法婚配，從而導致族群迅速滅亡。合理推論是，原住民部落不可能對此麻木不覺而不反抗。

事實上，或許為避免通婚引起衝突，以及原漢接觸可能帶來治安顧慮，清代法律禁止漢人與少數民族通婚（洪麗完等　2009：129）。

乾隆九年《重修臺灣府志》記載：「乾隆二年，巡臺御史白起圖等奏准：嗣後漢民不得擅取番婦，番婦亦不得牽手漢民。違者，即行離異。漢民照民苗結親例，杖一百離異；土官、通事照民苗結親媒人

減一等例，各杖九十；地方官照失察苗民結親例，降一級調用。其從
前已娶，生有子嗣者，即行安置為民，不許往來番社，以杜煽惑滋事
之端」（六十七、范咸纂修 2005：625）。該規定納入《大清律例》〈戶
律〉第一百一十七條〈嫁娶違律主婚媒人罪〉所附〈條例〉內：「福
建臺灣地方民人，不得與番人結親。違者，離異。民人照違制律杖一
百，土官通事減一等，各杖九十。該地方官如有知情故縱，題參，交
部議處。其從前已娶生有子嗣者，即安置本地為民，不許往來番社。
違者，照不應重律杖八十」（張榮錚等 1993：226-7）。

　　因此，法有明禁，原漢通婚可能惹來麻煩。

　　但通婚實不可能避免。乾隆間禁止原漢通婚。百年後的道光年間，
漢人與熟番通婚已非禁忌。但與生番通婚仍然禁止。因此，道光十四
年（1834）一月二十三日大學士曹振鏞等上奏〈會議臺灣善後事宜疏〉
言：「近年有不法奸民，學習番語，偷越定界，散髮改裝，謀娶番女，
名為番割⋯⋯勾串生番搶殺，是番割最為可惡⋯⋯嗣後拿獲番割，除
實犯死罪外，但經訊有散髮改裝、擅娶番女情事，即照臺灣無籍游民，
獷悍不法，犯該徒罪以上例，酌量情節輕重，分別充軍。其僅止擅娶
番女，並無散髮改裝情事，比照偷越深山抽藤鉤鹿、伐木採棕例，杖
一百、徒三年。熟番向化已久，與漢人無異，民娶熟番之婦，仍聽其
便。應請飭交刑部，纂入條例」（曹振鏞等 1970）。

　　易言之，隨著平埔族漢化，原漢通婚漸被官府容忍。但官府之逐
漸容忍原漢通婚，是在乾隆朝允許婦女渡臺之後發生。婦女既可渡臺，
則原漢通婚至多只是漢人男性選項之一，而非必然之舉了。

　　然在曹振鏞上奏建議允許原漢通婚後幾十年，同治十三年十二月
五日沈葆楨〈臺地後山請開舊禁摺〉仍然必須再度建議開放原漢通婚。
該摺言，雖然臺灣已實質開放，但過去禁渡與禁入番界之令還沒有正
式廢止，不免影響臺灣開發。「又臺地民人不得與番民結親，違者離

異、治罪，地方官參處；從前已娶者，毋許往來番社，違者治罪。以上三條，皆嚴禁臺民私入番界之舊例也。際此開山伊始、招墾方興，臣等揆度時勢，合無仰懇天恩，將一切舊禁盡與開豁，以廣招徠，俾無瞻顧」（沈葆楨 1959）。

但直到光緒十三年吏部重修補充條例性質的《欽定重修六部處分則例》，卷二十〈戶口〉〈臺灣編查流寓〉條內仍規定：「臺灣漢民不得擅娶番婦，違者土官通事各杖九十，地方官降一級調用（公罪）」（吏部 1887：448）。

總之，原住民的族群意識、原漢衝突、漢人的種族歧視、法律的禁止等，都在在妨礙原漢通婚。

原漢通婚不僅過去不是多數，近代仍然如此。林修澈研究發現，現在官方認定之原住民不僅在光復前與漢人通婚者極為罕見，現在也仍非主流。1999 年 6 月統計，政府認定的原住民總人數 393,611 人，39% 為已婚。已婚者中，原住民內部結婚者 75.88%，原漢通婚者 24.12%。原漢通婚者中，原住民女性嫁漢人者略多於原住民男性娶漢人女性者（林修澈 2001b：32-3）。

劉千嘉 2007 年對移居都市的原住民抽樣調查，發現移居都市第一代原住民的父母輩僅 6% 是原漢通婚，第二代都市原住民父母親僅有 25.2% 是原漢通婚，受訪都市原住民本身也僅 44.2% 是原漢通婚（劉千嘉 2011）。

以今鑑古，如果在相對富裕和平及法律平等的今天，甚至已與漢人混居的都市原住民之中，原漢通婚仍然如此比例偏低，則在原漢衝突與族群歧視更嚴重的清代，能有多少通婚呢？

五、近百年平埔族存續的事實

我們已經普遍知道，平埔族從荷領、明鄭到清代，都遭遇苛捐雜稅、勞役驅使、獵場與土地剝奪，導致資源減少與貧困。人口增長機率很低。加上屢屢武力反抗而遭屠戮，人口減少的可能更大。

在上述不利政治經濟處境與人口減少壓力下，如果拓墾初期原漢曾經大量通婚，則勢必更剝奪原住民多數男性結婚機會，一兩個世代後平埔族應會滅絕。但日治初尚有甚多平埔族可辨，可見從荷領到日治的兩百多年之間，原漢通婚有限，否則平埔族不可能延續如此之眾。

第二節已述及，十二萬人應該是荷人入臺直到日治初期之間，任一時間點的平埔族人口最高估計值。我們知道從清代以來，官方對臺灣原住民的種族認定一直有某些模糊與變動空間。但對總人口數似乎不至於有太大影響。

日治初期，1905 年 10 月 1 日人口普查所得，全臺灣不含生番地區的所謂普通行政區內，計有平埔族男性 22,708 人，女性 23,724 人，總計 46,432 人（詹素娟 2005）。當年臺灣總人口 3,027,119（黃樹仁 2002）。故平埔族僅佔總人口 1.5%。即使平埔族願意通婚，也對漢人血緣影響極微。何況通婚並不普遍。

但 1908 年末平埔族調查，計全島 260 社，6642 戶，人口 35,845（男 17,634，女 18,211）（臺灣總督府民政部警察本署／蕃務本署編 2013：17，30-1）。短短三年數字銳減，應是統計分類不一致所致。

1935 年人口普查所得平埔族人口略增為男 29,022 人，女 28,790 人，共 57,812 人（詹素娟 2005）。

日治期間社會相對穩定，生活水準提升，臺灣總人口加倍。平埔族增加率遠低於總人口。可能反映日治時期原漢通婚增加，使部分原

住民女性離開其族群。人類學家吳燕和在新幾內亞觀察到，華人移民與當地原住民通婚後裔，不論長相如何，都傾向自認為華人。社經地位高者尤其如此（吳燕和 2006：202-12）。臺灣原漢通婚的經驗可能也如此。混血者大都歸入漢人，使原住民登記人口減少。

平埔族人口最後紀錄是日治時期統計摘要編成的《臺灣省五十一年來統計提要》所列 1943 年 62,119 人，少於高山原住民之 161,961 人（臺灣省行政長官公署 1946：92，亦見林修澈 2001a：3）。此後因戶籍記載改變，無精確數字可循。

易言之，平埔族從 1650 年可能最高估計值大約十二萬人或實際統計最高值 68,657 人減少至 1905 年 46,432 人，再緩增至 1943 年之 62,119 人。這比較符合長期被壓迫、逐漸同化、與少量通婚趨勢，不可能是原漢大量通婚後果。

不僅統計數字否定平埔族因大量原漢通婚而滅族的可能，前述日治時期研究普遍指出，即使平埔族已高度漢化，部落組織與婚配的民族界線仍清楚可辨。如果原漢曾經大量通婚，則生活方式已相近的原漢之間，似乎不可能維持這般清楚的民族界線。

事實上，日人入臺初期，發現反抗者多為漢人，平埔族較順服。甚至日軍遭抗日軍攻擊而危難時，平埔族會願意協助日軍。例如，1895 日軍佔彰化後，埔里陷於混亂。埔里平埔族領袖「盱衡時勢危急，且依附日本可解除歷來漢人之橫暴壓迫，拯良民於危厄」，故派壯丁至彰化迎接日軍入埔里。在漢人抗日軍圍攻日軍時，平埔族突圍向日軍提供情報，使日軍得以擊退抗日軍。苗栗廳後壠支廳哈武灣族亦於日軍抵達時率先於郊外歡迎並協助搬運（臺灣總督府民政部警察本署／蕃務本署編 2013：50，68）。平埔族的溫順合作導致 1897-1899 年間日人曾短暫招募以平埔族為主力的七百餘人護鄉兵部隊，協助維

持治安（藤井志津枝 1997：71-6；詹素娟 2004）。[10]

　　既然日治初期原漢民族界線仍然如此明顯，表示到當時為止通婚不可能是雙方各自婚配之多數。

六、晚近基因研究

　　前五節說明，臺灣一直有原漢通婚，但通婚者佔漢人男性比例其實很低。

　　上述事實的邏輯後果是，與原住民通婚者佔漢人人口比例很低。但經過三百多年漢人間的婚姻繁衍，以及佔人口比例很低的漢化後原住民部分融入漢人社會並通婚，通婚者的血緣逐漸散佈在漢人之中。但原住民血緣平均只佔漢人血緣相當低的比例。簡言之，原住民血緣在臺灣漢人之間應該分佈稀薄。

　　上述歷史推論，在晚近的遺傳研究大體獲得支持。

　　討論臺灣人口的遺傳研究之前，必要的背景知識是東亞人種與中國南北人口的遺傳差異。

　　考古學與遺傳學研究發現，現代人大約十至二十萬年前出現在非洲。大約六至七萬年前，部分現代人離開非洲，進入西亞，而後散佈全球（Olson 2002:19-38; Cavalli-Sforza 2003:94-132; Cavalli-Sforza & Cavalli-Sforza 2000:69-93）。亞洲現代人分兩批抵達東亞。第一批早亞洲人約六萬年前沿海岸向東擴散，包括澳洲與東亞外緣島嶼。晚亞洲人則為現代東亞與太平洋人群的主體，大約三、四萬年前到達東南亞，大約兩萬年前冰河時期進入中國。部分人群由中南半島經雲貴到

10　平埔族亦有少數加入抗日軍。如 1895 年阿緱廳港西下里溝仔墘庄平埔族加入抗日，與林少貓合作，見《平埔蕃調查書》（頁 86-88）。

達四川。大約一萬年前，再由四川抵羌塘高原。大約七至八千年前，部分人群由羌塘高原沿渭河與黃河東遷，進入陝甘、河南一帶，成為東亞人群的主幹。五至六千年前華夏族與羌族分離。演化出漢族。苗瑤民族的祖先應是從雲貴川向東進入湖廣。華南百越民族應是三萬多年前從中南半島跨越長山山脈，進入東亞沿海與東南亞島嶼，可能曾經到達東北與朝鮮。東西兩路人群在華北匯合，發展出東亞文化（李輝、金力　2008）。

學界已經公認，由於與不同周邊民族混血的結果，中國北方與南方的漢人有顯著遺傳差異。華北人基因與東北亞、日韓人相近。華南人基因與東南亞人趨近（Cavalli-Sforza 2003:173）。

臺灣原住民，現在多數學者已認為屬於南島民族。南島語族與南亞語族八千年前可能同源。祖居地可能在今滇緬邊界。南亞族群南下中南半島或西南往印度北部。南島民族東移華南，七千年前到達福建，六千年前遷入臺灣。部分南島民族繼而從臺灣經菲律賓遷移至東南亞與太平洋群島（李壬癸　1999：27-8；1997）。

考古學與遺傳學的迅速發展使我們對上述人類歷史與遺傳的理解不斷修正，各學者對細節的解釋也常有異。但大輪廓已經浮現。在上述中國南北人口遺傳有異的背景之下，我們可以比較清楚解讀臺灣的研究成果。

林媽利指出：「臺灣的閩南人及客家人也就是所謂的『臺灣人』，是僅幾世紀來自中國大陸東南沿海地區移民的後代。研究中發現『臺灣人』13% 的基因是來自原住民，這顯示『臺灣人』的基因中並沒有想像中的有許多原住民的基因」。她並指出中國南方與北方漢人基因有別。閩粵與臺灣漢人其實是古代南方越人的後代（林媽利 2010：78-95，122-131）。在幾年後〈我們留著不同的血液〉文中，林媽利認為：「把臺灣人、原住民與福建人的母系血緣的突變相互比較，我

們得出了族群間混血的程度，結果是現在的臺灣人有 26% 擁有來自原住民的母系血緣」（2010：64）。個人基因來自於父母者各半。假設臺灣漢人父系基因絕大部分來自大陸，則原住民基因佔當今臺灣人母系基因 26% 與前述佔全部之 13% 兩種說法是一致的。

另一方面，林媽利認為 85% 臺灣人帶有原住民基因（2010：110-12）。她也推測，臺灣 90% 以上的人帶有越族基因。所謂越族基因，是閩粵人、臺灣人與東南亞人共有的（2010：113-20）。

由於每次採樣有異，檢驗的遺傳因子不同，生物醫學技術也不斷進步，林媽利多年各次研究結果略有差異是正常現象，但總體圖像很一致。一方面，她認為大多數臺灣漢人（可能達 85%）帶有原住民血緣。另一方面，原住民血緣佔漢人個人血緣的平均比例並不高，可能僅 13%。或母系血緣之 26%，連一半都不到。

因此，林媽利最後認為：「構成臺灣人的遺傳基因有平埔公、平埔嬤、唐山公、唐山嬤、高山公、高山嬤，以及東南亞島嶼族群和少數外國基因」（2010：49）。她雖然提到俗語「沒有唐山媽」，但並未表示同意此說（2010：63-4）。

林媽利的研究引起陳叔倬與段洪坤的批評。他們認為林媽利認定所謂原住民基因的標準太寬鬆，採樣比較不足，以致於誇大了臺灣人攜有原住民基因的比例（陳叔倬、段洪坤 2008，2009）。

陳叔倬與段洪坤（2008）根據 Y 染色體研究，顯示臺灣漢人與中國南方漢人父系祖先相似度是 93%，與臺灣原住民相似度僅 7%。以粒腺體 DNA 研究母系祖先，發現臺灣漢人母系祖先與中國南方漢人母系祖先相似度 79%，與臺灣原住民相似度 21%。

陳叔倬與林媽利之間有關生物醫學上的爭論，吾等社會科學家無從置詞。但就本文議題而言，他們的發現並無根本不同。林媽利認定臺灣漢人遺傳自原住民母系基因比例是 26%，與陳叔倬、段洪坤認定

的 21% 其實很接近。

　　較大爭議在於，陳叔倬與段洪坤抱怨林媽利宣稱 85% 臺灣人帶有原住民基因是誇大。

　　爭論雙方最大的差異，可能是政治認同。林媽利要強調臺灣人與大陸人流著不同的血液。而陳叔倬與段洪坤則強調最重要差別在於中國南北漢人之間，而非臺灣漢人與閩粵漢人之間，以致他們說「有唐山公，無唐山媽」，是早在漢人南遷閩粵時就已發生（陳叔倬、段洪坤　2008，2009）。

　　但漢人的南北差異是研究者都知道的事，林媽利當然也知道。另一方面，林媽利強調臺灣與閩粵之間的差異，陳叔倬與段洪坤也並沒有否定這差異。他們真正爭論的是此項差異到底對國族認同重不重要。這不是科學問題，而是科學事實的政治解讀問題。因為是政治問題，所以只要在互聯網上輸入前述作者們的名字或文章關鍵字，就會看到許多充滿火氣的政治爭論。

　　科學不能解決國族認同問題。血緣、文化與認同並無必然關係。多數加拿大人講英語，文化與美國極相近，彼此經濟高度整合，但他們並不打算加入美國。瑞士德語區及奧地利的語言文化都與德國南部無大異，也都屬富裕民主政體，但德語瑞士人與奧地利人並不想當德國人。德語瑞士人寧可與語言不同的法語、義大利語瑞士人共組瑞士聯邦。印度種族及語言複雜，從白到黑俱全，但他們都自認印度人。基因研究認定華北與華南的漢人遺傳差異很大，但沒有人因此主張分成兩國。血緣與語言都不能決定國族認同。認同是主觀決定，而且受現實利益因素的影響可能多於血緣文化因素的影響。國族認同不必強求科學依據。科學也不必為政治服務。科學家的科學發現與個人認同應該分別陳述。

結論

　　本文指出，臺灣史上一直有原漢通婚，但並非漢人男性婚配的主要形式。多數漢人男性婚配對象是漢人女性。

　　我們發現，史料上從無原漢大量通婚的記載，極少數原住民部落樂於通婚反而被當作特例來記述。史料所記漢人男多於女的事實，幾乎僅發生在乾隆初期之前，而且可能只發生在墾民生活尚未安定的新墾區。移墾初期的墾民有強烈流寓性質，並不必然在臺定居。若在臺灣難以成婚，則或出售在臺資產返鄉定居，或者返鄉結婚後再來臺，夫妻分隔兩地，墾民來回兩岸。少數可能將眷屬偷渡入臺。絕大多數人並不因漢人男多於女而與原住民通婚。

　　其次，雍正乾隆以後屢次開放搬眷渡臺，緩和漢人男多於女現象。男多於女的記載不復出現於乾隆初期以後方志。乾隆末來臺的福康安已見臺民多有眷屬，禁渡之令形同具文。合理推論是，乾隆中葉以後臺灣漢人已無婚配困難。

　　更其次，人口統計顯示，荷領末期以來，漢人大量且迅速湧入臺灣，人數遠超過原住民。即使原住民女性樂意嫁給漢人，其人數也遠遠不能滿足多數漢人男性的婚配需求。多數漢人男性如果不能在臺灣尋得漢人配偶，也不可能與原住民通婚，只能返回大陸結婚。

　　更其次，原住民有族群意識與團結，不可能坐視女性大批嫁給漢人而滅族。事實上，漢人歧視原住民使雙方通婚意願不高。清朝法律也長期禁止原漢通婚。各種研究顯示，原住民較大量與漢人通婚是清末或日治初期以後，也就是在他們語言文化大體漢化之後。但當時原住民僅佔臺灣人口極低比例，即使以後原住民大量與漢人通婚，通婚者佔漢人比例仍然很低。

　　更其次，如果清初以來原住民女性大量嫁給漢人，勢將剝奪本族男性婚配機會，導致原住民消失。但日治初期原住民部落仍大體健在，可見清代多數原住民女性並未與漢人通婚。

　　綜合上述，我們推論，三百年來數目有限的原漢通婚，透過以後漢人間的通婚，使原住民血緣散佈於臺灣漢人之中，但佔漢人血緣比例應該不高。晚近遺傳因子研究確實支持上述推論。即使從寬估計，原住民基因可能僅佔今漢人基因 13%，或母系基因 26%。臺灣漢人的母系基因中，來自唐山媽者遠多於來自原住民媽。

參考文獻

中文部分（以注音符號次序排列）

白棟樑。1997。《平埔足跡：臺灣中部平埔族遷移史》。臺中：晨星。

潘大和。1998。《平埔巴宰族滄桑史：臺灣開拓史上的功臣》。臺北：
　　南天。

馬偕。2007。《福爾摩沙紀事：馬偕臺灣回憶錄》，林晚生譯。臺北：
　　前衛。

福康安。1961。《欽定平定臺灣記略》（臺灣文獻叢刊一零二）。臺北：
　　臺灣銀行經濟研究室。

費德廉、羅效德編譯。2006。《看見十九世紀臺灣：十四位西方旅行
　　者的福爾摩沙故事》。臺北：如果。

戴炎輝。1979。《清代臺灣之鄉治》。臺北：聯經。

鄧孔昭。1991。〈清政府禁止沿海人民偷渡臺灣和禁止赴臺者攜眷的
　　政策及其對臺灣人口的影響〉。《臺灣研究十年》，陳孔立編，頁
　　345-370。臺北：博遠。

鄧孔昭。2011a。〈第三章：清代大陸向臺灣移民中的女性移民〉。《閩
　　粵移民與臺灣社會歷史發展研究》，鄧孔昭編，頁 36-54。廈門：
　　廈門大學。

鄧孔昭。2011b。〈第十章：清代臺灣漢族居民與原住民通婚狀況探
　　析〉。《閩粵移民與臺灣社會歷史發展研究》，鄧孔昭編，頁 153-
　　70。廈門：廈門大學。

鄧孔昭、陳後生。2011。〈第二章：清代大陸移民「偷渡」入臺盛行
　　的動力分析〉。《閩粵移民與臺灣社會歷史發展研究》，鄧孔昭編，

頁 20-35。廈門：廈門大學。

天主教道明會。《道明會的神父第二次來臺開教》網頁（http://www.
catholic.org.tw/dominicanfamily/taiwan_history_secondtime.htm,
2013.2.18 查閱）。

臺南縣歸仁鄉保西地區鄉土資源調查網頁。〈台語俗諺故事「有唐山
公 無 唐 山 媽 」〉（http://www.bs1es.tnc.edu.tw/~history/page/p15/
p15-09.htm, 2013.1.6 查閱）。

臺灣史料集成編輯委員會編。2004。《清代臺灣關係諭旨檔案彙編》，
第二冊。臺北：行政院文化建設委員會。

臺灣省行政長官公署。1946。《臺灣省五十一年來統計提要》。臺北：
該署。

臺灣省政府農林廳。1999。《臺灣農業年報》。該廳。

臺灣總督府。歷年《臺灣人口動態統計》。取自《臺灣法實證研究資
料庫：臺灣日治時期統計資料庫》（http://tcsd.lib.ntu.edu.tw/, 2013.
5. 10 查閱）。

臺灣總督府民政部警察本署／蕃務本署編。2013。《平埔蕃調查書》，
翁佳音、陳怡宏譯。臺南：臺灣史博物館。

湯錦台。2010。《千年客家》。臺北：如果。

藤井志津枝。1997。《理蕃：日本治理臺灣的計策》。臺北：文英堂。

鳥居龍藏。1996。《探險臺灣：鳥居龍藏的臺灣人類學之旅》，楊南
郡譯註。臺北：遠流。

李輝、金力。2008。〈重建東亞人群的族譜〉。《科學人》78：35-
9。

李國銘。2004。《族群、歷史與祭儀——平埔研究論文集》。臺北：
稻鄉。

李季樺。1989。〈清代番兒至老而無妻原因初探：以竹塹社為例〉。《臺灣史研究學術研討會論文集》，陳溪珍編，頁 73-106。臺北：臺灣史蹟研究中心。

李壬癸。1997。《臺灣南島民族的族群與遷徙》。臺北：常民文化。

李壬癸。1999。《臺灣原住民史，語言篇》。臺中：臺灣省文獻委員會。

吏部。1887。《欽定重修六部處分則例》，光緒十三年奉吏部重修頒行，光緒十八年上海圖書集成印書局。收入沈雲龍主編《近代中國史料叢刊第三十四輯》。臺北：文海。

廖風德。1996。《臺灣史探索》。臺北：學生。

劉千嘉。2011。〈臺灣都市原住民的族群通婚：社會界線的世代差異〉。《人口學刊》42：115-153。

六十七、范咸纂修。2005。《重修臺灣府志》（清代臺灣方志彙刊第八、九冊）。臺北：行政院文化建設委員會。

連橫。1985。《臺灣通史》。臺北：國立編譯館。

林媽利。2010。《我們留著不同的血液：以血型、基因的科學證據揭開臺灣各族群身世之謎》。臺北：前衛。

林修澈。2001a。《平埔族的分佈與人口》。臺北：行政院原住民委員會。

林修澈。2001b。《原住民的民族認定》。臺北：行政院原住民委員會。

林文凱。2011。〈清代臺灣熟番地權的創設與流失：以竹塹社為個案的歷史分析〉。《族群、歷史與地域社會：施添福教授榮退論文集》，詹素娟編，頁 133-83。臺北：中央研究院臺灣史研究所。

林玉茹。2000。《清代竹塹地區的在地商人及活動網絡》。臺北：聯經。

梁志輝。2001。〈最後的打貓社人？——一個平埔番社的歷史敘述〉。《平埔群族與臺灣歷史文化論文集》，詹素娟、潘英海編，頁 139-

163。臺北：中央研究院臺灣史研究所籌備處。

駱明慶。2006。〈教育成就的性別差異與國際通婚〉。《經濟論文叢刊》
　　34（1）：79-115。

藍鼎元。1958。《平臺紀略》（臺灣文獻叢刊十四）。臺北：臺灣銀
　　行經濟研究室。

高其倬。1972。〈奏聞臺灣人民搬眷情節摺〉。《雍正硃批奏摺選輯》
　　（臺灣文獻叢刊三零零），臺灣銀行經濟研究室編，頁 143-144。
　　臺北：臺灣銀行經濟研究室。

喀爾吉善、鍾音。1983。〈閩浙總督喀爾吉善暨福建巡撫鍾音奏報閩
　　省民數穀數摺〉。《宮中檔乾隆朝奏摺》，第 16 冊，國立故宮博物
　　院編，頁 102-103。臺北：編者。

康培德。2001。〈十七世紀的西拉雅人生活〉。《平埔群族與臺灣歷
　　史文化論文集》，詹素娟、潘英海編，頁 1-31。臺北：中央研究院
　　臺灣史研究所籌備處。

康培德。2010。〈荷蘭東印度公司治下的臺灣原住民部落整併〉。《臺
　　灣史研究》 17（1）：1-25。

黃叔璥。1960。《臺海使槎錄》（臺灣文獻叢刊四）。臺北：臺灣銀
　　行經濟研究室。

黃樹仁。2002。〈臺灣都市化程度析疑〉。《臺灣社會學刊》 27：
　　163-205。

洪麗完。1997。《臺灣中部平埔族：沙轆社與岸裡社之研究》。板橋：
　　稻鄉。

洪麗完。2009。《熟番社會網絡與集體意識：臺灣中部平埔族群歷史
　　變遷（1700- 1900）》。臺北：聯經。

洪麗完等。2009。《臺灣史》。臺北：五南。

郝玉麟等。1998。〈奏請遷徙臺灣之人民准其搬遷眷屬摺〉。《臺灣原住民史料彙編第七輯：國立故宮博物院清代宮中檔奏摺臺灣原住民史料》，梁志輝、鍾幼蘭編，頁 202。南投：臺灣省文獻委員會。

金鋐主修。2004。《康熙福建通志臺灣府》（清代臺灣方志彙刊第一冊）。臺北：行政院文化建設委員會。

江樹生。1997。〈荷據時期臺灣的漢人人口變遷〉。《媽祖信仰國際學術研討會論文集》，財團法人北港朝天宮董事會、臺灣省文獻委員會編，頁 11-29。北港：財團法人北港朝天宮董事會。

江澤祥。〈唐山公與唐山媽〉《新港文教基金會會刊》2003 期（http://www.hkfce.org.tw/chinese/03_column/03_detail.php?kid=17&cid=193, 2013. 1. 6 查閱）。

蔣毓英纂修。2004。《臺灣府志》（清代臺灣方志彙刊第一冊）。臺北：行政院文化建設委員會。

邱正略、康豹。2011。〈日治時期烏牛欄庄的人口結構與族群關係〉。《中央研究院近代史研究所集刊》 71：89-155。

許雪姬。1993。《滿大人最後的二十年：洋務運動與建省》。臺北：自立晚報。

許毓良。2008。《清代臺灣軍事與社會》。北京：九州。

中村孝志。1997。《荷蘭時代臺灣史研究，上卷：產業、概說》，吳密察、翁佳音編。臺北：稻鄉。

中村孝志。2002。《荷蘭時代臺灣史研究，下卷：社會、文化》，吳密察、翁佳音編。臺北：稻鄉。

周翔鶴。2011。〈第十一章：康熙雍正年間臺灣移民的婚姻與家庭〉。《閩粵移民與臺灣社會歷史發展研究》，鄧孔昭編，頁 171-83。廈門：廈門大學。

周鍾瑄主修。2004。《諸羅縣志》（清代臺灣方志彙刊第三冊）。臺北：

行政院文化建設委員會。

周婉窈。2009。《臺灣歷史圖說（史前至一九四五年）》，增訂版。
　　臺北：聯經。

詹素娟。2004。〈日治初期臺灣總督府的「熟番」政策——以宜蘭平
　　埔族為例〉。《臺灣史研究》11（1）：43-78。

詹素娟。2005。〈臺灣平埔族的身份認定與變遷（1895-1960）——
　　以戶口制度與國勢調查的「種族」分類為中心〉。《臺灣史研究》
　　12（2）：121-66。

張榮錚、劉勇強、金懋初點校。1993。《大清律例》。天津：天津古籍。

張炎憲、李季樺。1995。〈竹塹社勢力衰退之探討——以衛姓和錢姓
　　為例〉。《平埔研究論文集》，潘英海、詹素娟編，頁173-217。
　　臺北：中央研究院臺灣史研究所籌備處。

陳孔立。1997。〈有唐山公，無唐山媽」質疑——有關臺灣早期人口
　　性比例問題〉。《臺灣研究集刊》58：66-70。

陳忠純。2011。〈第一章：清前期領照渡臺的民人範圍——兼議限制
　　渡臺政策的轉變及其原因〉。《閩粵移民與臺灣社會歷史發展研
　　究》，鄧孔昭編，頁3-19。廈門：廈門大學。

陳叔倬、段洪坤。2008。〈平埔血緣與臺灣國族血統論〉。《臺灣社
　　會研究季刊》72：137-73。

陳叔倬、段洪坤。2009。〈臺灣原住民祖源基因檢驗的理論與統計謬
　　誤：回應林媽利的〈再談85％帶原住民的基因〉〉。《臺灣社會研
　　究季刊》76：347-56。

陳紹馨。1979。《臺灣的人口變遷與社會變遷》。臺北：聯經。

陳紹馨、莊金德。1972。《臺灣省通志卷二人民志人口篇》。臺北：
　　臺灣省文獻委員會。

陳柔森主編、葉婉奇譯。1999。《重塑臺灣平埔族圖像：日本時代平埔族資料彙編》。臺北：原民文化。

施天福。2001。〈國家與地域社會——以清代臺灣屏東平原為例〉。《平埔群族與臺灣歷史文化論文集》，詹素娟、潘英海編，頁33-112。臺北：中央研究院臺灣史研究所籌備處。

施琅。1958。《靖海紀事》（臺灣文獻叢刊十三）。臺北：臺灣銀行經濟研究室。

沈葆楨。1959。〈臺地後山請開舊禁摺〉。《福建臺灣奏摺》（臺灣文獻叢刊二九），臺灣銀行經濟研究室編，頁11-13。臺北：臺灣銀行經濟研究室。

沈起元。1966。〈條陳臺灣事宜狀〉。《清經世文編選錄》（臺灣文獻叢刊二二九），臺灣銀行經濟研究室編，頁2-6。臺北：臺灣銀行經濟研究室。

曹振鏞等。1970。〈會議臺灣善後事宜疏〉。《道咸同光四朝奏議第一冊》（國立故宮博物院清代史料叢書），頁314-327。臺北：商務。

伊能嘉矩。1996a。《平埔族調查旅行：伊能嘉矩＜臺灣通信＞選集》，楊南郡譯註。臺北：遠流。

伊能嘉矩。1996b。《臺灣探查日記》，上下冊，楊南郡譯註。臺北：遠流。

伊能嘉矩。2011a。《臺灣文化志》，中卷，中譯本修訂版，國史館臺灣文獻館編譯。臺北：臺灣書房。

伊能嘉矩。2011b。《臺灣文化志》，下卷，中譯本修訂版，國史館臺灣文獻館編譯。臺北：臺灣書房。

伊士俍纂修。2004。《臺灣志略》（清代臺灣方志彙刊第五冊）。臺北：行政院文化建設委員會。

葉春榮。2009。〈族群與通婚：一個臺南山區村落的歷史人口學研究〉。

《平埔歷史文化論集》，葉春榮編，頁 333-72。臺北：唐山。

尹章義。1989。《臺灣開發史研究》。臺北：聯經。

尹章義。2002a。〈吉娃斯阿麗版的臺灣原住民史綱上〉。《歷史月刊》
　　2002（10）：88-96。

尹章義。2002b。〈吉娃斯阿麗版的臺灣原住民史綱下〉。《歷史月刊》
　　2002（11）：98-105。

楊廷璋。1963。〈請停臺灣搬眷之例，酌籌禁戢偷渡之條，以靖海疆
　　事〉。《臺案彙錄丙集》（臺灣文獻叢刊一七六），臺灣銀行經濟
　　研究室編，頁 241- 243。臺北：臺灣銀行經濟研究室。

楊彥杰。2000。《荷據時代臺灣史》。臺北：聯經。

楊彥杰。2005。〈客家移民臺灣的歷史記憶〉。《福建論壇》（人文
　　社會科學版）12：62-66。

吳密察。2012。《臺灣通史——唐山過臺灣的故事》，修訂版。臺北：
　　時報。

吳士功。2007。〈題准臺民搬眷過臺疏〉。《續修臺灣府志》（清代
　　臺灣方志彙刊第十七冊），頁 929-932。臺北：行政院文化建設委
　　員會。

吳聰敏。2009。〈贌社制度之演變及其影響，1644-1737〉。《臺灣
　　史研究》16（3）：1-38。

吳燕和。2006。《故鄉、田野、火車：人類學家三部曲》。臺北：時報。

吳文星。1991。《日據時期在臺「華僑」研究》。臺北：學生。

王禮主修。2005。《臺灣縣志》（清代臺灣方志彙刊第四冊）。臺北：
　　行政院文化建設委員會。

王連茂、葉恩典編。1999。《泉州、臺灣張士箱家族文件彙編》。福州：
　　福建人民出版社。

王世慶。1994。《清代臺灣社會經濟》。臺北：聯經。

王瑛曾編纂。2006。《重修鳳山縣志》（清代臺灣方志彙刊第十三、十四冊）。臺北：行政院文化建設委員會。

文崇一、許嘉明、瞿海源、黃順二。1975。《西河的社會變遷》。臺北：中央研究院民族學研究所。

余文儀主修。2007。《續修臺灣府志》（清代臺灣方志彙刊第十五至十七冊）。臺北：行政院文化建設委員會。

郁永河。1959。《裨海紀遊》（臺灣文獻叢刊四四）。臺北：臺灣銀行經濟研究室。

鄂寧。1984。〈福建巡撫鄂寧奏報民數穀數摺〉。《宮中檔乾隆朝奏摺》，第 32 冊，國立故宮博物院編，頁 532-533。臺北：編者。

Andrade, Tonio（歐陽泰）。2007。《福爾摩沙如何變成臺灣府》，鄭維中譯。臺北：遠流。

Cavalli-Sforza, Luigi Luca。2003。《追蹤亞當夏娃：從演化歷史看基因、民族和語言的關係》，吳一丰、鄭谷苑、楊曉珮譯。臺北：遠流。

Cavalli-Sforza, Luigi Luca & Francesco Cavalli-Sforza。2000。《人類大遷徙：我們來自於非洲嗎？》，樂俊河譯。臺北：遠流。

Dudbridge, Glen（杜德橋）編。2010。《1880 年代南臺灣的原住民：南岬燈塔駐守員喬治、泰勒撰述文集》，謝世忠、劉瑞超譯。臺北：行政院原住民委員會。

LeGendre, Charles W.（李仙得）。2012。《南臺灣踏查手記》，Robert Ekildsen 編，黃怡譯。臺北：前衛。

Meij, Philip。2003。《梅氏日記：荷蘭土地測量師看鄭成功》，江樹生譯註。臺北：漢聲雜誌。

Olson, Steve。2004。《人類基因的歷史地圖》，霍達文譯。臺北：聯經。

英文部分

Bairoch, Paul (1988)　*Cities and Economic Development: from the Dawn of History to the Present.*　Chicago: University of Chicago Press.

Brown, Melissa J. (2000)　*Is Taiwan Chinese: the Impact of Culture, Power and Migration on Changing Identity.* Berkeley: University of California Press.

Pan, Lynn ed. (1998)　*The Encyclopedia of the Chinese Overseas.* Singapore: Archipelago Press.

Shepherd, John Robert (1993)　*Statecraft and Political Economy in the Taiwan Frontier 1600-1800.* Stanford: Stanford University Press.

基因當然可能擴散而稀薄分佈：
回應陳叔倬對〈沒有唐山媽？拓墾時期臺灣原漢通婚之研究〉的評論

本人在〈沒有唐山媽？拓墾時期臺灣原漢通婚之研究〉（黃樹仁 2013）一文指出，臺灣拓墾時期原漢通婚確實發生，但佔漢人婚姻比例不高。有限的原住民血緣進入漢人群體，透過漢人間三百多年的通婚，以及原住民陸續漢化而融入漢人社會並通婚，使原住民血緣在當今臺灣漢人之間廣泛而稀薄的分佈。

族群遺傳學家陳叔倬教授在其〈基因（血緣）「擴散而稀薄」是否合理？回應黃樹仁的〈沒有唐山媽？拓墾時期臺灣原漢通婚之研究〉〉（陳叔倬 2014）文中，同意原住民基因在當今臺灣漢人之間確實是稀薄分佈，但否認其為廣泛散佈。陳教授的理由是，遺傳學上的遺傳漂變（genetic drift）作用使少數原住民基因不可能廣泛擴散於漢人之間。

身為歷史社會學家，筆者的遺傳學修養當然無法與陳教授相比。但筆者研究社會史，族群遺傳亦在研讀範疇。威斯康辛學生時代長期擔任統計課助教與講師，對族群遺傳學基礎之一的統計學也不陌生。以下是本人對陳教授評論的回應。

陳教授認為遺傳漂變作用使少數原住民基因不可能廣泛擴散於漢人之間。此一論點有兩個嚴重誤謬。首先，基於統計學上極大樣本將使抽樣誤差極小化的原理，我們可以推論，漂變作用固然會影響個別基因的散佈，但對族群通婚後為數龐大的族群基因的分佈影響極微。研究族群通婚需要的概念是人口擴散，而非漂變。陳教授在此引用漂變作用乃是選錯了概念工具，無謂的浪費力氣來爭論無關的事情。其次，根據國際學界對歷史上族群通婚後基因分佈的研究成果，我們可以認定，陳教授所謂有限的原住民基因不可能廣泛散佈於今日臺灣漢人之間的說法，完全違背了當今國際遺傳學界對此種議題的理解。

先論陳教授錯誤的引用遺傳漂變此一無關概念的問題。

遺傳學所謂的漂變，乃從統計學的抽樣誤差概念而來。當我們從某一母群體隨機抽取一個樣本時，樣本裡任一特徵的分配（例如，是否支持某一政黨）通常不會完全與母群體一致。樣本分配與母群體分配的差異，就是抽樣誤差。這是為何使用抽樣調查來預測選舉結果時，預測不可能完全精確。運氣極背時，誤差可能很大。但另一方面，統計原理也告訴我們，樣本愈大，抽樣誤差愈小。因此我們可以透過擴大樣本數來降低抽樣誤差，提高預測精確度。這是為何現代民意調查通常使用一、二千人的大樣本。這般樣本，通常已可將抽樣誤差降低到使選舉預測與實際結果只相差兩三個百分點。

將抽樣誤差的概念運用於遺傳學，最簡單例子是親子之間的性比例差異。生小孩就像抽樣，小孩性別乃隨機決定。但一夫一妻所生的子女，剛好與父母一樣男女各半的機率不到一半。更常見男多於女或女多於男。偶而也會出現連生七八個兒子或連生七八個女兒的極端案例。原因在於僅僅一個小家庭，樣本太小，抽樣誤差可能很大。但若以幾千人的村莊為觀察單位，則男女小孩比例通常可以達到將近各半。原因是大樣本降低了抽樣誤差，使樣本分配趨近母群體分配。

遺傳學的漂變概念正是此般隨機抽樣概念的延伸。子代的基因來自父母各半，父親或母親的某一特定基因是否會傳給某一子女，乃是隨機。但若某一基因對子代的生存機會沒有利害差異，因此天擇作用沒有發生，則該基因在後代的分佈就是隨機分配。每一代生育就如同一次隨機抽樣。既是隨機抽樣，就會發生抽樣誤差，也就是樣本分配與母群體分配有異。某一基因可能因為代代累積的抽樣誤差而在後代裡分佈愈來愈廣而變成普及全族群，或者分佈愈來愈少而最終消失。這就是所謂的漂變。

但漂變既是基於抽樣誤差，則在人口小而孤立的族群裡比較顯著。當群族龐大時，基於大樣本會降低抽樣誤差的原理，後代的基因分配通常比較穩定，也就是漂變現象較不顯著。要使某一基因漂變到普及或消失，需要很多世代。[1]

陳叔倬教授認為原住民基因在當今臺灣漢人之間不可能廣泛分佈，理由是他認為原漢通婚既然比例不高，則為數有限的原住民基因應該會透過漂變過程而無法廣泛散佈在漢人之中。

陳教授對漂變的理解有兩個誤謬。一是選擇性的理解漂變的概念，以及忽視樣本規模。二是將個別基因的遺傳機制混同於族群遺傳機制，以致於將不相關的漂變概念引用於討論原漢通婚的後果，徒然浪費力氣。

先論陳教授選擇性的理解漂變概念與忽視樣本規模。

前已述及，漂變是指透過一代代的抽樣誤差累積，某一基因在族群後代的分佈可能愈來愈廣泛而最終變成普及，或愈來愈稀少而最終消失。二者之一究竟何者發生則屬運氣，需要經驗檢證。因此，某一

1　遺傳漂變的概念可參見維基百科的 "Genetic Drift"。中文書裡比較通俗的解說，可見 Cavalli-Sforza & Cavalli-Sforza 的《人類大遷徙：我們來自於非洲嗎？》，頁 124-130，與 Cavalli-Sforza 的《追蹤亞當夏娃：從演化歷史看基因、民族和語言的關係》，頁 75-79。

原住民基因進入漢人群體後，或者愈來愈普及於漢人全體，或者愈來愈從漢人群體消失，兩種後果在邏輯上都可能。但陳教授卻在未經檢證究係何者發生的情況下，一口認定後果必然是原住民基因不可能愈來愈普及於臺灣漢人群體，這是先驗性、選擇性的將漂變此一概念套用於臺灣原漢通婚，或者說根本是將漂變的概念砍除了一半。

　　與此相關的問題是陳教授忽略了樣本規模。臺灣史上原住民人口雖遠少於清初以後來臺漢人，但直到目前始終維持數萬人口。原住民女性雖然多數並未嫁給漢人，但每世代原住民畢竟數以百千的與漢人通婚，或漢化而融入漢人社會。這過程到目前還持續進行，絕非如陳教授所言「早先流入漢人基因庫的原住民基因並不多。其間更長期缺乏新的通婚」。因此，長期累積的原漢通婚後代每代動輒千人、萬人。如此人數在統計上已屬大樣本，足以造成每一代與上一代相當趨近的分配。尤其臺灣原漢通婚僅短短兩三百年，十幾世代，族群大而時間短，漂變效果不明顯。因此，使用漂變概念來討論臺灣漢人間的原住民基因消長並無意義。

　　這使我們進入更嚴重的問題，也就是陳教授混淆了個別基因的遺傳與族群遺傳。漂變現象涉及的是個別基因的遺傳，而非族群遺傳。理由是人類基因數約二萬，而非僅僅一個。每一基因更可能包含不只一處變異。兩族群通婚時，個別基因可能因代代累積的抽樣誤差而發生漂變，逐漸普及於全族群或逐漸消失。因此漂變確可解釋個別基因的散佈。但個別基因的散佈與族群通婚後的族群遺傳是兩件完全不同的事。

　　就兩族群通婚後的遺傳分佈而言，來自兩族的基因數以萬計，其命運各不相同。有的基因愈來愈普及，有的愈來愈失傳。正負相抵，就整個基因庫而言，極大樣本將使抽樣誤差極小化，使樣本分配趨近母群體分配。因此，兩族通婚後，兩族眾多基因各自運氣有差，在後

代的分佈各有多寡，但其平均值大體反映了通婚時兩族各自對後代的
基因貢獻比例。也因此，研究族群通婚時，最重要的概念並非漂變，
而是研究族群基因總體在後代之分佈的人口擴散（demic diffusion）。
人口擴散研究的正是族群移動後，透過通婚而產生的後世人口的基因
分佈。現代遺傳學已可從一群特定基因在現代人口中的分配來推論古
人的移民路徑與通婚過程。[2]

　　例如，遺傳學家已普遍認定，現代歐洲人是大約一萬年前以來逐
次從中東進入歐洲的農耕民族與原居歐洲之漁獵民族混血的後代。當
今「所有」歐洲人都帶有兩者的基因，其中平均大約兩成來自中東農
業移民（Olson 2004:203；Cavalli-Sforza & Cavalli-Sforza 2000:182-
205；Cavalli-Sforza 2003:145-169）。但這並非指今天歐洲人只有兩
成帶有中東基因。

　　又例如，千年以前匈牙利人祖先征服匈牙利原住人口，改變其語
言，但征服者基因只佔通婚後代人口基因成份至多百分之三十。再經
往後與他族混血，今日匈牙利人來自東方的烏拉爾基因僅佔 10%
（Cavalli- Sforza 2003:208）。但這並非指今日匈牙利人僅有一成帶
有古匈牙利基因。

　　又例如，研究尼安德塔人基因的專家 Svante Paabo 最近結論是，
三萬年前滅絕的尼安德塔人曾與現代人祖先混血過。今日歐亞兩洲人
口平均有一至二百分點的基因來自尼安德塔人。[3] 這當然也非指今日歐

2　對一般讀者而言，上述論點的最精簡參考資料是《科學人》雜誌 2008 年 78 期上
　　的三篇短文，包括 Gary Stix 的〈追溯人類的 DNA 足跡〉、李輝、金力的〈重
　　建東亞人群的族譜〉，及鄒嘉彥的〈尋根之旅：跟著語言走〉。比較詳細討論可
　　見 Olson 的《人類基因的歷史地圖》、Cavalli-Sforza 的《追蹤亞當夏娃：從演
　　化歷史看基因、民族和語言的關係》、Cavalli-Sforza & Cavalli-Sforza 的《人
　　類大遷徙：我們來自於非洲嗎？》。

3　Svante Paabo 的研究結論出現在其 2014 新書 *Neanderthal Man: In Search of Lost
　　Genomes*。筆者在此引用的是 2014 年 4 月他在《紐約時報》網路版的讀者投書
　　"Neanderthals Are People, Too"。

亞人口僅有 1-2% 的人帶有尼安德塔人基因。

上引這些國外研究已足以指出，陳教授所謂基因遺傳「不可能同時有擴散及稀薄兩種分佈同時出現」的說法是完全違背族群遺傳學理。陳教授拒絕「擴散而稀薄」的觀念，而將尼安德塔基因佔今日歐亞人基因的平均比例解讀成帶有該基因者佔人口的比例，其實是完全誤解了當今遺傳學的發現。

總之，族群通婚導致各族基因普遍混合出現在後世子孫身上是很正常現象。最簡單的常識性理解是，每人有兩位父母、四位祖父母、八位曾祖父母、十六位高祖父母。以此類推，十世前祖先有 1024 人。臺灣原住民人口從不曾低於全臺人口百分之一。臺灣每人過去兩三百年間上千的先祖裡，只要有幾人曾經原漢通婚，則後世子孫多少帶有兩族基因不是很正常嗎？假設某漢人家族僅有高祖母是原住民，而她共有一百名玄孫，則這些玄孫百分之百都有原住民基因，但原住民基因僅佔每人基因的十六分之一。另一家族僅有曾祖母是原住民，而她共有五十名曾孫，則這些曾孫也是百分之百帶有原住民基因，但原住民基因僅佔每人基因的八分之一。這兩家族難道不正是原住民基因廣泛而稀薄散佈的例子嗎？

既然現代歐亞人口普遍帶有三萬年前的尼安德塔人基因，所有現代歐洲人都帶有萬年來的中東移民基因，則遲早臺灣漢人會普遍帶有原住民基因有何奇怪？當然，臺灣原漢通婚僅短短三百多年，十幾世代，有些來臺較晚的漢人家族可能尚未透過通婚而導入原住民基因，因此目前究竟有多少比例的漢人已帶有原住民基因確實有待精確調查。陳教授身為遺傳學家，應該去精確推算今日臺灣人帶有原住民基因者的比例，以及每人身上原住民基因的平均比例，而不是先驗的否定原住民基因廣泛分佈的可能，因為這已違背了族群遺傳學的基本邏輯。

　　為何陳教授會違背本行的族群遺傳學基本邏輯，而否定原住民基因在學理上可能廣泛分佈於今日臺灣漢人？為何以這種研究沒有意義為辭而拒絕研究當今臺灣漢人帶有原住民基因者的比例？甚至錯誤的引用不相關的漂變概念與其他遺傳學名詞來進行無謂的爭議？原因在於，此一理應客觀探討的科學議題已經嚴重受到當今臺灣的國族認同爭議影響而導致兩極化情緒對抗。

　　如果今日臺灣漢人普遍多少帶有臺灣原住民基因，表示我們與大陸漢人的基因多少有差異。對於亟亟於主張臺灣人不是中國人的研究者而言，這證明了「我們流著不同的血液」，正如林媽利的書名所示（林媽利 2010）。但對於認同中華民族的研究者而言，地廣人眾的漢人因為各自與不同的周邊鄰族通婚，各地漢人本就基因略有不同。臺灣漢人與大陸漢人略有基因不同並無特殊意義，我們仍是一個民族，這正是陳叔倬教授的立場（陳叔倬、段洪坤 2008）。

　　人各不同，即使父子兄弟也不完全相同。但到底要多少不同才構成有意義的差異，則是個人主觀認知問題，每人判斷標準都可能不同。不論是林媽利宣稱我們流著不同的血液，或陳叔倬認定我們流著相同的血液，都是反映他們個人的國族認同，而非科學。科學家當然可以有個人的認同，但沒有權利替讀者決定認同。更不應為支持自己的政治立場而選擇性的從事研究或解讀研究成果。

　　正如同玻璃杯裡裝了相當於杯容量 50% 的水，有人堅持這是相當空，有人堅持這是相當滿。空、滿都是主觀感情評價，而非科學陳述。科學無法決定個人的國族認同，科學家個人的國族認同也不應干擾科學研究。統獨認同留給讀者自己決定，科學家們請嚴謹陳述事實即可。陳述事實時，請盡可能以數字表述，避免文采飛揚，更應避免用無關宏旨的科學詞彙來轉移爭議焦點。

參考文獻

李輝、金力。2008。〈重建東亞人群的族譜〉。《科學人》 78:35-9。

林媽利。2010。《我們留著不同的血液：以血型、基因的科學證據揭開臺灣各族群身世之謎》。臺北：前衛。

黃樹仁。2013。〈沒有唐山媽？拓墾時期臺灣原漢通婚之研究〉。《臺灣社會研究季刊》 93:1-47。

陳叔倬、段洪坤。2008。〈平埔血緣與臺灣國族血統論〉。《臺灣社會研究季刊》 72:137-73。

陳叔倬。2014。〈基因（血緣）「擴散而稀薄」是否合理？回應黃樹仁的〈沒有唐山媽？拓墾時期臺灣原漢通婚之研究〉〉。《臺灣社會研究季刊》 94:147-153。

鄒嘉彥。2008。〈尋根之旅：跟著語言走〉。《科學人》 78:40-3。

Cavalli-Sforza, Luigi Luca。2003。《追蹤亞當夏娃：從演化歷史看基因、民族和語言的關係》，吳一丰、鄭谷苑、楊曉珮譯。臺北：遠流。

Cavalli-Sforza, Luigi Luca & Francesco Cavalli-Sforza。2000。《人類大遷徙：我們來自於非洲嗎？》，樂俊河譯。臺北：遠流。

Olson, Steve。2004。《人類基因的歷史地圖》，霍達文譯。臺北：聯經。

Stix, Gary。2008。〈追溯人類的 DNA 足跡〉，王心瑩譯。《科學人》 78:26-34。

Paabo, Svante. 2014. *Neanderthal Man: In Search of Lost Genomes,* New York: Basic Books.

Paabo, Svante. 2014. "Neanderthals Are People, Too", *New York*

Times APRIL 24, 2014.

Wikipedia. "Genetic Drift", Wikipedia（http://en.wikipedia.org/wiki/Genetic_drift），查閱日期：2014 年 4 月 29 日。

從望見流求到認識臺灣：
試論黃樹仁教授的臺灣早期歷史研究[1]

張隆志（中央研究院臺灣史研究所副研究員）

　　社會學與歷史學均為當代臺灣研究的重要領域。大多數的社會學家專注於戰後臺灣研究，僅有少數社會學者從事跨斷代的臺灣史研究，將分析視點延伸至日本殖民時期及清代臺灣。而結合歷史文獻進行臺灣早期歷史研究討論的學者則更為少見。[2] 本文討論黃樹仁教授關於臺灣早期歷史研究的的四篇文本：〈望見流求：從福建沿海觀測紀錄論宋元明人的臺灣認識〉[3]、〈沒有唐山媽？拓墾時期臺灣原漢通婚之研究〉[4] 等兩篇期刊論文。以及〈移花接木：臺灣如何失去琉球之名？〉

1　本文初稿曾發表於 2017 年社會學年會，感謝陳宗仁教授的評論。

2　謝國雄，《群學爭鳴：臺灣社會學發展史，1945-2005》（臺北：群學，2008）；柯志明，《番頭家：清代臺灣族群政治與熟番地權》（臺北：中央研究院社會學研究所，2001）。

3　黃樹仁，〈望見流求：從福建沿海觀測紀錄論宋元明人的臺灣認識〉，《成大歷史學報》，50(2016):37-84。

4　黃樹仁，〈沒有唐山媽？拓墾時期臺灣原漢通婚之研究〉，《臺灣社會研究季刊》93(2013):1-47。

及〈唐山過澎湖：宋元人何以不移住臺灣？〉等兩篇未刊遺稿。筆者除了指出其以歷史社會學分析視角，進行文獻研究的重要創見及可能限制。亦嘗試從跨領域對話的立場，說明其特殊方法論及解釋觀點，從而呈現其對於臺灣研究的整體史觀及未完成的學術願景。

一、黃樹仁的早期臺灣史論

黃樹仁是位精研韋伯的臺灣社會學家。他的臺灣史研究亦突顯出其不同於歷史學者的問題意識與方法取向。相較於實證歷史學的史料考證與個案重建，黃樹仁的臺灣史研究作品則以結合文獻解讀與當代觀點，從整體宏觀的視角進行核心議題的探究，並透過嚴謹邏輯推理提出替代性解釋。以下試以作品為例加以說明。

（一）〈望見流求：從福建沿海觀測紀錄論宋元明人的臺灣認識〉（2016）

本文的核心問題意識為：「臺灣與中國大陸東南沿海僅一水之隔，卻直到明末才在中國史書上有明確無疑的記述。臺灣之遲於進入歷史，未免令人困惑。臺灣究竟何時進入中國人的視野？歷代中國人對臺灣一島究竟有何認識？」

從此一臺灣早期歷史的長期爭議及迷團出發，黃樹仁嘗試重建宋元明三代福建沿海居民透過實地觀測所得有關臺灣的地方知識，藉以釐清古代中國人對臺灣的認識。並重新評價宋人從澎湖與福州外海望見流求，以及明人從福州鼓山望見琉球等歷史記載。他指出今人觀測記錄與照片已確認，從澎湖可在極晴之日望見臺灣群山連綿成一體。

而現代測量學亦指出，福建中北部沿海可在極晴之日望見臺灣高山之巔。進而提出以下主張：「宋代以來澎湖與福建中北部沿海多處望見流求的長期紀錄，與現代觀測知識相加，使我們可確認宋元福建人對他們稱為流求、琉球的臺灣有相當清楚的地方知識。」

以上述論點為基礎，黃樹仁認為明初臺灣被明廷改稱小琉球，明清福建方志裡望見流求的記載逐漸改為望見琉球，再改為小琉球。可回推宋代望見流求的紀錄屬實，以及明代之小琉球確是宋元之流求、琉球。他進而提出以下假說：傳統農業社會文字使用不普及且傳播不便，士人與農漁之間階級界線分明，且直到明末臺灣在政治經濟上對中國毫無影響而不受重視。因此福建沿海居民有關臺灣的地方知識並不易傳入朝廷與福建以外文人的主流文化裡。歷代史書有關流求、琉球的記載稀少、含糊，甚至錯誤的原因，即來自於主流文化與地方知識的差距。

（二）〈移花接木：臺灣如何失去琉球之名？〉（未刊稿）

本文與〈望見流求〉共同構成為黃樹仁對於早期臺灣地名與空間知識的系列研究。他從以下的主要問題意識出發，重新處理百年來學者對於琉球論與臺灣論的重要學術論爭：「臺灣史一大謎題在於，臺灣現蹤於歷史的最初身影為何如此模糊，模糊到史家難以確定臺灣究竟何時進入視野？」並提出以下關鍵議題：「多數史家承認宋元史料所謂流求、琉球最可能是指臺灣，但無法解釋為何明朝將琉球一名改用於今琉球。」關於此問題，日本學者和田清曾設想琉球之名改屬，起於明初遣琉球使臣楊載發現臺灣野蠻無文，無從招撫，乃誘使文明程度較高之沖繩人冒用琉球之名入貢。而臺灣學者曹永和則質疑此說，認為楊載不可能如此大膽欺君。

　　黃樹仁在本文結合文獻考訂及邏輯推理，支持並強化和田清的楊載移花接木說。他認為宋元海商已與臺灣及今琉球兩地貿易。但貿易量小，且兩地對中國政治經濟毫無影響，難能引起朝廷及文人主流文化注意。因此宋元史籍對時稱琉球的臺灣僅寥寥數筆記載，對今琉球則全無記載。另一方面，海員地方知識與朝廷主流知識間的差距，使明太祖不知臺灣野蠻無文，以致遣使招撫。但海員的地方知識使楊載得以轉而招撫今琉球以覆命。他認為對日本君主的無知顯示明太祖海外知識貧乏，被欺並非不可能。而明清兩朝中琉使臣不從明初都城南京直航那霸，反從遙遠的福建出入。進而認為合理的解釋應是明朝將琉球一名改用於今琉球，乃是繼續楊載建立的慣例。楊載所以經福建前往琉球，則因古籍明指琉球位於福建外海。可見其受命時瞭解的琉球就是臺灣，非浙江外海之今琉球。明清朝廷都認定入貢的琉球王國就是宋元史書上的琉球，琉球王國官史也以此自居，更顯示明太祖認知的楊載出使目的地確實是宋元的琉球，也就是臺灣。

（三）〈唐山過澎湖：宋元人何以不移住臺灣？〉（未刊稿）

　　黃樹仁在本文中延續其對於臺灣地名與空間認識的研究，進一步討論漢人移民的學術課題。他的主要問題意識為：「臺灣與福建僅一水之隔。福建在唐代急速漢化，宋代已列中國經濟與文化重心，明代已出現地少人多的嚴重生計困難。但一水之隔的臺灣直到明末荷蘭人入臺，招募漢人佃墾，才開始出現史料可稽的漢人社會。臺灣為何開發如是之遲？漢人為何不更早移住臺灣？」

　　面對「宋元兩代澎湖已有漢人定居，甚至駐軍設官。漢人軍民既然已跨越海峽長居澎湖，為何不更進一步登陸臺灣島？何況臺灣海峽北窄南寬，從福建平潭航向新竹，與從金門、廈門航向澎湖大約等距。

與大陸距離相若，宋元人為何只移住澎湖，卻不移住臺灣北部？」的問題，黃樹仁在本所提出數種可能解釋。他認為考古遺址發掘與元人汪大淵親臨臺灣的記載顯示，宋元海員商人屢屢到臨臺灣從事貿易。因此，宋元人不移住臺灣並非因為不知臺灣存在。其次，民間傳說裡的黑水溝只是臺灣海峽比較凶險之處，但從未成為航運障礙。再其次，產無奇貨可以解釋史前臺灣貿易規模偏小，但無法解釋為何宋元人移居同樣產無奇貨的澎湖但卻不移居臺灣。最後，原住民對外來移民的抗拒可能才是宋元移民到達澎湖但卻不入臺灣的主要原因。

（四）〈沒有唐山媽？拓墾時期臺灣原漢通婚之研究〉（2013）

黃樹仁在本文重新檢討「有唐山公、沒有唐山媽」的傳統成說及刻板印象，他指出「原漢通婚到底普及至何程度，是臺灣社會史上重要但少被研究的議題。」並提出以下六點看法：

首先，史料僅記載拓墾初期漢人男多於女，男性婚配困難，以及某些原漢通婚，但從未同時記載原漢大量通婚。離臺返鄉、婚後來臺、返鄉結婚及來回兩岸等可能才是初期移民的普遍選擇。其次，臺灣漢人男多於女的記載僅出現在荷領至清初之間。乾隆初期以後不復有此等記載。原因是雍正乾隆朝已屢屢開放搬眷入臺。男多於女現象在乾隆朝已經緩解。再其次，臺灣原住民人口偏少，可婚配女性遠少於突然大量湧入的漢人男性。多數漢人男性不可能有機會與原住民女性婚配。第四，原住民部落有其族群意識與團結。不可能允許原住民女性多數與漢人通婚而導致原住民滅族的慘劇。漢人之族群歧視也使雙方多數人不願通婚。清朝法律更長期禁止原漢通婚。第五，日治時期多數平埔部落仍然健在。顯示其女性過去並未大批嫁與漢人而剝奪本族男性結婚繁衍的機會。日治時期戶籍記載也顯示原漢通婚僅佔平埔族

女性婚姻之少數。第六，晚近基因研究顯示，原住民基因佔臺灣漢人
基因平均比例很低。顯示歷史上原漢通婚佔漢人婚姻比例不高。透過
上述推論，黃樹仁認為臺灣開發史上確有原漢通婚，但只有少數漢人
男性得與原住民女性通婚。而臺灣漢人家族在臺歷代母系祖先中，確
實可能包含原住民，但原住民女性並非漢人在臺母系祖先的多數。

二、黃樹仁的歷史社會學方法論

　　黃樹仁的學生洪人傑曾以其代表著作《心牢》一書為例，說明其
如何身體力行韋伯的學術態度來發想研究問題，以及如何持續透過實
證研究，反覆檢證理論並進行對話。此一結合比較視野和邏輯推論的
歷史社會學研究取徑，構成了黃樹仁臺灣史研究的首要方法論特徵。
他從宏觀的解釋觀點及問題意識出發，以回溯的時序性研究，逐步深
入各個時期臺灣史的關鍵議題：戰後土地改革、日治時期米糖經濟、
清代移民社會、早期臺灣認識及地名變遷等。如洪人傑所言：從此一
學思歷程來看，黃樹仁的臺灣史研究，其實是將以長時期（longue
durée）為脈絡，所進行的臺灣歷史社會學分析。而從他對於兩岸關係
東亞政治的未刊稿及家族生命史寫作計畫，亦可窺見其結合微觀分析
與宏觀解釋的學術企圖與雄心。[5] 從前述黃樹仁的臺灣早期歷史作品，
我們亦可歸納以下研究方法論的特徵：

（一）「宏觀解釋」

　　從前引各篇作品的主要問題意識，可以看出黃樹仁的臺灣史研究

5　參見本書洪人傑專文〈以科學為志業：一個社會學家的跨界挑釁〉。

並非史料取向的個案考察與重建。無論是〈望見流求〉對於宋元明人的臺灣認識的新解；〈移花接木〉對於明代琉球與臺灣地名變遷的論辯；〈唐山過澎湖〉對於漢人延遲移民臺灣原因的假說；以及〈沒有唐山媽〉對於清代臺灣原漢通婚成說的翻轉。都可以看到他從宏觀解釋出發的嚴謹提問與推論的研究軌跡。如同其所言：

「這似乎很合邏輯的重要問題卻在臺灣史學界少有問者，更未見有系統討論。但研究臺灣開發史不僅應研究臺灣史如何開始，也應理解臺灣史為何在似乎應該開始時卻未開始。應該開始卻未開始，表示有某些因素妨礙其開始，而這些因素對於理解往後臺灣史的開展應有其重要意義。本文目的正在於反省此一臺灣歷史之始的重要議題。」

（二）「小心求證」

黃樹仁臺灣史研究作品的另一項特徵，是廣泛而深入解讀有限的歷史文獻，並參酌代表性研究，以及各種相關資訊，進行其對於核心議題的考訂及論辯。其歷史作品亦因此不同於一般社會學家的研究取徑。他並不直接套用理論概念，亦不汲汲於建構分析模型。而是透過具體議題的比較討論與重要現象的因果分析，致力於與歷史學界進行對話。如他所言：「原漢通婚到底普及至何程度，確實是臺灣史的重大議題。十七世紀初荷蘭人來臨前，臺灣是原住民天下。近四百年後的今天，漢人取代原住民成為人口主力。這人口取代的過程，是研究臺灣歷史不可迴避的議題。而原漢通婚是這人口取代過程重要的一環……然而此一重大社會史議題卻在學界少有討論，原因可能是缺乏系統化研究，原漢通婚普及程度不明，使多數學者無所適從，乾脆不提了事。本文目的，正在於釐清臺灣開發史上此一重大議題，嘗試對史上原漢通婚的普及程度進行系統化討論。」

另一方面，黃樹仁在解讀史料時，除了廣泛徵引相關文獻，更深入進行評估及分析。例如在〈望見流求〉中他指出：若從寬解讀史料，則《漢書》〈地理志〉言會稽海外有東鯷人，《後漢書》〈東夷列傳〉提及東鯷、夷洲、澶洲，《三國志》〈孫權傳〉記載衛溫征伐夷洲、亶州，乃至《隋書》〈東夷列傳〉與〈陳稜傳〉記載朱寬與陳稜先後征伐流求，都可能指涉臺灣。這些早期記載是否確實指涉臺灣，或者可能是指今琉球群島，迄今仍爭議未決。比較保守的解讀，則是直到宋元兩代中國人對臺灣的記述方比較明確。《宋史》〈外國列傳〉言：「流求在泉州之東，有海島曰彭湖，烟火相望」；《元史》〈外夷列傳〉更進一步指出：「瑠求在南海之東，漳、泉、興、福四州界內，澎湖諸島與瑠求相對」；元世祖甚至命楊祥經澎湖征伐瑠求。著作《島夷誌略》的元人汪大淵也親自登臨過泉州晉江縣澎湖之東的琉球。這些記載似乎指出宋元人以流求、瑠求、琉球之名對臺灣已有相當理解。雖然爭議較少，但寥寥數則史料也不足以建構明確的臺灣圖像。最保守的解讀，則是對上述史料是否指涉臺灣都存疑，甚至認為直到十七世紀前明人都不知道臺灣是一個島嶼，而非數島。並提出其個人的分析取徑及論點：「有關古代中國人的臺灣認識此一複雜問題，其爭議涉及許多文獻考證與考古證據。本文將聚焦於宋元以來福建沿海居民對臺灣的地方知識。我們將耙梳宋代以來澎湖與福建中北部沿海望見流求的長期紀錄，並指出現代觀測紀錄、照片、與測量學一致確認，不僅澎湖居民天晴時可以望見臺灣中央山脈連綿一體，甚至福建中北部沿海在極晴時都可以望見臺灣北部高山之巔。宋代閩人望見流求的歷史紀錄與現代觀測知識相加，使我們可以確認，宋元福建人對他們稱為流求、琉球的臺灣有相當清楚的地方知識。」

（三）「大膽假設」

　　相較於著眼於當代臺灣的多數社會學家，黃樹仁不但將研究對象延伸至臺灣早期歷史，更廣泛閱讀原始文獻史料。而不同於實證歷史學者的研究取徑，在於能對代表性解釋論點提出批評，並勇於進行邏輯推理及論證。例如他在〈移花接木：臺灣如何失去琉球之名？〉一文中說道：「本文認為，和田清所設想的楊載欺君而移花接木之說確實超出常理。但除此之外，實在無法解釋明初琉球一名的改屬。然若楊載移花接木之說可以成立，則古流求到底是臺灣或今琉球的爭議將大體消失，流求即臺灣之說將難再有爭議。因此，爭議的關鍵，仍在於楊載是否可能欺君而將琉球一名移花接木？楊載是否移花接木，只有楊載本人與明太祖能夠回答。他們兩人既未留下紀錄，歷史證據已永久消失，我們也就永遠無法確認是非。但我們仍可透過前後史實的耙梳，來提高楊載移花接木說的可信度。這當然不是易事。誠如曹永和所言，流求一題百年爭議下來，史料分析與解釋已窮盡，難有新意。但本文以為此事仍有嘗試空間。」

　　而黃樹仁此一勇於對於歷史爭議及迷團提出解釋假說的傾向，也出現在他其他臺灣史相關作品之中。例如對延宕百年懸而未決的琉球臺灣論爭，他的看法是：「為何多數學者承認宋元史料裡的流求、琉球極可能是指臺灣，但卻無法排除流求為今琉球的異議？主要原因當然是史料太少，寥寥數則。不論如何引用歷史、民族學、語言學、考古學等知識探討，都必須承認此等有限史料對流求方位、地理、民情、語言的描述都極含糊，無從確認其為指涉臺灣或今琉球。但更關鍵原因應是明初琉球一名從臺灣改屬今琉球的怪事……使用千年的地名不會無故改屬他地。只要相信流求即臺灣的所謂臺灣論者無法解釋明初琉球一名為何改屬，也就無法完全排除古流求就是今琉球的可能。而

不論如何考證，主張古流求為今琉球的所謂沖繩論者，或古流求為臺灣與今琉球共稱的所謂臺灣琉球總稱論者，最大利器其實就是地名的延續。只要臺灣論者無法解釋地名為何改屬，沖繩論者或總稱論者就自動獲得立足點。寥寥數則史料上模擬兩可的敘述只不過提供了演伸的材料，並非關鍵。」

（四）「合理推測」

　　黃樹仁前引早期臺灣史研究論點的方法論意涵，除了大膽假設之外，更凸顯其重視並善於運用邏輯推理的特色。不同於歷史學者的史實個案重建，他對宋元明時期琉球與臺灣島嶼稱謂問題的考訂與分析，則結合歷史文獻、知識傳播、航海交通及觀測技術等多重面向，從宏觀歷史的視角提出其推測及假說。例如在〈沒有唐山媽？拓墾時期臺灣原漢通婚之研究〉一文中，黃樹仁便提出以下六點系統性看法：

　　「臺灣開發史上確有原漢通婚事實，但原漢通婚並非漢人男性移民的普遍經驗。只有少數漢人男性得與原住民女性通婚。理由有六。首先，最簡單的事實是，雖然史料記載拓墾初期漢人男多於女，男性婚配困難，以及有漢人男性與原住民女性通婚，但記載上述事實的史料從未同時記載原漢大量通婚。這是本文第一節的重點。其次，臺灣漢人男多於女的記載其實僅出現在荷領到清初之間。乾隆初期後不復有此等記載，反映性比例漸趨平衡。更有甚者，早期漢人女性稀少現象可能主要出現於新墾區，而非墾熟地區。清初雖然禁止女性來臺，但雍正乾隆朝已經屢屢開放移民搬眷入臺。臺灣漢人男多於女現象與婚配困難在乾隆朝已經緩解。這是本文第二節的重點。再其次，相對於大量且迅速湧入的漢人，臺灣原住民人口偏少，可婚配女性遠少於漢人男性移民。多數漢人男性即使無法與在地漢人女性婚配，也不可

能有機會與原住民女性婚配。這是本文第三節的重點。第四，原住民有其族群意識與團結能力。如果原住民女性多數與漢人通婚，不但會剝奪族內男性婚配機會，而且勢將導致原住民在一兩個世代內滅族的立即後果。原住民部落不可能麻木不覺的允許此等滅族慘劇發生。事實上，或許反映此等顧慮，清朝法律也長期禁止原漢通婚。這是本文第四節的重點。第五，清代漢人拓墾臺灣平原地帶，原漢通婚對象是清代所謂熟番，以後所謂平埔族。但日治時期人口統計顯示，多數平埔族部落仍然健在。顯示其女性過去並未大批嫁與漢人而剝奪本族男性結婚繁衍的機會。這是本文第五節的重點。第六，晚近基因研究顯示，雖然高比例臺灣漢人身上多少帶有原住民基因，但佔漢人基因平均比例很低。這是本文第六節的重點。上述六項理由使我們推論，過去原漢通婚確實發生，但佔漢人男性婚姻比例不高。多數臺灣漢人家族在臺歷代母系祖先中，確實可能包含原住民，但原住民女性並非漢人在臺母系祖先的多數。」而在面對來自遺傳學與生物人類學者的質疑時，他更從統計學角度，說明漂變現象在個別基因遺傳與族群遺傳的解釋差異，以及嚴謹陳述事實的科學研究精神。[6]

四、代結語：一個未完成的學術願景

如同其同儕與學生所言，作為一位特立獨行的臺灣社會學家，黃樹仁對於臺灣歷史與社會所進行的知識探索，可以「挑釁的提問」作

6　參見黃樹仁〈基因當然可能擴散而稀薄分佈：回應陳叔倬對〈沒有唐山媽？拓墾時期臺灣原漢通婚之研究〉的評論〉，《臺灣社會研究季刊》96 期（2014 年 9 月），頁 175-183。陳叔倬的回應，參見〈基因（血緣）「擴散而稀薄」是否合理？——回應黃樹仁的〈沒有唐山媽？拓墾時期臺灣原漢通婚之研究〉〉，《臺灣社會研究季刊》94 期（2014 年 3 月），頁 143-153；〈血緣可能擴散而稀薄，基因不可能：再回應黃樹仁〈基因當然可能擴散而稀薄分佈〉〉，《臺灣社會研究季刊》96 期（2014 年 9 月），頁 185-200。

為總結。由於英年早逝，他的臺灣史系列研究並未能夠以完整風貌呈現於讀者面前。而他從歷史社會學觀點對於臺灣早期歷史所提出的扣問雖然精彩，但並未能夠獲得本地歷史學者的接納與肯定。

從史學紀實求真及多聞闕疑的實證精神而言，歷史學者雖能欣賞黃樹仁的宏觀視野及求證功夫。但對於其大膽提出解釋新說，以及以邏輯推理彌補史料不足的作法，則多有所保留。換言之，其對於臺灣早期歷史的系列研究雖可促進相關議題的思考論辯及研究討論，但尚無法成為替代性見解乃至學術定論。以〈望見流求〉一文為例，評者陳宗仁便指出以下問題：「在海面上望見島嶼，是一回事；是否命名，或稱之為流求（或其他名稱），是另一回事。將此島嶼或流求想像成是一個大島或島群，又是另一回事，而當時人想不想知道這是一個大島，又構成另一種知識領域。這些不同層面的知識概念，不能逕稱之船員都知道，但知識傳播不易。」而對於其將明代人混淆大小琉球的認知與稱呼，或對臺灣全域之認知，或臺灣全域究竟為一島或多島，以及南臺灣的名稱等歷史現象及複雜脈絡，僅歸因為「傳統社會教育不發達，有文字記述習慣的人偏少，且文人與一般農漁夫間階級界線分明，導致知識傳播困難。」等說法，亦嫌過於簡略。而黃樹仁對於〈移花接木〉一文的申論，雖然指出「古文獻中描述經常相互矛盾抵觸，更包含許多可疑傳說。不論如何解讀，不論意見正反，都可以找出矛盾不符之處。新說如此，舊說也如此。我們只能盡力推敲比較合理的解釋，但承認某些資料矛盾的不可避免。」但歷史學者亦指出僅以和田清的楊載造假說為主要解釋，並未能充分回應諸如「明太祖將臺灣改名為小琉球」之前，琉球一名專指臺灣，則當時之沖繩一帶要如何稱呼？」「1372 年，明太祖朱元璋派向琉球三國發布詔諭，為何逕以『琉球』為名，而不使用中山國等名？」「《皇明祖訓》列舉不征之國的名稱已在 23 年之後，當時如何認定沖繩為大琉球、臺灣為小琉

球？」等關鍵問題。

　　雖然如此，黃樹仁針對「宋元人為何不移住臺灣？」的挑釁提問，以及「有唐山公，無唐山媽」傳統成說的批判分析，除了提醒臺灣史學者重新檢視臺灣移民與原漢通婚的歷史現象，更刺激其思考如何解釋臺灣史的起源與動力等深層課題。隨著近年來臺灣史研究在課題、資料及觀點上的突破與累積，以及對於長期結構與時空脈絡，以及區域與族群差異的重視及探討。相信黃樹仁此一兼具分析與實證取向的歷史社會學方法論，以及其跨越當代與歷史研究的整體性史觀，將更值得臺灣學界懷念及珍惜。而其畢生致力從事的歷史社會學與臺灣史研究的跨界對話，也將不僅僅是未完成的個人夢想，而是 21 世紀臺灣研究的嶄新願景。[7]

7　邵式柏（Shepherd, John R.）著，林偉盛、張隆志、林文凱、蔡耀緯譯，《臺灣邊疆的治理與政治經濟（1600–1800）》（上下冊）（臺北：國立臺灣大學出版中心，2016）。

II 社會學篇

臺灣農村土地改革再省思

　　農村土地改革是臺灣戰後政治經濟史上大事。在大陸執政時從未落實土地改革的國民黨，不但終於藉由臺灣土地改革而宣示了實施民生主義的決心；更藉此掌握臺灣原佃農的政治支持，協助其獲得長期政治穩定。另一方面，土地改革消解了臺灣地主階級，小地主失去政治經濟影響力，大地主轉變為資本家。

　　在社會經濟史上，土地改革發生在戰後臺灣經濟發展的起始階段。不但經濟支配階級由地主轉為資本家，工商業開始欣欣向榮；而且此後農業生產也經歷了顯著的發展，城鄉生活水準普遍提高。這些事件的時間順序，使土地改革普遍被視為臺灣經濟發展成功的原因之一。

　　面對土地改革這歷史大事，過去官方與學界產生了一套五十年來相沿成習的因果詮釋。對於臺灣農村土地改革之所以發生，國民黨官方詮釋集中在其實施民生主義的決心，以及國共內戰中對農民政治號召的目的。相反的，學界的批判詮釋，則常集中於國民黨在大陸時因受地主階級牽制而不能實施土地改革，直到遷臺後，以所謂外來政權之身，犧牲政治弱勢的臺灣地主，才得以推動土地改革。換言之，國民黨因外來政權犧牲臺灣地主而獲得實施土地改革的政治意志。

　　對土地改革原因的這兩種詮釋，看似衝突，其實互補。國民黨官方固然不願多提土地改革為何不行於大陸而只行於臺灣，但也從未出

言否認學界所謂臺灣地主因政治弱勢而比大陸地主容易犧牲的說法。另一方面，學界固然不忘指出國民黨在大陸沒有實施土地改革，卻也不否認國民黨確實有土地改革的理念。換言之，雙方強調重點不同，但並未明言互相駁斥。

另一方面，對於土地改革促進經濟發展的貢獻，不但國民黨官方津津樂道，連對國民黨持批判立場的學者也少見質疑。換言之，國民黨與其批評者大多同意，農村土地改革的後果是促進臺灣經濟發展。

本文認為，上述官方與學界對土地改革前因後果的詮釋是不完整，甚至可疑的。疑點有三。一是關於土地改革的動機，二是關於實施土地改革的能力，三是關於土地改革的後果。

第一個疑點是關於臺灣土地改革的動機。在這方面，國民黨強調民生主義理想，以及國共鬥爭中對農民的政治號召。相對的，學界的批判詮釋則強調，國民黨實施土地改革的政治意志來自於外來政權犧牲臺灣地主。這番利益分析當然比國民黨空談理想更有說服力。但細究土地改革過程，我們發現，這外來政權慷他人之慨的說法，並不能解釋當日國民黨政府的動機。

歷史顯示，從在大陸執政時開始，國民黨內部對於土地改革始終有支持與反對的兩個陣營。這兩個陣營在土地改革議題上的對立一直延續到遷臺實施土地改革之際。而且，支持與反對土地改革的陣營劃分，並未因遷臺而有變化。因此土地改革政策在臺灣的獲勝，並非因為國民黨遷臺；而是因為遷臺後，土地改革的支持者陳誠等人，因為與土地改革無關的原因而在國民黨領導階層中佔了上風。

另一方面，就土地改革的立法過程而言，在必須實施土地改革的大前提下，草擬法案的外省籍地政官員事實上有意識的降低土地改革對地主的損害。在高層審議過程中，以外省官員控制下的行政院與立法院來與本省地主控制的臺灣省臨時省議會相比，行政院與立法院比

省議會對臺灣地主更慷慨，立法允許的地主保留地更多。

換言之，當日國民黨政府在臺灣實施土地改革時，並非抱著外來政權心態來犧牲臺灣地主。在一片反攻大陸的（錯誤）信念下，他們事實上（誤）認為臺灣土地改革是為全中國的土地改革示範，（誤）認為大陸地主的利益與臺灣地主一致，因此認為不能過度犧牲臺灣地主，以免將來大陸地主也被犧牲。

如果不是慷他人之慨，則國民黨在臺灣實施土地改革的動機從何而來？作者以為，國民黨的動機一則來自於當時的權力高層中，支持土地改革的陳誠等人因為與土地改革無關的原因而掌握了權力，得以推行其政策主張。二則來自於失去大陸，政權生死存亡之際，國家（也就是執政者）終於壓抑了支配階級的利益考慮與反對，而暫時獲得自主能力，企圖以實施土地改革的理想來作為復國的政治號召。換言之，關鍵不在於是否外來政權，而在於政權內部權力的變遷，以及危機所導致的國家相對於支配階級的自主能力的暫時提升。

過去官方與學界詮釋臺灣土地改革的第二個疑點是，只論動機，不論能力。國民黨固然只談理想，不願提能力。但即使學界的批判詮釋，也基本上認定只因臺灣地主無力抗拒，國民黨就獲得實施土地改革的能力。這說法也等於認定，當年國民黨在大陸無法實施土地改革，只是因為控制國民黨的地主階級缺乏犧牲自身利益的政治意志。

本文將指出，當年國民黨在大陸之所以無法實施土地改革，除了缺乏充份政治意志外，事實上也完全缺乏實施土地改革所需的戶政、地政、執法等現代國家基礎行政能力。到了臺灣，不僅因為土地改革的支持者掌權，以及因生死危機而獲得暫時的國家自主能力，而且也因繼承日本殖民政府留下的現代戶政、地政制度與執法能力，而獲得實施土地改革必要的基礎行政能力。若無日本人留下的這基礎行政能力，再多的政治意志也無法帶來當年的土地改革。

　　過去官方與學界詮釋臺灣土地改革的第三個疑點，是多數同意土地改革促進了經濟發展。本文將指出，土地改革與臺灣經濟起飛有時間上的先後關係。但時間順序並不等於因果關係。細究過去所謂土地改革促進經濟發展的說法，幾乎都是想當然爾的將時間順序誤為因果關係。從來沒有嚴謹的學術研究曾經證實這因果關係。相反的，我們有理由懷疑，土地改革與農業成長沒有因果關係。土地改革對農業的影響在於財富的再分配，而不是生產力的提高。

　　更有甚者，本文將指出，過去研究認定土地改革促進了均富與政治穩定的說法，也有過度簡化與誇大的嫌疑。實施耕者有其田時，被徵收的土地只有不足四分之一來自於擁地三甲以上的地主，大多數土地來自於無數貧窮小地主的共有地；其社會後果是均富者少，窮人之間的財產轉移者多。另一方面，土地被徵收而可能心懷不滿的共有地地主之眾，可能遠超出受惠的佃農人數，顯然不見得有利於政治穩定。

　　下列三節將分別檢討臺灣農村土地改革的原因、能力、與後果。

一、土地改革的原因

　　「平均地權」、「耕者有其田」，是民生主義的基本要素，也就是國民黨的基本政綱。政黨本就應該實踐政綱。政黨實施其政綱，應是理所當然，動機無可爭論。就如同民進黨執政後主張依其黨綱停建核四電廠，有人懷疑其是否可行，但不會有人懷疑其動機。但奇怪的是，國民黨在臺灣實踐農村土地改革政綱，動機卻惹人爭議。許多人似乎不相信國民黨此舉真的只是為了實踐其黨綱理想。

　　細究其事始末，我們發現，這種懷疑之所以發生，理由不在於國民黨在臺灣做了什麼，而在於過去它在大陸沒有做什麼。

　　國民黨政府在大陸執政多年，從未落實土地改革。失去大陸後遷臺，卻在戰亂中迫不及待的立即在這陌生的土地上實施土地改革。政綱未變，而實踐表現判若雲泥。這自然啟人疑竇：莫非政綱只是口號，實踐與否另有其他考慮？

　　因此，臺灣土地改革的真實動機成為歷史公案。

　　一方面，幾十年來，國民黨政府一再強調，在臺灣實施農村土地改革的緣由是民生主義耕者有其田的理想，以及國共內戰中對農民政治號召的需要；因此也形同暗示，這行動背後並無不可告人的利益考慮。至於為何過去在大陸無法實踐這理想，官方文獻列舉的理由包括了地主的政治影響力、行政技術困難等（侯坤宏 1988:4-6,24-5）。

　　另一方面，學界雖然不否認國民黨懷抱耕者有其田理想，以及國共內戰中政治號召的目的，但總不忘指出，這耕者有其田理想從未在大陸實踐。許多人更明白認為，國民黨在大陸之所以空懷理想而不實踐，是因為國民黨領導階層即使不是來自地主階級，至少與地主階級有各種社會關係，因此不可能貫徹違反地主階級利益的土地改革（如蔣夢麟 1967:15-36；蕭錚 1980:18-29,305；楊懋春等 1983:33-4；黃俊傑 1992:158；陳淑銖 1996:495-527）。等國民黨到了臺灣，作為外來政權，與臺灣地主階級沒有共同利害。因此有充份政治意志來犧牲臺灣地主的利益，以執行土地改革。換言之，國民黨以外來政權之身，慷臺灣地主之慨（Gold 1986:65-66；Vogel 1991:28；劉進慶 1993:71-92；黃俊傑 1991a:88-89；1991b:147；1992:189；1995:66-7；張炎憲、高淑媛 1996:2）。

　　比較國民黨在大陸與臺灣的表現，來探究臺灣土地改革的動機，上述這國民黨外來政權慷臺灣地主之慨的說法，將行為動機與當事人的利害關係掛勾，顯然比國民黨官方一味強調政綱理想更有說服力。

　　因此，國民黨外學界在解釋臺灣土地改革的政策動機時，國民黨

的外來政權屬性幾乎成為標準答案。這標準答案的存在，也使臺灣學界不再傷神尋求其他可能的解釋。

但上述標準答案是建立在一個對國民黨人認知與行為的假定上。將國民黨政府的外來性格當做臺灣土地改革的動機，等同於假定，國民黨高層大體一致意識到自己是外來政權，意識到臺灣地主的利益與本身利益無關，甚至意識到國民黨人與臺灣地主是兩個相對立的利益集團，因此蓄意犧牲他人利益來實現國民黨人自己的利益。

但上述假定是可疑的。遷臺初期的多數國民黨人極可能並不意識到自己是別人眼中的外來政權。相反的，在他們的認知裏，國民黨政府在國共內戰中遷臺，與抗日戰爭時西遷重慶並無根本不同。臺灣話誠然難懂，四川話又何嘗易解？臺灣地主固不熱心迎客，當年四川軍閥又何嘗歡迎中央政府？在國民黨人的主觀認知裏，臺灣只是中國的一部分，而自己是全中國的政府。因此他們並不認為臺灣地主的利益與大陸各省地主有別，當然也不認為土地改革與自己的土地無關。

更具體就臺灣土地改革過程而言，上述以外來政權作為土地改革動機的錯誤假定之所以發生，基本上來自於過去研究的兩個根本失誤。第一個失誤是將國民黨這龐大的集團視為意志齊一的團體，第二個失誤是忽視臺灣土地改革過程中國民黨內的折衝。如果我們仔細考量國民黨內對土地改革的長期分歧，與臺灣土地改革過程中國民黨內的折衝，我們將會懷疑所謂土地改革的主要原因在於國民黨外來政權屬性的說法。

先論第一個失誤。所謂國民黨因外來政權屬性而獲得土地改革政治意志的說法，基本上誤將國民黨視為意志齊一的團體，因此將其在大陸與臺灣在土地改革實踐上的差異視為整個國民黨因遷臺而產生的政策轉變。遷臺前缺乏土地改革意志，遷臺後因為是外來政權而產生了改革意志。

但事實上，國民黨此一龐大集團的內部，從北伐成功執政之始，對於土地改革的議題，始終有支持與反對的兩個陣營。例如，陳誠向來對於土地改革較為熱心，抗戰期間 1940 年以戰區長官身份兼任駐地湖北省政府主席時就企圖在兵荒馬亂之際在該省實施二五減租（即日後所謂三七五減租）（陳誠 1951:8-15; 1961:18；殷章甫 1984:38-40）[1]。而國民黨元老張靜江對土地改革之不以為然，甚至使他在 1927 年主政浙江時，下令以共黨罪名捕殺在浙江領導土地改革的國民黨人（蕭錚 1980:18-21）。1946-1948 年間地政部政務次長湯惠蓀積極推動土地改革，而「各省當局藉詞推諉不行」（鮑德澂 1967）。例如，1947 年 6 月行政院通令各省實施三七五地租，各省置若罔聞。臺灣省政府也僅是發文轉飭各縣市了事（趙文山 1949:15；徐世榮 2001:94-5；徐世榮、蕭新煌 2001）。1948 年冬行政院改組，湯惠蓀終以「主政者無實行土地改革決心而辭職」（蕭錚 1967）。抗戰後美國援助中國復建，規定援華經費的十分之一撥給中美委員共同領導的中國農村復興聯合委員會。農復會於 1948 年 10 月 1 日成立於南京。農復會在主任委員蔣夢麟與湯惠蓀等人主導下推動土地改革，但在大陸時作為餘地很小。甚至為了要在江蘇無錫實驗土地改革，還必須獲得蔣中正總統首肯必要時派兵協助，以防地方豪強抗拒（蔣夢麟 1967:25；吳相湘 1981:528；黃俊傑 1991a:47；毛育剛 1992；周繡環 1995:2）。

值得注意的是，國民黨內對土地改革問題的分歧與政治權力上的派系並無必然關係。例如，土地改革健將蕭錚被歸於 CC 派，但 CC 首領陳果夫與陳立夫對土地改革的興趣很有限（陳果夫 1951:39；蕭

---

1 陳誠曾指當年湖北二五減租效果不彰的理由包括「各級政府對於推行法令不力」、「封建勢力的阻礙」、「農民知識程度低下且缺乏組織」（陳誠 1951:20）。

錚 1980:93-5；陳立夫 1994）[2]。換言之，國民黨人對土地改革的立場選擇，或許個人認知多於派系因素。這反映國民黨在大陸執政時，內憂外患不絕，土地改革並未被多數人視為急務，因此也未成為黨內分幫結派的因素。也因此多數國民黨人對土地改革的立場並不強烈。

總之，大陸時期的國民黨，對土地改革議題立場不一。縱然有民生主義教條，也無法一致推行土地改革政策。這土地改革議題上的分歧，直到國民黨政府遷臺後仍然存在（蕭錚 1980:305-316,377-378；殷章甫 1984:56）。

但與土地改革議題無關的政治與軍事上的歷史偶然，卻使支持土地改革的陣營在遷臺之初的國民黨內佔了上風。關鍵因素是陳誠。

1948-1949 年之交，蔣中正總統任命陳誠出任臺灣省政府主席[3]。蔣氏之授陳誠此職，顯然不是因為陳誠主張土地改革，而是在國家崩潰之際，需要一個有充分政治與軍事歷練的親信來掌握臺灣此一最後退路（陳誠 1993；薛化元 2000）。換言之，陳誠之出任臺灣省政府主席，與土地改革議題無關[4]。但他卻立即利用此一職位來推動土地改

2　依蕭錚說法，「果夫先生是黨國權要中，唯一熱心於地政的人」（蕭錚1980:95）。但地政不等於土地改革。陳果夫自述1933-1937年間主持江蘇省政時，雖對土地測量、賦稅整理、荒地開墾與放領甚為用心，但對私有土地之重分配並不感興趣。「至於限田政策，亦是政治性多於經濟性……所以我們除了整理地籍、稅率、租額，使其公平合理外，對於大地主並沒有特別加以限制，也可以說根本沒有注意這一問題……我們是諸子繼承，再大的地主只要經過兩代，也就變成許多小戶了。所以大地主問題，在中國，實在並不嚴重。中國的農村問題，在乎地少人多，生產不足……所以要真正解決農村問題，要從增加生產，開發荒地入手，纔是切切實實的辦法」（陳果夫 1951:39）。陳果夫主蘇甚至未辦理二五減租。蕭錚的辯解是，陳果夫認為二五減租是不激底的土地改革，他想做的是激底實行耕者有其田。但直到1937年去職前不久，陳果夫才在蕭錚建議下，同意在啟東縣試辦耕者有其田（蕭錚 1980:93）。蕭錚對陳果夫立場的解釋，顯然與陳果夫自己的說法不合。

3　陳誠於1949年1月初就臺灣省政府主席，旋於2月1日兼臺灣省警備總司令，5月1日兼國民黨臺灣省黨部主任委員，8月15日更兼轄區包括臺灣的東南軍政長官。1949年底卸臺灣省政府主席職，專任東南軍政長官。省府主席由吳國楨繼任（薛化元 2000）。

4　陳誠自述，當年他辭卸參謀總長職，經胃疾手術後，來臺靜養中，忽聞發表其為臺灣省政府主席。本擬推辭，嗣聞此為蔣中正總統引退前的部署，遂受命就職

革。據其自述，1949 年初接長臺灣後，「就下了極大決心實施減租」（陳誠 1951:20）[5]。當年 4 月臺灣省政府公布施行「臺灣省私有耕地租用辦法」，規定自 1949 年第一期作物起，出租耕地之地租不得超過收穫之百分之三十七點五。這所謂三七五減租，事實上就是他曾在湖北企圖推行的二五減租。而從陳誠接掌臺灣至三七五減租實施，正值省參議會休會期。因之這重大政策根本未經省參議會討論。陳誠事後也私下坦承這不是合法工作（徐世榮 2001:96-100）。

值得一提的是，陳誠實施三七五減租的「決心」，包括使用國家暴力壓制地主的抗拒。「據說」（因為引用者並非親自聽聞），他曾在臺中召集地方首長與士紳談話時表示：「三七五減租工作一定要確實施行。我相信困難是有的。刁皮搗蛋不要臉的人也許有，但是，我相信，不要命的人總不會有」。據說這話解決了地主不願在新租約上蓋章的問題（趙文山 1949:52）。陳誠甚至威脅將拒絕新租約的地主軍法究辦，而且確實有少數抗拒不從的地主被拘押。執行減租不力的地方官員亦有遭懲辦者（趙文山 1949:25,32,137）[6]。

更有甚者，1949 年大陸乍然易手，國民黨政府僅餘臺灣一隅。在大陸時各據一方的軍政權貴大多空手來臺。掌握臺灣軍政大權的陳誠突然成了對手極有限的黨內實力人物，因此在 1950 年 3 月升任行政院

（陳誠 1951:19-20; 1993）。故陳誠之受命臺灣與土地改革議題無關。陳誠也從未說蔣氏就土地改革對他有何主動指示。陳誠受命臺灣前後的政局發展與部署可見（薛化元 2000）。

5　蕭錚的說法是，他面見陳誠，建議實施土地改革以安臺灣。陳誠覆以擬從較簡易的減租著手（蕭錚 1980:342）。當然，陳蕭二氏說法並不牴觸。陳誠在湖北的紀錄顯示他確對土地改革有興趣。蕭錚的建議可能只是正合我心而已，未必是他在臺灣實施土地改革的原始動機。

6　記載這些國家暴力現象的趙文山並非土地改革的反對者，而是通書稱頌土地改革的支持者。趙書成於大陸變色前。大陸變色後，有關臺灣土地改革的報導紀錄就幾乎不再有人提到國家暴力的使用。
地主在高壓政治下不得不順從的苦悶，在臺灣民主化後才敢發抒，見（張炎憲、高淑媛 1996:16,24-6,85,194,238）。

長。也因此得以強力推行土地改革。例如，組閣時未與當事者連繫，就逕自宣布任命其時流亡香港的土地改革老同志黃季陸為行政院政務委員（繼於 1952 年準備實施耕者有其田之際任內政部長）（黃季陸 1986:191）。為強化臺灣省三七五減租的法律效力，由行政院擬定「耕地三七五減租條例」草案，於 1950 年 11 月咨請立法院審議，1951 年 5 月完成立法，當年 6 月公布施行。1951 年 6 月臺灣省政府復公布「臺灣省放領公有耕地扶持自耕農實施辦法」，並據以先後放領 71,666 甲公有耕地（侯坤宏 1988:10-17；陳誠 1961:17-58；劉寧顏 1989:1-86；吳生賢 1992:277-367）[7]。

三七五減租與公地放領之後，陳誠以閣揆之身領導的國民黨政府更進一步推行耕者有其田政策。

總言之，陳誠向來較支持土地改革，而國家的變局正巧給了他前所未有的機會來推動。

論者或謂，陳誠之出長臺灣與行政院乃蔣中正總統所任命，其施政必係長官所同意。因此，土地改革的發動者或決策者應是蔣氏，而非陳誠。

上述說法顯然過度簡化了長官與下屬的關係。下屬任職固需長官任命，但並不表示下屬施政沒有積極主動或陽奉陰違的空間。即使執政者的明文政策宣告，也常出於某些下屬的主張或推動，而未必為所有下屬支持遵奉。前述國民黨內對土地改革問題的分歧已足證最高領袖的意志並不能解釋一切。更具體而言，1947 年 6 月行政院已通令各省實施三七五地租，各省置若罔聞，未聞地方長官因此受懲者。我們可以想像，當時國事如麻，熱心土地改革的地政部政務次長湯惠蓀等

7　陳誠主政前，臺灣已實施若干公地放領。但陳誠指出，先前放領的公地，數量極少且放領條件不佳，不利農民。條件寬大的大規模公地放領是他主政後推動的（陳誠 1951:45）。

人可能得到長官的支持而使行政院發出實施三七五地租的通令，卻未必有能力使長官認真督促各省實施。當時臺灣省政府收到行政院令也僅是發文轉飭各縣市了事。直到一年半之後，陳誠就職省政府主席，才認真執行這眾人早已遺忘的行政院令。全國各省都置若罔聞的政令具文，只有陳誠在一年半之後認真執行，我們能將實施的決心歸於陳誠的長官嗎？

　　總之，任一政策的主要發動者究係最高執政者或某一下屬，乃是經驗事實問題，而非空泛的長官最後決定權可一語涵括。陳誠與臺灣土地改革的其他參與者都是蔣中正的追隨者。以當日政治環境，若彼等只是奉行上命，則必然要歸事功於領袖，斷不敢冒功。但陳誠本人卻明指土地改革出自己意（陳誠 1951:20）[8]。當日參贊土地改革或知情者，亦一致將政策之發動歸於陳誠（如蕭錚 1967; 1980:342；鄭彥棻 1986:29；黃季陸 1986:113）。湯惠蓀更明言，土地改革在大陸不行而卻行於臺灣，「應歸功於陳副總統的領導有方」（1965b）。又說「今日臺灣土地改革能有如此輝煌的成就，（陳誠）是最大的關鍵所在」（1965a）。蕭錚更直指陳誠是臺灣土地改革的「實際領導者」（1965）。這些話都是陳誠已逝而蔣氏及土地改革與事者猶在時公開發表的，不可能是為阿諛陳誠而捏造。

　　事實上，不僅土地改革支持者歸功於陳誠，連反對者也認定他才是始作甬者。陳誠推行三七五減租之初，雖以政院從前命令為依據，反對者卻普遍認定這是陳誠的「個人主張」。理由正在於該行政院令已被視為無意義的具文。全國都不執行，前任臺灣省政府主席也不執行，而陳誠在一年半後卻要以此政令具文為理由來推行三七五減租，難怪反對者將賬算在他頭上（趙文山 1949:24）。

8　例如，在「為推行三七五地租告全省同胞書」中，陳誠說：「本府為了改善租地制度，安定農村社會，已決定推行三七五地租政策」（趙文山 1949:7）。

　　我們不妨想像，設若當年奉命坐鎮臺灣的不是支持土地改革的陳誠，而是國民黨內所在多有的土地改革反對者或中立者，則即使國民黨政府遷臺，可能也未必熱心推動土地改革。事實上，連繼陳誠接任臺灣省政府主席的吳國楨都反對三七五減租而有意停辦，以致於蕭錚建議陳誠推動「三七五減租條例」之中央立法，以確保三七五減租之貫徹。陳誠主行政院後推動耕者有其田，吳國楨亦消極應之，在陳誠高壓下方被動作為（蕭錚 1980:376-377; 1987:325-326；張勤民、張維一等 1999）。

　　大陸崩潰不只給了陳誠機會，也給了農復會機會。大陸易手之際，美國政府袖手旁觀，拒絕支持軍事與財政崩潰的國民黨政府。唯一沒有斷絕的美援是撥給農復會的農村發展經費。為防通貨膨脹侵蝕農復會的美援經費，甚至在國外購買銀幣，連同黃金、外幣運交農復會（吳相湘 1981:542-544；黃俊傑 1992:48,60-1,155）。農復會不但成為中華民國政府唯一經費無虞的機構，而且因為美國政府指派的美方委員繼續任職服務而成為維繫兩國政府關係的重要管道（黃俊傑 1992:76-78）。農復會在大陸時提倡土地改革大都不得要領，只有到了臺灣，不但獲得陳誠支持，而且因國家崩潰而獲得特殊的政治影響力，積極將其經費與專業人力投入推動臺灣土地改革（黃俊傑 1991a:95-105）。

　　總之，國民黨內對土地改革並無一致見解。但大陸易手之際黨政權力的重組，雖非因土地改革議題而起，卻意外的給了土地改革鼓吹者前所未有的影響力。換言之，促成臺灣土地改革的第一個原因，並不是國民黨政府遷臺，而是在遷臺過程中，土地改革的支持者因為與土地改革無關的原因而掌權，使他們得以大力推動土地改革。

　　以外來政權慷他人之慨作為土地改革動機說法的第二個失誤是，忽視臺灣土地改革過程中國民黨內的折衝。所謂國民黨因係外來政權

而獲得土地改革政治意志的說法認定，國民黨政府在臺灣實施土地改革時，意識到犧牲的只是臺灣地主的利益，而不會是大陸地主的利益。換言之，國民黨以外來政權自居，或至少意識到自己是外來政權；因此認定土地改革的受害者只是別人，而不會是自己。

但細究土地改革的立法過程，我們發現，這並不是當日國民黨人的思考方式。當日國民黨人並不認為土地改革犧牲的只是臺灣地主的利益，與自己利益無關。他們事實上認定自己的階級利益與臺灣地主一致，因此土地改革是犧牲自我利益來實踐三民主義的理想。

讓我們簡短回顧臺灣土地改革的過程。前已述及三七五減租與公地放領。在這之後的土地改革步驟是耕者有其田。

1952 年 7 月國民黨改造委員會決議，自 1953 年 1 月起實施限田政策，「並責成本黨從政負責同志，將上項政策之執行，列為明年之施政中心」（鄧文儀 1955:32；王長璽、張維光 1955:223；劉寧顏 1989:107；吳生賢 1992:204）。

在整個「實施耕者有其田條例」的立法過程中，省政府最重要幕僚是當時省地政局長沈時可。沈氏為政大前身國民黨中央政治學校地政學院畢業，深受土地改革理念教育；本身復為浙江海門地主之後，家人在大陸變色後為中共所殺，故對溫和土地改革相當堅持。為參考日本戰後土地改革經驗以為臺灣借鑑，沈時可曾於 1952 年初率團赴日考察。沈時可發現日本土地改革時，不論土地等則，只允許地主保留一町步的土地（0.9906 公頃）。且地價以現金補償，因動亂中通貨膨脹嚴重，實質上近乎無償徵收。沈時可認為這對地主不公。因此歸國後擬定耕者有其田方案時，對於地主保留地面積主張依等則調整，且地價補償以實物代替現金，以免通貨膨脹傷害地主權益。換言之，在實施耕者有其田的大前提下，外省籍地政官員對臺灣地主的關懷絕不亞於日本政府對日本地主的關懷（沈時可等 2000:18-26,32,153-64）。

1952 年 5 月臺灣省地政局向臺灣省政府提出「臺灣省扶持自耕農條例草案」及相關辦法。草案內容包括「私有出租土地，除個人有在鄉地主得按十一等則水田標準保留二甲，或十二等則旱田四甲，以及具有特殊用途或收穫顯不可靠之耕地，得呈准免徵外，其餘個人有不在鄉地主之耕地及共有、團體有、政府代管等耕地，一律由政府予以徵收」。臺灣省政府審議後，將地主保留地條款修正為，不在鄉地主之出租耕地全部徵收。在鄉地主之保留地限於水田一至八等則者一甲，或九至十八等則者二甲，十九至二十六等則者四甲；旱田加倍。共有出租耕地全部徵收（鄧文儀 1955:37-38；陳誠 1961:61-64；劉寧顏 1989:108-110；吳生賢 1992:43-59）。

臺灣省政府將「臺灣省扶持自耕農條例草案」修正後，於七月送臨時省議會審查。為爭取時間，不待省議會審查，即於八月同時呈送行政院。行政院收到臺灣省政府呈送之「臺灣省扶持自耕農條例草案」後，交內政部審議。內政部乃邀集地政專家及有關機關代表審議，並廣徵國內外專家意見，參酌日本土地改革經驗，方始定案。「關於條例名稱，為使含有積極意義，以實踐國父遺教，並使成為中央立法，俾收復大陸後推行於全國，擬改為『實施耕者有其田條例草案』」（鄧文儀 1955:33）。內政部通過之草案中，採納臺灣省臨時省議會的修正意見，將在鄉地主保留耕地之標準分為四級。即水田一至六則者一甲，七至十二則者二甲，十三至十八則者三甲，十九至二十六則者四甲。旱田倍之（鄧文儀 1955:39；劉寧顏 1989:110；吳生賢 1992:43-59；徐實圃 1964:85-128）。

1952 年 10 月行政院審議內政部提報之「實施耕者有其田條例草案」。議決修正原則六項，交內政部再行修定。修正原則第一項為放寬地主保留地標準。不分在鄉與不在鄉地主，一律得保留標準出租耕地水田三甲。內政部則依指示將地主保留地改為水田一至六等則一甲

五分，七至十二等則三甲，十三至十八等則四甲五分，十九至二十六等則六甲。旱田加倍（鄧文儀 1955:40-41；吳生賢 1992:68-76；徐實圃 1964:128-134）。

當年 11 月行政院通過「實施耕者有其田條例草案」，咨請立法院審議。立法院於 1953 年 1 月三讀通過，同月總統明令公布，並由行政院指定臺灣省為施行區域，自 4 月 1 日起開始實施（鄧文儀 1955:33-34）。

立法院通過之「實施耕者有其田條例」的主要改變，在於增列老弱孤寡殘廢地主之共有出租耕地有條件的免於徵收。對於地主保留地，則大致採納內政部修正案（鄧文儀 1955:41-43；劉寧顏 1989:111-114；吳生賢 1992:77-89）。

在「實施耕者有其田條例」的立法過程中，從省政府、省議會、行政院、直到立法院，省地政局長沈時可一直參與幕僚工作。據其回憶，本省籍的省政府委員與省議員強烈反對實施耕者有其田固不待言。但到了行政院，外省籍的副院長與政務委員亦強烈質疑其主張。行政院草案裏地主保留地之由二甲增至三甲，正是副院長主張之結果。等行政院將草案送到立法院，許多外省籍的立法委員並不支持行政院案。尤其共有出租耕地不得保留的條款受到嚴重批評。依土地改革運動健將蕭錚的說法，立法院裏反對土地改革的，仍然是當年在南京時反對的同一群人。反對聲浪大到不得不由蔣中正總統以國民黨總裁身份，召集立法院重要委員十餘人與黨政主管集會討論，才壓倒立法院的反對，使立法院在修正行政院草案後通過該法（沈時可等 2000:33-63；亦見徐實圃 1964:145-189；蕭錚 1980:305-316,377-378;1987:315-325；殷章甫 1984:56）。

上述歷史回顧顯示，在臺灣土地改革立法過程中，沈時可等中層實務官員雖然積極推動耕者有其田，卻不願像日本政府般全盤犧牲地

主權益。行政院與立法院內的部分國民黨高層，或者反對剝奪臺灣地主的土地，或者努力降低臺灣地主的損失。原因顯然是他們並不認為土地改革的實施範圍將只限於臺灣，受害者只是臺灣地主。相反的，他們（錯誤的）認定國民黨政府會反攻大陸，在臺灣實施的政策會推廣到全中國。因此將來他們自己也會成為土地改革的受害者，以致於有必要降低地主所受的傷害。換言之，行政院與立法院部分高層出手維護臺灣地主，正因為他們（錯誤的）自認與臺灣地主階級利益一致。過去只有少數學者曾注意到這一點（如劉進慶 1993:72-77）。

當然，半世紀過去，國民黨政府並未反攻大陸。當日部分國民黨人擔心土地改革會推廣到大陸而傷害自身利益的顧慮成為多餘。客觀的歷史事實指出，當日國民黨政府反攻大陸的想法是幻想。但同樣客觀的歷史事實也告訴我們，當日國民黨人多數相信他們可以反攻大陸（張玉法、陳有恭 1991:195-196；汪士淳 1999:76-79；王景弘 2000:193-222），並且根據這信念來制定他們的政策。這信念是錯誤的，但他們確實如此相信，並據以行動。

簡言之，土地改革的立法過程違反了所謂外來政權犧牲臺灣地主的邏輯。外來政權犧牲臺灣地主的說法，並不足以解釋國民黨政府在臺灣實施土地改革的動機。

作者不同意以外來政權屬性來解釋臺灣土地改革動機的另一理由，在於歷史比較。日本殖民政府的外來屬性與專制性格顯然不亞於國民黨政府。但日本殖民政府並未因此推行傷害臺灣地主利益的土地改革。所謂外來政權屬性，至多只是執行獨斷政策的有利因素，絕不能構成行為的動機。

當然，我們必須承認，臺灣地主階級在政治上的無力對於土地改革的發生是有影響的。大陸籍的部分國民黨人擔心土地改革將來會被推廣到大陸而傷及自身利益，而使他們對土地改革有所保留。但他們

擔心的自身利益受損畢竟是未來的事，其迫切感遠不如當年在大陸抗拒土地改革時嚴重。因此，臺灣地主階級的政治弱勢無疑降低了土地改革的立即反對力量。換言之，國民黨政府的所謂外來屬性，雖不能解釋土地改革的動機，但確實降低了臺灣地主抗拒的能力。因此，當其他條件相似，國民黨政府的外來性格確使其在臺灣較容易下達犧牲地主以實施土地改革的決心。

我們的下一個問題是，如果當日國民黨高層許多人認為土地改革遲早也會傷害他們自己的利益，則為何他們要讓步同意這他們以為會傷害自身利益的改革？過去國民黨政府在大陸未能實施土地改革，不正是因為個人利益使他們抗拒這改革嗎？到了臺灣，支持土地改革的陳誠固然權力高漲，反對土地改革的人又因什麼理由終於放棄反對，願意犧牲個人土地來實踐耕者有其田？

答案在於國家危機。

政治社會學的階級研究指出，國家很難與該社會的支配階級翻臉，很難使其支配階級犧牲個人經濟利益來實現國家的利益，也就是支配階級掌握國家政權的集體政治利益及由此而來的其他利益。因此，除非是革命政府打擊舊支配階級，否則一般國家很難實施有害於支配階級的政策。

在這問題上，Ralph Miliband 與 Nicos Poulantzas 對資本主義國家與資產階級之間關係的辯論是個有用的出發點，雖然它已是陳年舊論，而且談的是資本主義國家。

Miliband（1969）認為國家之所以無法實施違背支配階級利益的政策，原因是國家領導階層與支配階級的人事重疊。傷害支配階級利益的政策必然會傷害國家領導階層的個人利益，因此他們不可能做傷害自己利益的事。Miliband 的困難在於，他無法解釋，若國家受支配階級控制如此密切，何以國家有時會實施支配階級反對的政策，例如

不顧資本家反對而實施勞動立法？

　　Poulantzas（1968）則認為國家與支配階級的利害關係不是基於人事的重疊，而是基於資本主義經濟的結構限制，也就是國家與支配階級在政治經濟上的利益一致。傷害支配階級的政策會打擊支配階級，並使支配階級不再支持國家，因此會間接打擊國家本身的利益。是這結構限制，而非人事重疊，促使國家不得不保護支配階級的利益，避免傷害支配階級的政策。

　　Poulantzas（1968）更指出，正因國家與支配階級不必然人事重疊，因此國家有某些對抗支配階級的相對自主力（relative autonomy）。國家為了保護支配階級與本身的長遠利益，有時不得不犧牲支配階級的短期利益，來執行某些支配階級反對的政策。例如，資本主義國家不顧資本家反對而實施勞動立法。短期來看，勞動立法傷害資本家利益。但長遠來看，卻可降低勞工階級的反抗，確保資本主義體制與國家的延續。

　　Poulantzas 的國家相對自主力之說固然有說服力，他卻未指出國家自主力的高低取決於什麼因素。在這議題上，Fred Block 提供了有用的補充。

　　Block（1987:51-96）指出，正常情況下，國家（也就是執政者）與支配階級利益一致，因此深受支配階級的牽制，不會實施違背支配階級利益的政策。只有在對外戰爭或內部革命等危機情境下，面對國家可能崩潰的威脅，國家存續對執政者的利益壓倒了支配階級的個人經濟利益，才可能促使國家採取傷害支配階級利益的激烈改革政策，對被支配階級讓步，藉以爭取被支配階級對國家的支持。

　　1950 年代初的臺灣，正是 Block 所描述的國家危機的典型。國民黨政府不但已在內戰中失去大陸，連臺灣也岌岌不保。對手正是以土地改革為號召的共產黨。許多國民黨人顯然認為，共產黨之在內戰獲

勝，原因之一是其土地改革的號召，使其獲得農民支持。反面的推論則是，國民黨之所以失去大陸，部分原因正在於沒有實踐土地改革的政綱，失去農村民心。事實上，在失去大陸前，蔣中正已經認定共黨以土地改革號召農民，國民黨必須以耕者有其田政策來反號召。甚至在 1948 年 8 月 7 日指示行政院，對於收復區已被共黨分配給農民的土地，承認農民所有權，以爭取農民（侯坤宏 1988:185）。

覆巢之下無完卵。這是大陸變色給國民黨人的深刻教訓。這也是廣東變色前夕，蔣夢麟對抗拒土地改革的廣東地主們的提醒（蔣夢麟 1967:18-19）。當時言者諄諄，聽者藐藐。等到國民黨終於完全失去大陸，只餘臺灣；退此一步，即無死所。多數國民黨人終於被說服承認，土地改革不能不做。即使這意味將來反攻大陸後必須放棄自家土地，也總勝過永遠失去大陸，當然也勝過連臺灣也淪於共產黨之手。

換言之，面對國家總崩潰與個人隨之覆滅的威脅，終於使許多（但不是所有）國民黨人接受陳誠等土地改革鼓吹者的主張，承認土地改革刻不容緩，即使這意味著將來回大陸後不能收回已被共產黨沒收的自家土地。當然，能不能回大陸猶未可知，這大約也使國民黨人更容易下達土地改革的決心。

也因此，違背地主階級利益的土地改革實施了。在政治高壓下，手無寸鐵且見識過二二八的臺灣省議會顯然只能就範，在要求放寬地主保留地的條件下，同意實施耕者有其田。

然後一件怪事發生了。若土地改革只是國民黨犧牲臺灣地主來討好臺灣農民，則土地改革只要在臺灣實施就夠了。只要這法案是臺灣省的單行法案，就與大陸各省無關。但國民黨卻偏將這法案提到立法院，將臺灣省單行法案升級為全國性的法案。換言之，滿腦子反攻大陸的國民黨高層中的多數，已下了決心，如果反攻大陸果真成功，願意在大陸各省也實施土地改革。這事其實可以等反攻大陸之後再立法

不遲，但國民黨卻在反攻大陸之前就將之制定為全國性法案。動機顯然正如國民黨自己明言的，是為了號召大陸人心。

但在行政院與立法院，對反攻大陸仍滿懷希望的部分國民黨人，不免對於廢除自己那份將來有可能收回的土地利益深感躊躇。有些人堅持反對土地改革。有些人即使同意改革，也仍然覺得省政府與省議會通過的法案對地主太嚴苛。因此，行政院與立法院通過的法案裏，標準的地主保留地面積從省政府與省議會擬議的二甲增加到三甲。

看起來，行政院與立法院的許多掌權者並不想讓臺灣地主犧牲太多。原因顯然是，他們並不意識到自己是返鄉無期的外來政權，因此誤認臺灣土地改革是大陸土地改革的前奏，誤認大陸地主的利益與臺灣地主一致。為了免得將來大陸地主犧牲太多，現在就必須對臺灣地主寬厚一點。臺灣地主們一直誤以為國民黨人存心犧牲他們來討好臺灣佃農，卻不知許多國民黨人其實努力要保護他們。臺灣地主們未免太不知體會國民黨裏大陸籍地主同志們的階級團結了。

當然，部分國民黨人維護臺灣地主利益的動機，或不全是個人的土地利益考慮，而可能包括不願與臺灣地主對立而影響政治穩定（朱昭陽 1994:135）[9]，或出於本身對經濟正義的不同認知。目前我們沒有充份史料可以詳究，但不能排除這種可能。

總之，客觀言之，國民黨政府犧牲臺灣地主來實施土地改革。但主觀動機卻非如此。當日國民黨人大多相信他們會反攻大陸，認定臺灣土地改革只是全國土地改革的第一步。他們以為土地改革不僅會傷害臺灣地主，而且也會傷害大陸地主。但國家已在危急存亡之秋，為了國家統治權與個人生存的根本利益，兩害相權取其輕，即使原先不

9　例如，朱昭陽指出當時行政院副院長張厲生（就是沈時可所稱力主放寬地主保留地者）「是個有心人，初到臺灣就已明白看出反攻大陸是不可能了，必須把根留在臺灣。他跟臺灣人接近，跟臺灣人交往，這在當時外省人中真是太難得，太少有了」（朱昭陽 1994:135）。

熱心土地改革的多數國民黨人也只好同意犧牲個人的土地小利，以維持國民黨的統治權與個人生存。他們並不覺得他們是在慷他人之慨。他們很認真的覺得這是兩害相權下不得不然的自我犧牲，但又有許多人不願自我犧牲太多，因此妥協立法允許更多的地主保留地。

　　更有甚者，在立法院審議「實施耕者有其田條例草例」前夕的1952 年 10 月，國民黨第七次全國代表大會通過的新政綱第十六條更明白宣示：「實施限田政策，扶持自耕農，實現『耕者有其田』。大陸收復地區，農地歸現耕農民所有，對原業主由政府酌予補償」（鄧文儀 1955:30）。這等於面對共產黨在大陸土地改革的既成事實，為了復國的政治號召，國民黨中的大陸地主們不但被迫宣告放棄在大陸的土地所有權，而且連臺灣地主們可以享有的三甲保留地也免了。

　　換言之，為了號召人心以擊敗共產黨，多數國民黨人真的豁出去了。國家統治權與個人生存比土地重要。這才是土地改革的真正動機。陳誠於 1954 年 11 月甚至以「臺灣土地改革就是我們收復大陸保證」為題對中國土地改革協會演講（吳生賢 1992:1160-1166），反映的正是陳誠等土地改革派的思慮所在 [10]。

　　當然，上述說法也引發一個疑問，若國共鬥爭中的政治號召是臺

10　1949 年 3 月陳誠主政臺灣之初，就曾在省府行政會議開幕詞中解釋實施三七五減租的理由是：「固然為佃農解除痛苦……實際上實為保護地主……避免共產黨的殘酷鬥爭」（陳誠 1951:20）。
　　蕭錚亦言：「大陸淪陷，政府遷臺，陳辭修先生主政臺灣，籌所以安臺建臺之計，決以實施三七五減租為第一步，余與惠蓀兄等同提出方案」（蕭錚 1967）。
　　一個有待細究的問題是美國在臺灣土地改革中的角色。美國在其佔領下的日韓實施土地改革，反映美國對土地改革的支持。但陳誠的決策似與美國人無關。當日擬定與執行土地改革政策的官員也認為美國人並未涉入此事，只是在日本主持土地改革的美國專家雷政其曾將其經驗告之臺方（張勤民、張維一等 1999）。另一方面，國民黨內與美國關係特近的吳國楨並不支持土地改革。農復會以其美援資源支助土地改革，但根據農復會人員回憶，農復會的土地改革立場並非來自美方委員，而來自蔣夢麟與湯惠蓀等中方人員主張。而當初促成美國援助中國農村復建條款的農復會委員晏陽初卻獨鍾鄉村教育，對土地改革淡然視之，甚至最後離臺他就（黃俊傑 1992:93-4,159-61）。總之，美國與臺灣土地改革有關，但這關係可能是既間接又複雜。

灣土地改革的動機，則是否任何人主政都會如此作為，而陳誠的個人
因素毫不重要？

　　作者不以為如此。多數國民黨人面對大陸時期未能實踐土地改革
的問題，多以內憂外患不絕，無暇顧及土地改革為解。作者也認為這
是他們的真實感受。前述大陸時代的國民黨，對土地改革有支持與反
對的陣營之分。但這土改陣營之分卻與國民黨內派系之爭無關，反映
多數國民黨人對土地改革立場並不強烈。既不強烈主張，也未反對。
這現象的最可能原因是多數人視土地改革為不急之務。主要黨綱可以
視為不急之務，甚至不成為派系成因，最可能原因是其他問題佔據了
他們的注意力。換言之，內憂外患不絕，生死存亡之秋，土地改革被
公認是未來理想，但也被視為目前不急之務，因此多數人並未介入爭
論。

　　問題正在於，所謂急不急，是有極大個別差異的主觀認知，而非
純然客觀現實問題。陳誠身為軍人，在抗戰兵荒馬亂之際居然企圖在
湖北實施二五減租，顯然他並不認為土地改革是不急之務，應該等到
他完成軍人本務，抗戰勝利再做。然而，陳誠認為不能不在抗戰危亡
之秋邊打邊做的土地改革，他的國民黨同志們卻大都認為應該等國難
解除以後再說。而此等「不急之務」的國民黨員，遠多於陳誠此等土
改行動派。

　　我們可以推想，設若當年坐鎮臺灣掌權，乃至成為行政院長的不
是陳誠，而是其他人（例如吳國楨），則共黨威脅可能被認知為軍事
威脅，應該集中資源於軍事以為應付。而土地改革，照例又是不急之
務，等反攻大陸之後再說。當年都可以等過剿共、抗戰，現在再等過
復國大業，有何奇怪之處嗎？換言之，同樣的共黨威脅，可以被陳誠
用來作為推動土地改革的急迫理由，但同樣也可以被別的執政者拿來
作為暫緩土地改革的正當原因。

　　總言之，臺灣農村土地改革之所以實現，不僅是因為外有以土地改革為號召的共黨兵臨城下，而且是因為內有向來主張土地改革的陳誠等人掌權，將土地改革解釋成反共的利器，而不是危亡之際的不急之務。終於說服過去立場不強烈的多數黨人，壓倒反對者，而在兵荒馬亂之際實施土地改革。

　　陳誠的角色，也使我們反省到歷史解釋的一個常見誤謬，那就是假定系統的理性，而忽略行動者的認知。例如，解釋民主化之所以發生的一個常見說法是，因為內外政治壓力很大，為了免得崩潰，所以某個專制政府「不得不」放寬專制而走向民主化。這種解釋，假定某種客觀的條件（內外壓力）必然會因系統的理性（要避免崩潰）而導致特定的結果（民主化），但卻不討論行為者的主觀認知（執政者認定民主化更可欲或更有利）此一中介變項。但事實上，內外壓力也可能使某些獨裁者認定鎮壓反抗比民主化對自己更有利或更可欲，因此選擇了鎮壓。鄧小平不就如此嗎？但同為共產黨，同樣面對內外危機，戈巴契夫選擇了民主化。客觀條件要影響人的行動，必須經過行為者的認知，而這認知是有個人差異的。

　　回到臺灣的土地改革，我們可以說，共黨威脅此一客觀事實，透過陳誠此一掌權者的主觀詮釋，變成了國民黨必須速行土地改革的急迫理由。換了他人掌權，同樣的共黨威脅，極可能被認知為緩辦土地改革的正當原因。系統，沒有理性可言。動機，必須尋之於個人的認知。

二、實施土地改革的能力

　　過去對臺灣土地改革的研究，只論動機與後果，幾乎從來沒有人

討論過政策執行能力的問題。研究者似乎都認為，只要執政者有了改革的動機，下達決心，改革就水到渠成。國民黨願意犧牲臺灣地主，所以能在臺灣實施土地改革。國民黨人在大陸時不願犧牲自己的利益，所以無法實施土地改革。這說法隱隱認定，國民黨在大陸與臺灣都有實施土地改革的能力，差別只在於動機的有無。

這是唯心論的天真思考方式。人類政治史上有太多執政者滿腔改革熱情卻改革失敗的例子。實施任何政策，不僅需要動機，也需要能力。有改革動機的執政者，未必有改革的能力，因為他未必有改革所需的行政工具。

很不幸的，在國民黨的土地改革史上，土地改革動機與實施能力二者卻是近乎同時缺乏或同時獲得，以致於研究者們看不出兩者的分際。

簡單的說，大陸時代的國民黨政府，既無土地改革的充分動機，也沒有實施土地改革所需的現代國家基礎行政能力。到了臺灣，不僅因執政者個人偏好與國家危機而產生了實施土地改革的強烈動機，而且因繼承日本殖民政府留下來的戶政、地政、執法等現代制度，突然獲得了前所未有的執行土地改革所需的基礎行政能力。

Michael Mann（1988:5）指出，國家權力包括專斷權力（despotic power）與基礎行政能力（infrastructural power）兩種成份。所謂專斷權力，指的是國家的執政精英，不須與民間社會裏的團體進行例行而制度化的談判，就可以採取行動的權力。所謂基礎行政能力，指的是國家能夠實際穿透民間社會，有效執行其政策的能力。

國家的專斷權力與基礎行政能力是兩種不同的權力，兩者強弱無必然相關。歷史上專制君主的專斷權力經常近乎無限。例如中國君主：「君要臣死，臣不敢不死」。現代極權國家，不論共產政權或納粹，專斷權力也常近乎無限。

相對的，現代民主國家必須依法行政，且受議會與輿論監督，專斷權力很小。未經議會同意，不得擅徵一文。未經法定程序，不得擅捕一人。

就基礎行政能力而言，受制於物質基礎的薄弱，傳統國家的基礎行政能力通常很低。例如，無法建立嚴密的人口與財產登記，無法有效的量能課稅，只能攤派。事實上，一般傳統國家除了攤派徵稅與防止叛亂外，基本上只能讓各地豪強自治，很少干涉地方事務。各地度量衡制度的歧異已足以指出傳統國家穿透社會能力的低落。

相對的，現代國家受惠於物質基礎的改善，其基礎行政能力通常遠高於傳統國家。例如，西方現代國家可以有效監視民間經濟活動，並依法徵收各種交易稅與所得稅，逃稅愈來愈難。政府有能力壓過地方豪強的抗拒，在全國執行一致的法律與政策。一紙書面通知便可使役男自動入營報到，不必派兵在街上抓丁。

借用 Mann 的概念來說，傳統中國的國家專斷權力很大，但基礎行政能力很弱。大陸時代的國民黨政府繼承了一個傳統的國家，不論其專斷權力大小如何，基礎行政能力始終很低。國家缺乏有力的行政機構，地方行政只能依賴地方豪強自治，無法直接貫穿到一般人民。這種國家當然無法實施違背地方豪強利益的政策。事實上，連徵稅都難及於富戶。用陳果夫主政江蘇的經驗來說，「大戶欠糧，差不多全國都是一樣」（陳果夫 1951:46）。

要執行有效的非暴力而有補償的土地改革，就必須先確定哪些人擁有哪些土地，以便依照法律來決定地主可以保留哪些土地，放棄哪些土地，轉移給誰，以及如何補償。一旦不可避免的爭議案件發生了，必須有不受地方豪強控制的行政機構來執行仲裁以落實國家政策。這些說來容易，實際上很困難。完整的戶籍、地籍資料與執法機構是先決條件。這在傳統中國，以及多數傳統社會，是幾乎從未實現的事。

傳統中國不只沒有完整的戶籍登記與人口統計，連土地登記都不完整（Ho 1959；黃仁宇 1974:66-70；王樹槐 1986；姜濤 1993；譚棣華 1993:72-80；何炳棣 1995）。土地面積、等則與價值不清楚，土地所有權人身份不明。許多土地是由不在鄉地主所擁有，產權可能因為多代繼承或典押等而變得很複雜。某些大地主的土地可能散佈在許多不同縣份，甚至不同省份，無法確知他到底擁有多少土地，甚至他自己可能也不清楚。佃戶可能數代相傳，也可能變動頻繁，但都無官方紀錄可稽。地方行政基本上是地主鄉紳自治，無法期望他們執行違反地主利益的上級政令。

在上述人口與土地登記二者都不清的傳統社會情境裏，要依臺灣式土地改革的法定程序，規定每一地主可以保留所有的自耕土地，但在其散佈各處的出佃土地中則只能選擇保留特定面積的水田或旱田，其餘必須依照等同土地年收穫值若干倍的價格出售給現耕佃農，基本上是不切實際的空談。單是確認地主的土地所有權總額，或甚至佃農的佃耕權與土地承購權，就已超出傳統國家的行政能力。在這種傳統社會裏，真要土地改革，唯一辦法是不考慮地域間差異，而以村為單位（或至多以鄉為單位），不論原先地主為誰，不論他總共有多少土地，不論土地的產權糾葛如何，不論自耕佃耕，不論原先佃戶何人，不分青紅皂白的將全村土地依某種規則分給村民。這正是中國共產黨在大陸實施土地改革的辦法（朱嗣德 1980:341-359；王松山 1990:75-87；郭德宏 1993:409-431；孔永松 2000）。

但國民黨不是共產黨。國民黨並不打算不分青紅皂白的將土地以村為單位分給村民了事。它要保障地主的某些權益，而保障地主權益所需的完整戶籍與地籍紀錄卻根本不曾出現在明清以來的中國。事實上，直到今日的中國大陸，在共產黨執政後半世紀，雖然能追查每個人的祖宗三代，卻仍然無法建立完整的全國地籍。即使近年使用衛星

遙測，也還弄不清全國確實的耕地面積（中國科學院國情分析研究小組 1998:120）。甚至在近二十年改革開放後，新增而沒有戶籍登記的人口多得驚人。

簡言之，大陸時代的國民黨，基本上並不具備實施臺灣式土地改革所需的基礎行政能力。因此，即使它企圖實施臺灣式的土地改革，也註定了將是糾紛不斷，窒礙難行。事實上，大陸時代的國民黨確曾企圖在某些省份實施土地改革的初步。1927 年北伐後即在浙江等省推行二五減租。抗戰後更在各省企圖推行二五減租，結果都是不了了之。光是何謂二五減租，各地黨政機關的理解即大有不同，遑論其他（潘廉方 1966:7-11,92；侯坤宏 1988:33-332）。問題不只是動機不足，而且是沒有行政工具（蕭錚 1980:91-92,96-108；殷章甫 1984:19-42；陳淑銖 1996:542-543）。事實上，不要說土地改革，光是整理土地產權登記，就因牽涉到可能增加土地稅捐，而遭地主普遍抗拒以致難以落實（王樹槐 1986；劉道元 2001:81-83）。

臺灣原是清代中國的一部分，戶政、地政與基層行政組織都與大陸各省一樣殘缺。地方行政是地方豪強主導的鄉庄自治，官府穿透社會的能力極低（戴炎輝 1979:1-340）。甚至當清廷將臺灣割讓給日本時，清廷並不知道臺灣的確實人口與耕地。由往後日本人的調查比對，我們知道清廷高估了臺灣人口，但嚴重低估了耕地面積。

使臺灣脫離傳統社會的，是日本殖民政府。現代化的日本殖民政府，在殖民初期就完成了人口與土地的調查與登記。1903 年已出版以村為單位的臺灣戶籍登記與人口統計。1905 年已實施人口普查。1898 年設土地調查局。1898-1903 年間實施土地調查，一則實施土地測量；二則實施產權登記，確認全臺土地產權（矢內原忠雄 1929:16-17；涂照彥 1975:36-41；楊碧川 1996:36-72）。換言之，佔領臺灣不到十年，日本殖民政府已建立臺灣嚴密的戶政與地政。另一方面，周密的地方

行政與警政也使政府貫徹政令的能力遠高於鄉紳自治的傳統中國。農會組織更使農業活動處在政府嚴密控制之下（矢內原忠雄 1929:158-168；涂照彥 1975:33-36；王泰升 1999:269-302；陳金滿 2000:43-56）。

日本殖民政府建立的這基礎行政能力，戰後為國民黨政府接收。當時臺灣地籍行政之嚴整，曾令接收官員訝異讚譽不已（陳新民 1995）。1950 年代初以內政部政務次長身份督導土地改革業務的鄧文儀也指出，「臺灣地籍測量，較大陸各省普遍」。「本政策之能順利實施，得力於臺灣省地籍管理之完善實非淺鮮」（鄧文儀 1955:77,702；亦見殷章甫 1984:24）。就國家行政能力而言，日據以來的臺灣是與大陸截然不同的現代社會。

臺灣實施耕者有其田政策的第一步，是地籍總歸戶，以便確認每一宗土地與每一地主的土地所有權。1951 年 1 月至 1952 年 2 月間，臺灣省政府在農復會技術及經費協助下，實施臺灣地籍總歸戶。共填寫卡片 650 萬餘張，製就全省地籍圖 57,000 幅。以作為日後實施耕者有其田時，耕地歸屬與面積計算的依據（湯惠蓀 1954:62-4；鄧文儀 1955:33；陳誠 1961:60-61；沈宗翰 1967；侯坤宏 1988:17-19；劉寧顏 1989:119-120；吳生賢 1992:656-687）。若無日本殖民政府留下的戶籍與地籍制度，土地改革這第一步便邁不出去（楊肇嘉 1970:376）[11]。

---

11 多位土地改革的參與者指出，地籍總歸戶的構想與設計來自於農復會的湯惠蓀（陳誠 1951:72；蕭錚 1967；沈宗翰 1967）。陳誠亦明言感謝農復會對土地改革在人力與經費上的支援（陳誠 1951:85）。但省地政局長沈時可訪日考察時已注意到，日本土地改革因未先實施地籍總歸戶，致土地改革過程糾紛叢生（沈時可等 2000:18-26）。或許沈時可對地籍總歸戶的實施亦有其影響。
美援之下的農復會對臺灣土地改革提供了許多工作經費與政策設計的支援（湯惠蓀 1954:10-11；黃俊傑 1991a:95-105; 1992:60-61,156-8,188; 1995:69,101-130；毛育剛 1992）。但這顯然不足以取代日據殖民體制留下的基礎行政能力。
實施耕者有其田時擔任臺灣省民政廳長的楊肇嘉回憶說，實施土地改革需要全省地籍圖。因其在日據時期曾與總督府交涉，知道其所在，故親自帶人從原總督

　　由此而來的相關問題是，若當日臺灣其他條件相同，但無日本人留下的基礎行政能力，則陳誠是否會預見臺灣土地改革將與大陸同樣難以貫徹，而不如此急切的推行耕者有其田？換言之，對臺灣優越基礎行政能力的認知，是否增強了陳誠實施土地改革的決心？這是個複雜而有待學界思考的問題。

　　當然，日本人留給國民黨政府的基礎行政能力不是沒有限度的。這限度表現在實施耕者有其田時的兩個爭議問題上。一是共有地問題，二是老弱孤寡殘廢地主問題。

　　先論共有地問題。臺灣有許多土地是家族幾代繼承，卻未辦理產權分割，而成為共有土地。共有者少者數人，多者數百人。從清代經日據直到今日都如此。從現代資本主義要求財產權清楚的觀點而言，這其實是極端落伍而權利義務不清的財產制度。但卻是臺灣土地制度的長期現實。1952 年 6 月臺灣地籍總歸戶發現，全臺私有耕地所有者 611,193 戶中，48.16% 為個人，49.30% 為共有戶，2.54% 為團體。全臺私有耕地 681,154 甲中，44.59% 為個人有（其中 27.88% 自耕，16.71% 出租），50.55% 共有（其中 32.64% 自耕，17.91% 出租），4.86% 團體有（2.20% 自耕，2.66% 出租）。平均耕地面積，個人有者 1.0318 甲，共有者 1.1426 甲，團體有者 2.1379 甲。出租地 253,957 甲中，113,849 甲為個人有，121,989 甲為共有，18,119 甲為團體有（湯惠蓀 1954:64；劉寧顏 1989:123；吳生賢 1992:800）。上述統計明白指出，臺灣土地是共有者多於個人有者。出租土地亦是共有者多於個人有者。若將共有土地分割，個人持分通常很小，遠低於農家平均耕地面積，無法養家。

　　實施耕者有其田時，規定地主每人可以保留三甲的標準出租耕

　　地下室找出已濕霉的全省地籍圖。並親自下鄉指導測量人員使用日人在各地留下的測量用石樁（楊肇嘉 1970:376）。

地。但若允許共有耕地的地主們也每人保留三甲土地，則勢必要先辦理所有共有耕地的分割繼承，才能確認每人的耕地所有權總額。這不但將大幅減少可放領的耕地，而且顯然將是曠日費時的耗大工程。當日的國民黨政府沒有能力與耐心來解決這連日本人都難以解決的共有土地產權問題。因此，「實施耕者有其田條例」第十條雖規定地主可以保留三甲出租耕地，但第八條卻規定共有出租耕地一律徵收放領給佃農。當然，該條文有但書云：「〔共有〕耕地出租人如係老弱、孤寡、殘廢藉土地維持生活，或個人出租耕地因繼承而為共有，其共有人為配偶血親兄弟姊妹者，經政府核定，得比照第十條之保留標準保留之」。換言之，配偶血親兄弟姊妹共有之土地或老弱孤寡殘廢者共有之耕地可以免於徵收。但臺灣許多共有地已是幾代繼承，共有者已是堂兄弟或更遠親族，不符但書規定，必須徵收。

實施耕者有其田時，徵收放領給佃農的土地 143,568 甲中，個人有者佔 22.33%（分屬 15,146 戶），共有者 69.51%（分屬 87,149 戶），團體有者 8.16%（湯惠蓀 1954:91）。換言之，徵收放領給佃農的土地，絕大多數是共有地，而政府已知多數共有者持分遠低於一甲。若允許共有地主分割其土地並分別保留三甲（或甚至只是一甲），則這些共有地絕大多數將不必徵收放領給佃農，而耕者有其田的實施範圍可能縮小為原有的 30% 上下。但在無力處理共有地分割的現實下，共有地遂成為耕者有其田政策的主要標的。

就此等共有地地主而言，共有地可能是他們財產的全部，現在只因產權未分割就不分青紅皂白的喪失所有土地，與個人地主可以保留三甲耕地相比，顯然極不公平。當時內政部次長鄧文儀亦坦承，「依共有耕地現有資料統計，其持分面積，以在一甲以下為最多。此乃本省人多地少之自然分配現象。是項共有耕地，因未辦理地籍總歸戶，缺乏基本步驟，實為此次實施徵放之先天缺陷；又因急於消滅此項共

有制度，一切不願考慮。遽爾處理，問題叢生」（鄧文儀 1955:364，亦見 330-331,394）。易言之，在土地改革的政策前提下，因為行政技術上的困難，無法一一兼顧共有地主的利益，只有一律犧牲了事（亦見湯惠蓀 1954:63）[12]。

　　犧牲共有地地主的另一個更嚴重問題，是老弱孤寡殘廢地主問題。一般人都以為地主剝削佃農，不勞而獲，生活比佃農優渥，無可同情。事實上，共有地主不僅平均持分極小，且許多共有地的小地主是老弱、孤寡、殘廢等經濟弱者，雖有土地卻無力自耕，只有出租。由於土地持分極小，許多此等地主不僅貧窮，且失去了地租將無以為生。但在共有耕地徵收放領於佃農的大原則下，此等老弱孤寡殘廢地主也被犧牲。事實上，如前所述，「實施耕者有其田條例」第八條規定，老弱孤寡殘廢者共有耕地可以額外放寬而免於徵收。但由於「實施耕者有其田條例臺灣省實施細則」就此事項之規定嚴苛，多數老弱孤寡殘廢地主在實務上無法通過審查，以致於失去土地。換言之，在嚴苛的政策執行中，地方機關通常以犧牲此等孤寡地主了事。當日內政部次長鄧文儀率團下鄉督導耕者有其田實施時，便記載許多此等事例。「本團在各地亦見有兩三代孤寡者之土地被徵收後，即無以為生之實例……甚有佃戶同情不忍，而願放棄承領，地政人員亦以礙於法令，未予准許者」（鄧文儀 1955:48-49,302-303,331-332,349,365-369,394,399-401,725,738-743）。

　　由共有地與孤寡地主事例顯示，日本殖民政府固然留給了國民黨政府實施土地改革所需的基礎行政能力，但也設定了這基礎行政能力的極限。當然，此處所謂極限，並非絕對不可克服。以當年臺灣地籍登記之完整，要辦理共有地的分割，乃至於設定更嚴謹合理的孤寡地

---

12 當年孤寡殘廢共有地主之土地保留免徵者 759 甲，繼承共有地免徵者 7742 甲（湯惠蓀 1954:92）。

主認定程序，都不是技術上不可能的工作。但前述共有地佔臺灣私有耕地 55.55%，共有者人數龐雜，要一一辦理分割登記，勢必動員龐大人力與經費，耗費數年時間，才能完成。以當年政府財力之窘迫，政治局勢之嚴苛，對於土地改革政績需求之殷切，這共有地的分割，雖然技術不難，但未免緩不濟急。病急求醫心切，國民黨政府選擇了便宜從事，犧牲共有地主，來儘速達成土地改革的政治號召。

三、土地改革的後果

研究臺灣戰後歷史的學者，似乎大多同意（或至少不曾明言懷疑）國民黨官方的說法，認為土地改革帶動了臺灣經濟發展。一方面，土地改革促進農業生產。另一方面，土地改革促使土地資本轉移於工商業，促進工商業發展。這說法的依據在於，土地改革之後，臺灣確實經歷了快速的農業與工商業成長。這說法的問題在於，它並未將土地改革前後的臺灣經濟發展放在整個二十世紀臺灣經濟史來觀察，以致於將時間順序誤為因果關係。

本節對土地改革經濟後果的討論，僅限於對農業的影響。土地改革對工商業的影響遠較農業複雜。作者雖然對官方所謂土地改革促進工商業發展的說法存疑，但無法在此細論，只能留待以後進一步研究。

要瞭解土地改革對農業發展的影響，我們必須對二十世紀臺灣農業史有基本的理解。研究顯示，自 1910 年起，臺灣農業產出持續上升，在 1939 年達到最高點。二次大戰期間，因肥料與勞力缺乏等因素，使農業產出大減。1945 年總產出尚不及 1939 年之半。戰後農業復甦，1951 年時產出已恢復到戰前最高水準。但若以 1910 年以來之長期趨勢而言，臺灣農業大約直到 1960 年始恢復到這長期趨勢下應有的產出

水準（李登輝 1980:15-6）。

　　換言之，臺灣農業在 1950 年代脫離戰爭導致的破壞與停滯，而逐漸恢復至其半世紀以來的長期發展趨勢。但 1950 年代初也正好是臺灣實施農村土地改革的時代。土地改革成為這期間臺灣社會經濟史上最重要的事件。因之，本時期臺灣農業的發展，常被歸功於土地改革。

　　但從整個二十世紀臺灣農業史的觀點來看，這段時間農業產出的提升，究係土地改革之功，或是單純的從戰亂導致的破壞與停滯中復甦，而回復至其長期發展趨勢，實大有爭論餘地。五十年來，官方的土地改革之功說，籠罩了對 1950 年代臺灣農業發展史的詮釋（湯惠蓀 1954:36；陳誠 1961:80-86；王益滔 1964:86-7；潘廉方 1966:165-170；蔡宏進 1967:29-34；毛育剛 1971；吳聰賢、陳元暉 1975:19-33；李登輝 1976:23-24；殷章甫 1984:71,106-109；廖正宏、黃俊傑、蕭新煌 1986:21-2；蕭國和 1987:28-30；侯坤宏 1988:13；劉寧顏 1989:15,144；羅明哲 1992；毛育剛 1992；黃俊傑 1995:69；袁穎生 1998:220-32）。挑戰此一觀點的，是土地改革與農業生產力提升無關說。到目前為止，持此異議者寥寥（朱淑卿 1993；葉淑貞 1997；尚瑞國、林森田 1997；尚瑞國 2000）。

　　從歷史發展的觀點來看，作者毋寧更同意土地改革與農業產出提升無關說。換言之，作者傾向於認為，土地改革並非 1950 年代臺灣農業產出提升的關鍵。君不見臺灣光復之初，三七五減租前，農業即已逐漸復甦。甚至在實施耕者有其田之前的 1951 年，農業總產出即已回復至戰前最高水準？臺灣農業總產出在戰前已持續提升了三十年，只要戰亂停止，即使不實施土地改革，農業總產出繼續提升，有何奇怪之處嗎？

　　當然，要驗證土地改革是否真的促進農業生產，最直接的方法，是比較當年自耕土地與佃耕土地的產量及產量增長趨勢是否一樣。若

同等則的佃耕土地產量與產量增長趨勢並不低於自耕土地，則表示佃耕無傷於產量或生產力增長，因此土地改革也不會增加農業生產。但當年官方既未留下此等自耕與佃耕農場對比的統計資料，等於直接證據已永久喪失。在缺乏直接證據的不得已情境下，唯一研究方法是間接推論。若多數間接證據都方向一致的否定土地改革會促進農業生產，將使我們可以推論說，土地改革促進農業生產的可能性很低。

讓我們考慮幾個間接推論。首先，就耕地分配而言，1948 年三七五減租前自耕地比例為 55.88%，餘佃耕。也就是說，三七五減租只不過影響到不到一半的耕地。實施耕者有其田，全臺共徵收 106,049 戶地主之私有耕地 143,568 甲，放領給 194,823 戶佃農。使自耕地比例由 1948 年 55.88% 增至 1953 年 82.87%（陳誠 1961:70,79-80）。換言之，耕者有其田不過影響臺灣私有耕地的五分之一強。以土地改革涉及的耕地比例之低，要將整個農業發展歸因於土地改革，顯然是嚴重的以偏蓋全。

其次，稱頌土地改革之功者常強調，土地改革增加原佃農所得，因此會帶動原佃農增產的意願，因而提高農業生產（如陳誠 1961:38；殷章甫 1984:109）。這說法實似是而非。土地改革之所以發生，正因租佃制度使佃農生活在貧窮之中。生活在貧窮之中，甚至饑餓邊緣的佃農，為了自己的溫飽，當然會有充份動機要努力增產。佃農增產確使地主跟著坐享其成。但佃農有可能因此就故意怠惰而使自己更加貧窮挨餓嗎？顯然不合理。

趙岡與陳鍾毅的研究指出，在中國古來的市場經濟裏，當人口逐漸相對增加，勞動的邊際生產力下降，土地及資金的邊際生產力上升。若人口過剩，工人的邊際生產力會降到最低維生費的水準以下。此時，雇工操作的大農場及手工業工場便要停止雇工。剩餘人口不得不由各自的家庭來收納。換言之，從土地投資者的觀點而言，出租土地給佃

農比自營大農場更有利。因此，南宋以後人口過剩，租佃制度逐漸普及。明清之後中國農田自耕者往往不過半（趙岡、陳鍾毅 1982:342-353;1986:10-11,163）。

　　換言之，租佃制度正是在人口過剩的市場經濟裏容納最多人口的策略。人口過剩意即勞力過剩。這些過剩的農家勞力，閒著也是閒著，不論邊際生產力多麼低，也會被投入農業生產，以增加微薄的收益，不論自耕佃耕都一樣。前述臺灣農業總產出固然在戰後十餘年復甦，但另一方面，相較於戰前 1935-1939 年的高水準，1952-1956 年之間，農業勞動生產力卻開始下降，邊際效益降低。主要原因是人口膨脹，導致農業勞動者每人平均耕地減少二成，由 1935 年之人均 0.77 公頃降至 1956 年之 0.58 公頃。換言之，在 1950 年代初期，當臺灣農業產出回復至戰前最高水準時，農村勞力即已顯著過剩（李登輝 1980:42）。1961 年時農業勞動力中隱藏性失業者達 53.68%（劉清榕 1975）。在這勞力嚴重過剩而普遍貧窮的農業裏，佃農不論收成分配如何不公，只要他還能分到增產的部分成果，我們很難想像他會不盡全力增產。

　　晚近經濟學研究也支持上述的推論。尚瑞國的研究指出，在過去地少人多的臺灣農業裏，佃農為競爭佃耕機會，必須付出高額地租。因此不能不努力提高生產力。因此租佃制度並不會降低農業生產效率。他以 1920-1929 年之間的調查資料為證指出，自耕與佃耕的農場經營效率指標沒有顯著差異（尚瑞國 2000）。葉淑貞對日據時期農場經營的研究也發現，佃耕農場與自耕農場的經營效率並無不同（葉淑貞 1997）。若上述兩研究結論為真，自耕農場經營效率並未高於佃耕農場，則合理推論是，土地改革將佃農變成自耕農，並不會提高農業經營效率。這與晚近大陸學者對大陸變色前農村的研究發現是一致的（謝

放 1996；曹幸穗 1996:82-5；孔永松 2000）[13]。

更有甚者，土地改革不但未能提高農業生產效率，可能還有害於農業生產。尚瑞國與林森田（1997）利用 1925-1951 年間資料實證研究即指出，三七五減租造成耕地轉移困難，排除了較有效率的經營者藉由價格競爭而獲得耕地的機會，並妨礙農場規模擴大，造成農場經營效率降低。他們發現三七五減租以後，佃耕農場在經營效率與規模效率的下降都大於自耕農場。

換言之，我們已有某些間接研究可用以懷疑土地改革會促進農業生產。

我們也可從另一個角度來探究這問題。我們可以長期農業生產統計資料，就土地改革對農業生產的可能影響做個宏觀的觀察。首先，讓我們以 1901-1998 年間臺灣每年第一期稻作平均每公頃糙米產量代表臺灣農業的產出，來觀察臺灣農業產出的發展[14]。【圖一】顯示 1901-1998 年間臺灣第一期稻作平均每公頃糙米產量。

【圖一】顯示，近百年來的長期趨勢是臺灣稻作產量持續提高。只有二次大戰末期前後數年產量短暫劇降，而這產量起伏顯然與土地制度無關。換言之，單是觀察百年來的稻作產量趨勢，已足以令人懷疑土地改革對農業產出有何影響可言。

事實上，我們可以透過歷年農業投入與產出的相關來檢查土地改革的影響。我們知道，現代農業裏，人工肥料的使用是產量增高的重

13　謝放（1996）研究抗戰時四川農業發現，佃耕農場的經營效益高於自耕農場。曹幸穗（1996:82-5）研究抗戰前蘇南農村發現，佃耕農場與自耕農場單位產量並無差異。孔永松（2000）研究 1920 年代共黨在閩西龍岩縣蘇區土地改革發現，土地改革固然消除了地主剝削，但並未提高農業生產效率。甚至因導致耕地零細化而降低生產效率。

14　1901-1936 年資料見（臺灣省五十一年來統計提要：538-539）。產量之公斤值由公石值換算。每公石相當 78.45 公斤。
　　1937 年起資料見（臺灣農業年報 1947:20; 1956:32; 1966:44; 1976:60; 1982:68; 1986:314; 1996:24-25; 1999:26-27）。

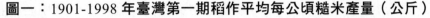

圖一：1901-1998 **年臺灣第一期稻作平均每公頃糙米產量（公斤）**

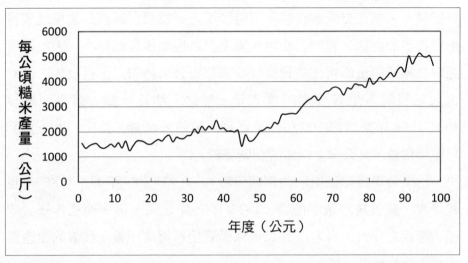

要因素。而人工肥料用量也是測量農業投入的重要指標。肥料用量增加，通常反映農業總體投資增加，也就是勞力、獸力、機械動力、乃至於農藥等生產要素的投入通常也會增加，而耕作技術與品種也常有改進。因此，肥料用量與其他生產要素用量之間往往有高度的正相關。多數生產要素的投入無長期一貫的統計資料可資統計檢定，只有肥料用量勉強有長期統計。我們權以 1937-1998 年之間各年販賣肥料之總使用重量代表各年生產資料的投入。1937 年前的肥料統計以容量為單位，無法併用[15]。

　　我們知道，這販賣肥料總使用量並非代表每公頃稻田生產要素投入的最精確數字。一則肥料只是生產要素之一，並非全部。二則這是各年販賣肥料總使用量，並非每公頃稻田的使用量。這數字也未考慮糞肥、綠肥等非販賣肥料之投入。更無法細究所謂販賣肥料成份組合

---

15 販賣肥料總使用量見（臺灣農業年報 1947:213; 1956:252; 1966:284; 1976:347; 1982: 353; 1986:314; 1996:320; 1999:320）。

之改變（早期多有豆餅、骨粉等動植物質肥料，近年多已改用各種化學肥料）。但在更詳細資料不可得情況下，我們只能權且使用這資料進行初步的評估。我們已知百年來臺灣耕地面積變動極小，因此販賣肥料之總使用量應可相當程度反映各年每公頃稻田之肥料投入，因此也大略反映各生產要素的投入量。總之，姑且一試。讓我們計算1937-1998 年臺灣第一期稻作平均每公頃糙米產量（公斤）與販賣肥料總使用量（萬公噸）兩者的相關係數。

結果發現這兩組數字的相關係數 r = 0.931。R- 平方 = 0.867。也就是說，純就統計數字而言，1937-1998 年之間，第一期稻作每公頃糙米產量之變異，有 86.7% 可以由販賣肥料總使用量所代表的生產要素投入量的變異來解釋。

在一般常識裏，品種改良與耕作技術改進應都是稻作產量提高的重要因素。若肥料使用量所代表的生產要素投入量之變異解釋了稻作產量變異的絕大部分，則品種與技術改良的效果，似乎不存在。這顯然違反我們的常識。

一種可能的解釋是，品種與技術改良的效果並非不存在，只是被肥料使用量所代表的生產要素投入量與稻米產量間的相關給掩蓋了。例如，若無品種改良，舊有稻種對肥料、農藥、勞力等生產要素增用的反應或許有其極限。超過某一定量的肥料等生產要素只是浪費，甚至有害稻作，而不會帶來增產。改良的品種能吸收更多肥料等生產要素，並且反映在更高的產量上。但若未增用肥料等生產要素，品種改良的效應也無法顯現。換言之，品種改良對稻作增產有貢獻，但其效果卻無法在我們的長期統計顯現出來（參見李登輝 1976:39-41,51；黃俊傑 1992:98-99）。

為了讓讀者對肥料總使用量所代表的生產要素投入量與稻作產量兩者之變異的相關有個目視的理解，讓我們看看【圖二】。

　　【圖二】顯示的是，1937-1998 年間，第一期稻作平均每公頃糙米產量（公斤）與販賣肥料總使用量（萬公噸）兩者之間的共變關係。為了將這兩組計量單位與變異幅度都極懸殊的變項放在同一圖形裏，並突顯二者變異之相關，各年糙米產量必需先轉換為產量指標。產量指標（y'）等於每公頃產量（y）減去此段期間最低值，也就是 1945 年之 1423 公斤，然後再除以 20。換言之，y' = (y-1423)/20。經過這轉換處理的產量指標，比較容易與肥料總使用量放在同一圖形裏而彰顯其相關。成果就是【圖二】。

圖二：1937-1998 **年臺灣稻作產量指標與販賣肥料總使用量**

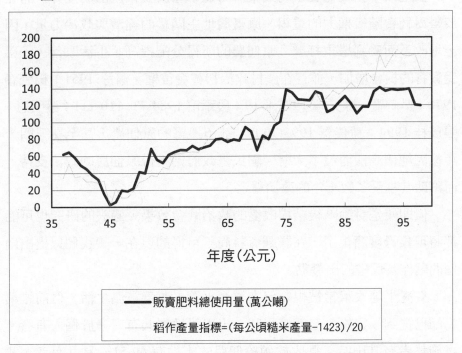

　　從【圖二】，我們明白看到，1937 年以來，臺灣稻作產量之起伏，與販賣肥料總投入量之起伏，近乎一致。意即，肥料所代表的各項生

產要素投入量的多寡，可用以解釋稻作產出波動之絕大部分。也就是稻作增產基本上是肥料等生產要素投入增加的結果。

相對的，回到土地改革的話題，我們可以推論說，土地改革對稻作產量似無可見的影響。意即，就戰後臺灣農業產出之恢復與成長而言，我們可以拒絕土地改革之功的說法。

當然，本節前述幾點討論都是間接推論，但這幾點間接推論都方向很一致的質疑土地改革有促進農業生產的效果。換言之，我們沒有直接證據，但卻有數項間接證據一致否定土地改革會促進農業生產。這使我們可以推論說，土地改革促進農業生產的可能性很低。

土地改革在農村真正的效果，可能不在於農業產出的提升，而在於臺灣社會階級權力的重組。原臺灣地主階級的經濟與政治力量，因土地改革而受到嚴重打擊。原佃農的所得分配提高，生活改善，子弟受教育的機會增加，並且在農村政治初嘗發言權（蕭錚 1951；楊懋春 1970；吳聰賢、陳元暉 1975:8-19；殷章甫 1984:71, 110-111；蔡明惠、張茂桂 1994；黃俊傑 1995:70）。都市邊緣的原佃農，甚至在三四十年後因地價高漲而發了大財。國民黨政府則獲得原佃農的政治支持，而幫助其享受了數十年的政治穩定。

但即使是討論階級結構改變的政治社會效果，過去的研究也可能都將現象過度簡化了。在詳細資料尚不可得的現在，讓我們只提出兩個問題作為反省的出發點。

臺灣土地改革常被視為促進經濟平等，改善貧農生活。但前述第二節已提到，實施三七五減租時，出租耕地屬共有者多於個人有者。實施耕者有其田時，徵收放領給佃農的土地有 69.51% 是共有者。共有人數少則數人，多則數百人。平均每人持分遠低於一公頃，遠少於農家平均耕地面積。土地改革時代的臺灣是個工業不發達的農業社會，就業機會缺乏而人民普遍貧窮。我們沒有統計資料可用，但以我們對

當時社會的理解，可以相當合理的推測，這些共有出租耕地的共有地主們絕大多數不會是富農，反而更可能本身就是窮人。只因祖遺土地共有者太多，處分困難，而且個人持分太低，即使想自耕維生可能都無法如願。名為共有地主，實則貧民，生活水準與佃農無異。土地出租的收入可能是許多貧窮小地主的重要收入[16]。減租固有利於佃農，但也可能使許多小地主更加貧窮。實施耕者有其田時，共有地近乎一律徵收放領。與個人地主可以保留三甲水田相比，將這些平均持分偏低的共有地一律徵收顯然並不公平。如果將個人地主超出三甲的土地徵收放領給佃農可以稱之為均富的話，這些有均富效果的土地只佔當年耕者有其田徵收土地的 22.33%。69.51% 的徵收土地是共有地，這些土地的徵收可能更像窮人間的財產轉移。甚至可說是劫貧濟貧[17]。

　　果真如此，則土地改革的所謂社會正義效果可能遠不如過去官方所宣傳的。現有資料導引我們如此懷疑，要檢證此一懷疑，我們還需要更多的實證研究。過去對土地改革後果的研究，集中於原佃農的生活改善。在政治禁忌下，卻無人研究為數龐大的原共有地主的命運，以致於一面倒的稱頌土地改革的光明面。這其實是極偏差的研究方式。近年雖有學者透過口述歷史來記錄當年地主的經驗與觀點（張炎憲、高淑媛 1996），但都集中於較大的地主。為數龐大的貧窮共有地主的

---

16 曹幸穗（1996:68）研究抗戰前蘇南農村亦發現，出租土地者有許多是擁地極少的農戶。他們或因孤寡殘廢無力自耕，或因耕地太小不足維生而須另謀他業，因此不得不出租土地。孔永松（2000）研究 1920 年代末共黨在閩西龍岩縣蘇區土地改革發現，土地分配給農民後，老弱殘疾者及紅軍家屬無力自耕，要求允許其出租土地。毛澤東也只好允許。

17 土地改革傷害小地主的問題在實施三七五減租時即已浮現。三七五減租使佃農獲利，但卻使小地主生活困難。許多小地主因此要求收回土地自耕，但在政府優先保護佃農的前題下不被准許。小地主的困境在趙文山 1949 年對三七五減租的歌頌式報導中屢屢出現。當時官方與趙文山對小地主困境的一致反應是同情但無可奈何（趙文山 1949:40,68-69,73,133,139）。但以後官方與學界對土地改革的紀錄與研究就幾乎不再提到小地主的困境。換言之，大陸變色後，有關臺灣土地改革的報導與研究很顯著的消除了異議者的聲音。

命運依然被忽視。

　　土地改革的政治後果中，另一常被過度簡化的說法是，佃農獲得土地，不會受共產黨誘惑，因此支持國民黨政府，有利於戰後臺灣的長期政治穩定。但前述共有地的討論已指出，被徵收的土地有 69.51% 屬共有地，而共有地主們多數可能也與佃農一樣貧窮。如果土地改革使原佃農感激國民黨政府，則我們也可合理推論，那些土地被徵收的貧窮共有地主們將對國民黨深懷不滿。而這些共有地主的人數可能遠超過 194,823 戶承領耕地的原佃農。當年下鄉督導耕者有其田政策實施的內政部次長鄧文儀即曾有此憂慮。他說：「查共有地與公私共有地之私人部分，其戶數約為八萬戶，此係共有人代表戶，每代表戶所包括之共有人數，至少以五人計，即為四十萬人。每人及其配偶子女，亦至少以五人計，即達二百萬人。佔本省農業人口之半。若有半數農業人口，對政府心懷憤怨，則本條例施行之成果，殊欠圓滿」（鄧文儀 1955:365）。換言之，鄧文儀已意識到，土地改革的受害者可能遠多於受益者。

　　既然土地改革的受害人口可能遠多於受益人口，為何土地改革卻未帶來政治動盪呢？理由可能不在於當事者的好惡，而在於組織能力。如果佃農不滿現實，則有現成的共產黨等著動員他們參加革命。但若原地主不滿現實，卻沒有任何既有的政治組織可以動員他們起來反抗國民黨政府。沒有組織，就沒有力量，也就沒有談判籌碼。

　　當然，若不實施土地改革，臺灣佃農們是否真的知道要去參加共產黨，是件大可研究的議題。而若佃農們真的想鬧革命，以臺灣當年治安控制之嚴，作者也很懷疑共產黨能在臺灣有多大的發展空間。換言之，作者懷疑，國民黨害怕不實施土地改革會使佃農們受共黨煽動而導致臺灣政治不安，可能是過慮了。為了保險，國民黨實施了土地改革。但在土地改革過程中，出乎當初倡導者意料之外的是，受害者

僅有少數是真正擁地三甲以上的富裕地主，多數卻是貧困的共有地主，甚至許多還是生活無依的孤寡共有地主。土地改革導致均富者少，劫貧濟貧者多。連帶的，土地改革究竟是促進政治穩定或增加國民黨的潛在敵人，是值得學界進一步研究的議題。

對臺灣土地改革的反省，也使我們不得不連帶反省影響中國近代史深遠的中國土地改革問題。

在一般認知中，土地改革普遍被視為促進均富。但土地改革要能產生均富效果，前提是地主普遍比佃農顯著富裕。地主要普遍比佃農顯著富裕，前提是地主大多是不必自耕的大地主。所謂富者擁地千畝，貧者無立錐之地。這是土地改革者最常引用的社會不公。平均地權也就成為土地改革的道德號召。

但事實上，所謂富者擁地千畝，貧者無立錐之地的對比，在近代中國可能是誇大的印象。明清以來中國南方租佃確實很普遍。華南過半數耕地可能都是租佃地。地主們集體所佔的土地比例確實很高，但因地主人數太多，以致於多數地主分配到的土地是很有限的。幾乎所有的局部經驗調查研究都指出，中國大多數租佃耕地屬於中小地主，與臺灣一樣（馮法和 1978a;1978b；華世出版社 1978；張瑞德 1989；郭德宏 1993；陳淑銖 1996；曹幸穗 1996:33-48）[18]。

依 1952 年 6 月臺灣地籍總歸戶，當時臺灣私有耕地過半為自耕。私有出租耕地 253,957 甲中，三甲以下地主之土地佔出租耕地總面積 43.21%，三甲至十甲者 32.41%，十甲至五十甲者 18.37%，五十甲至

---

18 1929 年無錫地主平均每戶擁地 54.5 畝。以十五畝合一公頃計，不足四公頃。中共執政初期調查，蘇南地主平均每戶擁地百畝，近七公頃。扣除賦稅，每年每戶地租淨收入五百元，扣除生活所需，所餘不足百元。而長期發展趨勢是大地主減少，中小地主增加（曹幸穗 1996:33-42）。曹幸穗指出（1996:46-8），商品經濟發達後，土地並非有利投資對象。即使地租高到收穫之半此等佃農負擔上限，抗戰前蘇南農村土地投資年純利率僅 8.7%，遠低於工業投資之 30.2%，商業投資之 31.4%。因此土地投資對大地主並無吸引力，導致土地趨向分散於小地主之手。小地主、小商人等無力進行大規模工商投資，視土地為安穩可靠的保本投資。

百甲者3%，百甲以上者3.01%（湯惠蓀1954:69-70）。前已述及，
這些所謂地主，過半是共有戶，共有者眾。若計算每人持份，真正個
人大地主土地比例更遠低於上述統計。我們也很可以推論，基於與臺
灣相同的農業經營方式與土地繼承制度，大陸地主可能與臺灣一樣，
有高比例是共有地主，族田可說正是共有地的一種普遍類型（譚棣華
1993:1-45；葉顯恩2000:312-35；孔永松2000）。只不過大陸缺乏臺
灣般完整的地籍資料來證實這推論。無論如何，在人口嚴重過剩而生
產力低落的傳統社會裏，多數小地主本身也生活在生計邊緣。老弱孤
寡等工作能力低落的小地主甚至可能比生產力強的佃農貧窮。富裕的
大地主確實存在，但人數很少，其土地佔出租地比例未必很高。只是
這些大地主給人的印象太強烈了，以致於使人誤以為所謂地主必然是
生活無憂的大地主，而忽略了絕大多數地主並非如此。

在上述土地分配條件下，如果只是將大地主的土地分配給佃農，
那無疑會帶來均富的效果。但這種大地主的土地可能只佔中國租佃土
地的小部分，對總體農村經濟影響有限。若要將土地改革的範圍擴大
到大多數租佃地，後果可能只是將生計邊緣的小地主的收入與財產分
給佃農。這只是窮人之間財產的轉移。何者更合乎社會正義誠然見仁
見智，但就客觀經濟分配而言，並不會帶來太多的均富效果。佃農固
然受益，但許多小地主可能就要從生計邊緣淪於貧窮了。事實上，這
正是北伐後國民黨企圖在浙江等省推行二五減租時，許多地主拼死抵
抗的原因，也是許多地方政府終於放棄減租運動的原因（侯坤宏
1988:33-332；陳淑銖1996:495-527；黃仁宇2001:264-265）。社會現
實，經常比革命家們理解的更複雜。

與土地改革相關的另一問題是，共產黨在內戰中獲勝真的是因為
土地改革的號召嗎？國民黨失敗真的是因為農民被共產黨土地改革口
號吸引的結果嗎？土地改革是史家解釋國共內戰勝負的重大原因之一

（如 Fairbank 1992:334）。但對中共土地改革的研究都指出，被納入共黨統治區之初的佃農普遍缺乏階級意識與鬥爭意識，必須共黨幹部反覆教育動員之後，才能在心理上被解放而逐漸參與對地主的鬥爭（Hinton 1967；Vogel 1969:91-124；陳永發 1998:344-347）。若解放後的佃農尚且如此缺乏階級自覺，被解放前的佃農又能有多少階級意識？又有多少會知道主動去參加共產革命？革命成功前的共產黨員有多少是佃農出身？有多少是地主之後？各方研究都告訴我們，共產黨員絕少佃農出身，更多是地主子弟（如陳永發 1998:47-53,429）。

　　換言之，作者懷疑，沒有推行土地改革可能不是國民黨失去大陸的理由，提倡土地改革也不見得是共產黨在內戰獲勝的原因。統治一個被長期戰爭拖垮的國家，疏於建立現代國家的基礎行政能力，可能才是國民黨失敗的根本原因。組織的嚴密有效，動員能力的優越，可能才是共產黨獲勝的祕訣（參見 Skocpol 1979:147-154,236-281；陳永發 1998:17-23,338-348；黃仁宇 2001）。土地改革是滿懷熱情的革命家們自我期許的理想，卻未必是內戰勝負的關鍵。

　　換言之，國民黨以為共產黨席捲大陸是因為土地改革，所以趕緊在臺灣實施土地改革以為預防，可能是對現實的誤解。

結論

　　本文檢討了過去官方與學界對臺灣土地改革的原因與後果的詮釋。我們發現，將臺灣土地改革歸因於所謂國民黨外來政權犧牲臺灣地主的說法並不符合事實。這種解釋過度依賴陰謀論而缺乏社會學的理解。不但誤將國民黨此等龐大組織視為意志齊一的整體而忽略其內部歧異與權力結構的變遷，更缺乏對行動者的認知與動機的理解。歷

史事實指出，國民黨內對於土地改革一直存有爭議，並不因遷臺而改變。使國民黨在臺灣實施土地改革的原因，一是大陸變色之際，與土地改革無關的原因使支持土地改革的陳誠掌握臺灣軍政大權，並在遷臺之後的國民黨政府中擔任行政院長，因而使支持土地改革的陣營得以克服國民黨內反對者的阻撓，而推行其在大陸時無法實踐的土地改革主張。二是國家崩潰的威脅使國家終於克服支配階級的利益考慮而對被支配階級讓步，企圖以土地改革作為對農民的政治號召，以對抗共產黨。但土地改革之被視為對抗共黨威脅的有效手段，而非戰時不急之務，則是陳誠等土地改革派詮釋的結果。

基於上述背景，在土地改革過程中，國民黨人並不認為土地改革是慷臺灣地主之慷，與大陸地主無關。在反攻大陸的普遍幻想下，他們認為臺灣土地改革是全中國土地改革的起步，將來會推廣到全國而傷害大陸地主的利益。因此許多國民黨人並不支持臺灣土地改革。即使最後被迫妥協同意，也在立法過程中努力降低臺灣地主的損失。

其次，過去學界對中國近代政治與臺灣政治的研究，往往只注意國家專斷權力的變遷，而忽略國家基礎行政能力的問題。但國家基礎行政能力的強弱，正是區分傳統國家與現代國家的關鍵，也是理解近代中國與臺灣社會發展的重大因素。過去學界傾向於假定國民黨在大陸未能實施土地改革只是因為缺乏政治意志，而不討論其能力高低。本文指出，大陸時代的國民黨政府，繼承了一個傳統的國家，不論其專斷權力大小如何，都完全缺乏實施土地改革所需的戶政、地政、執法等基礎行政能力。

相對的，日本殖民政府在臺灣建立了嚴謹的現代戶政、地政、執法等基礎行政能力。這基礎行政能力在戰後為中華民國政府接收，使其獲得在大陸時從未擁有的基礎行政能力，因而能夠在臺灣實施土地改革。但日本殖民政府雖然留給國民黨政府現代國家的基礎行政能力，

卻也設定了這基礎行政能力的極限。日本殖民政府未能處理臺灣複雜的共有地產權分割繼承的問題，使國民黨政府倉促實施土地改革時，無法公正處理佔私有耕地與出租耕地過半的共有地，終使大多為貧窮小地主所有的共有地成為實施耕者有其田時主要的犧牲者。老弱孤寡殘廢共有地主之被犧牲，更令人質疑土地改革是否真正促進社會正義。

最後，過去多數研究都未質疑國民黨官方所謂土地改革帶動臺灣農業發展與經濟成長的說法。本文指出，土地改革與臺灣農業發展很可能只有時間順序上的巧合，而未必有因果關係。二十世紀臺灣農業產出持續上升，只有在二次大戰末期前後數年因勞力與肥料不足等而下降。土地改革發生在戰後臺灣農業復甦期間，以致於使人誤以為土地改革促進農業發展。

土地改革可能不僅未促進農業發展，甚至其促進均富與政治穩定的效果都值得重新檢討。多數出租土地屬共有地，實施耕者有其田時徵收的土地更絕大多數是共有地，而多數共有地主持分極小而貧窮。土地改革的社會後果事實上是促進均富者少，窮人之間財產轉移者多。由於土地被徵收而心懷不滿的共有地主人數遠多於獲得土地的原佃農，土地改革促進政治穩定的效果很值得懷疑。

對臺灣土地改革的原因、能力、與後果的討論，使我們對土地改革的印象大異於過去官方與學界的詮釋。

簡言之，過去國民黨與共產黨的土地改革政策在相當程度上可能都是基於對社會經濟現實的誤解。這誤解的起源在於中國社會科學不發達，及地政、戶政的殘缺，使中國始終缺乏有關農村土地分配的確實統計分析，以致於「富者擁地千畝，貧者無立椎之地」的極端對比，成為一般人對農村土地問題的刻板印象，因此誤認為土地改革將可帶來均富而改善農村經濟。

事實上，直到今日，尚無人能建立 1949 年前中國大陸土地分配

的確實統計。我們所見只是極有限的地區研究，而這些研究並未顯示大地主是全國普遍現象。1952年臺灣地籍總歸戶的耕地分配統計可能是研究明清以來中國土地分配最寶貴的資料，可惜尚未見學界加以利用。基於相近的農業經營方式與土地繼承法則，我們可以推論，民國時代華南的耕地分配可能與臺灣相距不遠。而1952年地籍總歸戶資料顯示，在臺灣，大地主人數很少，其土地佔總耕地與租佃地的比例都不高。多數土地屬於中小地主。且過半所謂地主還是共有戶，實際每人持份極低。

在上述土地分配狀況下，將大地主的土地分給佃農誠然有均富效果，但這種土地比例很低。不論是國民黨或共產黨的土地改革，將小地主的土地分給佃農，基本上都是窮人之間財富的轉移，促進均富的效果很有限。從這觀點來看，過去中國大陸與臺灣農村的最根本問題，是地少人多，就業不充份，普遍貧窮。土地改革對改善這普遍貧窮的效果是極有限的，但它卻被許多人誤認是解決農村貧窮問題的關鍵。

換言之，落後的地方行政與社會科學，導致對社會現實的錯誤刻板印象，帶來國共兩黨的土地改革教條。在內戰中失去大陸的國民黨政府，企圖在臺灣實施土地改革以扭轉其命運。日本殖民政府留下的基礎行政能力，使國民黨政府在臺灣終於有能力執行土地改革。但另一方面，地籍總歸戶的成果已清楚指出，多數租佃耕地屬於中小地主，過半還是共有戶。這等於已明白指出，土地改革的均富效果將是很有限的，甚至對共有地主是不公平的。但土地改革已成為當時執政者不容質疑的信念，不因統計資料牴觸而改變。直等到耕者有其田成為現實，負責督導實施的內政部次長才在報告中含蓄的承認不公。

總之，中國近代史上與臺灣戰後史上都影響深遠的土地改革理念，相當程度上是出於對農村現實的誤解。但這由誤解而來的土地改革意識形態，卻如此牽動歷史。

這意識形態不只牽動了歷史，而且直到今天還籠罩著學界對這段歷史的詮釋。過去學界對臺灣土地改革的研究不多，而這些研究之異於官方說法之處，大體集中於對土地改革動機的質疑，也就是所謂外來政權的問題。換言之，除了從陰謀論的觀點質疑國民黨官方的動機外，過去的研究，包括國民黨批評者的研究，極少跳脫官方對此歷史事件前因後果的詮釋，也就是很少跳脫國民黨官方意識形態的羈絆。國民黨官方提到的土地改革的社會正義效果、均富效果、政治穩定效果，幾乎都無人質疑。土地改革促進經濟發展的說法，也只有少數學者質疑。國民黨官方不曾多談的日本人留下的基礎行政能力問題，學界也不談。研究土地改革的學者如此，不研究土地改革，但在討論戰後臺灣政治經濟發展時必須粗略一提土地改革的其他學者，也如此。小地方批判，大方向不曾質疑。臺灣社會科學界在土地改革議題上似乎無力超出官方意識形態的籠罩。這顯然不是因為臺灣學界蓄意複製官方意識形態，而是官方意識形態塑造議題的能力太強，以致於連反對者也失去了全盤質疑反省的想像力，只能在官方意識形態設定的框架內進行細部的修飾。換言之，學術研究典範被官方意識形態所侷限。

參考文獻

中文部分（依作者姓名注音符號次序排列）

鮑德澂　1967　〈悼念湯惠蓀兄〉，頁20-43，《湯惠蓀先生紀念集》。湯惠蓀先生紀念集編印委員會。

潘廉方　1966　《臺灣土地改革之回顧與展望》。臺北：作者。

毛育剛　(1971)1975　〈臺灣土地改革之經濟研究〉，頁139-72，《臺灣農業發展論文集》，余玉賢編。臺北：聯經。

──　1992　〈中國農村復興聯合委員會與臺灣土地改革〉，頁305-322，《臺灣歷史上的土地問題》，陳秋坤、許雪姬編。臺北：中央研究院臺灣史田野研究室。

馮法和編　1978a　《中國農村經濟資料》。臺北：華世。

──　1978b　《中國農村經濟資料續編》。臺北：華世。

戴炎輝　1979　《清代臺灣之鄉治》。臺北：聯經。

鄧文儀編　1955　《臺灣實施耕者有其田紀實》。臺北：中央文物供應社。

涂照彥　(1975)1991　《日本帝國主義下的臺灣》。臺北：人間。

臺灣省行政長官公署　1946　《臺灣省五十一年來統計提要》。臺北：臺灣省行政長官公署。

臺灣省政府農林廳　歷年　《臺灣農業年報》。臺中：臺灣省政府農林廳。

譚棣華　1993　《廣東歷史問題論文集》。新莊：稻禾。

湯惠蓀編　1954　《臺灣之土地改革》。臺北：中國農村復興聯合委員會。

湯惠蓀　1965a　〈陳副總統與臺灣土地改革的實施〉，頁218-219，《陳故副總統紀念集》。

——　1965b　〈湯惠蓀讚陳副總統〉，頁45，《陳誠先生傳》，何定藩編。永和：反共。

李登輝　1976　《臺灣農工部門間之資本流通》。臺北：臺灣銀行經濟研究室。

——　1980　《臺灣農業發展的經濟分析》。臺北：聯經。

廖正宏、黃俊傑、蕭新煌　1986　《光復後臺灣農業政策的演變：歷史與社會的分析》。臺北：中央研究院民族學研究所。

劉道元　2001　《九十自述》。板橋：龍文。

劉寧顏編　1989　《臺灣土地改革紀實》。臺中：臺灣省文獻委員會。

劉進慶　1993　《臺灣戰後經濟分析》。臺北：人間。

劉清榕　1975　〈臺灣農村中之隱藏性失業問題〉，頁401-31，《臺灣人力資源論文集》，李誠編。臺北：聯經。

羅明哲　1992　〈日據以來土地所有權結構之變遷——兼論土地改革〉，頁255-283，《臺灣歷史上的土地問題》，陳秋坤、許雪姬編。臺北：中央研究院臺灣史田野研究室。

郭德宏　1993　《中國近現代農民土地問題研究》。青島：青島。

孔永松　2000　〈二十世紀二〇～三〇年代閩西土地改革與客家文化〉，頁359-377，《第四屆國際客家研討會論文集：歷史與社會經濟》，徐正光編。臺北：中央研究院民族學研究所。

華世出版社編　1978　《中國土地人口租佃制度之統計分析》。臺北：華世。

黃季陸　1986　《黃季陸先生憶往集》。臺北：傳記文學。

黃俊傑　1991a　《農復會與臺灣經驗（1949-1979）》。臺北：三民。

—— 1991b 《中國農村復興聯合委員會資料彙編》。臺北：三民。

—— 1992 《中國農村復興聯合委員會口述歷史訪問紀錄》。臺北：中央研究院近代史研究所。

—— 1995 《戰後臺灣的轉型及其展望》。臺北：正中。

黃仁宇 (1974) 2001 《十六世紀明代中國之財政與稅收》，阿風等譯。臺北：聯經。

—— 2001 《黃河青山：黃仁宇回憶錄》。臺北：聯經。

何炳棣 1995 《中國歷代土地數字考實》。臺北：聯經。

侯坤宏編 1988 《中華民國農業史料（一）：土地改革史料（民國十六年至四十九年）》。臺北：國史館。

姜濤 (1993)1998 《中國近代人口史》。臺北：南天。

蔣夢麟 1967 《新潮》。臺北：傳記文學。

謝放 1996 （抗戰時期四川小農經濟與社會變遷），頁783-808，《慶祝抗戰勝利五十週年兩岸學術研討會論文集》。臺北：近代史學會。

蕭錚 1951 《臺灣農地減租研究報告》。臺北：中國地政研究所。

—— 1965 （悼念一代偉人），頁383，《陳誠先生傳》，何定藩編。永和：反共。

—— 1967 （敬悼惠蓀兄），頁12-16，《湯惠蓀先生紀念集》。湯惠蓀先生紀念集編印委員會。

—— 1980 《土地改革五十年：蕭錚回憶錄》。臺北：中國地政研究所。

—— 1987 《中國人地關係史》。臺北：商務。

蕭國和 1987 《臺灣農業興衰 40 年》。臺北：自立晚報。

徐實圃 1964 《臺灣實施耕者有其田經緯》。作者。

徐世榮　2001　《土地政策之政治經濟分析 —— 地政學術之補充論述》。臺北：正揚。

徐世榮、蕭新煌　2001　（臺灣土地改革再審視——個「內因說」的嘗試），《臺灣史研究》　8:1:89-124。

薛化元　2000　（陳誠與國民政府統治基盤的奠定——以一九四九年臺灣省政府主席任內為中心的探討），頁261-284，《一九四九年：中國的關鍵年代學術討論會論文集》。臺北：國史館。

朱昭陽　1994　《朱昭陽回憶錄》。臺北：前衛。

朱淑卿　1993　（從財產權觀點論臺灣之農村土地改革），《臺灣銀行季刊》　44:2:246-81。

朱嗣德　1980　《民國二十年至三十年代中國農村經濟問題》。臺北：中國地政研究所。

中國科學院國情分析研究小組　1998　《農業與發展：21世紀中國糧食與農業發展戰略研究》。臺北：歐亞學會。

趙岡、陳鍾毅　1982　《中國土地制度史》。臺北：聯經。

—— 1986　《中國經濟制度史》。臺北：聯經。

趙文山　1949　《臺灣三七五地租運動的透視》。臺北：自由。

周繡環編　1995　《農復會史料》。臺北：國史館。

張勤民、張維一等述　1999　（臺灣實施土地改革五十週年口述歷史座談會紀錄），《人與地》　191/192:34-52。原載《近代中國》131:175-208。

張瑞德　1989　（中國近代農村經濟的發展與危機——晚近一些議題的評述），頁719-44，《近代中國農村經濟史論文集》。臺北：中央研究院近代史研究所。

張炎憲、高淑媛　1996　《衝擊年代的經驗：臺北縣地主與土地改

革》。板橋：臺北縣文化中心。

張玉法、陳有恭　1991　《劉安祺先生訪談紀錄》。臺北：中央研究院近代史研究所。

鄭彥棻　1986　（我所敬佩的黃季陸先生），頁 11-34，《黃季陸先生紀念文集》。黃乃興編印。

陳立夫　1994　《成敗之鑑：陳立夫回憶錄》。臺北：正中。

陳果夫　1951　《蘇政回憶》。臺北：正中。

陳金滿　2000　《臺灣肥料的政府管理與配銷（1945-1953）》。板橋：稻鄉。

陳新民　1995　（憶往和談今），《土地事務月刊》　286:3-9。

陳　誠　1951　《如何實現耕者有其田》。臺北：正中。

——　1961　《臺灣土地改革紀要》。臺北：中華。

——　1993　（陳誠主臺政一年的回憶），吳錫澤筆記。《傳記文學》　63:5:15-22;63:6:43-52。

陳淑銖　1996　《1922-1937 浙江省土地問題與二五減租》。臺北：國史館。

陳永發　1998　《中國共產革命七十年》。臺北：聯經。

矢內原忠雄　(1929)1999　《日本帝國主義下的臺灣》，周憲文譯。臺北：海峽學術。

沈時可等　2000　《臺灣土地改革文集》。臺北：內政部。

沈宗翰　1967　（敬悼湯惠蓀兄），頁 17-20，《湯惠蓀先生紀念集》。湯惠蓀先生紀念集編印委員會。

尚瑞國　2000　（經濟理性、市場競爭、租佃契約形式與農場經營效率），《經濟論文》　28:263-88。

尚瑞國、林森田　1997　〈臺灣『三七五減租』政策實施前後農場經營效率之比較研究〉，《行政院國家科學委員會人文及社會科學研究彙刊》　7:514-530。

蔡明惠、張茂桂　1994　〈地方派系的形成與變遷：河口鎮的個案研究〉，《中央研究院民族學研究所集刊》　77:125-56。

蔡宏進　1967　《臺灣農地改革對社會經濟影響的研究》。臺北：嘉新水泥公司文化基金會。

曹幸穗　1996　《舊中國蘇南農家經濟研究》。北京：中央編譯。

葉顯恩　2000　《珠江三角洲社會經濟史研究》。板橋：稻鄉。

葉淑貞　1997　〈日治時代臺灣之租佃制度與農場的經營效率：戰後初期土地改革政策的省思〉，《行政院國家科學委員會人文及社會科學研究彙刊》　7:475-496。

殷章甫　1984　《中國之土地改革》。臺北：中央文物供應社。

楊碧川　1996　《後藤新平傳：臺灣現代化奠基者》。臺北：一橋。

楊懋春　1970　《臺灣土地改革對鄉村社會制度影響之研究》。臺北：國立臺灣大學農業推廣研究所。

楊懋春等　1983　《我國農業建設的回顧與展望》。臺北：時報。

楊肇嘉　1970　《楊肇嘉回憶錄》。臺北：三民。

吳相湘　1981　《晏陽初傳》。臺北：時報。

吳生賢　1992　《臺灣光復初期土地改革實錄專集》。臺北：內政部。

吳聰賢、陳元暉　1975　《臺灣耕者有其田與耕作機械化》。臺北：正中。

汪士淳　1999　《忠與過：情治首長汪希苓的起落》。臺北：天下。

王泰升　1999　《臺灣日治時期的法律改革》。臺北：聯經。

王景弘　2000　《採訪歷史：從華府檔案看臺灣》。臺北：遠流。

王長璽、張維光　1955　《臺灣土地改革》。臺北：中國地政研究所。

王樹槐　1986　〈江蘇省的土地陳報，1933-1936〉，頁519-557，《近代中國區域史研討會論文集》。臺北：中央研究院近代史研究所。

王松山　1990　《中國大陸土地問題研究》。臺北：金玉。

王益滔　1964　《臺灣之土地制度與土地政策》。臺北：臺灣銀行經濟研究室。

袁穎生　1998　《光復前後的臺灣經濟》。臺北：聯經。

英文部分

Block, Fred. 1987. *Revising State Theory: Essays in Politics and Postindustrialism*. Philadelphia: Temple University Press.

Fairbank, John King. 1992. *China: A New History*. Cambridge: Harvard University Press.

Gold, Thomas B. 1986. *State and Society in the Taiwan Miracle*. Armonk, NY: M. E. Sharpe.

Hinton, William. 1967. *Fanshen: A Documentary of Revolution in a Chinese Village*. New York: Monthly Review.

Ho, Ping-Ti. 1959. *Studies on the Population of China, 1368-1953*. Cambridge: Harvard University Press.

Mann, Michael. 1988. *States, War and Capitalism: Studies in Political Sociology*. Cambridge, MA: Blackwell.

Miliband, Ralph. 1969. *The State in Capitalist Society: An Analysis of the Western System of Power*. New York: Basic.

Poulantzas, Nicos. (1968) 1982. *Political Power and Social Classes,* tran. by Timothy O'Hagan. London: Verso.

Skocpol, Theda. 1979. *State and Social Revolution: a Comparative Analysis of France, Russia, and China.* Cambridge: Cambridge University Press.

Vogel, Ezra F. 1969. *Canton under Communism: Programs and Politics in a Provincial Capital, 1949-1968.* Cambridge, MA: Harvard University Press.

—— 1991. *The Four Little Dragons: the Spread of Industrialization in East Asia.* Cambridge, MA: Harvard University Press.

被誇大的臺灣土地改革及其漸熾的意識形態戰爭

　　農村土地改革是臺灣戰後大事。學校教科書大書特書，有關臺灣
的研究與報導也都必然列舉之。以致於人人耳熟能詳。

　　另一方面，真正聚焦研究土地改革者極罕見。

　　瞿宛文等三位研究者的專題帶來一次有關土地改革前因後果的大
檢討（瞿宛文 2015a, 2015b；廖彥豪、瞿宛文 2015；何欣潔 2015），
可說土改研究新里程，值得一辯。

　　經過六十年，即使學界漸有質疑，臺灣大眾對土地改革的理解仍
不出當年官方解釋。土地改革官方詮釋之深入人心，可說是意識形態
教化成功的極端案例。

　　土地改革的官方詮釋之所以可稱意識形態，不僅因其深入人心，
而且因其真實程度極為可疑。

　　本文將指出，民生主義理想、對抗共黨政治號召、乃至於批評者
所謂國民黨外來政權犧牲臺灣地主的陰謀論，都不足以解釋臺灣土地
改革的動機。臺灣土地改革之行，是因為與土地改革無關的原因，使
向來積極主張土地改革的陳誠，在大陸變色之際掌政臺灣，得以克服
黨內反對，遂行其土地改革理念。

　　就土地改革後果而言，二十世紀臺灣農業生產持續上升，戰後農
業發展只是這長期趨勢的延續，與土地改革無關。況且，耕者有其田
僅涉及臺灣私有耕地五分之一。將整個農業發展與土地制度現代化歸

功於五分之一土地的改革，明顯是以偏蓋全。更有甚者，日治期間臺灣資金已紛紛投入工商業，奠定工業化基礎。大陸變色之際，復有大陸工商業者與技術人才遷臺。即使沒有土地改革，本地與大陸資本及人才也會共同帶動臺灣工業化。將戰後工業化歸功於土地改革並不合事實。

總之，將戰後臺灣經濟發展歸功於 1950 年代初土地改革，乃是將時間序列誤解為因果關係，誇大土地改革的影響力。

更有甚者，當年農村土地改革極可能使國民黨政府誤以為民生主義已獲實踐，因此疏於都市土地改革，造成今天臺灣惡劣的都市發展與高昂的房地產價格，及土地增值利益歸私。農村土地改革事實上以放棄都市土地改革為代價。而都市地價高漲又帶動農地價格高漲，妨礙農場規模擴大，導致農業經營困境。今日臺灣居住不正義遠甚多數工業國家。這是地利共享的社會嗎？這是實踐民生主義嗎？

一、深入人心的土地改革意識形態

民生主義追求地利共享，耕者有其田。因此，政府在臺灣實施三七五減租及耕者有其田，以號召大陸人心，並建設臺灣為三民主義模範省。土地改革實現均富，促進臺灣政治穩定，帶動農工業發展及經濟成長。這是 1950 年代以來，國民黨政府與學界對臺灣農村土地改革的標準詮釋。

上述土地改革意識形態固然臺灣人人耳熟能詳，但其實長期罕有嚴謹學術研究可稽。

原因一則過去臺灣社會科學規模很小，人力單薄，各種議題都乏人研究。

其次，臺灣長期在威權統治之下，學界少有人願自找麻煩去挑戰官方觀點。

更重要者，土地改革教條符合現代社會科學追求自由平等的主流價值。土改促進均富，這使多數學者，不論愛憎國民黨，都不太可能質疑這政策目標。因此也就不認真檢討其因果關係。這也是為何少數早期質疑者，僅僅以外來政權陰謀論質疑土改動機，但並不質疑土改的道德正當性與社會經濟貢獻（Gold 1986：65-66；Vogel 1991：28；劉進慶 1993：71-92；黃俊傑 1991a：88-89; 1991b：147; 1992：189; 1995： 66-7；張炎憲、高淑媛 1996：2）。

事實上，土地改革意識形態之深入人心，甚至使土地被徵收的地主後人都承認耕者有其田使社會比較公平（巫怡真 2009：100-110）。地主後人如此，則學界質疑動機當然更低，既不質疑，也就沒必要進行老調重彈的研究。

隨著臺灣社會科學緩慢擴張與成熟，各種議題逐漸從無人研究變成研究對象。學術研究的任務不在重彈教條，而在質疑辯難既有知識。土地改革的議題，從罕有研究到漸有研究，觀點愈來愈多元，其實是學術發展的必然現象。

當然，學者各有政治偏好。但將對土地改革官方教條的學術質疑都歸因於反國民黨或為地主翻案的政治動機（如瞿宛文 2015a, 2015b；廖彥豪、瞿宛文 2015；何欣潔 2015），忽視了學術研究本就是要質疑辯難，乃是對學術工作與學術史的根本誤解。

二、動機的質疑：外來政權？

國民黨政府對於臺灣土地改革的動機，強調民生主義平均地權理

想，以及對抗在內戰中以土地改革為辭的共產黨，藉此號召反共人心。

　　質疑國民黨土地改革動機者，則指出國民黨在大陸受地主牽制，無法土地改革。到了臺灣，以外來政權之身，不受臺灣地主牽制，因此可以犧牲臺灣地主（楊懋春等 1983：33-4；陳淑銖 1996：495-527；Gold 1986：65-66；Vogel 1991：28；劉進慶 1993：71-92；黃俊傑 1991a：88-89; 1991b：147; 1992：158,189; 1995：66-7；張炎憲、高淑媛 1996：2）。

　　上述這外來政權犧牲臺灣地主的陰謀論，並不否認國民黨確有民生主義理想，及以土地改革作為與共黨競爭的手段。只是認定這兩因素不能解釋國民黨在大陸與臺灣兩地的懸殊表現，而必須使用外來政權因素來解釋這差異。

　　但時隔六十年，面對上述有關土改動機的質疑，瞿宛文仍使用國民黨官方的平均地權理想及對抗共產黨號召的說法來答覆，只是給這舊解釋加了新標籤，稱之為國共競爭說（瞿宛文 2015a,2015b）。對於國民黨在大陸與臺灣的表現懸殊，瞿宛文的解釋是：「國府在大陸時期未能進行土改，並不主要是因為它必須依賴地主的支持，而是因為它不是一個要組織並動員農民、進行激烈階級鬥爭的革命政黨，而不進行組織動員是不可能在大陸進行土地改革的。因此，若沒有中共在大陸藉由暴力土改而成功崛起，則國府高層是否會有決心在臺灣進行非暴力的土地改革仍在未定之天」（瞿宛文 2015b）。

　　但為何在大陸不組織動員農民就不能土地改革，到臺灣不需組織動員就可以？難道不正是因為大陸有人激烈反對土地改革，以致於需要組織動員農民來克服嗎？在大陸激烈反對土地改革的，除了地主，還會有誰？瞿宛文的解釋，等於繞後門承認地主抗拒確實是國民黨在大陸無法土地改革的原因，以及臺灣地主不需費力就可以壓制，也等於承認外來政權陰謀論的說法。

　　瞿宛文的更大誤解是將陰謀論一竿子全打成反國民黨與反土地改革。忽略了連陳誠、蔣夢麟、蕭錚等國民黨土改主力也以地主抗拒來解釋大陸土改的失敗（陳誠 1951：20；蔣夢麟 1967：15-36；蕭錚 1980：18-29,305）。另一方面，即使對國民黨抱持敵意的外來政權陰謀論者，也並未因此否定土地改革的正當性（如劉進慶 1993：71-92）。

　　但這並不表示外來政權陰謀論是正確的。這陰謀論的弱點，在於誤將國民黨這一龐大組織視為意志齊一的團體，忽略其內部的嚴重政治歧異。因此認定它在大陸因私利而不土地改革，等到了臺灣，因為沒有私利考慮，就有志一同犧牲臺灣地主。

　　黃樹仁（2002a）已指出，國民黨內部，從北伐成功執政開始，對於土地改革議題，始終有支持與反對兩個陣營。這政治分歧並不因遷臺而改變。臺灣土地改革的關鍵，不是國民黨政府遷臺，而是因為與土地改革無關的因素，使支持土地改革的陳誠在遷臺前後掌握臺灣軍政權力，得以遂行其土地改革理念。

　　而陳誠之熱心土地改革，遠在兵敗大陸之前就已如此。抗戰期間陳誠以戰區長官身份兼任駐地湖北省政府主席時，就企圖在兵荒馬亂之際在該省實施二五減租（即日後所謂三七五減租），只是未能成功（陳誠 1951：8-15; 1961：18）。

　　1948 年 12 月 29 日，正在臺灣養病的陳誠受命臺灣省政府主席，1949 年 1 月 1 日就任。2 月 4 日就公布實施三七五減租。也立即吸引在大陸鼓吹土地改革卻到處碰壁的蔣夢麟、湯惠蓀、蕭錚等人轉移到臺灣來參與其土地改革事業。而共軍 4 月 21 日方渡過長江，南京與上海分別於 23 日與 27 日失守。中央政府輾轉廣州、重慶、成都，直到 12 月 7 日方遷臺北（薛化元主編 1990：70-98；黃樹仁 2002a）。易言之，陳誠等人在臺灣著手土改第一步時，共軍尚未渡江，罕有人預

見國民黨政府會完全失去大陸。將陳誠在臺灣的土地改革志業解釋成對大陸失守的反應，不單漠視了陳誠對土地改革的長期熱忱，也忽略了 1949 年大事的先後次序，以致完全誤解陳誠的動機。

論者或謂，蔣中正任命陳誠主政臺灣，反映了國民黨最高當局在大陸變色之際產生了土地改革的決心。此說不通。因為陳誠逝後，蔣氏父子猶在時，當年參與耕者有其田的土改健將們，卻一致公開將土地改革歸功於陳誠，而非蔣氏（黃樹仁 2002a）。顯然蔣氏並非土地改革的發心者，僅因用人不疑而支持陳誠政策。因此土改健將們也不擔心歸功陳誠會得罪蔣氏。

另一方面，繼陳誠之後接任臺灣省政府主席的吳國禎並不贊成土地改革。陳誠以行政院長身份推動耕者有其田時，閣員與立法委員也多不熱心支持。他們顯然並未因失去大陸而變成熱心土改。廖彥豪與瞿宛文也承認：「除了地政系統贊成土改之外，財經系統為維持穩定而不熱衷土改，更主要反對土改的聲音則來自以本省地主代言人自居的政務委員蔡培火，以及傾向盡量尊重省議會意見的省主席吳國楨」。「國府內部除了地政改革派之外，熱衷土改者不多……若沒有陳誠與他背後蔣中正的堅持，看來耕者有其田政策很可能當時就不會在臺灣實施了」（廖彥豪、瞿宛文 2015）。

總之，陳誠在臺灣推動土地改革，是個人長年政見的實現，而非對大陸變色的回應，更非大陸變色後國民黨人一致主張。不論是過去的外來政權陰謀論，或瞿宛文的國共競爭說，都不能解釋臺灣土地改革的動機。土地改革的關鍵，是陳誠因為與土地改革無關的原因而主政臺灣，得以克服黨內抗拒，遂行其土改信念。陳誠不等於國民黨。

三、臺灣地主並不弱？

論者公認，當年臺灣得以土地改革，原因之一是臺灣地主無力反抗國家。

廖彥豪與瞿宛文（2015，亦見瞿宛文 2015b）拒絕此種臺灣地主弱化說。透過耙梳當年土地改革立法過程，他們指出臺灣地主並未弱到任人宰割。他們事實上有能力動員博奕，對國民黨政府施加壓力，因此在耕者有其田條款中爭取到許多有利於地主的讓步。

廖彥豪與瞿宛文對當年立法過程的重建，確實是重要的歷史研究貢獻。但所謂臺灣地主並未弱化的結論卻很可疑。理由很簡單，不論地主們如何動員，爭取到多少讓步，但他們想阻止的土地改革仍然實施了，大筆土地仍然被徵收了。如果地主們可以選擇，他們必然選擇土地完全不被徵收，而非僅僅減少徵收。因此，國民黨政府仍然壓過臺灣地主，國家仍然強於社會，不是嗎？廖彥豪與瞿宛文的研究確實指出地主不似過去論者想像的弱化，但並未能根本否定地主弱於國家的事實。所謂「兼顧地主的土地改革」，最終仍是地主被迫吞下的改革。

其實，廖彥豪與瞿宛文（2015）最大貢獻並不在指出地主弱化，而在指出遷臺後中央政府弱化。讀史者都知道，大陸變色時，政府撤離南京，輾轉廣州、重慶、成都，沿途人員流散。最後從成都勉強飛出淪陷區到臺灣時，各中央機關已僅存大印與骨架，連國防部也不例外，國不成國。而臺灣省政府則組織與職能完整。動亂貧困中，中央也無力重設機構來與省府疊床架屋。因此，除了國防外交非省府所能與聞外，其餘民政與財經政策多出於省府，而非中央。也因此耕者有其田的規劃者是省地政局，而非中央機構。當然，這並不表示省府可

以對抗中央，而是指中央在保留最後決定權的前提下，將許多政策的規劃與執行授權給省府。這中央政府弱化，臺灣省政府實際主導民政與財經的現象，持續多年，過去被多數研究者忽略了，但卻是理解當年政治所不可不知。廖彥豪與瞿宛文的研究，對澄清這議題是很大貢獻。但這議題與地主弱化並無關連。

四、農業經濟學的質疑

對土地改革官方意識形態在學術上最堅實的質疑，來自於農業經濟學界。

尚瑞國研究指出，過去佃農為競爭佃耕機會，必須付出高額地租，不能不努力提高生產力。他根據 1920-1929 年間調查資料指出，自耕與佃耕農場經營效率沒有顯著差異（尚瑞國 2000）。葉淑貞研究 1925-1927 年及 1950-1951 年農場經營也發現，佃耕與自耕農場經營效率並無不同，三七五減租也未提高農場經營效率（葉淑貞 1997；2013：39-45,233-293）。

更有甚者，尚瑞國與林森田（1997）根據 1925-1951 年間資料指出，三七五減租造成耕地轉移困難，排除較有效率的經營者藉由價格競爭而獲得耕地的機會，並妨礙農場規模擴大，造成農場經營效率降低。他們發現三七五減租以後，佃耕農場在經營效率與規模效率的下降都大於自耕農場。

如果租佃制度改變不會提高農場耕作效率，則如何解釋土地改革後臺灣農業成長？答案是，生產力提升是二十世紀臺灣農業發展的長期趨勢。研究顯示，自 1910 年起，臺灣農業產出持續上升，在 1939 年達到最高點。二次大戰期間，因肥料與勞力缺乏等因素，使農業產

出大減。1945 年總產出尚不及 1939 年之半。戰後農業復甦，1951 年時產出已恢復到戰前最高水準。但若以 1910 年以來長期趨勢而言，臺灣農業大約直到 1960 年始恢復到長期趨勢下應有產出水準（李登輝 1980：15-6）。

易言之，臺灣農業在 1950 年代脫離戰爭導致的破壞與停滯，逐漸恢復至半世紀以來的長期發展趨勢。但 1950 年代初土地改革成為這期間臺灣社會經濟史上最顯目事件。然若因此將農業發展歸因於土地改革，顯然是嚴重以偏蓋全。

瞿宛文雖然堅持土地改革促進了臺灣農業發展。但也必須承認：「經濟績效優異並不一定只是源於土地改革的影響，同時還有很多其他配合因素在發生作用……減租與所有權的轉移必然有其激勵作用，但因為仍有諸多其他政策因素發生作用，較難以區分個別的作用」（瞿宛文 2015b）。既然難以區分各因素的作用，又如何堅持是土地改革促進了農業發展呢？

與此相關的是，戰後臺灣農村已人口飽和與低度就業。每家佃農分到不足一甲土地，即使地租降低，生活水準改善也極有限。戰後臺灣農民生活改善的真正原因，是工業化帶來農外就業機會，使多數農家子弟離農他就，並使農外就業成為續存農家的主要所得來源（黃樹仁 2002b：223-269）。但官方卻將之解釋成土地改革之功。

對於所謂土地改革促進農業發展，何欣潔（2015）從產權角度另闢蹊徑。她指出中國繼承制度與業佃關係使土地產權不清而妨礙土地利用。耕者有其田等於以土地改革為契機，消除共有制，將臺灣土地產權強制現代化，有利於土地利用與經濟發展。

何欣潔強調過去臺灣土地產權不清，妨礙經濟發展。卻忽略了產權不清只是增加交易成本，只要其他成長動能充分，產權不清並不會阻止經濟發展。日治時期臺灣土地租佃與共有制並未妨礙農業成長。

當今中國大陸即使有形式上產權法律，但缺乏法治，政府濫權，造成實質上產權不清，使經商風險極高，卻經濟起飛。足見制度學派強調產權清楚是經濟發展所必要的論點實有誇大之嫌。

更進一步言，租佃與現代化並非必然衝突。當今美國西歐的農家有高比例土地係租佃而來。理由是離農地主並不必然想出售農地，而想擴大經營的農家未必有資金購地。租地解決了雙方需求，正是歐美現代農業發展的重要一環，也是當今臺灣農業主管機構大力鼓吹卻效力甚微的發展方向。租地經營這現代農業制度在臺灣推行困難原因之一，正是當年的土地改革使地主對出租土地心懷戒懼。六十年前的零碎現代化妨礙了今天的農業現代化（黃樹仁 2002b：190-198）。

五、工業化的動力？

土地改革官方意識形態宣稱土地改革使農地不再是投資標的，使資金轉移到工商業，促進臺灣工業發展。這也是瞿宛文（2015a,2015b）強調的重點。

但事實上，日治末期臺灣已工業化蓄勢待發，並不需要土地改革來帶動。

首先，就資金言，從日治時期開始，臺灣農業一直是資本流出的部門。日治時流出資本有相當比例流到日本，但戰後從農業流出的資本只能留在臺灣。既然留在臺灣，則除了工商業，能去哪裡呢？沒有跡象顯示土地改革對資本從農業流出有積極影響。如果有影響，可能是負面影響。

正如瞿宛文引用李登輝的估算，「臺灣農業從 1896 年起至 1960年止，一直是個資本淨流出的部門……實質淨流出佔農業總銷售值及

農業總生產值的比例，在日殖 1911-1940 的三十年間，平均各為 40.2% 及 25.4%；而在 1950 年代則稍降至各 31.3% 與 18.4%」（瞿宛文 2015b）。

易言之，與官方說法相反，土地改革後，資本從農業流向工商業不是增加，而是減少了，為什麼？可能正是佃農所得與消費增加，減少了地主用於投資工商業的資金。佃農生活改善是好事，但將土改前臺灣人描述成有了錢只會買地當地主，乃是遠離事實。

彰化溪湖田野訪談顯示，地主家後人大多認為土地改革對他們生活影響不大。理由是當年地主子弟已普遍受教育，以工商業或知識專業為生（巫怡真 2009：74-86）。易言之，地主家之積極轉向工商業與知識，遠早於土地改革前。研究顯示大陸變色前大陸地主子弟也普遍入城就學就業，以致於土改時被批鬥者多是留鄉老輩，年輕子弟少（郭于華 2013：67,152-153）。

日治期臺灣資金之轉向工商業之重要者，例如林獻堂、陳炘等人不顧日人壓迫阻撓，集資成立大東信用（李筱峰 1996：49-57；司馬嘯青 2000：125-126），作為臺灣人的金融機構。

又如日本人引入現代製糖廠。辜顯榮在日人鼓勵下，率先建設十八所八十噸至一百三十噸的機械工廠，為臺灣現代糖業之始，而後交給各製糖公司（辜顯榮翁傳記編纂會 2007：367-9,412-3,416）。日人引進鳳梨罐頭廠，臺灣人也成立鳳梨罐頭工廠參與外銷競爭（高淑媛 2007）。

以紡織業為例。1906 年日臺人合資 140 萬日圓，以林獻堂為社長，在今臺中豐原成立臺灣製麻纖維株式會社。1921 年日人小元富太郎在臺南設立之臺灣織布株式會社開工，為臺灣第一家動力織布廠。至 1941 年臺灣已有闊幅織布機 495 部（中華民國紡織業拓展會編印 2011：68-69）。臺南幫之侯雨利於 1931 年即頂入臺灣人蔡氏所創之

新復興織布廠（謝國興 1999：70,116）。

又如嘉義羅程 1924 從日本買進十幾台織襪機器。沒兩年光景，嘉義已有六家織襪工場，一天織出一百二十打。所織多婦人用襪（羅福全 2013：58）。

又如 1944-1950 年鄭學在彰化社頭成立勝利織襪廠，帶動社頭成為戰後臺灣織襪業中心（臺灣區織襪工業同業公會網頁）。

又如清代鶯歌開始發展陶業。1937 年開始由磚瓦等轉向碗盤等日用瓷器。1945 年約有陶瓷廠三十家（林明德編 2002：13-14）。

又如唐榮、唐傳宗父子於 1940 年在高雄創立唐榮鐵工所，戰後成為南部最大民營企業（謝國雄 2013：153）。

又如臺北工業學校畢業生林煶灶創立協志商會，從事土木工程，與日人競包公私工程，包括軍事工程。不僅培養許多本土營建後輩，且 1941 年甚至為確保鋼筋等建材供應而收購臺人蔡溪於 1939 年創辦之大同鐵工所，奠定日後大同公司基業（鄭麗玲 2012：82-87；劉益昌、林祝菁 2008：71-72；林忠勝 2005）。林煶灶之子林挺生主持下，大同鐵工所甚至在 1943 年設立大同技能者養成所，訓練技工。1949 年大同自產電扇問世，開始臺灣家電事業（劉益昌、林祝菁 2008：73-76）。

又如日治初以礦業起家的基隆顏家，曾投資輕便鐵路、信託業，1943 年甚至投資蘇澳之造船廠。高雄陳家在日治時期投資於現代糖廠、製鹽場、製冰廠（司馬嘯青 2000：43-51,190-199）。

除了企業家創業，同等重要的是日治末期普及國民教育，擴張實業教育，訓練大量工業技術與經營人才。戰時日人更擴張各地工業學校（鄭麗玲 2012），甚至成立短期之拓南工業戰士訓練所以應急（吳淑真、吳淑敏 2004），招募八千多臺灣少年到日本本土戰鬥機工廠受訓擔任裝配技工（蔡錦堂 2006：125-127）。1944 年日人在高雄成立

第六海軍燃料廠，開啟高雄石化工業，為此訓練之技術人員包括 361 名臺灣人（林身振、林炳炎編 2013：449-456）。

總之，日治末期臺灣人已積極投入現代工商業，經營與技術人才漸備。漢民族善於把握商機，一旦見識到現代工業，並不需要土地改革來促使他們投入，否則如何解釋民國時代大陸風起雲湧的民族工業？過去討論日本殖民統治對臺灣戰後經濟發展的影響，常因注意日人的壟斷優勢而忽略了艱難崛起中的本地企業家（如瞿宛文 2007,2008），這是應該修正的。

就戰後復甦與發展言，1946 年初臺灣復工之紡紗及織布場共十七家（謝國興 1999：72）。大陸變色之際，許多公私紡織廠遷臺（中華民國紡織業拓展會編印 2011：100-105）。臺灣電動織布機數從 1946 年之 428 台增至 1949 年之 2557 台。1950 年紡織工業約二百家，1953 年擴張達 1228 家。1946 年紡錘數 9548 錠，1948 年達 19,346 錠，1950 年達 50,020 錠（陳介英　2007：25,29）。1954 年臺灣紡織業已達成 96% 自足（中華民國紡織業拓展會編印 2011：116-117）。

大陸變色之際，大陸資本家與技術人員來臺者眾（鮑鵬宇 2012）。瞿宛文（2010）估計戰後臺灣第一批企業創辦人，約三分之一是大陸遷臺資本家。這些大陸業者甚至帶動臺灣某些產業聚落。例如 1950 年上海顧家五兄弟到雲林虎尾設立中大棉織廠，帶動當地成為臺灣毛巾產業重鎮（中國時報 2006. 2. 24. A5；臺灣興隆毛巾網頁）。

總之，土地改革前，臺灣企業家與外省遷臺企業家已積極投入工商業。以 1946 年為基期，工業生產指數在 1949 年加倍，1952 年為四倍（謝國興 1999：114）。這與土地改革有關嗎？沒有。

六、被遺忘的民生主義：都市平均地權

　　國民黨政府對農村土地改革津津樂道，自認實踐民生主義地利共
享。但卻忘了，民生主義地利共享指的不僅是農村土地，也包括都市
土地。而當今臺灣最嚴重的社會不公與社會不滿正來自於沒有實施都
市平均地權。

　　黃樹仁在《心牢：農地農用意識形態與臺灣城鄉發展》（2002b）
一書中已指出，1970 年代臺灣快速都市化。但政府基於農地農用意識
形態，嚴格限制農地轉用為都市建築用地，疏於有計畫的擴大都市。
導致臺灣都市人口密度堪稱世界之最，都市環境擁擠狹隘，房地產價
格高漲，而地利極少歸公。使都市居民勞動所得高比例為都市地主不
勞而獲。另一方面，西歐國家沒有高談平均地權。但在二十世紀卻普
遍採用類似我國區段徵收或市地重劃方式作為都市擴張手段，有計畫
將大片農地以農地價格徵收開闢為新市區，農地變更為市地的增值利
益由全體國民共享，新市區道路與公共設施的成本由土地使用者分攤。
臺灣高喊平均地權，但都市擴張經常是在政商關係運作下，將農地零
星變更為市地，讓地主享受地價增值的暴利，而新市區的道路、公共
設施土地與建築成本卻由納稅人負擔。

　　為何高喊平均地權的政府創造了如此的都市居住不正義？廖彥豪
與瞿宛文（2015）認為，正因農村土地改革「必須兼顧地主」，種下
了日後都市平均地權改革失敗的種子（廖彥豪、瞿宛文 2015）。易言
之，為安撫失去農村出租地的地主，國民黨政府有意的不實施都市平
均地權，蓄意坐視都市地主享受地價上漲的暴利。這形同以陰謀論解
釋都市平均地權的不行。

　　但我以為，雖然政治妥協與交易確實常見，但其他因素也值得考

慮。一個可能因素是知識社會學的因素。當年國民黨與共產黨領袖絕大多數生長在貧窮落後而都市化有限的中國，不曾深入體驗現代工業都市社會。他們的社會關懷停留在農業社會議題，也就是農地問題。陳誠等人沒有預見臺灣會迅速工業化與都市化而使都市土地成為比農地更大的問題。相較之下，在都市長大，受英語教育，留學英倫的李光耀就放棄農業，將新加坡全面打造成有規劃的都市，並且廣建國宅來讓國民分享地利。這是生活經驗影響認知的問題。孫中山見識過西方各國都市，因此主張都市平均地權。但他的追隨者並沒有如此認知。

　　國民黨政府疏於都市平均地權的另一可能原因，是農村土地改革已消耗太多政治資本，得罪太多臺灣社會既得利益者，使其不願再製造更多敵人。

　　無論如何，臺灣萬人以上都市人口，從 1951 年 34.05% 增至 2000 年 73.69%（黃樹仁 2002c），增加了超過一千六百萬新居民，而當年耕者有其田僅 194,823 戶佃農受益。兩相比較，我們不能不說，為了少數佃農受益，遠遠更多數的臺灣都市居民付出了被都市地主剝削的代價。這是平均地權嗎？

　　更有甚者，臺灣城鄉密接，農地距離都市不遠。都市地價暴漲，使臺灣農地在 1970 年代以後也普遍被視為準都市建築用地而價格暴漲。後果是離農者不願輕易售地或出租，使留農者無力購地或租地擴大經營，使小農耕地偏小，無法專以農業為生，妨礙農業發展（黃樹仁 2002b：169-198）。1950 年代的農村土地改革以犧牲都市平均地權為代價，長遠後果更帶動 1970 年代以後農地價格高漲而扼殺了臺灣農業。

結論

　　土地改革是臺灣史大事，但卻被低度研究。2015 年瞿宛文等三位的研究使學界得以對土地改革進行一次全面檢討，這是很重要的貢獻。

　　但瞿宛文將學界對土地改革官方意識形態的質疑都歸因於反國民黨或反土地改革的政治動機，則是想太多了。民主社會的社會科學，遲早會質疑所有的教條。自由的社會，必然帶來多元的社會科學論述。

　　土地改革研究最大的困難，在於意識形態障礙。不是因為官方宣傳或限制，而是因為社會科學家很難質疑學界追求平等的主流價值，因此也很難質疑土地改革的正當性。因為很難質疑其道德正當性，也就很難平心分析其因果。也因此，即使有人質疑土地改革的官方意識形態，臺灣社會大眾其實仍然普遍接受官方教條。官方教條並不如瞿宛文想像的被普遍質疑。

　　綜合本文，民生主義理念與國共競爭並不足以解釋為何國民黨的土地改革僅行於臺灣而卻不行於大陸。外來政權之說也無法解釋大陸變色後國民黨人意見之繼續不一。臺灣土地改革的關鍵，其實是陳誠的個人信念，及其主政臺灣的歷史偶然。

　　二十世紀臺灣農業持續進步。是否土地改革無關。

　　漢民族長於掌握商機。二十世紀大陸與臺灣都見識到了源於西方的現代工業，土地不再是最重要財富。民國時代大陸民族工業風起雲湧。同時間日治下的臺灣人也紛紛投入現代工商業。兩岸也都發展了現代教育來培育人才。二次大戰後，海峽兩岸的快速工業化已蓄勢待發，不待土地改革來啟動。而且兩岸的經濟發展也都是工業之賜，而非土地改革之賜。

　　但農業時代的心靈主宰著國共領導階層，使他們誤以為農村土地

是現代化關鍵。陳誠致力於解決農業時代最重要的農村土地問題，卻不知這是一個即將逝去的問題。反而忽視了即將興起的工業都市社會更嚴重的都市土地問題。

　　就如同當年暴力土地改革，大陸上的共產黨再次使用專制權力來改造都市土地。但民主化的臺灣，卻已無人有權力改造都市。我們將必須繼續面對沒有都市平均地權導致的惡劣都市與高房價。民生主義在臺灣，是選擇性的實踐了錯誤的重點。臺灣農村土地改革，是抓錯重點的現代化。

參考文獻

中文部分（依作者姓名注音符號次序排列）

鮑鵬宇。2012。《外省資本與人才對戰後臺灣發展的影響》。新北：
　　國立臺北大學社會學系碩士論文。

臺灣區織襪工業同業公會。《網頁》。http://www.hosiery.org.tw/
　　about/about_hosiery-industry.php?his=1944

臺灣興隆毛巾。《網頁》。http://www.sltowel.com.tw/news/index.
　　php?option=com_content&view=article&id=19&Itemid=59

李登輝。1980。《臺灣農業發展的經濟分析》。臺北：聯經。

李筱峰。1996。《林茂生、陳炘和他們的時代》。臺北：玉山社。

廖彥豪、瞿宛文。2015。〈兼顧地主的土地改革：臺灣實施耕者有其
　　田的歷史過程〉。《臺灣社會研究季刊》98：69-145。

劉進慶。1993。《臺灣戰後經濟分析》。臺北：人間。

劉益昌、林祝菁。2008。《林挺生傳》。臺北：商訊。

林明德編。2002。《臺灣工藝地圖》。臺中：晨星。

林忠勝。2005。《廖欽福回憶錄》。臺北：前衛。

林身振、林炳炎編。2013。《第六海軍燃料廠探索──臺灣石油／石
　　化工業發展基礎》，黃萬相譯。高雄：春暉。

羅福全口述、陳柔縉執筆。2013。《榮町少年走天下：羅福全回憶錄》。
　　臺北：天下。

辜顯榮翁傳記編纂會。2007。《辜顯榮傳》，楊永良譯。臺北：吳三
　　連臺灣史料基金會。

郭于華。2013。《受苦人的講述：驥村歷史與一種文明的邏輯》。香港：
　　香港中文大學。

高淑媛。2007。《經濟政策與產業發展——以日治時期臺灣鳳梨罐頭
　　業為例》。臺北：稻鄉。

黃俊傑。1991a。《農復會與臺灣經驗（1949-1979）》。臺北：三民。

黃俊傑。1992b。《中國農村復興聯合委員會資料彙編》。臺北：三民。

黃俊傑。1992。《中國農村復興聯合委員會口述歷史訪問紀錄》。臺北：
　　中央研究院近代史研究所。

黃俊傑。1995。《戰後臺灣的轉型及其展望》。臺北：正中。

黃樹仁。2002a。〈臺灣農村土地改革再省思〉。《臺灣社會研究季刊》
　　47：195-248。

黃樹仁。2002b。《心牢：農地農用意識形態與臺灣城鄉發展》。臺北：
　　巨流。

黃樹仁。2002c。〈臺灣都市化程度析疑〉。《臺灣社會學刊》27：
　　163-205。

何欣潔。2015。〈由鄉莊社會到現代社會：從土地所有制度演進重看
　　臺灣戰後初期農村土地改革〉。《臺灣社會研究季刊》98：147-
　　193。

蔣夢麟。1967。《新潮》。臺北：傳記文學。

瞿宛文。2007。〈戰後臺灣經濟成長原因之回顧：論殖民統治之影響
　　與其他〉。《臺灣社會研究季刊》65：1-33。

瞿宛文。2008。〈重看臺灣棉紡織業早期的發展〉。《新史學》19（1）：
　　167-227。

瞿宛文。2010。〈臺灣戰後工業化是殖民時期的延續嗎？兼論戰後第
　　一代企業家的起源〉。《臺灣史研究》17（2）：39-84。

瞿宛文。2015a。〈重探臺灣戰後農村土地改革〉。《臺灣社會研究季刊》98：1-9。

瞿宛文。2015b。〈臺灣戰後農村土地改革的前因後果〉。《臺灣社會研究季刊》98：11-67。

謝國興。1999。《臺南幫：一個臺灣本土企業集團的興起》。臺北：遠流。

謝國雄。2013。《港都百工圖：商品拜物教的實踐與逆轉》。臺北：中央研究院社會學研究所。

蕭錚。1980。《土地改革五十年》。臺北：中國地政研究所。

薛化元主編。1990。《臺灣歷史年表，終戰篇 I，1945-1965》。臺北：聯經。

薛化元。2010。《戰後臺灣歷史閱覽》。臺北：五南。

中華民國紡織業拓展會編印。2011。《臺灣紡織之茁壯與風采》。臺北：商訊。

張炎憲、高淑媛。1996。《衝擊年代的經驗：臺北縣地主與土地改革》。臺北：臺北縣文化中心。

張炎憲、陳美蓉編。2009。《戒嚴時期白色恐怖與轉型正義論文集》。臺北：吳三連臺灣史料基金會。

鄭麗玲。2012。《臺灣第一所工業學校（1912-1968）：從臺北工業學校到臺北工專》。新北：稻鄉。

陳介英。2007。《牽紗引線話紡織：臺灣紡織產業發展史》。高雄：國立科學工藝博物館。

陳誠。1951。《如何實現耕者有其田》。臺北：正中。

陳誠。1961。《臺灣土地改革紀要》。臺北：中華。

陳淑銖。1996。《1922-1937 浙江省土地問題與二五減租》。臺北：

國史館。

尚瑞國。2000。〈經濟理性、市場競爭、租佃契約形式與農場經營效率〉。《經濟論文》28：263-88。

尚瑞國、林森田。1997。〈臺灣『三七五減租』政策實施前後農場經營效率之比較研究〉。《行政院國家科學委員會人文及社會科學研究彙刊》7：514-530。

蔡錦堂。2006。《戰爭體制下的臺灣》。臺北：日創社。

司馬嘯青。2000。《臺灣五大家族》。臺北：玉山社。

葉淑貞。1997。〈日治時代臺灣之租佃制度與農場的經營效率：戰後初期土地改革政策的省思〉。《行政院國家科學委員會人文及社會科學研究彙刊》7：475-496。

葉淑貞。2013。《臺灣日治時代的租佃制度》。臺北：遠流。

楊懋春等。1983。《我國農業建設的回顧與展望》。臺北：時報。

吳淑真、吳淑敏。2004。《拓南少年史：探尋拓南工業戰士們的身影》。臺北：向日葵。

巫怡真。2009。《溪湖鎮的地主與佃農：再探臺灣農村土地改革》。新北：國立臺北大學社會學系碩士論文。

報紙

《中國時報》

英文部分

Gold, Thomas B. 1986. *State and Society in the Taiwan Miracle.*

Armonk, NY: M. E. Sharpe.

Vogel, Ezra F. 1991. *The Four Little Dragons: the Spread of Industrialization in East Asia.* Cambridge: Harvard University Press.

黃樹仁對土地改革的一再省思

瞿宛文（中央研究院人文社會科學研究中心研究員）

　　黃樹仁教授追求知識的熱誠，令人懷念與感佩。他特別樂於對有爭議性的議題進行公開的思辨，並且是帶著高度的熱情為之，在今日臺灣學界尤為少見。在眾多他曾關注過的議題中，土地問題尤其是農村土地改革，是他一而再再而三不斷關注的問題。

　　本文集收錄了他關於土地改革方面的兩篇文章：〈臺灣農村土地改革再省思〉（2002b）與〈被誇大的臺灣土地改革及其漸熾的意識形態戰爭〉（2015），兩篇都是刊登於《臺灣社會研究季刊》，也皆是有針對性的論爭性著作，以下對此做簡要評介。

　　黃樹仁（2002b）主要是批駁三個通行的說法，分別是關於臺灣戰後國府推動農村土地改革的動機、施行能力與成果。就國府推動土改的動機而言，他同時批評了當時通行的正反兩種說法，國民黨官方說法是將其歸因於自身施行民生主義的執政目標，反對陣營則是認為國府實施土改是源於其是外來政權，故犧牲本地地主的利益。相反地，他認為遷臺的國府就如抗戰時入四川的國府一般，並未自視為「外來」，土改也會影響到反攻大陸後的施政，因此「外來政權犧牲地主」的說法不符合事實。此外，他認為國府內部意見紛歧，剛巧執意施行土改的陳誠得以執政，藉由國家崩潰的威脅克服反對力量而得以實行土改。就國府施行土改的能力而言，他則指出國府是遷台之後，藉助

於日本殖民政府留下的現代化遺產，才得以成功施行土改。而就土改之成果而言，他則不贊同土改曾促進農業發展的說法，認為其之間並無因果關係，土改不單未曾促進發展，也因徵收的多為共有土地，而共有土地的地主多半持份小且貧窮，故土改更未曾促進均富。

　　關於國府推動土改的動機，筆者（2015）大致上贊同黃樹仁（2002b）的看法，即不認同「外來政權說」，而著重強調國共競爭壓力的影響。不過，筆者雖同意在推動土改上陳誠扮演了關鍵性角色，但這並非純屬偶然，即必須歸諸於當時的「時代精神」，即國共兩黨競逐領導中國現代化的領導權，而土改正是推動現代化的手段，只是雙方對土改的方式持不同看法。至於國府施行土改的能力，筆者當然同意日殖遺產提供了重要基礎，然而國府在大陸累積的能量、人力、成敗經驗與相關論述，尤其是地政人員與農復會人員，實扮演了關鍵角色。至於土改與經濟發展間的因果關係，雖說因為相關因素複雜，不易「證明」因果關係，然而土地改革確實迫使資本從既有的（以農作物為地租的）農業耕地，移轉到現代工商業，是以強制方式推動了現代化與工業化。同時，如廖彥豪、瞿宛文（2015）所指出，土改促進了土地資產化，雖說因規範缺如而使得土地增值多未歸公，但也促使諸多新自耕農得到成為城市小地主或中小企業主的機會。亦即在同時發生的、動態的現代工商發展中，土改也曾令土地增值廣泛分佈於新舊地主之間。

　　黃樹仁（2015）這篇文章，是他參加「重探臺灣戰後農村土地改革專題座談會」發言稿的修訂版，他主要批駁的對象正是筆者所組的這個土改專題的三篇論文（瞿宛文 2015；廖彥豪、瞿宛文 2015；何欣潔 2015）。他秉持他一貫的樂於挑戰既有論述的作風，對我們這專題的主題提出質疑。我們專題是認定當今臺灣社會通行的說法是否定臺灣戰後的農村土改，並肯定外來政權說；他反而覺得我們是誇大了

這通行說法的效力，認為臺灣社會其實還相當肯定土地改革的，因此其實是我們在挑起沒必要的論爭，他文章題目即為〈被誇大的臺灣土地改革及其漸熄的意識形態戰爭〉。顯然就對社會論述現實狀況的認定而言，他與我們有相當距離，而這對現實的認定又是他對我們質疑的關鍵。雖說筆者理解到他一向樂於質疑既有的看法，然而我們確實認為我們專題所提出的論述，在當今臺灣社會中是極為少數的看法，因此當然對他如此說法感到困惑。

不過，若整理他多年來前前後後關於土改的寫作，其實可發現他最關切的是臺灣近數十年來都市地價的高漲，土地增值之未能歸公，以及眾人對此增值之追逐。例如在黃樹仁（2002a）這本他甚費心力寫就的書中，他認為政府與社會農地農用的意識形態限制了都市用地的供給，以致於難以施行都市平均地權。換言之，就因為如廖彥豪、瞿宛文（2015）所言，國府在進行農村土改時對地主做出妥協，因而帶來都市土地改革的失敗，而黃樹仁（2015）則因認為都市土地問題為最重要的問題，故覺得戰後初期農村土改不單不必要，更開啟了日後都市土地的問題，因而他實難予以肯定。筆者與他意見不同之處，在於如筆者（2015c）對其回應中所言，當初施行農村土改是為了推動現代化而為之，不能因其所為有缺失留下「後遺症」，就否認其必要性，反而是因為當初現代化目標得以實現，因此容易使評論者認為當初土改為不必要。至於他對於臺灣都市土地問題的痛心，筆者可以感受到並甚為認同。

對於黃樹仁教授對我們論點所提出的質疑，雖然筆者並不完全同意，但能有如此在知識上的交鋒，在當今臺灣社會實難能可貴，令人懷念。

參考文獻

何欣潔，2015，〈由鄉莊社會到現代社會：從土地所有制度演進重看臺灣戰後初期土地改革〉，《臺灣社會研究季刊》，第 98 期，147-193。

黃樹仁，2002a，《心牢：農地農用意識形態與臺灣城鄉發展》，臺北：巨流。

黃樹仁，2002b，〈臺灣農村土地改革再省思〉，《臺灣社會研究季刊》，第 47 期，195-248。

黃樹仁，2015，〈被誇大的臺灣土地改革及其漸熾的意識形態戰爭〉，《臺灣社會研究季刊》，第 100 期，197-215。

廖彥豪、瞿宛文，2015，〈兼顧地主的土地改革：臺灣實施耕者有其田的歷史過程〉，《臺灣社會研究季刊》，第 98 期，69-145。

瞿宛文，2015a，「重探臺灣戰後農村土地改革」專題導言，2015，《臺灣社會研究季刊》，第 98 期，1-9。

瞿宛文，2015b，〈臺灣戰後農村土地改革的前因後果〉，《臺灣社會研究季刊》，第 98 期，11-67。

瞿宛文，2015c，〈如何評價臺灣戰後農村土地改革〉，《臺灣社會研究季刊》，第 100 期，251-256。

《心牢》〈總論〉

一、問題

　　髒亂、環境品質惡劣，是臺灣城鎮共同的特質。這些髒亂現象經常與土地使用有密切關連。最明顯的是城鎮裏不僅街巷狹窄不規則，且通常缺乏適當的人行、停車、休憩、排水、處理廢棄物等所需的空間。這現象若出現在古老市鎮當然不足為奇，但當我們知道臺灣在日據時期就開始實施都市計畫，再看到近年才發展的新市區也處處街巷狹窄不規則、壅塞不堪、公共設施不全，我們不得不疑惑到底是什麼樣的都市計畫造就了臺灣今天的城鎮景觀。

　　臺灣城鎮居民遭遇的不僅是家宅外的狹窄混亂，更大痛苦可能是房地產價格的昂貴，大都市裏尤其如此。與國民所得不相稱的高房價，迫使多數人必須省吃儉用來換取棲身之所。房地產昂貴也提高了工商業成本與售價，使原本已為居住而省吃儉用的消費者，必須再付高價來購買商品與服務。易言之，國民所得有相當高比例是直接、間接落入土地所有者手中。臺灣國民所得增加急速，但房地產增值更快；擁有土地本身對經濟發展並不會有什麼積極貢獻，但臺灣經濟發展的果實卻有相當高比例是落入土地所有者手中。

　　在臺灣這種快速成長的經濟裏，本土供給不足的需求，不論是人是物，大多可以花錢進口，只有土地無法進口。因此房地產價格升高，

自然帶來土地的投機炒作。例如，地價昂貴的都市裏，卻有許多土地閒置荒廢或低度利用，原因是土地未來增值的預期利益之高，已足以使地主忽視目前使用的利益。土地閒置居奇，不僅使都市土地供給更短缺，而且破壞都市景觀與環境。

　　為何臺灣城鎮地價高昂而炒作普遍？最天真的答覆是「臺灣地狹人稠，土地供給不足」。非常單純的經濟學供需原理。這答覆也隱認土地增值的受益人是無辜的。他們或運氣好，農家祖上遺留都市邊緣增值快速的土地；或商人投資眼光好，買了這樣的地。他們之擁有土地本身，對經濟發展雖無積極貢獻，坐享其成，但也談不上什麼積極為惡賺取不正當利益。

　　無疑的，地狹人稠，土地不足，以致價格高昂，這經濟學供需原理確實可以在某種程度解釋臺灣城鎮土地昂貴的現象。全世界的城市，從香港東京到巴黎紐約，我們都看到了類似的現象。但這單純的供需原理並不能充份解釋臺灣城鎮土地使用的現狀。理由很簡單，首先，臺灣的土地並未到消耗殆盡的程度。緊鄰著人口與建築密集的城鎮市區之外，仍有大批農地未經開發建築使用。即使是人口擁擠、房地產昂貴的臺北市內，仍有關渡平原將近一千公頃的農地尚未轉供建築使用。人口密集的臺北縣蘆洲、新莊、新店等地，都市計畫區內的農業區面積仍相當於住宅區面積。更有甚者，儘管地價高昂，臺灣大小城鎮住宅區內仍散佈著無數小塊農地，甚至閒置的空地。其次，將國民所得列入考慮，臺灣城鎮地價已遠高於西方城市。市場經濟裏，地狹人稠會導致城鎮地價高昂，這是供需原理可以解釋的。但臺灣城鎮地價遠高於西方城鎮，這「額外」高出來的部分，顯然就不是普遍的供需原理可以解釋的。事實上，我們社會的常識似乎就對此臺灣特色提供了必要的解釋。

　　我們社會裏普遍流傳的常識告訴我們，臺灣城鎮地價高昂的背

後，有政商集團炒作的影子。政商勾結炒作土地，導致房地產價格高昂，使一般百姓慘遭剝削。這是社會大眾的普遍認知。近年學界研究，更將地方派系與政商集團炒作土地的現象，從市井傳言與媒體報導變成學術上可確認的事實。因此面對解釋臺灣城鎮房地產價格為何高昂這任務時，我們似乎由天真的經濟學供需原理進展到了政治社會學的陰謀論。但是，這陰謀論真的足以解釋臺灣城鎮地價「格外」高昂的現象嗎？

看看其他國家的地方政治或都市發展的研究，我們會發現，政商集團與地方派系藉著掌握地方土地行政或都市計畫的權力來炒地皮以謀私利，其實是各國普遍現象。天下烏鴉的確一般黑！事實上，多數研究臺灣地方派系與政商集團炒作土地的學者，也都引用國外類似現象的研究以為理論啟發或經驗對照。既然如此，除非我們假定外國政商集團的撈錢能力低於臺灣政商集團，否則就無法以政商炒地皮這普遍現象來解釋臺灣城鎮地價為何「格外」昂貴。

行文至此，面對臺灣城鎮地價昂貴的問題，我們已考慮過單純的經濟學供需原理與政治社會學的政商陰謀炒作這兩個可能原因。我們發現，這兩個近於大眾常識而且普及於各國的因素，固然在相當程度上與臺灣城鎮地價高昂有關連，但卻不能解釋臺灣城鎮地價與西方相比為何「格外」高昂。

既然上述觀點來自比較推論，我們是否也可以透過比較研究，來尋找臺灣城鎮地價「格外」高昂的因素？也許。但在進行比較之前，我們必須先確定我們要比較什麼，否則無從比較。要確認比較的重點，我們得先對自己的社會有基本的理解。理解所需，無非仔細觀察。下面是我觀察到的臺灣城鎮地價格外高昂的簡單故事。

二、故事

第一個現象是農地轉移他用的需求強烈，但滿足困難。

臺灣在工業化之前，本就已地狹人稠。農業以平均農場面積僅略高於一公頃的零細農為基礎，人口密度高居世界前茅。最近三四十年的快速工業化與都市化，更使高速成長的人口聚居城鎮，導致城鎮土地需求爆增，價格上漲。同時，相較於工商業所得，多數家庭農場因耕地遠小於工業時代合理的經營規模，農業經營收益相對急速降低。除了從事高價作物栽培或養殖的少數農家外，一般稻菜小農已無法以農耕專業來維持工業時代的合理生活。絕大多數農家變成兼業農，甚且絕大多數以農外職業為主要收入來源。農業大多變成兼業或退休年齡老農的活動。

上述城鎮擴張與農業相對衰退二者相加，使城鎮邊緣農地轉移工商或住宅等非農業用途的誘因十分強烈。這種轉移，不但可以增加城鎮土地供給而緩和地價上漲，而且可以緩和農業相對衰退帶來的小農老農生活困難的問題。但自 1970 年代初以來，由於一連串限制農地變更他用的土地立法，這樣的轉移變成相當困難。只有少部分農地被劃入都市計畫住宅區或商業區等可建築區域，多數農地依法都被劃入都市計畫區內或區外的農業用地而不得建築使用。許多農民想售地離農卻不能如願，只好繼續做擁有土地的低收入戶。城鎮的住宅與工商用地需求，則因法令限制農地他用而更難獲得滿足。城鎮周邊有許多已無法養活農民的農田可用來蓋房子，法律卻限制這近乎自然的經濟選擇。法令人為的限制城鎮土地供給，導致人為供給不足、地價格外高漲、與炒作嚴重。

至於從事所謂土地炒作者，除了大眾刻板印象中的政商集團之

外，還包括城鎮新市區內無數的舊農家。城鎮之內許多小農，明明其農地依法已劃為都市計畫區內建築用地，明明農耕收入已微薄到與其土地財富不成比例，卻仍堅持繼續耕作。理由不是喜歡當農夫，而是認定土地會繼續漲價。因此除了出售小部分農地以改善生活之外，捨不得將其他大部分農地出售或建築使用。農業活動變成資產保有與減免土地稅的手段。從城鎮用地的觀點來看，這是土地的閒置居奇與拒絕供給，是消極形式的土地炒作。只因通常是由原農家以繼續農業活動的方式進行，以致於很少被大眾視為土地炒作。

臺灣土地使用的第二個現象是政商集團介入農地變更他用。

既然土地法令使農地轉移他用困難，但又不是不可能，便使少數有能力變更農地他用的人掌握了城鎮土地的賣方市場而獲得暴利。這使掌握都市計畫與土地行政權的縣市政府，而非市場供需原理本身，成為決定農地價值的關鍵因素。要將農地劃入都市計畫區建築用地或將都市計畫區外農地變更他用以獲得巨額價差利益，必須得到縣市執政派系的支持，這不是一般小農能掌握的政治關係。因此，農地變更使用，成為擁有地方政治關係的地方派系與政商集團才能有效進行的活動。原耕小農無力變更農地他用，在農業經營收益低落情況下，也很難找到其他農民來購地繼續低收益的農業經營。因此，農業區農民售地常不得不以農地名目，以較低價格賣給政商集團中的假農民。這些假農民再利用其政商關係將廉價農地變更為高價住宅或工商用地，從中賺取巨額價差。因此農地變更使用的利益有相當高比例落入了政商集團之手。對地方政治人物言，掌握地方政權就有土地變更使用的暴利可得。結果是政治權力的競逐與土地炒作利益合流。

臺灣土地使用的第三個現象是城鎮發展缺乏長遠計畫。

既然農地變更他用有賴政商集團合作，則新住宅區與商業區的劃定自然深受土地炒作集團短期運作的影響。哪些農地可以變更他用，

取決於炒作集團擁有土地的大小與位置，而非城鎮發展的長遠計畫。以臺灣土地之昂貴與所有權之分散，即便是炒作集團，每次能變更使用的面積通常也不是很大。結果便是城鎮擴展並非大塊土地有計畫的進行，而是片片小地零碎變更使用。更有甚者，就變更成功的市地的使用而言，一方面，私有土地的使用要盡力抗拒容積率管制，建築物前後相貼，擁擠不堪。另一方面，道路街巷、人行道、公園、學校、停車場等公共設施，不僅儘量壓縮，且其方向位置必須遷就特定私有土地提高價格的需求，而不考慮社區的整體設計。這般發展方式的必然後果，是臺灣城鎮新市區的建設缺乏總體規劃而混亂無章。地面高低不齊、街巷狹窄不規則、排水不良；人行道、停車空間、公園綠地、學校等皆嚴重不足。另一方面，限制農地他用法令除了妨礙都市健全發展以外，也抑制了臺灣都市郊區化的趨勢；並且導致都會地區農地禁建，山坡地卻廣泛開發建築的環境破壞現象。

　　臺灣土地使用的第四個現象是農業經營無法合理化。

　　1970 年代以來，農場規模過小使臺灣農家農業收入偏低，不僅使農民務農意願低落，更使農業經營難以為繼。因此，農學界與農政機關的改善農業經營主要策略之一，便是鼓勵留耕農民向離農者購地或租地來擴大農場規模。但令人困惑的是，儘管農業經營困難而收入相對偏低，近二十餘年來臺灣農地價格卻普遍高漲至遠逾其農業使用價值的水準。農民如果買地來擴大農業經營，投資報酬率通常為負，形同經濟自殺。若要租地，也因租金相對於地價而言過低，使地主出租土地的意願低落。兩者皆使擴大農場規模的策略難以推行，使臺灣農業前景更黯淡。

　　為何臺灣農業衰退而農地價格卻高漲？這顯然不是農業經濟學所能解釋的。本節前述觀察使我們有理由推論，是城鎮土地價格高昂帶動了農地價格高漲，使農業經營改善策略無法執行。

　　臺灣地狹人稠，平原地帶城鎮相望。都市計畫範圍已涵括平原與山坡地帶可利用國土面積的三分之一。道路交通便捷，更使多數農地形同位於城鎮郊區，甚至大都會的通勤區。後果是日常生活上城鄉分際的趨於模糊。長期趨勢則是在國民生活意識上整個可利用國土的全面都市化。在國民生活意識中，農地轉供非農業用途的展望十分顯著。農業收入相對偏低，更使農民售地離農或變更農地他用的意願十分普遍。綜合後果是，臺灣農地已普遍被視為準城鎮用地，被認為遲早會變成城鎮用地。因此，城鎮地價高漲，農地價格也就跟著水漲船高。這是為什麼 1970 年代以來，臺灣多數農地的價格已非由其農業使用價值所決定，而由其轉移非農業用途的預期價值所決定。決定農地價格的，不是事關農業生產的地力肥瘠，而是與城鎮的遠近，也就是轉移非農業使用的展望。因為多數農地事實上都在城鎮郊區，農地價格也就普遍高漲至類似城鎮用地的高價。形成農業經營收入偏低，農地價格卻昂貴到真正想務農的人買不起與租不起的程度。後果是農場面積無法擴大，農業經營無法合理化。

　　農業相對衰退，農地價格卻高漲。這矛盾現象的解釋，顯然無法在農業經濟學中找到，而必須在城鄉之間的土地供需來尋求。同樣道理，解決臺灣農業問題的關鍵，也不在農業經濟學或狹義的農業政策，而在於城鄉土地的均衡使用，也就是國土利用的全盤檢討。但這正是臺灣農學界與農政機關長期拒絕面對的現實。他們所提的農業發展策略，始終停留在不計一切代價，努力想要保存農地的牛角尖中打轉。過去三十年的事實已經證明，這種政策只有自我安慰或政治宣傳的意義，而不能解決農業問題。

　　簡言之，1970 年代初以來，臺灣意在保護農業的農地農用政策，使城鎮用地因人為供給不足而價格高漲，帶來農地變更他用的假性需求，使普遍被視為準城鎮用地的農地，也跟著價格高漲到遠逾其農業

使用價值，使有心務農的農家難以藉由購併或租地來擴大農場規模，結果反使臺灣農業前景更加黯淡。愛之適足以害之，這是限制農地他用法令對臺灣農業的最佳寫照。

三、盲點

在臺灣學界，前述第二節的四點觀察中，第一點只有少數經濟學家論及；第三點與第四點幾乎不見有人論及。在社會學界中，只有涉及政商勾結炒作土地的第二點得到較多注意。但前面我們已提到，地方政治與土地使用的關係不僅是臺灣的問題，也是各國地方政治的普遍議題。城鎮擴展帶來農地他用的需求與地價上漲，土地使用分區變更的利益分配不可避免的會與地方政治權力的競逐掛鉤。從經濟學供需原理到政治社會學的地方派系利益研究，現象因果在中外都一貫可尋。但這因果關係用到臺灣，卻有一個地方性的重要環結被臺灣學界忽略了，那就是上面提到的，1970 年代以來，與其他國家相比，格外嚴厲的法令限制導致臺灣的農地他用特別困難。

臺灣農地他用特別困難，城鎮用地取得格外不易，因此地價特別昂貴，炒作格外有利可圖，也因此政商結合從事農地變更他用以謀暴利的腐化現象格外嚴重。換言之，城鎮地價高及土地使用編定的政治關連是各國普遍現象，但嚴格限制農地他用的法令卻使這些普遍現象在臺灣表現得格外嚴重。因此若要充份瞭解三十年來臺灣城鄉土地使用的經濟與政治，我們不能不將法令對農地他用的限制當做因果鏈的重要一環來考慮，但這正是臺灣學界普遍忽略的。法令對農地他用的限制，常被研究者視為理所當然、不須爭論的應然之舉，而忽視了正是這法令限制，使原本就已不足的城鎮土地供給，以及由此衍生的城

鄉土地炒作，變得更加惡化。

　　除了極少數主張農地釋出他用的經濟學家外，臺灣多數研究者對土地炒作及其背後的政商關係勤加追溯，甚至大施撻伐，但對限制農地他用的法令卻相對少有質疑。這意指這些研究者，不論是否深思熟慮，大致並不懷疑此等法令的道德正當性與政治經濟智慧。但此等法令的政治經濟智慧，正是本書質疑的重點。本書第四至五章將指出，限制農地他用法令，其實正是導致城鎮土地價格高昂與政商炒作土地這兩個問題在臺灣格外惡化的重要原因。不僅如此，此等法令也是導致臺灣城鎮發展雜亂無章，及農地價格過高，妨礙農業經營合理化的重要原因。

　　如果限制農地他用法令果真阻礙臺灣城鄉發展與促進地方政治腐化，為何它們很少引起注意或譴責？理由很簡單。一則這些負面結果都是此等法令未曾預期的後果。甚至直到現在，許多研究者還未注意到這些負面結果與此等法令的關連。更重要的是，此等法令背後的理念，是我們社會裏多數人共有的，包括許多研究土地使用及地方政治的學者。共同的理念，使多數人將此等可疑的法令視為理所當然；共同的理念，帶來思考與反省的盲點。這些對土地使用的共同理念，不僅普遍到使它成為法令，而且已阻絕了學界、輿論界的思路。因此，我用意識形態一詞，來指稱臺灣限制農地他用法令背後，這些普及於臺灣政界、學界、輿論界的有關農地使用的共同理念。

　　本書重點不在於深入探討「意識形態」一詞在社會學上的沿革或其適切意義究應如何。「意識形態」一詞在本書指的是廣佈於社會多數人而且被多數人視為理所當然而不須深究的理念叢結。意識形態透過塑造社會的知識庫存，影響了社會大眾對生活世界的認知與行為，甚至禁錮了社會思維與社會科學研究典範的演化發展。本書第六章將指出，農地應該儘可能保留農用，意即農地轉移他用應該嚴格限制，

是三十年來臺灣政界、學界、輿論界多數人共同持有而且視為理所當然，以致於極少反省的有關土地使用的意識形態。這意識形態成為臺灣土地論述不可質疑的出發點，禁錮了臺灣土地政策的思考，導致城鄉發展的災難。這意識形態應是在 1970 年代以前已漸成形，而終於在 1970 年代初，臺灣適逢一連串的國內外政治經濟大轉變同時湧現之際，帶動一系列限制農地他用的土地立法，而建構了限制農地他用的政策。危機即轉機。危機往往是社會發展的新方向定軌的關鍵時刻。臺灣在 1970 年代初國內外危機之際，確立限制農地他用的法令與政策，更使這農地農用的觀念定型化，終至成為土地使用的主導意識形態。這農地農用的意識形態從此在臺灣社會延續不絕，僵化了有關土地使用的社會知識庫存，禁錮了臺灣社會大眾與學界對土地問題的認知。以致於到目前為止，臺灣社會大眾與學界的絕大多數人，對限制農地他用法令在過去三十年產生的嚴重惡果仍然視而不見。

本書第七至九章將探討臺灣農地農用意識形態的主要來源。作者認為，以農立國的古老觀念、確保戰時糧食供應的安全考慮、及平均地權的觀念，是臺灣農地農用意識形態的三個主要成因。

以農立國，是絕大多數社會共同的歷史經驗，也是臺灣的長期歷史現實。但從 1950 年代起，臺灣以世界加工廠的姿態出現，以廉價消費商品的裝配出口帶動快速工業化。到了 1960 年代，就農工業相對產值而言，臺灣已從農業社會轉變為工業社會，急速邁向新興工業國家之途。

產業結構轉變帶來三個社會經濟後果：一是工商業人口聚居都市導致快速都市化，二是國民生活水準普遍提高，三是農業相對於工商業的衰微。

都市化帶來都市膨脹，也帶來了農地他用的需求。工業化與都市化愈成功，農地他用的需求愈強烈。國民生活水準高升也帶來住宅改

善與農地他用的需求。另一方面，相對於工商業蓬勃發展，農業重要性降低。工商部門所得持續快速增長，農業經營所得相對益加低落，使農民售地離農轉業的動機提高，更促進農地他用的進程。

　　更有甚者，臺灣的工業化在 1970 年代初跨越了分水嶺，從一般工業後進國普遍的入超轉變為出超。從入超國升格為出超國，意指社會總體財富快速增長。立即後果是都市加速擴張，農業加速相對萎縮。二者相加，使農業與農地的存續問題，突然成為社會大眾意識中的危機。

　　換言之，臺灣在 1970 年代初的初嘗富裕，代表著臺灣向工業社會邁進。這現象的反面，就是臺灣正在離開傳統的農業生活方式。農業相對衰微，農地迅速消失。傳統社會的消逝，不只令人傷感，而且帶來強烈的危機意識。農為國本、挽救農業、挽救農地，突然成了朝野共識。大家只看到農業危機，卻沒想到這正是臺灣工業化成功的反面。很少有人注意到農業生產與農民所得並未停止增長，只不過是相對於工商部門而言，農業部門成長偏低。臺灣農業並未倒退，只是相對進步緩慢。然而，傷感與鄉愁，取代了學界與大眾對社會變遷的因果瞭解。

　　上述這 1970 年代初臺灣因內部經濟轉變而來的農業危機意識，更因外部政治與經濟的同時突變，而被強化到不可冷靜自省的程度。就在臺灣方才享受到出超與富裕的 1972-1973 年間，全球發生了嚴重的金融危機與通貨膨脹，臺灣自然不能免疫。對於依賴國際貿易而新富的臺灣朝野而言，這國際經濟危機無異於當頭棒喝。依賴外貿生存是不可靠的，自立自強是生存的保障，本土農業絕不能放棄。換言之，國際經濟危機強化了國內經濟轉變帶來的農業危機感。

　　1970 年代初衝擊臺灣的，不只是國際經濟危機，而且是國際政治危機。1971 年臺灣被迫退出聯合國，各國紛紛與臺灣斷交，美國的斷

交撤軍也迫在眉睫。海峽對岸的敵人正在斷絕臺灣的外援，背水一戰的時刻隨時會降臨。當封鎖來臨，軍需民食從何而來？除了自產，別無出路。於是，國內經濟轉型帶來的農業危機感，不但被國際經濟危機所增強，更因國際政治危機而在政府決策階層被強化到糧食恐慌的程度。臺灣有史以來，一直是糧食產區與出口區。以傳統農業社會的標準而言，臺灣人很幸運的從未挨餓過。即使是二次大戰後數年，日本面臨糧荒，大陸陷於戰亂，臺灣也獨善其身而未曾缺糧。過去從不覺得糧食供應是問題，現在同時身歷國內外政治經濟變局，突然覺得這是大問題。為了糧食安全，保障農業與農地成為神聖的政策。

總之，工業化帶來的經濟轉變、農業的相對衰微、加上國際政治經濟危機，這些因素在 1970 年代初的偶然匯集，導致臺灣在 1970 年代初滋生了前所未見的農業與糧食危機感。因此，從 1973 年開始，一連串的農業立法與土地修法，確立了限制農地他用的政策，企圖藉此保障農業與糧食生產。這不是政府單方面的作為，而是民間普遍無異議的方向。1970 年代初，已是臺灣政治反對運動風起雲湧的年代，批判國民黨政府的言論並不缺乏。但我未曾看到反對限制農地他用立法的政論。農地必須農用，與政治無關。這是朝野無言的共識。農地農用的意識形態，於焉成形。

臺灣農地農用意識形態之成形，固然是 1970 年代初一連串國內外政治經濟發展巧合匯集的結果，但另一個長期因素卻也扮演了鞏固這意識形態的角色。這便是國民黨的三民主義官定教條中，民生主義的平均地權觀念。平均地權，地利共享。這是臺灣上過學的人都耳熟能詳的口號。它不只是口號，而且還曾局部實踐過。1950 年代臺灣農村土地改革便是在平均地權的理念下執行的。這平均地權的理念原本只要求地利共享，與農地他用問題其實毫不相關。因為農地他用只牽涉土地使用的改變，對於使用利益的分配則可以有無數方式，與平均

地權並不必然牴觸。但在 1973 年後，隨著農地農用意識形態與法令的成形，這平均地權觀念忽然與農地農用變成了一體之兩面。理由很簡單，平均地權當然就要反對炒地皮。1973 年以後，農地農用政策使合法的農地變更他用極端困難，而且常是政商勾結違法舞弊的結果。況且，農地他用的利益少有歸公者。因此，農地他用突然成為平均地權觀念的新敵人，而且是大號敵人。也因此，平均地權的理念，出乎中山先生的想像，意外成為農地農用意識形態此一新生事物的守護神。任何人膽敢質疑農地農用政策者，不是企圖政商勾結炒地皮，就是政商的代言人！

如此這般，農地農用意識形態，在平均地權大刀守護下，籠罩臺灣轉眼將近三十年。三十年是一個世代。換言之，臺灣的青壯一代是沉浸在這意識形態中長大的。他們對土地問題的社會知識庫存是被這意識形態塑造的。他們以為土地政策向來應該如此，是傳統。殊不知，臺灣這農地農用的意識形態與政策是 1973 年才誕生的。就像今日伊斯蘭基本教義派並非傳統伊斯蘭世界的遺產，而是伊斯蘭世界對晚近西力入侵的反動。臺灣的農地農用意識形態與法令並非傳統農業時代的遺留，而是 1970 年代初臺灣由農業社會變身為工業社會之際的心理反動。這對工業社會的心理反動，不只出現在臺灣，可能在更早的時刻就已出現在日本。日本的經濟社會變遷早於臺灣一個世代。臺灣在現代化過程中不斷向日本學習，包括農地農用的土地立法。另一方面，類似的農地農用意識形態與法令也在南韓出現。類似的變遷經驗，可能帶來類似的心理反動。我們或可將之比喻為臺灣與日韓等東亞國家在奔向工業社會途中，由於新舊生活方式的衝突與危機意識而產生的農業基本教義觀。

這農業基本教義觀，更被東亞國家集體自我剝削式的經濟發展模式所增強。東亞經濟發展深深受惠於東亞文化中根深蒂固的勤儉精神。

極端勤勞，也極端節儉。拼命賺錢，延後消費，到了可稱之為集體自我剝削的程度。後果是高額儲蓄，快速資本累積，快速成長。但這舉世稱羨的東亞經濟奇蹟背後，卻是惡劣的生活品質。環境保護、居住品質、文化教養等，都被視為不急之務，一切等賺夠了錢再慢慢彌補。但事實上，這種集體自我剝削精神之強烈，使我們的國民，即使有了錢，即使開始享受進口奢侈品，也仍然捨不得在無法用金錢衡量的生活品質與文化教養上大方投資。口袋有錢，揮不去心靈的貧窮。放寬農地他用，可以減輕城鎮擁擠，改善生活品質。但農地一旦他用，就不能維持農業生產。即使農業產值無幾，臺灣人也捨不得讓農地光明正大的轉用。至於都市居住品質，既然無法用錢衡量，也就不必費神考慮。臺灣人很少想到的是，城鎮用地不足，不只降低生活品質，而且地價高漲，居住與營業成本大增，經濟損失更慘重。貧窮的心靈，使人無法冷靜的從事真正有效的成本分析。

　　值得臺灣人深思的，卻是類似的地狹人稠，類似的小農社會傳統，類似的經濟發展經驗，雖然使南韓也感染這盛行於日本與臺灣的農地農用意識形態，症狀卻已改善很多。韓國政府從 1970 年代以來，就小規模從事有計畫的都市發展。1980 年代末期以後，更積極而有計畫的將漢城周邊的農地大筆大筆的轉變為都市用地，用以建設空間寬廣而交通、居住、商業、教育等設施完整的新市區。時至今日，漢城市內外的新市區的生活環境品質之優越，已經不是臺北市內外的新社區所能相比的。歷史，沒有命定。

　　總而言之，農地農用意識形態乃是臺灣在轉變為工業社會之際的心理反動。這對新社會秩序的反動，卻被誤認是傳統而堅守了下來。三十年了，臺灣這新興工業國家，從出生就被這農業鄉愁所包裹，直到今日。在這支配性意識形態無言的籠罩下，即使日日經歷農地農用政策帶來的城鄉災難，臺灣學界站出來質疑農地農用政策的人，還真

的不多！

　　要質疑農地農用意識形態與限制農地他用法令，我們必須回到這意識形態的三個根源：以農立國的觀念、保障戰時糧食安全的考量、以及平均地權的理念。本書第七至九章，除了討論農地農用意識形態的這三個根源外，也將指出它們為何不合今日臺灣的現實，以及有何更好辦法來解決這三個訴求。

　　就以農立國觀念而言，第七章將指出，耕種農業只佔 2000 年臺灣國內生產毛額的 0.95%，總產值僅 1,652 億元，低於當年臺灣積體電路製造公司的營業收入 1,663 億元。但農業需要重重保護補貼，臺積電則盈餘驚人。換言之，整個臺灣耕種農業的經濟價值不如一家臺積電。以農立國已是歷史，不是現實。這並不是說我們必須放棄農業，而是說我們的農業體制必須適應工業社會的經濟現實。

　　1999 年臺灣農家平均農地面積僅 1.08 公頃。在工業社會裏，這樣的小農已無法藉農耕維生。1995 年臺灣農家僅 12.8% 是專業農家，卻有 12.6% 是以農業為主要收入來源的兼業農家，更有 74.5% 是以他業為主要生計來源的兼業農家。1999 年農業所得平均僅佔農家所得 18.22%。就多數農家而言，農業所得並非生計所繫。多數農家售地離農並不致於帶來生計問題，反而可以農地價款為家人創業資金。即使有少數小農在離農後無法自力轉業或養老，我們的社會也負擔得起安養所費。

　　另一方面，零細農制帶來極低的生產效率。每戶農家規模偏低，無法專業企業化經營。即使是機械代耕代割普及而生產效率最高的稻作，仍然使用過多勞力，以致生產成本偏高。2000 年美國平均農場面積 176 公頃，稻穀產地售價每公斤 4.37 臺幣，當年臺灣限量進口的美國稻米平均每公斤進口成本 13.81 臺幣。1999 年國際稻穀進口價格平均每公斤 11.58 臺幣。2000 年臺灣蓬萊稻穀平均產地售價每公斤

18.09 元；平均生產成本每公斤 17.20 元，其中高達 10.74 元是包括自家人工報酬的人工費。換言之，臺灣稻穀生產成本遠高於國際穀價。臺灣稻作產業之所以能繼續至今，完全是因政府限制國外稻米進口，以迫使國人購買高價的國產米。但國人高價補貼稻農，卻無改於農家所得偏低。原因正在於農家經營規模過低，不論政府與消費者如何補貼，都不能彌補營業規模過低與生產效率偏低帶來的農業所得偏低。

更有甚者，臺灣農產品固然因生產成本偏高而價格遠高於國際水準，使消費者高價補貼農家，但農家事實上仍是賠本經營。理由在於農地價格已高漲至遠逾其農業使用價值。臺灣農家絕大多數至遲在半世紀前土地改革時即已獲得其土地。以目前地價而言，當年土地獲得成本可謂微不足道。因此目前農業經營的成本計算完全低估了土地成本。一旦將土地現值列入計算，幾乎沒有什麼農作物經營是不賠本的。農家若能售地離農，其售地價款的銀行存款利息遠高於絕大多數農業經營的收益。例如，目前臺灣農地價格平均每公頃約 1,500 萬臺幣，在低估農地成本的前提下，2000 年一公頃兩期稻作的盈餘僅 11,214 元；即使收益最高的作物葵百合每公頃一期經營盈餘也不過 80 萬臺幣，仍低於 1,500 萬農地價款的銀行貸款利息。換言之，目前農家經營，只有在不計土地現值的狀況下才能繼續下去；也就是臺灣現行農業體制只有在不合經濟理性的前提下才能維持。

綜合言之，臺灣的限制農地他用政策，一方面迫使零細農繼續以高價土地經營低收入農業，另一方面則由消費者高額補貼零細農。這是農家與消費者雙輸的政策。

事實上，臺灣的零細農制不但導致目前農業生產效率低與農家農業所得偏低，而且已面臨無以為繼的困境。第七章第五節將指出，1995 年臺灣農家中，能認真投入農業的僅有約佔農家總數 1.90% 的傳統專業農家，約 7.38% 的準傳統專業農家，與約 3.18% 的商業農家，

總共不過約佔農家 12.46%。其餘 87.54% 農家分屬準業餘農家、業餘農家、可退老農、甚至已離農休耕者。他們已處於不同階段的離農過程。他們之所以維持農家身份，並非有心務農，而是將農地視為資產保值的手段。他們在生計上已無須務農，也不認真務農，但也不離農。後果是農地無法集中於專業農家之手來合理經營，不但阻礙農業發展，而且使愈來愈多農地淪於粗放的業餘經營，浪費寶貴的土地資源。

讓我們面對現實。臺灣已是工業國家，已有從事大農場經營的農業技術。多數小農離農，不但不影響農業生產，反而促進農場合併擴大而有利於農業生產。從農業經營的觀點看，農地農用法令促使小農留在農地上，不但無助於小農生計，反而妨礙農業生產方式的提升。作者主張，維護農業，並不必然要保存所有農地，更不必要維持零細農制。

不幸的是，臺灣的農業經濟學界，在學習西方的農業與農地政策時，常忽視了臺灣農地之零細化，已使臺灣農業無法適用西歐北美的農業經營邏輯。他們無視於臺灣農場規模之相對過小、農民之極度兼業化、與農地之普遍被視為準城鎮用地，而盲目套用西歐與日本的限制農地他用法令，並加以極端化。結果不但不能振興臺灣農業，反而嚴重妨礙城鄉發展。

就糧食問題而論，像臺灣這樣以工業與國際貿易維生而且長期出超的國家，即使糧食生產不足，大可與新加坡一樣，透過成本低廉的進口糧食儲備來保障糧食安全。事實上，臺灣糧食早已不能自給。1999 年臺灣自產稻米 155.86 萬公噸，進口玉米、黃豆、小麥、大麥等糧食與飼料卻達 884.64 萬公噸。當年以價格權數計算的綜合糧食自給率是 77.1%，穀物自給率是 58%，熱量自給率僅 35.6%。但我們的農政機關，卻蓄意忽視臺灣進口大量糧食的事實，而利用農業補貼導致國產稻米生產過剩的現象，來散播臺灣糧食可以自足，因此必須保

持自足的農業神話，藉以維持目前的農地政策。

第八章將指出，臺灣其實極不可能因為放棄農地農用而完全失去糧食生產能力。但即使假定這不可能的狀況居然真的發生了，以致臺灣要完全依賴進口糧食，則儲備全體國民一年所需糧食的成本，也不過約 376 億臺幣，相當於每個家庭分擔約 5,632 臺幣而已。即使欲求心安而儲備十年的糧食，每家也不過分擔不到六萬臺幣的成本。但若花費此等有限經費來儲備進口糧食，就能打破農地農用的心結，使我們能冷靜合理的規畫城鄉發展，則不僅臺灣城鄉建設會比今日合理，而且因為城鎮用地供給大增，地價下跌或長期持平，每一家庭在房地產上所能節省的費用，將是這五千多至五萬多元之間糧食儲備費的幾十幾百倍。

事實上，一般國民並不須負擔這糧食儲備費用。我們大可以對變更他用的農地徵收一定比率的變更使用稅，以為糧食儲備費用來源。例如，每公頃農地變更為市地時徵收新地價 1% 的轉用稅。假設變更他用的新市地只值每公頃 1 億元的低價（每坪約 3.3 萬元），1% 轉用稅等同每公頃 100 萬元（每坪約 330 元）。對變更他用的土地而言是微不足道的極低數額，但就糧食儲備而言將是可觀經費。假設現有 85 萬公頃農地中有 40 萬公頃變更他用，每公頃 100 萬元轉用稅，40 萬公頃就是 4,000 億元，足供 10 年儲糧費用。臺灣，有可能被封鎖 10 年嗎？糧食，真的不是問題。

第九章將指出，就平均地權而論，臺灣已由農業社會轉變為工業都市社會，2000 年底已有 77.92% 的人口聚居都市計畫區內。限制農地他用法令不但使城鎮生活品質惡劣，而且在阻礙合法的農地變更他用之餘，更形同鼓勵政商勾結來謀求土地變更使用的暴利。合理的需要不能獲得合法的滿足，後果必然是非法橫行，良民受害。意欲防止土地炒作的限制農地他用法令，事實上反而製造了更多更惡劣的土地

炒作。

怪異的是，面對都市土地價格高漲與炒作猖獗，以平均地權為己任的臺灣地政學界卻極少檢討臺灣都市土地的供給，反而只怪罪都市土地的假性需求與炒作。臺灣的土地經濟學，只論需求，少談供給。理由在於，農地農用的意識形態已主宰了他們的研究典範，使他們在學習西方土地學術時，不自覺的實施選擇性學習。

事實上，1970 年代以來，臺灣學界與社會大眾，由於誤將農地農用等同於平均地權，反而忽視了其他更能達到平均地權的手段。

過去各國的都市擴展，即使有都市計畫，也多是由地主自行將原農地變更為市地使用，也就是讓地主享受農地變更使用的利益。新市區的公共設施，則由政府出錢來購地建造，讓居民享用。這等同納稅人出錢補貼原地主發財，顯然嚴重違反了地利共享的原則。這也是臺灣一直採用的都市擴展方式。

為了矯正上述不公現象，近百年來，西方先進國家發展出區段徵收與市地重劃等方法，作為都市擴展的手段。區段徵收是藉由公權力，將大片農地整體徵購為公有都市用地，以便提供廉價而規劃良好的都市用地。市地重劃則是在公權力支持下，將大片農地整體規劃變更為新市地。在變更過程中，新市區所需的公共設施用地，甚至部分公共設施的建造成本，都由原地主分攤。原農地地主等於以分攤公共設施的成本作為享受農地變更他用利益的前提。因為農地變更為市地時價值大增，地主們也並不吃虧。區段徵收與市地重劃，一方面實現了有計畫的都市發展，一方面更使農地他用的利益為社會全體所共享。

然而，農地農用意識形態使臺灣學界與社會大眾傾向於認定農地他用是不正當的行為。打壓防止之餘，始終拒絕有系統的探討農地變更為市地的程序，彷彿唯恐褻瀆神明一般。討論都市擴展似乎變成了學術禁忌。但臺灣的都市仍然必須成長，農地仍然必須變更為市地。

拒絕正面討論的結果，是臺灣的都市不能積極而有計畫的擴展。城鎮擴展所需的農地只能勉強而零星的變更為市地，而其變更程序，絕大部分是因循舊法，繼續採用前述不公正的都市擴展方式。近年臺灣平均每年農地他用約 4,467.5 公頃。每年市地重劃與區段徵收合計平均不足 580 公頃。換言之，臺灣的農地變更為市地，絕大多數繼續採用前述舊法。依政府統計，目前市地重劃每公頃可以為政府節省建設經費 1.1457 億元。每年約 3,900 公頃農地他用未採用市地重劃，等於是每年 4,468 億元的公共設施建設費用是應省而未省。結果不僅農地他用的利益沒有歸公，而且政府根本無力負擔徵購都市公共設施用地的經費，更無力建設計畫中的公共設施。到目前為止，臺灣各都市計畫區內等待政府徵購的公共設施保留地徵購成本已達 11 兆臺幣，相應的公共設施建築費用可能達 5.5 兆元。也就是說，納稅人集體負債 16.5 兆臺幣，超過全國各級政府 8.68 年稅收總額。另一方面，無力付錢，當然就沒有計畫中的公共設施可以享用。這是臺灣都市裏公共設施嚴重缺乏的主要原因。總之，一個有著平均地權偏執的社會，因為觀念與方法錯誤，反而成為全世界工業國家中，地利最不共享的社會。

不僅一般大眾如此糊塗，甚至臺灣的地政學界，雖然普遍知道西方國家的區段徵收與市地重劃，雖然也在教科書中介紹如儀，雖然也確實促使政府採用了有限的區段徵收與市地重劃，但是當談到平均地權時，他們的研究與評論，仍然集中在地價稅與土地增值稅等三民主義課本討論過的議題上。在臺灣這般都市急速膨脹而都市用地嚴重不足的社會裏，臺灣的地政學界，卻很少有系統的探討農地變更為市地的問題，更罕將他們在西方教科書上讀到的區段徵收與市地重劃的理念，有系統的拿來研究臺灣農地變更他用的程序。只因為，中山先生在三民主義裏並未討論這問題。因此，一談到平均地權，臺灣地政學界的注意力就集中到地價稅與土地增值稅。臺灣近來平均每年土地稅

捐總額不過 1,583 億元。但若採用市地重劃作為農地他用的手段，每年可以節省的公共設施用地與建造成本，超過五千億元。換言之，若採用區段徵收與市地重劃作為農地變更為市地的手段，則地利歸公的效果遠大於所有土地稅捐。1950 至 2000 年度之間，臺灣各項土地稅總額不過 2.6314 兆臺幣，但前述政府積欠的公共設施保留地地價與建築費用已達 16.5 兆元。這 16.5 兆元是當初可以在農地變更為市地時透過區段徵收與市地重劃完全省略的，我們卻渾然不覺。臺灣地政學界對於地價稅與土地增值稅產生了無數的研究論文，無數的學術研討會，無數的政論文章。但有關如何以區段徵收與市地重劃來使農地變更使用的龐大利益歸公的議題，卻相對的少有人涉及。前述臺灣納稅人集體積欠的公共設施保留地徵購費用與建築費用已達 16.5 兆元，等於平均每位國民要分攤約 75 萬元。這本來可以由原地主在農地變更他用時吸收的都市建設成本，現在全部成為你我及子孫們的負擔。但以平均地權為己任的臺灣地政學界，對這問題的關心與投入，卻遠不及對土地稅問題的關心。意識形態先入為主，扭曲學術研究典範的力量，真令人嘆為觀止。

　　總之，以農立國的觀念，確保戰時糧食供應的安全考量，與平均地權的觀念，三者共同帶來以及鞏固臺灣的農地農用意識形態。農地農用意識形態與限制農地他用法令，乃是臺灣在轉變為工業社會途中，因為缺乏自信而想像出來的護身符。它反映的是臺灣沒有勇敢的面對社會經濟變遷，反而企圖阻止社會變遷。當臺灣已全然工業化，這農地農用意識形態的禁錮仍然盤桓不去，成為社會經濟發展的絆腳石。舊時代的善意，在新時代導致了多數人意想不到的惡果。

　　上述現象之間因果關係複雜，為便追索，且以本書之始所附【圖一】示之（頁 350）。

四、願景

　　人類社會變遷中最大的困難，是思考方式的改變通常遠落於社會經濟現實的改變之後。思考的惰性，使我們的社會繼續沿用 1970 年代臺灣社會轉變危機時代的思考方式與法令。結果便是舊時代的觀念所產生的不合時宜法令，成為工業都市社會發展的障礙。舊時代的法令與思考方式，在急劇社會經濟變遷後，不但已失去積極功能，而且帶來巨大的社會經濟災難。但社會大眾卻仍將舊觀念、舊法令視為理所當然，抗拒改變，甚至自以為這才代表正義。他們以為這是傳統，卻不知這傳統是 1973 年才捏造出來的。過去的生活現實所產生的生活觀念，侷限了現代人對目前生活現實思考的能力。這就是意識形態，這就是意識形態威力之所在。社會成了自己歷史的俘虜，活人被死人統治，無力掙脫舊思維的束縛，無能看清自己的未來。

　　從臺灣社會經濟變遷的宏觀歷史角度而言，本書討論的，已不只是土地政策的問題，而是我們社會自我認知的問題，是我們社會未來定位的問題。我們究竟是要一籌莫展的傷感於小農社會的一去不返？還是要勇敢的面對不可逆轉的工業時代，在鋼骨水泥的工商城市裏重建家園？田園生活已逝，我們註定要過都市生活。對離開農村不滿兩個世代的多數臺灣人而言，工業社會是冷酷陌生的，但我們已別無選擇。鋼骨水泥的工業城市也許遠離自然，但若我們不自暴自棄，用心經營，未嘗不能建設理想的新家園。與其拼命將土地留作養不活農民的農田，而迫使城鎮裏的孩童擠在人車不分道的巷弄裏遊戲，何不移用部分農地來增益我們的城鎮，讓城鎮裏的孩童日日有公園綠地可去，而不是只有過年回鄉下老家時才知道何謂花草。何況，那老家已愈來愈不可能有人留守了。傷感，留給詩人。社會科學家的責任，是收拾

起內心的傷感，咬牙探索陌生的未來。這需要清明的思考，更需要挑戰昨日之我的勇氣。

我們面臨的選擇，不是要居住在那一個版本的完美世界。我們面臨的，是必須在幾個很不完美的選項中，挑選一個遺憾最少的方案。我們但願臺灣有更廣大的土地來容納這已有的龐大人口，但這願望已註定無法實現。臺灣是個地狹人稠的國家，這已無法改變。但我們可以更明智的運用我們有限的國土，來改善我們的總體生活品質。不論作何選擇，我們都會失去某些寶貴的資產。我們所能期望的只是收穫會多於損失。我們無法喚回田園生活，但我們可以讓臺灣的都市更適合人類居住。

讓我們拋棄神話與自欺，勇敢的面對臺灣的未來。以農立國已是歷史。以臺灣的人口規模，以我們已經習慣的富裕生活，都已經註定，本土農業不但不再是立國基礎，而且也不可能提供我們充分的糧食。我們的糧食，已註定必須依賴那些相對地廣人稀的國家來供應。我們所能憑藉以保障糧食供應的，不是自欺欺人的農業政策，而是在全球經濟中缺我不可的工業生產力。如果容忍臺灣被封鎖、被攻擊，如果斷絕臺灣的糧食供應，就等於關閉全球電腦產業的生產與運籌中心。這，才是我們生存的憑藉。

臺灣不是農業國家，而是工業國家；不僅是工業國家，而且是城市國家。乘火車或汽車貫穿臺灣西部平原一次，睜眼看清這片城鎮相連的土地。這中間還有多少鄉村可言？如果臺灣還有城鄉差別，那不是因為城鄉距離很遠，也不是因為臺灣沒有足夠的財富來總體規劃建設整個國土，而是因為半世紀來錯誤的發展政策。這普及人心的錯誤政策，硬要區分城鄉，硬要假裝都市計畫區外的寶貴國土不需要規劃，硬要堅持鄉村的發展應該任它亂七八糟，硬要堅持都市必須擁擠醜陋。

讓我們面對未來。臺灣人口之密集，已是城鎮相連，難分彼此。

2000 年臺灣總人口 2,221.6 萬人，略多於紐約大都會區 1998 年之 2,012.4 萬人，而遠少於東京都會圈 1999 年之 3,313 萬人。整個臺灣可利用之平原與山坡地總面積不過 11,200 方公里，不僅遠小於紐約大都會區之 20,192 方公里，且小於東京都會圈之 13,180 方公里。臺灣，其實已是個大都會區。如果我們用心規劃建設我們的社區與交通網路，二十年後，整個臺灣將會變成一個大城市，一個土地寬廣而綠意盎然的大城市。

放眼未來，臺灣其實是個以全球運籌導向的高科技工業來維生的城邦。而我們比歷史上所有的城邦都大得太多。臺灣，是二十一世紀的東亞超級城邦。

東亞超級城邦的意義何在？與新加坡這般小型城邦相比，我們不僅是很幸運的在郊外的國家公園裏就有壯麗的三山五嶽；更重要的是，在這經濟規模限制了經濟與文化發展的時代，人口二千萬的超級城邦比起人口三百萬的城邦，更多了分自主力與全球影響力。

就經濟而言，與新加坡相比，臺灣二千萬人的工業生產與對外投資帶來的擴散效果，使我們在全球經濟中的份量重得太多。臺灣的一場大地震會影響紐約華爾街電腦產業的股價，我很懷疑新加坡的地震能有同樣效果。不僅是經濟，文化也如此。二千萬人口所提供的文化市場，使我們較能維持一定規模的文化生產與出口。臺灣電影已是國際影展常客，有人看過新加坡電影嗎？而若我們將臺灣置於東亞經濟文化圈之中觀察，將更能理解臺灣作為東亞超級城邦的意義。

歷史上的城邦，常是處身於廣大的經濟文化圈之中，而成為整個地區的政治經濟文化發展的先驅與媒介。古希臘城邦不僅是古地中海商業經濟的骨幹，而且是西方民主政治與文化學術的源頭。中古西歐的自治城邦，猶如黑暗大海裏的孤島。當整個中古西歐退回到自然經濟，城內市民階級卻逐步重建工商業。當城外的農奴淪於封建制度的

桎梏，城內的市民卻發展出民主自治與理性的法律。沒有中古自治城邦奠定的基礎，我們難以想像歐洲會有文藝復興，更不能想像現代西方的文明。

二十一世紀初的臺灣，就土地、人口、經濟、政治、文化、與地緣而言，正是東亞漢字文明圈中的超級城邦。我們常以一般領土國家的觀點看待自己，卻不知臺灣更適於以城邦自視。在東亞漢字文化圈中，我們要爭取的，不是地緣強權，而是經濟與文化領先。我們的生存，不繫於孤立自保，而在於使我們的生存與繁榮成為眾鄰的共同利益，在於使臺灣的發展成為眾鄰發展的基礎。但要扮演這東亞超級城邦的角色，我們必須對東亞的未來有清楚的展望。

不論短期榮辱浮沉如何，人口規模註定了華人社會將是東亞的核心。在廣大的華人社會中，除去規模太小而主體性太低的新加坡與香港不計，臺灣的政治經濟與文化最先進，而又規模大到足以產生內在的文化融合與創造。介於中國與西方之間，不僅與西方的接觸遠多於中國大陸，而且對中國古典文化的傳承也遠深於共產中國。臺灣，是漢民族新文化融合創造的核心，也將扮演華人社會現代化的先驅。政治的分合恩怨是短暫的，歷史的長河綿綿。不論政治上的分合恩怨如何，長遠的地緣經濟與文化紐帶，註定了臺灣要成為整個華人社會的發展先驅與媒介，這等於就是東亞發展的先驅與媒介。

就宏觀歷史的角度而言，臺灣註定了要成為華人社會現代化的先驅。但就短期現實而言，臺灣與大陸間的分裂與矛盾卻根深蒂固，非任何人所能輕易化解。兩岸的和解、互信、與合作，註定了將是漫長的摸索過程。

中國大陸正在步上日臺韓等東亞國家的後塵，以擔任世界製造業代工者的策略來獲致經濟發展。1978年以來大陸的經濟成長，可說是臺灣經濟發展模式的延伸，是東亞經濟的新前沿。從國際比較的觀點

而言，大陸的勞力素質，與其他東亞國家是近似的。比其他東亞國家晚三四十年開始學習工業紀律，但明顯比其他開發中國家的勞力素質高一級。一旦這代工策略在世界貿易組織的架構下全面啟動，不但先進國家難以阻止勞力密集產業逐步移向大陸，而且其他開發中國家將難與大陸競爭外來投資與代工機會。人口十三億的大陸將成為全球最大的代工基地。臺灣固然不能不謹慎面對產業外移帶來國內產業空洞化的風險，但也不能不正視大陸這代工基地的潛力。這代工潛力，臺灣不用，等於坐視競爭對手利用，等於在國際產業競爭中自縛手腳。臺灣經濟的未來，一半寄於本身的工業升級與全球運籌能力的掌握，一半寄於利用大陸的代工能力。

對大陸而言，向同文同種的臺灣學習發展經驗，比向其他夥伴學習要容易得太多。大陸若能獲致臺灣的投資與經驗，將加速其經濟成長。臺灣要對外投資與產業轉移，從經濟投資報酬率的角度而言，不會有比大陸更好的去處。臺灣與大陸，經濟上是合則兩利，分則兩害。

但兩岸關係，是不可能完全由經濟利益來左右的，而需要兩岸共同的政治智慧與遠見。我們需要的遠見，不是三十年、五十年的遠見，而是百年的遠見。

北美洲互不相屬的多數英裔殖民地，在兩百年前結成一個新的強國。屢經衝突與戰亂的西歐，在二十世紀後葉逐步統合，而可能在二十一世紀成為一個共同體。東亞，這漢字文明的廣大土地，不僅在最近百年飽經戰亂血洗，而且仍沉浸在彼此的敵意猜忌之中，似乎無人敢想像一個共同的未來。但若臺灣人可以拋開兩百年前的漳泉械鬥與閩客對立，若半世紀前不共戴天的法國德國可以共同領導西歐走向統合，又有誰能說東亞漢字文明各國在二十一世紀後葉不可能啟步走向統合共榮？

臺灣，身為東亞古文明之子，卻也因地緣與歷史之故，而非自願

的與東亞近代文明先驅的日本發展出恩怨糾纏的親合。臺灣，不僅將是中國與日本地緣政治和解的關鍵，而且是東亞古文明與近代文化融合的橋樑。臺灣與大陸的統一，不是要不要的問題，而是東亞統合的制度設計與時程問題。東亞漢字文明各國，可能在二十一世紀後葉啟步，在平等互惠而自願合作的基礎上，緩進的走向二十二世紀的統合。中國大陸的龐大人力資源，日本的科技，將是東亞統合的支柱。韓國的向上精神，臺灣領先華人社會現代化的先驅角色，也將是東亞統合的關鍵。

我們必須瞭解，東亞統合絕非狹隘的和平運動或經濟共榮，而是事關東亞文化在未來人類文明中定位的大業。西方文明雄霸全球三四百年，已不僅僅是人類歷史上文明興衰相繼的一頁，而極可能藉由眼前澎湃的全球化浪潮而成為未來人類文明的永久基調。透過經濟互賴、媒體傳播、與學術教育，西方主導的全球化正加速滲透非西方世界，英語浸浸然已將成世界語。小國寡民透過所謂國際化，將漸被英語與西方文明同化而逐一失去本身的語言與文化。放眼幾世紀後的未來世界，力足與西方相抗衡而綿延不絕的語言與文化，可能只有廣土眾民而又在現代文明上急起直追西方的東亞漢字文明。

要為東亞文明在未來世界留一餘地，要在西方主導的現代世界為東亞文明重啟新頁，中國大陸必須在政治心理上超越百年來的國恥情結，在政治視野上超越兩岸分裂與中美對抗，以成熟的大國風範，藉由以德服人來領導東亞漢字文明圈，來領導東亞漢字文明的再起。

在這東亞文明振興的大業裏，臺灣應該追求的，不只是平撫國際地位的委屈，不只是建構孤立的主體性，而更是發揮超級城邦的優勢，成就東亞文明的先驅。人生如隙，天地悠悠。不要讓個人短暫的生命遮蔽了我們的歷史想像與願景，不要讓島國一時的榮辱埋沒了我們的自我期許。這宏觀歷史角色的自我期許，必須從自我生活情境的重構

出發，從躍出自設的心牢開始。

　　臺灣，究竟是要以農業社會自視，而在小農經濟的泥沼中自憐自艾？還是要以東亞發展先驅自視，以東亞超級城邦自視，而以城市發展的觀點來總體規劃建設整個國土？這不僅是個人生活方式的抉擇，而且是國家遠程發展戰略的設定。我們必須做這個選擇。我們已錯失了三十年，我們的子孫將會要我們為今日的選擇負責。

五、建議

　　基於本書對臺灣城鄉土地使用現狀的觀察，與對臺灣作為東亞超級城邦的宏觀歷史出路的展望，本書第十章也嘗試提出有關土地使用的政策建議。

　　第一個方向，是積極的都市發展，也就是由政府積極引導都市有計畫的擴張。一方面，積極對大小城鄉，包括鄉村集居區，普遍設立或擴大都市計畫。另一方面，對於都市計畫區內農地，則藉由區段徵收，一律變更為都市用地，來積極引導城鎮有計畫的向其周邊擴展，創造開闊而規劃完整的都市空間。並藉由提高地價稅、市地限期使用等法令，來增加土地持有成本，抑制建築用地之閒置居奇，使都市土地充份利用。

　　第二個方向，是依發展許可制，大規模允許都市計畫區外農地變更他用。這第二個方向有兩個步驟。

　　第一步驟是制定嚴格而明確的農地變更使用規範，這包括地利共享與使用設計兩方面。地利共享方面，應規定農地他用時應高比例捐贈公共設施用地，使農地變更他用的利益由社會全體共享。使用設計方面，應規定變更他用之農地，必須有完整之都市或鄉村區之建設規

劃,包括污水處理等環保設施,才准許他用。這第二項規定應該包括禁止新購或分割之農地,在變更為都市或鄉村區建築用地之前,以興建農舍之名建築住宅,而造成無計畫、無環保設施之惡質都市擴張。

然後在上述規範下,執行第二步驟。也就是依發展許可制原則,凡是依照上述規範來規劃其土地的都市計畫區外農地變更他用的申請案,都無限量加以批准。

由於臺灣土地所有權極度昂貴與零細化,要由土地開發人依照目前農委會「農地釋出方案」所規定的集合十公頃以上農地來進行規劃開發,現實上極為困難。因此,短期內,發展許可制對城鄉發展的影響不會太大。要實現有計畫的都市發展,有賴於政府積極主動擴大都市計畫,並執行都市計畫區內農地之區段徵收。

上述兩個方向執行的後果,是臺灣 85 萬公頃耕地,除少數位於國防、古蹟、環境敏感等地帶者不應允許開發外,其餘多數在理論上都可以有條件的變更他用。2000 年臺灣都市計畫範圍 44.55 萬公頃,扣除限建的農業區與保護區等非都市發展用地 26.23 萬公頃,可用於建築開發之住宅區、商業區、工業區等都市發展用地總和不過 18.32 萬公頃。85 萬公頃農地若開放變更使用,等於使潛在的城鎮用地可供給量趨近目前城鎮用地的五倍。事實上,臺灣城鎮用不了這麼多土地。龐大的潛在供給量將使城鎮用地面臨需求增加有極限,而潛在供給卻暴增。後果是供過於求,使城鎮地價下跌,或至少長期持平不漲。農地變更他用的利益將大幅減少,使以炒作為目的的農地變更他用的假性需求破滅。一旦失去了炒作動機,將使多數農地雖然在法律上可以開放變更他用,實際上申請變更他用的數字會遠低於可用農地。易言之,因為農地變更他用沒有暴利,所以雖然法律開放農地變更他用,並不會導致所有農地都真的變更他用。住宅與工商用地的需求,總是有限的。

　　就城鎮部門而言，依照上述規範開放農地他用的後果，是帶動有計畫的城鎮擴展。城鎮用地供給大增，地價下跌或至少長期持平，每個家庭的房地產支出將會大減，形同實質國民所得大幅提高。這不但可以提高生活品質，也將增加可投資的儲蓄，進一步促進經濟成長。房地產降價，也會降低工商營業成本，有利出口產業，刺激經濟成長。另一方面，地價下跌，公共設施用地成本大減，政府將有能力大量增加道路、公園綠地等公共設施的建設，並大幅提高其設計標準。事實上，若放棄目前採用的消極發佈細部計畫並由政府提供公共設施此等錯誤的都市發展方式，改為積極而大規模的採用區段徵收作為城鎮擴展的主要手段，則新市區所需的公共設施用地及其建築成本，都已由變更使用的農地依照比例均攤，納稅人根本不必花錢徵購公共設施用地。

　　上述這些城鎮發展趨勢的綜合結果，是臺灣城鎮有計畫的擴展，城鎮人口密度降低，公共設施大為改善。同時房地產價格下降，都市居民對土地的使用會更大方，可以實施更嚴格的建蔽率與容積率管制，提高都市空間品質。

　　為便說明，我們不妨就上述政策的可能後果做個簡單的想像。如果目前臺灣各都市計畫農業區與保護區內的農地適合開發者大多改為住宅區與商業區等建築用地，面積即可能超出 20 萬公頃，趨近目前城鎮用地之和。意即臺灣城鎮人口密度將會減半，每居民所能使用之公共設施至少加倍。對飽受擁擠之苦的臺灣城鎮居民而言，這難道不是好事一椿嗎？

　　當然，即使目前就開始執行上述的政策改變，可能也要二三十年後才能見到我們剛才描述的預期結果。目前既成市區裏狹隘雜亂的惡劣市容，可能要費時五六十年才會逐漸改頭換面。但若不朝此方向努力，臺灣城鎮將繼續如目前這般令人不堪忍受。

　　當然，我們必須再次強調，都市擴張必須有計畫的進行。作者固然反對堅守農地農用政策，但也同樣反對無計畫的都市擴張。2000年初「農業發展條例」修正，允許農地分割為小塊辦理繼承，也允許非農民購買小到 0.25 公頃的農地，又允許新購或分割繼承如此小塊農地者，以無既有農舍的理由新建農舍。在臺灣這樣的工業社會裏，0.25公頃土地能養活任何農家嗎？能稱之為農場嗎？當然不能。這種方式的農地開放根本是自欺欺人，是以照顧農民為名的惡質土地使用。0.25公頃的小地塊不能稱為農場，而應稱為庭院或花園。在 0.25 公頃的土地上栽種植物，不能叫做農業，只能叫做休閒園藝。在這般小塊地上興建的房屋，不能稱為農舍，而應正名為郊區住宅。這種開放農地興建所謂農舍的政策，乃是允許購地者以經營農業為名，在不負擔農地變更他用時應負擔的捐地、增值稅等公共義務，在缺乏總體規劃，在不設置污水處理等環保設施的狀況下，走後門將農地變更為新住宅區。後果將是混亂而污染嚴重的郊區住宅區。這是惡質的都市郊區化方式。我們必須再次強調，臺灣的都市應該擴展。但都市擴展必須光明正大而有計畫的進行，而不是假借農業發展之名，偷偷摸摸走後門，製造髒亂的新社區。

　　回到作者建議的農地他用的制度設計。就農業部門而言，上述政策建議的後果是城鎮用地價格持平，農地變更他用利益大幅縮小，使農地變更他用的假性需求破滅。因此將使許多農地失去炒作價值，不再被視為準城鎮用地，而被認真視為農地。離城鎮稍遠的農地價格將有可能下降趨向其農業使用價值還原的水準。在適當的農業補貼下，專業農家藉由購地或租地來擴大農場規模，以種植蔬果花卉等國內市場導向的高價作物，可能會有利可圖。因此將有許多地段與地力較佳之農地逐步集中於專業農家之手，以逐漸擴大之農場來經營高價值作物。後果是臺灣農業總體規模縮小，但平均農場面積逐年擴大，在適

度補貼下，專業農家能藉由農耕專業來維持合理的生活。

　　至於受國內市場規模之限而無法用於栽培高價作物的多餘農地，尤其是生產成本偏高而無法維持的稻田，可由政府發給原農民高於稻作收益的離農津貼，鼓勵其離農。離農津貼的籌集，則可以在開放國外稻米進口時，徵收進口稅以為稻農離農津貼的財源。例如，以 2000 年統計而論，臺灣蓬萊稻穀平均產地售價每公斤 18.09 元。包括自付自的工資與地租，農家每公斤稻穀的收益大約 7.96 元。1999 年全世界稻米進口價格平均每公斤 11.58 臺幣。假設臺灣完全放棄稻米生產而從國外進口，則每公斤成本只要 11.58 元，比本土自產的 18.09 元要便宜得多。以近年政府對農民的稻穀收購價每公斤 21 元作為目標價格，政府可以對進口稻穀徵收每公斤 9.42 元的進口稅，使市面穀價維持每公斤 21 元。對消費者而言，米價幾乎沒有差別。這每公斤 9.42 元的稻穀進口稅，則發給原稻農，作為離農津貼。這發給原稻農作為離農津貼的每公斤 9.42 元，高於他原來耕作所獲每公斤 7.96 元的收益。對稻農而言，所得增加，辛苦獲得解脫。事實上，由於稻米消費佔一般家庭支出極低比例，作者贊成提高稻米進口稅，以提高農民離農津貼。消費者負擔增加有限，卻可大幅促進農業發展。當然，在加入世界貿易組織與農產貿易自由化的趨勢下，對進口稻米單獨徵稅可能引起美國等稻米出口國的抗議。但在放棄本土稻作的前提下，對進口稻米徵稅並非為了阻止外國米進口，因此或可獲得貿易夥伴的諒解。若對稻米單獨徵收進口稅實在有困難，或可代之以對稻米、小麥、玉米、大豆等進口糧食全面徵收較低的進口稅或貨物稅，以籌集總額與前述稻米進口稅相當的稅款，作為糧食作物農民離農津貼。

　　同時，政府可以規定，稻農領取離農津貼的條件，是在下列二者選擇其一。一是將農地廉價租給留農的農家，以便留農者可以擴大農場面積來經營高價的蔬果花卉或養殖，改善經營效率。二是離農者可

以將農田從事經營簡單而成本低廉的造林，進行環境復育。由於臺灣市場規模有限，能從事高價作物栽培或養殖的農地事實上有個限度。結果將是休耕稻田多數轉供造林。總體後果是臺灣農地總規模縮小，平原地帶出現許多森林。不論就水土保持、防洪防旱、減少農藥肥料使用、環境保護、野生動植物復育、景觀、國民戶外休閒活動等目的而言，森林都比目前濫用農藥與化學肥料的掠奪式農業經營為優。而且，臺灣部分城鎮外圍可能森林環繞，城鎮生活品質更加改善。

上述政策建議的預期後果，可見本書之始所附【圖二】（頁351）。

從1990年代開始，臺灣的土地法令有了一連串的改變。改變的方向，在於有限度的釋出農地，以供工商與住宅使用。但到目前為止，這土地政策改變的主要動力，似乎是工商業者與農民的壓力。政府的著眼點主要是提供工商業者廉價的工商業用地，以便鼓勵他們留在臺灣。另一動機，是加入世界貿易組織在即，勢必減少農業補貼，不能不藉由釋出部分農地來減少農民的不滿。

很不幸，正如我們國家過去幾十年的重大決策一般，到目前為止，這些土地法令修正反映的，只是頭痛醫頭，修修補補式的決策邏輯。沒有任何跡象顯示我們的政府曾經全盤檢討我們失敗的都市與農業發展策略。沒有任何跡象顯示政府對臺灣的城鄉發展有新的眼光與展望。以振興農業為己任的農業主管機關仍然並未瞭解，目前的農地管制正是間接導致農地價格跟著城鎮地價高漲的原因，而農地價昂正是目前臺灣農業發展的主要障礙。因此農業主管機關並未放棄農地農用的意識形態，對農地轉移他用仍抱著勉強同意的態度。所謂農地釋出政策，安撫工商界與農民的政治宣傳成份多於實質政策。例如，發展許可的申請必須是面積十公頃以上的開發案方可提出。以臺灣土地之昂貴與產權之分散，十公頃乃是極高的門檻。除非極大財團長期投資，否則很少有人能集合十公頃相連農地來提出發展許可的申請。這高門檻的

設立，反映的是農政機關對農地他用消極但有效的抵制。可見後果是農地釋出量有限。我們可以預期，農地釋出不足，將不足以沖垮目前以炒作為目的的農地他用的假性需求，因此也不能將農地價格降至可以鼓勵農場規模擴大的水準。換言之，農政機關愈是企圖藉由阻止農地釋出來保護農業，將愈扼殺臺灣農業的重生。

另一方面，到目前為止，「農地釋出方案」的主要執行手段，偏向於消極的透過發展許可制來批准農地變更他用。從城鄉發展並觀的角度而言，即使有農地因此釋出他用，這也只是政府減少對農地他用的限制，但並未伴隨國家對土地使用與城鎮發展的積極作為。都市計畫主管機關並無藉由大規模擴大都市計畫來積極引導城鎮擴張的認識，城鎮有計畫的大規模擴展勢將不可能實現。城鎮擴展大約仍將一如今日般，片片斷斷的進行。房地產商人仍將是城鎮擴展的主要推動力量。他們的方便與利益，而非城鎮發展的長期規劃，仍將主導城鎮的發展。城鎮之擴展，仍將繼續以目前這混亂無計畫的方式進行。

更有甚者，雖然地政主管機關已宣言要採用區段徵收作為都市用地獲得的主要手段，方向正確。但以我國政府機關行政能力之低下，對抗利益衝突能力的薄弱，能否大規模實現需要龐大行政資源與政治意志來推動的區段徵收實在令人懷疑。幾年過去，我們並未看到政府落實這般宣言。事實上，不要說地利歸公較多的區段徵收未見實施，連地利歸公較少，但仍有助於都市有計畫擴展的市地重劃，都未見大力執行。

為何十年來臺灣土地政策檢討的成果如此貧乏？作者以為，關鍵原因之一，正是農地農用意識形態繼續在作祟。在臺灣這般剛從農業社會轉變成工業都市社會的國家，最重要的土地問題正是農地他用的問題。不積極面對這問題，不積極解決這問題，其他的土地政策討論都變成相對的枝節末葉。但在農地農用意識形態仍然普及於社會大眾

與政學界的情況下，參與土地政策討論的人，從來不敢質疑保留農地的必要。意圖炒作土地的政商們固然心虛，連真正關懷農民生活困境與都市發展的人，也不敢大聲主張大規模的釋出農地。更糟糕的是，他們很多人甚至根本不知道農地農用政策正是臺灣土地問題的主要禍源。在不能光明正大討論的前提下，大規模的農地釋出根本無從成為議題。於是農地釋出只能小規模的進行，而這絲毫不能解決臺灣城鄉發展的困境。要解決臺灣土地使用的困境，就要有大規模釋出農地的意願。但在農地農用意識形態壓力下，大規模的農地釋出變成只能走後門。這正是「農業發展條例」最近一次修正的狀況。既然不敢讓農地光明正大而有計畫的轉變成城鎮新市區用地，只好在沒有都市計畫，沒有配套的公共設施與環保設施的情況下，允許有閒錢的城裏人，假裝成農民，購買極小片的農地，種幾畦蔬菜，假裝要務農，然後以興建農舍的名目，將農地零星的轉變為城郊住宅區。這是惡質的都市擴張。但那些反對這種修法方式的人，在理直氣壯的反對政商勾結之餘，從未反省過，正是我們社會長期以來不分青紅皂白的壓抑農地他用，使農地他用政策失去了理性討論的空間。剝奪了理性討論的空間，等於鼓勵不理性的辦法強渡關山。道德訴求，並不等同於因果分析，更不等同於解決問題的辦法。不能解決問題的道德訴求，只會製造更多的犯罪。這正是臺灣土地政策的核心問題。

六、自省

　　本書內容來自作者對本身社會的觀察與反省。關懷的焦點固然是現實問題。但作為社會學家，作者在思考現實社會問題之同時，也不由不反省自己的思維方式與知識訓練。本書第二章將探討作者身為政

治社會學家，因現實關懷而涉入城鄉土地政策研究此一新領域時，對社會科學的領域分工、比較方法、與研究程序的反省。這反省的起點在於，房地產構成我們社會多數人的主要財富。房地產過度昂貴，以及與土地炒作相關的政治腐化，也都是大眾反覆討論的社會政治經濟問題，而農地他用問題正是臺灣土地問題的癥結之一。既然如此，為何農地他用問題在臺灣社會科學界如此被漠視？為何甚至研究土地問題的農業經濟學家、地政學家，研究政商勾結的社會學家與政治學家，研究都市發展的社會學家等，都長期忽視這問題？作者懷疑，是社會科學習慣的領域分工消磨了臺灣學界的問題意識，使學者們習於畫地自限。導引研究的，常是習慣的學科傳承，而非跨學科的社會現象。

正因臺灣許多社會科學研究是基於習焉不察的學科傳承，而非問題意識，因此我們這原本就是從西方引入的社會科學界，在概念上與理論上不由自主的繼續依賴外國學說。但任何社會科學的學說都是植基於特定的歷史社會時空。外來學說當然是基於外國的歷史社會經驗，他們不會將臺灣這學術後進學習者的特殊歷史社會經驗列入考慮。不幸的是，臺灣學者們在引用外來學說作為理論指導或參考時，經常忽略了這一點。以至於在引用外來學說之際，忘了必須將本土的特殊經驗列入考量。甚至根本看不出本土的特殊經驗何在。

就土地使用而言，臺灣與那些外銷社會科學給我們的西方國家有何重大差異呢？臺灣不僅人口密度遠高於西方國家，而且作為後進而迎頭趕上中的發展中國家，我們似乎要在一個世代之間完成西方國家費時三個世代才完成的社會轉變。我們的工業化與都市化來得比西方遲，但比西方猛而迅速。後果是最近四五十年我們都市的成長速度可能遠高於十九世紀與二十世紀初西方的經驗。因此臺灣都市土地供應不足的問題遠比西方國家嚴重。但我們的土地政策常忽略這關鍵差異。最明顯的，便是無視於本土都市化其實還在早期階段，便天真的引用

西歐國家在都市化已相當程度完成後才開始實行的限制農地他用的政策。結果是壓抑了臺灣都市的健全成長。

　　同樣的，農業經濟學者們也常忽視了臺灣農業與西方的關鍵差異。那就是臺灣農業是以平均面積略超過一公頃的零細農為主，比西方農家規模低得太多。且不提美國農場面積平均接近二百公頃，即使西歐農家平均面積也都在二三十公頃以上。因此，要在工業時代維持臺灣這般零細農，比企圖維持西方小農要困難得太多。換言之，在西方勉強可以產生某些效果的維護小農生產與農地的措施，在臺灣可能不僅是徒勞，而且更可能產生反效果。二十餘年來每下愈況的農業危機，只能說說而實際上行不通的農地擴大策略，都在在證明這引借來的農業經濟學與農業政策的貧乏。

　　超越概念與理論的引借，面對本土的現實，理解本土的社會，才能使本土的社會科學迸發生命力，也才能建構有效的國家政策。但這並不意指我們可以拿本土研究為盾牌，來掩飾本土學術的缺乏比較視野與國際競爭力。立足本土，放眼天下。只有以全球宏觀比較的視野來研究本土的現實，才能瞭解本土。也只有瞭解了本土的現實，才能談國際視野。這本書，是個嘗試。

圖一：臺灣土地政策之因果

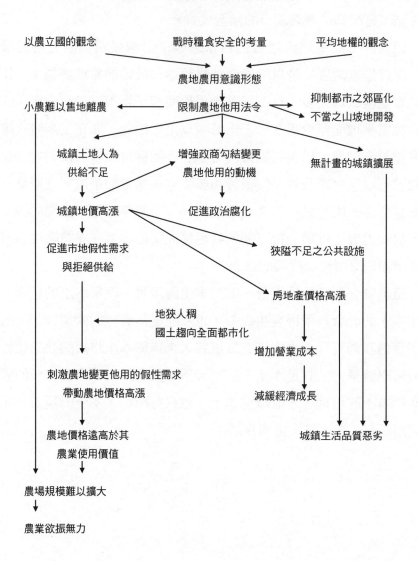

圖二：本書政策建議之預期後果

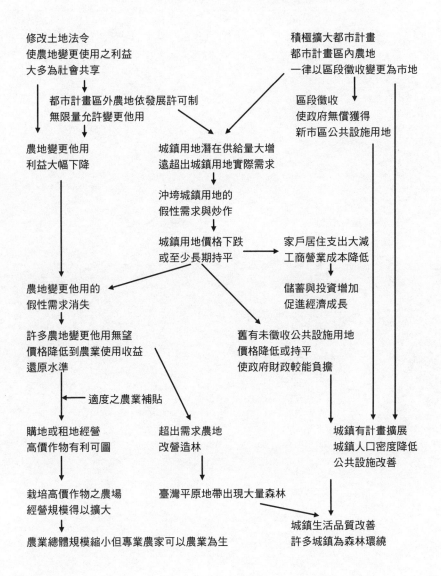

農地問題的對話

彭明輝（國立清華大學動力機械學系榮譽退休教授）

　　黃樹仁在 2002 年出版了《心牢——農地農用意識形態與臺灣城鄉發展》，我在 2011 年出版了《糧食危機關鍵報告：臺灣觀察》；前者試圖為「臺灣西部為何不需要農業」給出最完整而有力的理由，後者試圖為「臺灣為何需要農業」給出最完整而有力的理由。

　　我在寫作《糧食危機關鍵報告：臺灣觀察》一書時，確實是有意地在跟《心牢——農地農用意識形態與臺灣城鄉發展》對話。

　　就嚴謹的學術研究而言，理工學院的研究結論取決於研究者的基本假設，社會科學的研究結論取決於研究者的問題意識和研究範圍。這兩本書的結論針鋒相對，因為它們源自差異懸殊的問題意識與研究視野。

　　黃樹仁的出發點是：一個眾人受罪的政策，為何可以持續地存在？從他自己的生活周遭現象出發，描述非農人口因為地價高漲而受害，農業人口因為種植規模太小而生產效率與收入皆低落。他的社會學素養讓他敏感地覺察到背後有一個值得研究的社會機制，而且很可能跟意識形態的牽制有關。他通過跨國的比較研究向我們證實臺灣的農業生產效率有多低落，以及多麼欠缺國際競爭力，繼而通過歷史的溯源找出「農地農用」這個「過時」的政策依據，並且將它稱為「心牢」，暗喻著這個政策是個作繭自縛的意識形態。他也敏感地指出：臺灣的

農地價格高漲到極不合理的價位，已經被當作「準建地」在使用與交易。因而呼籲放棄「農地農用」這個心牢，讓農地可以自由利用與買賣，以便讓非農人口可以脫離高地價的痛苦，而農夫則脫離低效率與低收入的痛苦——兩得其利，皆大歡喜。

我很仔細地讀過黃樹仁的《心牢——農地農用意識形態與臺灣城鄉發展》，被他的嚴謹證據和論述所說服，也相信在他的研究視野內很難產出跟他不一樣的結論。

譬如，如果我們比較幾個國家的全國農地總價，將會發現臺灣的農地總價略高於日本，約莫是韓國、荷蘭與法國的三倍，將近德國的四倍，以及美國全國農地總價的 35%——這是一個瘋狂而難以置信的數據，也是臺灣農業經營上無法迴避的根本難題。

然而我在越讀黃樹仁的著作前，心裡早已經有另外兩個印象深刻的重要認知，使得我警覺到自己必須從不同的視野去思考臺灣的農地問題。

第一個線索是 Harvey Molotch 發表於 *American Journal of Sociology* 上的一篇 1976 年經典期刊論文；"The City as a Growth Machine: Toward a Political Economy of Place"，他告訴我一個攸關地方政治如何運作的核心機制：都市發展所帶進的人潮愈多，土地的使用強度就愈高而價格也會隨著高漲，使得地主、開發商、不動產經紀人、金融人士、律師、百貨公司、零售商及新聞媒體都因而從其中獲得「不勞而獲」的利益；因此這些地方「菁英」會組成「成長聯盟」，爭取各種政治資源來促進土地使用強度的提升，企圖藉此帶進人潮與錢潮，直到都市的品質已經極端惡化，仍舊無法改變這個強迫性的成長機制。

以前我一直納悶為何地方上會有看似自發的政治組織與活動，這個理論很清楚地回答了我的問題：為了分配從土地價格上漲所產出的

鉅額「不勞而獲」的利益。

　　土地價格的上漲是維繫地方政治組織與政治活動不可或缺的機制（與財源），即便像美國這樣國土遼闊的國家，即便他們沒有為戰爭備糧的歷史性偶然，還是會有人為的組織和土地炒作。而陳東升在《金權城市——地方派系、財團與臺北都會發展的社會學分析》中所描述的現象，恰恰就是臺灣版的「成長機器」。

　　從這觀點看，「農地農用」只不過是「成長聯盟」炒作土地的有利工具，而不是唯一的工具；如果政府宣布全國棄農與離農，「成長聯盟」將會創造別的土地炒作機制，以便繼續維繫地方政治組織的向心力與共同利益。證諸事實，公元兩千年修改農業發展條例並放寬農地自由買賣後，臺灣社會已經大步伐往黃樹仁的提議邁進，但是都市地價未跌，反而助漲了農地炒作的風氣，使得農地更加接近「準建地」。

　　另外一方面，耕地面積太小固然會導致生產效率與農業收入的低落，但是耕地面積的大小與收入的高低都是相對性的：歐陸國家的耕地面積遠大於臺灣而遠小於美國和澳洲，卻又必須要讓農戶的收入維持在跟其他產業一樣高水準的收入，才會有人務農，因此他們的農業經營環境不會比臺灣好多少。他們到底如何突破經營上的困境？在公元兩千年之前我就已經下過不少功夫去瞭解歐盟的農業的處境和政府政策，發現歐盟與日本都給予農業部門非常高額度的補貼。

　　事實上，以每戶農家的平均耕作面積來進行跨國比較的話，澳洲農戶平均耕地面積高達 3,300 公頃，將近美國的 19 倍，英國的 48 倍，法國的 79 倍，德國的 92 倍，和荷蘭的 162 倍。因此，即便是美國，農業部門的收入有約莫一半來自政府補貼，而歐盟對農業的補貼更高居全球之冠。

　　政府的補貼來自全民的稅捐，而農業人口在英國僅佔總就業人口

的 1.2%，德國是 1.5%，而法國也僅僅只有 2.9%。這些國家為何願意用納稅大眾的錢去補貼極少數的人？

德國人的邏輯是這樣的：貝多芬的音樂和德國古典的詩人都以農村為創作背景，不瞭解農村生活就很難瞭解他們的作品和情感，因此保存農村是保護歷史與文化的必要手段；但是要有農村就必須要有農業，要有農業就必須要有農民，要有農民就必須給他們可以跟其他行業相競爭的收入；所以，要保護歷史與文化，就必須要補助農民的收入。其他歐盟國家的思維與此類似，不再贅述。

所謂的三農是農業，農民與農村。如果只從經濟價值看，我們不需要農業，也不需要農民。但是從歷史與文化傳承的角度看，我們需要農村、農業與農民。

臺灣需不需要農地？這是一個社會發展願景的問題，你的答案取決於你的視野有多寬，也取決於你的價值欄位有多少項，以及每一項的價值高低。

黃樹仁的願景是農村消失之後的低密度花園住宅與花園城市，我的願景是承繼歷史與文化的農村，搭配以市郊的低密度住宅區和市中心的高密度住宅區，以便讓不同的人都有適合其所需的各種選擇。

如何開解心鎖？──評介黃樹仁，《心牢──農地農用意識形態與臺灣城鄉發展》

裴元領（東吳大學社會學系副教授）

一、本書特徵

　　黃樹仁教授（簡稱作者）的《心牢──農地農用意識形態與臺灣城鄉發展》（簡稱《心牢》）全書逾四百頁，除前言、參考文獻（計四十三頁）及索引外，共分為十一章。據作者言，「本書的起源，是作者返國後的生活經驗所帶來的問題意識……本書撰寫已歷時五年，引用統計數據已四度更新，實在不應再遷延。」（頁 51-52）這種長期分析本（外）國統計資料的堅持，加上對日本、南韓、新加坡從事短暫田野觀察（見前言）的心得，讓本書不但具備厚實的數據比較，也出現不少感情洋溢的個人觀點。

　　其次，「作者在本書的思考深受韋伯社會學的啟示，尤其是韋伯對古羅馬農業與德國農業危機的研究，及其名著《新教倫理與資本主義精神》。」（頁 43）不僅如此，讀者還可以看到馬克思、涂爾幹等經典名家，或知識社會學（Peter Berger and Thomas Luckman，至於

Karl Mannheim 則被視為「理論發展上失敗的代表」〔頁 213 〕）、意識形態與權力分析（Raymond Boudon、Michael Mann）等論述。作者長期關注韋伯與意識形態等理論問題，在本書也有相當發揮。

　　簡言之，作者自覺站在韋伯式立場（雖偶有微詞），一方面鑽研臺灣近三十年農業經濟史，另一方面更力抗各種馬派（如 Goran Therborn）獨佔意識形態批判的光環（雖光環漸消），心中則堅持「修改土地法令，使農地變更使用之利益大多為社會共享」（前言・圖二）之願景。底下，筆者將評介這些特徵。

二、「修改土地法令」的理論預設：市場供需法則？

　　《心牢》推論非常清楚。茲以本書「前言・圖一」箭頭方向連結為例說明之：

（A1）主因果鍊之一：供需失調促進地價高漲（地價邏輯）

{以農立國的觀念，戰時糧食安全的考量，平均地權的觀念}→農地農用意識形態→限制農地他用法令→城鎮土地人為供給不足→城鎮地價高漲→促進市地假性需求與拒絕供給→刺激農地變更他用的假性需求帶動農地價格高漲→農地價格遠高於其農業使用價值→農場規模難以擴大→農業欲振無力

（A2）主因果鍊之二：小農與農場受限（務農邏輯）

限制農地他用法令→小農難以售地離農→農場規模難以擴大→農業欲振無力

（A3）主因果鍊之三：政商勾結與腐化（政商邏輯）

限制農地他用法令→增強政商勾結變更農地他用的動機→促進政治腐化

（A4）主因果鍊之四：無計畫與無品質（品質邏輯）

限制農地他用法令→無計畫的城鎮擴展→城鎮生活品質惡劣

（A5）主因果鍊之五：自我設限與不當開發（管制邏輯）

限制農地他用法令→抑制都市之郊區化及不當之山坡地開發

（B1）次因果鍊之一：高地價促進勾結（政商邏輯A3之輔助推論）

城鎮地價高漲→增強政商勾結變更農地他用的動機→促進政治腐化

（B2）次因果鍊之二：高地價促進生活品質惡劣（品質邏輯A4之輔助推論）

城鎮地價高漲→狹隘不足之公共設施→城鎮生活品質惡劣

（B3）次因果鍊之三：高地價促進低成長與高失業（成本邏輯）

城鎮地價高漲→房地產價格高漲→增加營業成本→減緩經濟成長→提高失業率

　　初步分析以上主因果鍊（五項）及次因果鍊（三項）後可發現，**「農地農用意識形態」決定了「限制農地他用法令」這是最關鍵的原因**；至於顯著結果有三：「農業欲振無力」、「促進政治腐化」和「城鎮生活品質惡劣」。經筆者整理，「地價邏輯」（A1）與「務農邏輯」（A2）可併為一項，筆者簡稱「農業邏輯」，這是本書最有系統論證、也最具主導性的因果鍊。作者對於「城鎮土地供給不足導致城鎮地價上漲」、「市地假性需求刺激變更農地假性需求」和「農地價格高漲超過農業使用價值」的推論（見 A1，詳閱本書第四、五章）非常有力，**背後預設的是正統經濟學教科書中耳熟能詳的市場供需法則，不過，這是被法令嚴重扭曲的供需法則**。在作者建構的因果鍊中，**假如去除法令障礙**，則地價無論城鄉都可降低──降低地價成本不但讓務農者可購地擴大農場，城居者也能減輕負擔。

　　細看後，「農業邏輯」（A1 與 A2）並未獨立於「政商邏輯」（A3）、「品質邏輯」（A4）之外，但與「管制邏輯」（A5）無關。就此，「抑制都市之郊區化及不當之山坡地開發」儘管有其特殊意義，但偏離本書主旨，故可略去不談。至於「農業邏輯」與「政商邏輯」（A3）的連結，有賴「城鎮地價高漲」（B1）去支撐；同理，「品質邏輯」（A4）的推論，也有賴「城鎮地價高漲」（B2）去輔助。所以，**次因果鍊的「城鎮地價高漲」就是解釋其他事件的主要原因，但同時又構成「農地農用意識形態→限制農地他用法令→城鎮土地人為供給不足→城鎮地價高漲」的主要結果**。所以城鎮地價高漲就變成作者必須說明（頁 113-133）的核心問題。

　　經作者引用數字──特別是國際比較──佐證後，我們看到臺灣虛胖的城鎮房價與地價，甚至包括農地價格亦然（頁 180）。作者直言：「地價高低的關鍵不在炒作，而在於供給。」（頁 146）或主張「追根究底，土地法令才是製造所謂土地壟斷的元兇。」（頁 144）總之，

作者的核心論證是：

> **唯一能緩和地價上漲的辦法**，是排除城鎮用地的**人為供給不足**，而這有賴於**放棄對農地他用的過度限制**，以便藉由大量增加城鎮用地的**潛在供給量**來降低土地之**投機需求**。（頁 147，重點為筆者強調）

對照作者的因果鍊邏輯和書內論點並無不同，所以我們看到作者的核心論點是：倘若放棄農地他用法令（扭曲地價的原因），則愈少扭曲的市場供需法則就可調降城鄉地價。這是作者認為「唯一能緩和地價上漲的辦法」。

三、市場供需法則的反思：社會理論或／與經濟理論？

假如筆者推論無誤，則《心牢》似不必大幅徵引韋伯以降的社會理論（包括知識社會學等），因為市場供需法則認為只要在相對自由的情況下，就能使買賣雙方趨近「合理的」價格。一旦排除**城鎮土地人為供給不足**的因素，則對土地之投機或假性需求自然消失。就此，以自由市場為號召、訴求取消不當限制的經濟學就可充分解釋，相對而言，社會學似乎也沒有更高明的見解。

《心牢》在解決「供需失調」的論證背後，無非肯定了資本主義市場的**正當性**（legitimacy，建立以合理價格買賣土地之基礎條件）和**合法性**（legality，以修改不當法律干涉來保障買賣雙方）。所以，一個具備正當性的政府「應」修改不必要的法律干涉來保障市場供需，似乎變成當代資本主義社會（臺灣？）無可辯駁的立場。

然而，以（新）自由主義為基調的「市場供需法則」果真是唯一

的解藥？不斷在政策上訴求解除扭曲的土地法令，以便讓交易成本回歸「合理的」價格，就是一位社會學者要解開眾人（當局、地方派系、學者）糾結在「心牢」裡唯一的鑰匙？這樣的反思在社會理論上是否周延？筆者不得而知。但是，這樣肯定資本主義市場的立場和正統經濟學教科書的論述不謀而合，也許說明了社會理論正悄悄淡出資本主義社會主流論述的窘境。不過，作為意識形態（不管語意為何）的批判者，也許更要注意自身是否已糾結在更廣大的意識形態之網而不自知；誠如《費爾巴哈提綱》所說，「去教育教育者本身」始終還是有待完成的任務。

　　《心牢》當然還有狹義經濟學**以外的**社會願景（見「前言・圖二」），筆者也樂見這樣的願景能早日實現。就買方而言，「城鎮用地價格下跌或至少長期持平」（作者語）無疑是一個理想目標，只要能達到目標，是社會理論或經濟理論比較有理都不那麼重要。然而，假如在政策上能評估總地價可能跌落到何種限度（經濟學家想必以模型計算），則本書將更具實證主義的說服力：知識為了預測，預測為了權力。由於孔德式知識社會學和意識形態批判同屬**啟蒙論述的變體**，彼此只是側重點不同，因此「更實證的」計算將有助於預測，而周延的政策總少不了可靠的預測，以便說服反對者並付諸實行。如此一來，實證主義兼市場優先的主流經濟學論述更能取得權力，至於經濟學以外的社會願景，也很容易變成只是可有可無的副產品，反而更遠離本書預期達成的政策效果。

　　啟蒙論述的複合體（意識形態批判、實證主義立場和市場經濟學的優先性）無疑是社會學不可避免的理論對象。即使援引馬克思、涂爾幹或韋伯等人的社會學遺產，也不能不反思啟蒙論述在當代社會的適用性。借 Zygmunt Bauman 的話說，表現**「誰啟蒙誰？」**的立法者姿態本身也是歷史的產物，而此論述中既相互鬥爭、又彼此增強的論

述一權力運作，正是考驗理論反思能否更上一層樓的關卡。對本書而言，與地政學者的土地論述、社會學者的政商論述、經濟學者的價格論述和經典理論的批判論述四者之間，如何維繫既聯合又鬥爭的關係，還有待更深刻的說明。**試問在高度複雜的社會中，一種本身就有待自我澄清的啟蒙論述如何可能？誰被誰以何種論述所啟蒙？這將造成何種權力運作和真理政權（regime of truth）的誕生？啟蒙的意識形態批判與扭曲的價格（供需法則）、政商勾結（金權體制）和國土規劃（治理邏輯）之間果真維持判若雲泥的差別，亦或存在曖昧的連繫？有待進一步澄清。**

四、結語：再會意識形態？

《心牢》是一本經驗研究用力甚深、理論架構企圖甚大的書。全書前後一貫之處，首在批判「臺灣社會大眾普遍持有農地農用的意識形態」（頁216）。所以本書第七至九章分別批判「以農立國？」、「糧食安全？」和「平均地權？」的迷思，並呼應第五章「善意的惡果：農地農用與農業停滯」。作者直言：

> 本書只是很單純的使用意識形態一詞，來指稱被社會多數人視為理所當然而無須反省思考的理念叢結。……簡言之，這是**錯誤的**意識形態，導致**錯誤的**政策，帶來一連串社會經濟災難。（頁207-208，重點為筆者強調）

問題是，社會大眾或多數人果真持有「錯誤的」意識形態並一再執迷不悟？或本書能否提供「正確的」意識形態與「正確的」政策？以筆者觀察，這種思考方式似更偏向馬克思而非作者偏愛的韋伯。眾

所周知，韋伯並末主張從單一的角度去論斷合理性、生活導引（頁
210）或意識形態的歷史定位，何況生活導引是否為「韋伯討論意識形
態之形成的最重要概念」（同上頁），在韋伯著作的語意和文脈上仍
待商榷。作者使用概念過於肯定，並以橫掃千軍的斷言歸結，在經驗
研究和理論思考上會帶動什麼影響，有待三思。

　　當然，筆者樂於肯定此書論證流暢、引用資料詳實可信。就臺灣
農業問題而言，《心牢》是一本極具挑戰性的社會學論著，其橫眉冷
對千夫指的人道關懷更躍然紙上。不過就算改變了作者全力批判的意
識形態（筆者持保留態度），又能對臺灣的城鄉發展造成何種影響？
恐怕不是《心牢》所能充分預期的事。就此，筆者認為更多的合作、
反思和溝通，可能比強力的批判更切合實際。

因果解釋或後見之明：發展型國家概念的反省

　　發展型國家（developmental state）是 1980 年代以來發展社會學裡的重要概念。這概念經常被用以解釋東亞各國在二次大戰後的經濟快速成長。

　　本文主旨，在於對發展型國家此一概念的解釋力提出邏輯上的質疑與反省。本文並不否認國家作為會影響經濟發展，但是認為發展型國家對東亞經濟發展的解釋力可能被誇大了。

　　過去對發展型國家的研究，傾向於將發展型國家的有無視為獨立的自變項，影響其所統治社會的經濟發展。本文則指出，在眾多追求經濟發展的後進國之中，所謂的發展型國家似乎只出現在經濟發展有成的東亞國家。這使我們推論，發展型國家出現在東亞，而不出現在半世紀前各方現代化程度遠遠領先東亞的拉丁美洲，並非偶然現象。

　　本文推論，後進社會的發展型國家在東亞出現，而且似乎只在東亞出現，可能是東亞社會的某些有利後進經濟發展的社會或文化因素所致。這些有利的社會或文化因素，不僅直接促進東亞社會的經濟成長，而且可能促成發展型國家的出現，繼而間接又促進經濟成長。

　　易言之，發展型國家的出現在東亞並非獨立現象，而是介於東亞有利發展的社會或文化因素（因）與東亞經濟發展（果）之間的中介因素。其對經濟發展的影響基本上只是中介角色，解釋力有限。

　　更有甚者，與日本、臺灣、南韓相比，香港、新加坡的國家在維

持社會秩序與提供基礎條件之餘，對於經濟政策相對的無為而治，也就是所謂發展型國家的性格較弱。但相對無為而治並未防止香港與新加坡的平均國民所得遠高於臺灣與南韓。易言之，在香港與新加坡，東亞有利經濟發展的社會或文化因素的直接作用已足以帶動經濟成長，不需要透過日、臺、韓式發展型國家此一中介因素的間接作用。這更使我們有理由推論，日、臺、韓經濟發展中，主要動力可能來自於有利的社會或文化因素的直接作用，而透過發展型國家此一中介因素傳達的間接作用是次要的。

　　本文所主張的因果關係可以圖示如圖一。

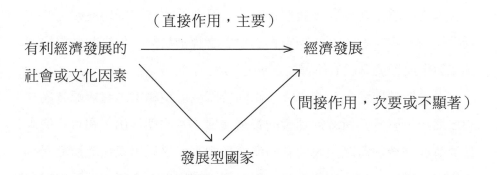

一、發展型國家的系譜

　　戰後發展社會學或可粗略分為二個主要研究途徑。一是個體分析途徑，二是世界體系理論。前者假設發展機會普遍存在而且各國的發展互不相斥，因此著重個別國家的發展策略與成敗，而忽視世界體系內國與國間的結構關係。後者注重世界體系內國與國間的結構關係，但強調核心與邊陲之間的不平等交換或剝削，卻忽視了少數新興工業國家急速發展對其他邊陲國家的排擠效果。

個體分析途徑可說是西方學界發展研究的主流，包括戰後以來的現代化研究（如 Gerschenkron 1952；Rostow 1960；Inkeles & Smith 1974），以及八十年代以來以國家為中心的發展理論（如 Rueschemeyer & Evans 1985；Amsden 1989；Haggard 1990）。這分析途徑基本上是以個別社會為分析單位，相對忽視世界體系結構對個別社會發展的限制與影響。他們當然也討論外來因素對個別社會的影響。但他們對外來影響的理解，偏向於所謂現代性的傳播（Inkeles & Smith 1974）、西方制度與西方科技的引入（Rostow 1960；Amsden 1989）、外國發展經驗與政策的學習（Amsden 1989），或個別政治經濟事件的衝擊（Haggard 1990）等個別因素的傳播或採納，而相對忽視了世界體系的「核心－邊陲」結構對邊陲發展的嚴厲結構性限制。

忽視了世界體系對個別國家發展的結構性限制，個體分析途徑傾向於假定各國都有發展機會，而實際成敗則取決於國家機器的類型（Dore 1987；Amsden 1985; 1989:148；Guillen 2001），發展政策是否明智（Amsden 1989；Haggard 1990）、文化是否有利（Berger 1990）、機運好壞（Vogel 1991）等個體因素。他們並不認為某一國家發展的成敗必然會影響其他國家的成敗。易言之，他們並不將經濟發展視為爭奪發展機會的國際競爭，有人贏就有人輸。相反的，他們假定發展機會無窮，彼此互不妨礙，但看各國是否能把握自己的機會。此處我反覆使用假定（presupposition）一詞，正因這些都是字裏行間未明言的信念。未明言，但卻是整個研究分析的出發點。

與上述個體分析途徑相反的，是以馬克思主義為基礎的世界體系理論。七十年代的依賴理論可說是未成熟的世界體系理論，九十年代的某些全球化理論也可視為世界體系理論的延伸。因而本文將兩者都歸入廣義的世界體系理論之列。

依賴理論拒絕將拉丁美洲等低度發展國家經濟發展不前的原因歸

諸於他們本身作為的失敗。相反的，他們主張低度發展國家經濟發展不前，主要是因為處身於資本主義世界經濟中，受到西方先進國家的剝削與限制所致（Frank 1969；Cardoso & Faletto 1971）。

Wallerstein 的世界體系理論，更將依賴理論所謂的核心對邊陲的對偶剝削關係，進一步推演為資本主義世界經濟體系內，核心與邊陲之間基於政治軍事宰制與不平等經濟交換等而來的難以撼動的結構關係；並以此世界體系內蘊的結構性限制，來解釋邊陲國家的翻身無門（Wallerstein 1974; 1979:1-36; 1980; 1989；Amin 1975；Evans 1979; 1987；Chase-Dunn 1989）。

九十年代的某些全球化理論，不僅同意世界體系結構對邊陲經濟發展構成了難以踰越的障礙，而且強調資本主義世界經濟的持續擴張，導致邊陲國家經濟地位的持續惡化（如 Hoogvelt 2001）。

總之，大異於前述的個體分析途徑，世界體系理論採納宏觀分析途徑，強調發展研究不能偏重個別國家的內在因素，而應關照各國在世界體系內的地位，以及世界體系對各國發展的結構性限制。

八十年代以來的發展型國家理論（developmental state theories）則可以說是前述個體分析途徑與世界體系理論的某種融合。

前述個體分析途徑裡的國家中心理論，從後起工業化或後起發展（late industrialization or late development）的觀點出發，認為後起工業國的經濟發展不能僅依賴市場力量，而需要國家的積極作為領導。因此視國家發展政策的優劣為發展成敗的關鍵之一（如 Evans 1985；Rueschemeyer & Evans 1985；Amsden 1989；Haggard 1990）。

發展型國家理論則比國家中心理論更進一步，將國家類型當作邊陲國家發展成敗的關鍵。這途徑通常從世界體系理論出發，同意世界體系對邊陲的發展構成了嚴重的結構限制與障礙。但若說依賴理論認定國際市場是導致第三世界低度發展的淵藪，發展型國家理論則承認

國際市場為蘊含發展契機的場域。在此契機與障礙並存的場域內，邊
陲國家能否發展的關鍵，在於其國家機器是否所謂的發展型國家，以
相對於於第三世界常見的掠奪型國家（predatory state）（Evans 1989;
1995）、民粹型國家（populist state）（Dornbusch & Edwards 1991；
Kaufman & Stallings 1991；Cardoso & Helwege 1991）、或其他類型
無能帶動經濟發展的國家。所謂發展型國家，顧名思義，指的是有意
志、有能力帶動其社會克服世界體系的結構障礙，掌握機會，實踐經
濟發展的國家。很自然的，日本、臺灣、南韓的國家機器經常被引為
發展型國家的典範。而發展型國家的存在，則被視為東亞國家經濟發
展有成的關鍵原因（Johnson 1982:17; 1987；Cumings 1987；Deyo
1987；Wade 1990a:342; 1990b；Evans 1989; 1995；Fields 1995；
Burawoy 1996；Kobli 2000；瞿宛文 2002; 2003a; 2003b）。

二、目的論的陷阱

　　從方法論的觀點而言，發展型國家此一概念最大的困擾，在於如
何區分國家與社會。

　　國家與社會之間的區別，最出名的當然是黑格爾之區分國家與市
民社會（state vs. civil society）。這區分也為馬克思主義社會科學與
哲學所沿用。國家與市民社會是某一政治地理疆域內（通常我們所謂
的 country）人群總體組織的兩個面相。市民社會指的是該地理疆域內
人群的社會經濟關係的總體。國家指的是統治該市民社會的政治權威。
在非馬克思社會科學裡，通常以「社會」取代黑格爾與馬克思所謂的
市民社會。

　　本文無意討論黑格爾或馬克思的概念是否恰當。我們要說的是，

發展型國家此一概念的使用，正如同黑格爾與馬克思的理論一樣，也
預設了國家與社會兩者在概念上的區分。「國家」被視為其所統治「社
會」的經濟發展成敗的關鍵變項之一。

所謂變項「之一」，意指研究者們大體同意，影響某一社會經濟
發展的，除了國家類型與作為，還有其他變項。國家與其他變項在某
一特定時空裡的特定組合，共同決定了該社會的經濟發展。這進一步
意指，國家與社會經濟發展間的關係，可能受到其他變項的變動的影
響。

例如，從微觀角度而言，在「正常情況下」，國家若採取過去經
驗上已知有利經濟發展的政策，我們應會看到該社會的經濟發展受到
促進。但若國家採取某一過去經驗已知有利經濟發展的政策時，卻巧
遇全球經濟崩潰、內部嚴重動亂或其他極度不利因素等「異常情況」，
則該社會的經濟可能大倒退。不是因為國家經濟政策有誤，而是因為
其他極度不利條件的干擾。

從宏觀比較而言，上面陳述意指，發展型國家的存否或強弱，應
與其社會經濟發展的程度經常有關，但不必然一致。也就是說，我們
應該發現，在那些具備了發展型國家的眾多社會裡，有些社會由於其
他有利因素的配合，因此發展型國家確實促進了該社會的經濟成長。
但在另外有些社會，由於其他不利因素過於強大，雖然有發展型國家
存在，並未能實現經濟成長。

相反的，如果我們發現，一旦發展型國家出現，其社會不論其他
條件是否有利，必然經濟發展有成。而經濟發展有成的社會，必然具
備發展型國家。兩者存否一致。則我們必須說，這種概念下的發展型
國家與社會兩者其實是一體之兩面，而不是兩個變項。既然是一體之
兩面，則發展型國家並非可用以解釋該社會經濟發展此一依變項的自
變項。

　　但這正是目前發展研究裡使用發展型國家此一概念的現狀。學者使用發展型國家來解釋的例子，幾乎都是經濟發展成功的社會。我們似乎還不曾看到有學者辨識出發展型國家卻未帶來經濟發展的例子。

　　於是在有關發展型國家的研究裡，經濟發展有成社會的國家就被稱為發展型國家，然後努力辨識其發展能力何在；發展失利社會的國家就不是發展型國家，然後努力指出為何它們不是發展型國家。這事實上變成以成敗論英雄的目的論，或者更精確說是貼標籤遊戲，而非有效的因果解釋。

　　這樣的研究，事實上不是發展型「國家」的研究，而是發展型「社會」的研究。研究的，是經濟發展有成社會裡，國家作為許多有利變項之一所佔的功勞比例。或者經濟發展失利社會裡，國家作為許多不利變項之一，其應分攤的責任比例。這樣的研究，是依經濟發展成敗來將社會分類，然後依社會的類別來為國家定性。經濟發展有成社會的國家就是發展型國家，發展失利社會的國家就不是發展型國家。發展型國家只是發展成功社會的特徵之一，而不是一個有獨立影響力的因素。國家不是與社會有別的獨立概念。在這狀況下討論發展型國家對其社會經濟發展的貢獻，不是因果解釋，更像是目的論。

　　論者或謂，多數的發展研究是個案研究，而研究者傾向於研究發展有成的社會，或者發展有成與失利社會的比較，個案的選擇傾向於兩極，因此在既有文獻中不容易看到發展型國家因為出現在不利發展社會而無法表現作為的例子。換言之，學界無人研究，並不表示邏輯上發展失利社會裡一定不會出現發展型國家。個別研究也不能因為集體的缺失而受疑。既往研究是否有缺失，必須由各自解釋成敗來判斷，不能從學界集體是否疏於研究某些案例來評斷。

　　作者同意，我們不能因為學界集體疏於研究某些案例，就懷疑既有個案研究的嚴謹。因此下一節將針對個案研究的邏輯提出質疑。

在質疑個案研究之前，讓我們暫且岔開話題，回到第一節對發展理論的分類。發展型國家理論雖然以世界體系理論為背景，但因為習於以發展有成的國家作為案例，或者實施發展成功與失利國家之間的比較研究，遂不知不覺落入了前述個體分析途徑的陷阱。他們認定邊陲社會在國家領導下確實可能發展成功，因而將邊陲社會發展失利的案例歸因於其國家不是發展型國家，而非因世界體系加諸於它們的發展障礙。而失敗社會的國家之所以不能稱做發展型國家，則歸因於它們本身的許多缺陷，而不是因為它們的社會在總體發展效能競賽上被對手擊敗。易言之，發展型國家理論將分析重點放在個別國家的發展能力高低，而不是各個邊陲社會之間總體發展效能的競賽。因此隱隱認定最終成敗因素是國家本身的動機與能力，而非因世界體系此一無情的競技場原本就在邏輯上註定了：勝者必然只是少數；多數國家本就註定是競賽的敗者，而且會因此淪於重重政治經濟危機，使他們更無力帶動其社會的發展。從這點來看，發展型國家理論雖然戴著世界體系理論的帽子，骨子裡思考邏輯卻是個體分析途徑的變種。因此，將之歸於個體分析途徑可能更恰當。

三、選擇性認知

讓我們回到發展型國家個案研究的邏輯問題。

在發展型國家的研究裡，研究者通常會列出國家有利於經濟發展的作為，然後指出此等作為對經濟發展的正面效果，藉此證明發展型國家的作為確是該社會經濟發展的關鍵原因。

上述討論方式的主要疑點有二。一是追溯國家某些作為的正面後果，但卻忽略此等作為必然有的負面後果。二是忽略了該社會是否有

其他替代途徑可以達到相近的發展水準。

　　先論第一個問題，也就是忽視負面後果的問題。在政治學裡，政治是強制性的資源分配；有人得多，就有人得少。在經濟學裡，任何事情都有機會成本。天下沒有白吃的午餐，也沒有皆大歡喜的政策。

　　放在國家的經濟作為而論，上述概念意指，不論國家有何作為，必然有人付出了代價。如果某些部門因國家作為而受惠，必然有其他部門因此承受不利。

　　例如，以國家資源強制實施國民教育，原來無力自費受教育者的人力資本固然因此提高了，但其他人就必須多納稅來支應教育經費。這些稅款原來是可用來進行私人投資，因此以另一種方式促進經濟發展的。通常我們這些自認開明的社會科學家都傾向於「相信」（但疏於經驗檢證）國民教育的總體後果是利多於弊，因此幾乎不會有人去質疑六年或九年國民教育（以及因此加稅）的正面後果。但奇怪的是卻有許多人質疑超出九年或十二年的國民教育是否浪費，因此反對中學與大學的擴張。更奇怪的是，無數研究者稱頌臺灣普及國民教育對經濟發展的重大貢獻，但卻幾乎不曾同時質疑百年來日本殖民政府與國民黨政府壓抑中上教育擴張政策的功過。不論是認可九年國教而忽視其成本，或默認壓抑中上教育擴張而不追問因此錯失的人力資源利益，難道不都是選擇性認知嗎？日本與南韓也都疏於設立充分的公立大學，迫使多數想升學的學生必須就讀昂貴的私立大學，這像是重視教育的發展型國家的作為嗎？過去對東亞發展型國家教育政策的經濟貢獻的討論，到底是因果分析或選擇性認知？

　　又例如，發展型國家領導經濟發展的公認有效手段，包括以匯率、進口管制、關稅等方式保護某些萌芽中的經濟部門；或以免稅、退稅、國家提供資金或協助集資、國家提供研究設施與成果等方式加以扶持。這些手段對於受惠部門的正面效果通常受到仔細研究與肯定。但研究

者卻極少同等仔細的討論這些作為對其他部門的負面影響。以匯率、進口管制與關稅來保護某些國內生產者，意指消費者必須付出較高價格來購買國產品，消費者因此損失的購買力或較劣質國產品帶來的較低生產力，難道不須考慮嗎？以免稅、退稅、或國家資源來扶持某些產業，這些產業固然受惠而加速發展，但減少的稅收或增加的經費勢必從其他產業徵收。而且，受惠產業利潤增加，亦即增加其吸引勞工與資金的能力，也就是打擊其他產業雇工與集資的能力，妨礙其成長。這些都真的微不足道嗎？匿名的受害者就可以認定傷勢一定不嚴重嗎？

又例如，有關臺灣、南韓、日本的發展型國家研究都集中於國家政策如何促進工業發展與出口，但卻無人注意，這幾個所謂發展型國家的惡劣土地政策對經濟發展的嚴重負面後果。臺、日、韓長期實施農地農用政策，嚴格限制農地轉用為都市建築用地的結果，是都市發展用地嚴重短缺。導致東亞都市過度擁擠與生活品質低落。以西方國家標準而言，臺灣的都市其實都是極端昂貴的貧民窟。用地短缺更導致房地產昂貴，一方面使許多地主惜售居奇而又不珍惜土地的目前有效使用；另一方面，使國民耗費過多所得於居住，減少他們的可支配所得，也減少可用於生產投資的儲蓄。這土地政策更導致地方政治人物投入土地炒作的尋租行為，以及金融機構被吸入土地炒作的泡沫而危及總體經濟的健全（黃樹仁 2002）。這些土地政策的嚴重負面後果，與出口產業政策的正面後果相比，對東亞社會的經濟發展孰輕孰重？我不知道。但走在臺北市昂貴卻又貧民窟般的住宅區，我一點也不覺得這國家可稱為發展型國家。

過去發展型國家研究的問題，歸納而言，就是多提收益，少提機會成本。常聞受益者笑，不見受害者哭。注意耀眼的出口明星，但忽略了黑暗的生活背景。這樣的研究，是選擇性的敘事，而不是確實的

因果分析。因果分析應該要正反並列。

　　論者或謂，即使將過去忽略的成本列入考慮，我們仍可指出國家的產業政策如何促進了某些部門的成長，因此帶動整個社會的發展。這部分的因果鏈仍是真的。因此發展型國家確實促進了經濟發展。

　　這使我們來到前述的第二個問題，也就是替代途徑的問題。

　　即使我們成功追溯國家某一政策對某個部門以及總體經濟的正面後果，也並不能證明這社會不能用其他方式達到同等的經濟發展水準。換言之，我們不能確認上述政策是達到這般經濟成長的唯一途徑或最佳途徑。我們怎知道另一種政策，或國家根本無為而治，不會使經濟發展更成功呢？

　　當然，上述問題是經驗上無法檢證的假設性問題。不論再多的內心想像實驗，都是信者恆信，不信者恆不信。但我們其實有間接的推論方式可以幫助我們思考這問題。我們可以透過比較經濟發展有成的國家，來間接驗證那些公認有效的經濟政策的可能效果。過去的研究常偏重於各國採用某個政策帶來的利益。我們何不換個方式，想想「沒有」採用某一政策的可能好處。

　　例如，日本與南韓的發展型國家大力扶持大企業在國際市場上競爭，藉由這些資本密集與技術密集大企業的出口成長，帶動了日本、南韓的經濟發展。看起來扶持大企業是經濟成長的有效手段。但臺灣直到 1980 年代的經濟發展依賴的是中小企業的出口，而所得成長絕不亞於南韓。顯然當時臺灣資本與技術不密集，而且較少受到國家關懷的中小企業，是日韓式大企業的有效替代工具。果真如此，那為何認定日本、南韓扶持大財團的政策是有效政策呢？我們難道不能說，日本、南韓的產業政策扼殺了中小企業發展的空間？以日本人、韓國人的勤奮，天知道小企業是否比大企業更能帶動日本、南韓的早期經濟成長？臺灣固然早期依賴中小企業帶動成長，但 1990 年代以後，隨著

產業升級，中小企業也逐漸兼併為大型企業，並逐漸以大型企業為出口競爭主體。看起來，日本、南韓扶持大企業的政策只是人為的使大企業提早來臨，但並非東亞大企業發展的必要途徑。而大企業提早光臨南韓也未使南韓經濟必然超前臺灣。

另一例子，日本與南韓以國家之力扶持的汽車與 DRAM 出口產業曾是臺灣人羨慕的對象，但臺灣以小本仿冒起家的電腦代工產業卻也成長到儼然經濟支柱。如果當年我們果真以舉國之力投入大汽車廠，我們的電腦產業是否有能力跟汽車業爭奪資金與人才？我們真的是缺少大汽車業，或者正是因此而獲得電腦產業？這是值得思考的問題。

更有甚者，戰後半世紀的香港、新加坡與中國的經驗，更使我們質疑所謂發展型國家的影響。

1997 年前英國殖民統治下的香港，以相對無為而治的自由港聞名。政府既不採用關稅或進口管制來保護本地產業，也少有什麼積極的產業扶持措施。少到香港雖然在研究四小龍的文獻裡出風頭，但幾乎不會出現在發展型國家的討論之列。新加坡政府固然扶持某些產業，但與香港一樣開放市場競爭，而少有日本、臺灣、南韓的產業保護政策。然而香港與新加坡卻同列亞洲四小龍，平均國民所得遠高於據說政府很認真扶持產業的臺灣與南韓。請問，政府扶持真的優於相對無為而治嗎？香港與新加坡確實沒有臺積電或三星這般世界級製造業，但卻有發達的金融服務業。從經濟發展水準而言，這是缺陷嗎？

換言之，四小龍之間的比較令人不免猜疑，東亞國家條條大路都可以發財。臺灣、南韓的國家產業政策的效果可能不在於帶動發展，而在於促使人民透過某些國家選定的道路發展，並且阻斷其他道路。沒有國家越俎代庖的產業政策，人民可能會依然創造財富，只不過是以他們自行選擇的途徑。

更有趣的例子是中國。1949 至 1978 年的中國陷於共產主義不斷

革命的災難裡。1978 年以後鄧小平的開放改革逐漸帶來經濟成長。改革初期的 1980 年代，中國的經濟政策可說大體集中於拆除共產主義對私營企業與自由經濟的障礙，辯論與路線鬥爭唯恐不及，少有餘暇嘗試日本、臺灣、南韓的發展型國家產業扶持政策。摸著石頭過河是公認的寫照。大概不曾有人以發展型國家來稱呼 1980 年代的中國政府。倒是有汗牛充棟的著作討論中國的產權不清、法治不彰、政策搖擺、官僚尋租、大鍋飯心態等等負面因素如何妨礙其經濟發展。奇怪的是，這些不亞於拉丁美洲黑暗面的因素，尤其國家因素，卻未防止中國的經濟急速成長。這個看來看去都不像發展型國家的國家，卻帶著其社會經歷了二十五年的高速成長，熬到二十一世紀初，終於開始有人以發展型國家來描述中國政府（Golden White）或中國某些地方政府（Jean Oi）。如果中國經濟如多數人預期的繼續快速成長十年或二十年，則我們可以預期，十年後的發展研究學界，將會普遍「發現」1978 年以來的中國政府其實一直是個出色的發展型國家。正如同 1980 以後的學界「發現」臺灣與南韓的政府是發展型國家，而不只是貪污無能的軍事獨裁政權。

換言之，經濟發展成功的社會，會促使學者事後選擇性的認知其國家為發展型國家。選擇性認知與目的論是一體之兩面。

四、發展型國家的地理分佈：只是巧合？

1990 年代以後的發展型國家研究裡，拉丁美洲幾乎被除名。東亞國家獨領風騷。但回顧戰後到 1980 年代的後進國經濟發展研究，拉丁美洲與東亞國家曾經並列重點對象。甚至直到 1960 年代，學界大概沒有人敢幻想東亞經濟前景優於拉丁美洲。使拉丁美洲在 1990 年代失去

發展型國家資格的，不是其國家過去作為本身，而是晚近總體經濟發展成績，使學者們在「事後」「發現」拉丁美洲的國家不如東亞國家高明，因此重新解釋經濟史。下列東亞與拉丁美洲相對經濟水準的比較，或許可幫助我們回憶這段學界集體重建經濟史的過程。

東亞與拉丁美洲國家平均每人國民生產毛額（依當年市場價格美元）

	1965	1970	1975	1980	1990
臺灣	217	389	964	2344	8111
南韓	130	270	630	1750	5770
日本	900	1940	4930	10390	26400
阿根廷	1230	1340	2680	2940	3130
巴西	270	450	1170	2190	2670
智利	670	840	920	2150	2190
墨西哥	490	700	1480	2640	2830

臺灣資料取材自（行政院主計處統計局 2002:13）。
其他國家資料取材自（World Bank 2000）。

　　東亞與拉丁美洲的對比，使我們再回到國家與社會間關係的理論問題。如前所述，發展型國家概念有用的前提應該是，國家是與社會有別的概念或變項。國家此一變項與其他變項的結合，共同影響了該社會的經濟發展。

　　發展型國家集中於經濟發展有成的東亞。但是東亞社會的國家其實南轅北轍，差異極大。日本戰後就成為民主政體。香港長期在英國自由而不民主的殖民統治之下。獨立後的新加坡一直是選民同意的開明專制。臺灣與南韓長期接受軍事獨裁。中國直到今日仍在共產黨專政之下。日本、新加坡的官僚以勤奮、廉潔聞名，南韓則由歷任總統

公子領頭貪污，中國到現在仍是專制腐化一榻糊塗。日本教育發達，中國仍然文盲處處。日、韓國家積極干預產業發展，香港無為而治，中國摸著石頭過河。儘管這些驚人差異，但只要停止戰亂或政治運動，改為經濟掛帥，這些社會就都獲得快速經濟成長。也因此使學界逐漸將發展型國家的頭銜加諸於他們，而且在後進國之間幾乎只加諸於他們。

經濟發展失利的拉丁美洲各國之間也差異甚大。阿根廷、哥斯大黎加、烏拉圭基本上是歐洲文明延伸的白人國家。二十世紀初經濟水準並不比美國落後太多。墨西哥、巴西人口大半不是白人。不論種族如何，各國時或實施民主政體，時或軍人政府。民粹運動更儼然拉丁美洲痼疾，據說是經濟遲滯的罪魁禍首之一。但其實哥斯大黎加與烏拉圭是長期政治穩定的白人民主國家，似乎不曾聽說民粹運動傷害經濟發展。但不論穩定不穩定、民主不民主、民粹不民粹，這兩國一樣從經濟領先東亞逐漸變成遠遠落後於東亞，似乎並沒有比其他拉丁美洲社會更發達。他們也愈來愈不可能被研究發展型國家的學者提及。這到底怎麼回事？

我們不得不推論說，當今發展研究裡，影響後進社會經濟發展最關鍵的變項，似乎不是過去的經濟水準，也不是當今學界強調的國家類型，而是該社會在世界地圖上的位置。後進國發展研究裡耀眼的明星社會，都集中在東亞。而使用漢字的東亞社會，除了仍在共產主義籠罩下的北韓之外，都先後成為經濟發展的典範。這經濟發展成功的社會集中於政治體制南轅北轍的東亞的現象，顯然不是偶然。

這使我們不禁懷疑，影響這些東亞社會經濟發展有成的因素，不在於彼此間南轅北轍的國家類型，而在於這些東亞國家共有的某些社會或文化因素。這些社會剛好都具備發展型國家的原因，可能不是他們都各自經由不同途徑產生了發展型國家，而是他們共享的社會或文

化因素使他們比拉丁美洲或其他後進國家更容易產生發展型國家。不是發展型國家帶給他們發展，而是有利於發展的共同社會或文化因素使他們不約而同的產生發展型國家，發展型國家只是傳達有利因素作用的中介因素。

東亞社會共享的這些有利經濟發展的社會或文化因素是什麼？我還不知道。

晚近已有不少學者引用儒家文化來解釋東亞經濟發展。這議題起於韋伯的比較宗教社會學。韋伯曾在《中國宗教》一書中主張，儒家倫理不利於中國產生自發的現代資本主義。1970 年代以來許多東亞學者很高興的發現儒家文化似乎有利於東亞經濟發展。有人還以為他們據此已成功的反駁韋伯的理論。這其實是錯誤的。韋伯雖然主張儒家倫理不利於中國產生自發的現代資本主義，但他也強調，儒家倫理未必會妨礙中國學習外來的現代資本主義。因此現代東亞學習西方工業化成功，並未抵觸韋伯的觀點，甚至可能還支持他的觀點。

但是在研究韋伯與比較歷史二十年之後，我實在不能確定所謂儒家文化究竟是不是東亞晚近經濟發展成功的原因。

我的主要困難在於，我實在不知道所謂「儒家文化」到底包括哪些因素？東亞文化就等同於儒家文化嗎？這樣說無異於同時說歐洲文化完全是基督教文化，而忘卻了基督教之前希臘與羅馬的貢獻。我很懷疑這種東西文化單一來源的說法。

如果東亞文化不等同儒家文化，則東亞社會與文化中，到底哪些因素算是儒家文化的一部分？哪些不是？

我個人傾向於不使用所謂儒家文化來描述東亞的社會與文化，因為我不相信東亞文化如此單一來源。但在不使用儒家文化一詞的前提下，我確實認為，東亞與其他後進社會的比較，尤其與原本各方現代化程度遙遙領先的拉丁美洲的比較，使我們不能不認定東亞社會或文

化中，有某些共同因素，使東亞國家遠比拉丁美洲等後進國家（其實原本比我們先進太多）更有利於後進的經濟發展。一旦接觸西方科技，一旦享受承平，一旦擺脫共產主義經濟，一旦允許人民追求其個人經濟利益，東亞社會無不經歷快速經濟成長。所謂發展型國家，只是東亞社會或文化中有利經濟發展因素在其促進經濟發展的兩條因果路徑裡，間接路徑裡的中介因素，而不是促使東亞經濟發展的獨立因素。

易言之，發展型國家的出現在東亞並非獨立現象，而是介於東亞有利發展的社會或文化因素（因）與東亞經濟發展（果）之間的中介因素。其對經濟發展的影響基本上只是中介角色，解釋力有限。

更有甚者，與日本、臺灣、南韓相比，香港、新加坡的國家在維持社會秩序與提供基礎條件之餘，對於經濟政策相對的無為而治，也就是所謂發展型國家的性格較弱。但相對無為而治並未防止香港與新加坡的平均國民所得遠高於臺灣與南韓。易言之，在香港與新加坡，東亞有利經濟發展的社會或文化因素的直接作用已足以帶動經濟成長，不需要透過日、臺、韓式發展型國家此一中介因素的間接作用。這更使我們有理由推論，日、臺、韓經濟發展中，主要動力可能來自於有利的社會或文化因素的直接作用，而透過發展型國家此一中介因素傳達的間接作用是次要的。

結語

本文質疑過去研究誇大了發展型國家在東亞經濟發展中的解釋力。過去研究將發展型國家的出現當作獨立的現象，因此賦予發展型國家此一因素強大的解釋力。本文指出，發展型國家似乎只出現在經濟發展有成的東亞社會。理由可能正在於東亞某些有利經濟發展的社會或文化因素，除了直接促進經濟發展之外，也帶動發展型國家的出

現作為中介因素，以間接促進經濟發展。既然只是中介因素，則發展
型國家對經濟發展的解釋力是極有限的。促進經濟發展的關鍵不在於
發展型國家，而在於東亞有利的社會或文化因素。作者不以為儒家文
化一詞可以涵括這些因素，這些因素的具體內容為何，是發展社會學
應該深入探究的。

參考文獻

中文部分

潘美玲　2001　「技術、社會網絡與全球商品鏈：臺灣製造業部門間
　生產組織的差異」，187-221頁，《臺灣的企業組織結構與競爭力》，
　張維安編。臺北：聯經。

李國鼎、陳木在　1987　《我國經濟發展策略總論》。臺北：聯經。

劉進慶　（1975）1993　《臺灣戰後經濟分析》。臺北：人間。

劉進慶、涂照彥、隅谷三喜男　1992　《臺灣之經濟：典型 NIES 之
　成就與問題》。臺北：人間。

瞿宛文　2002　《經濟成長的機制——以臺灣石化業與自行車業為例》。
　臺北：臺灣社會研究雜誌社。

瞿宛文　2003　《全球化下的臺灣經濟》。臺北：臺灣社會研究雜誌社。

瞿宛文、Alice H. Amsden　2003　《超越後進發展：臺灣的產業升級
　策略》。臺北：聯經。

謝國雄　1992　「隱形工廠：臺灣的外包點與家庭代工」，《臺灣社
　會研究季刊》13:137-60。

謝國雄　1993　「事頭、頭家與立業基之活化：臺灣小型製造業單位
　創立及存活過程之研究」，《臺灣社會研究季刊》15:93-129。

行政院主計處統計局　2002　《中華民國臺灣地區國民所得》。

周添城、林志誠　1999　《臺灣中小企業的發展機制》。臺北：聯經。

張維安、高承恕　2001　「政府與企業：臺灣半導體產業發展的分
　析」，57-92頁，《臺灣的企業組織結構與競爭力》，張維安編。
　臺北：聯經。

陳介玄　1994　《協力網絡與生產結構：臺灣中小企業的社會經濟分析》。臺北：聯經。

陳介玄　2001　《班底與老闆：臺灣企業組織能力之發展》。臺北：聯經。

財政部統計處　2003　《中華民國臺灣地區進出口貿易統計月報》405期。

王志卿　2001　「臺灣經濟的動力：中小企業的網絡化」，313-55頁，《臺灣的企業組織結構與競爭力》，張維安編。臺北：聯經。

王振寰　1995　「國家機器與臺灣石化業的發展」，《臺灣社會研究季刊》18: 1-38。

于宗先、王金利　2000　《臺灣中小企業的成長》。臺北：聯經。

西文部分

Amin, Samir. 1975. *Unequal Development.* New York: Monthly Review.

Amsden, Alice H. 1985. "The State and Taiwan's Economic Development." Pp.78-106 in *Bringing the State Back in*, ed. by Peter B. Evans, Dietrich Rueschemeyer, and Theda Skocpol. New York: Cambridge University Press.

Amsden, Alice H. 1989. *Asia's Next Giant: South Korea and Late Industrialization.* New York: Oxford University Press.

Barrett, Richard and Soomi Chin. 1987. "Export-Oriented Industrializing States in the Capitalist World System: Similarities and Differences." Pp.23-43 in *The Political Economy of the New Asian Industrialism,* ed. by Frederic C. Deyo. Ithaca, NY: Cornell University Press.

Barrett, Ricahrd E. and Matrin King Whyte. 1982. "Dependency Theory and Taiwan: Analysis of a Deviant Case." *American Journal of Sociology* 87:1064-89.

Bellah, Robert N. 1957. *Tokugawa Religion: The Cultural Roots of Modern Japan.* New York: Free Press.

Berger, Peter L. 1990. "An East Asian Development Model?" Pp.3-11 in *Search of an East Asian Development Model,* ed. by Peter L. Berger and Hsin-Huang Michael Hsiao. New Brunswick, NJ: Transaction Books.

Bradford, Colin I. 1990. "Policy Intervention and Markets: Development Strategy Typologies and Policy Options." Pp.32-51 in *Manufacturing Miracles: Paths of Industrialization in Latin America and East Asia,* ed. by Gary Gereffi and Donald L. Wyman. Princeton, NJ: Princeton University Press.

Bulmer-Thomas, Victor. 1994. *The Economic History of Latin America since Independence.* Cambridge: Cambridge University Press.

Burawoy, Michael. 1996. "The State and Economic Involution: Russia through a China Lens." Pp.150-77 in *State-Society Synergy: Government and Social Capital in Development,* ed. by Peter B. Evans. Berkeley: University of California Press.

Cardoso, Eliana and Ann Helwege. 1991. "Populism, Profligacy, and Redistribution." Pp.43-70 in *The Macroeconomics of Populism in Latin America,* ed. by Rudiger Dornbusch and Sebastian Edwards. Chicago, IL: University of Chicago Press.

Cardoso, Fernando H. 1986. "Entrepreneurs and the Transition Process: the Brazilian Case." Pp.137-53 in *Transitions from Authoritarian Rule: Comparative Perspectives,* ed. by Guillermo O'Donnell,

Philippe C. Schmitter, and Laurence Whitehead. Baltimore: Johns Hopkins University Press.

Cardoso, Fernando Henrique and Enzo Faletto. (1971) 1979. *Dependency and Development in Latin America,* tran. by Marjory Mattingly Urquidi. Berkeley: University of California Press.

Chase-Dunn, Christopher. 1989. *Global Formation: Structures of the World-Economy.* New York: Basil Blackwell.

Chen, Edward K.Y. 2000. "The Total Factor Productivity Debate: Determinants of Economic Growth in East Asia." Pp.235-62 in *The Economies of Asia 1950-1998. Vol.III. The Four Tigers*, ed. by Robert Ash and Anne Booth. London: Routledge.

Cheng, Chia-Lin and Yu-Hsia Chen. 1994. "Income Levels and Occupations of Public vs. Private University Graduates and the Efficiency of Government Investment in Higher Education." Pp.275-303 in *The Role of the State in Taiwan's Development*, ed. by Joel D. Aberbach, David Dollar, Kenneth L. Sokoloff. Armonk, NY: M.E. Sharpe.

Cheng, Tun-Jen. 1990. "Political Regimes and Development Strategies: South Korea and Taiwan." Pp.138-78 in *Manufacturing Miracles: Paths of Industrialization in Latin America and East Asia*, ed. by Gary Gereffi and Donald L. Wyman. Princeton, NJ: Princeton University Press.

Chu, Yun-Han. 1994. "The State and the Development of the Automobile Industry in South Korea and Taiwan." Pp.125-69 in *The Role of the State in Taiwan's Development,* ed. by Joel D. Aberbach, David Dollar, Kenneth L. Sokoloff. Armonk, NY: M.E. Sharpe.

Cumings, Bruce. 1987. "The Origins and Development of the Northeast

Asian Political Economy: Industrial Sectors, Product Cycles, and Political Consequences." Pp.44-83 in *The Political Economy of the New Asian Industrialism*, ed. by Frederic C. Deyo. Ithaca, NY: Cornell University Press.

Deyo, Frederic C. 1987. "Coalitions, Institutions, and Linkage Sequencing- Toward a Strategic Capacity Model of East Asian Development." Pp.227-47 in *The Political Economy of the New Asian Industrialism*, ed. by Frederic C. Deyo. Ithaca, NY: Cornell University Press.

Dollar, David and Kenneth L. Sokoloff. 1994. "Industrial Policy, Productivity Growth, and Structural Change in the Manufacturing Industries: A Comparison of Taiwan and Korea." Pp.5-25 in *The Role of the State in Taiwan's Development,* ed. by Joel D. Aberbach, David Dollar, Kenneth L. Sokoloff. Armonk, NY: M.E. Sharpe.

Dornbusch, Rudiger and Sebastian Edwards. 1991. "The Macroeconomics of Populism." Pp.7-13 in *The Macroeconomics of Populism in Latin America,* ed. by Rudiger Dornbusch and Sebastian Edwards. Chicago, IL: University of Chicago Press.

Dore, Ronald P. 1987. *Taking Japan Seriously: A Confucian Perspective on Leading Economic Issues*. Stanford: Stanford University Press.

Dore, Robert. 1990. "Reflections on Culture and Social Change." Pp.353-67 in *Manufacturing Miracles: Paths of Industrialization in Latin America and East Asia,* ed. by Gary Gereffi and Donald L. Wyman. Princeton, NJ: Princeton University Press.

Durkheim, Emile. (1893) 1984. *The Division of Labor in Society,* tran. by W.D. Halls. New York: Free Press.

Durkheim, Emile. (1895) 1982. *The Rules of Sociological Method*, ed.

by Steven Lukes, tran. by W.D. Halls. New York: Free Press.

Eberstadt, Nicholas. 1996. "Material Progress in Korea since Partition." Pp.131-63 in *The Wealth of Nations in the Twentieth Century,* ed. by Ramon H. Myers. Stanford, CA: Hoover Institute Press.

Eccleston, Bernard. 1989. *State and Society in Post-War Japan.* Cambridge: Polity.

Ellison, Christopher and Gary Gereffi. 1990. "Explaining Strategies and Patterns of Industrial Development." Pp.368-403 in *Manufacturing Miracles: Paths of Industrialization in Latin America and East Asia,* ed. by Gary Gereffi and Donald L. Wyman. Princeton, NJ: Princeton University Press.

Escobar, Arthro. 1995. *Encountering Development: the Making and Unmaking of the Third World.* Princeton, NJ: Princeton University Press.

Evans, Peter B. 1979. *Dependent Development: the Alliance of Multinational, State, and Local Capital in Brazil.* Princeton: Princeton University Press.

Evans, Peter B. 1985. "Transnational Linkages and the Economic Role of the State: An Analysis of Developing and Industrialized Nations in the Post-World War II Period." Pp.192-226 in *Bringing the State Back in,* ed. by Peter B. Evans, Dietrich Rueschemeyer, and Theda Skocpol. New York: Cambridge University Press.

Evans, Peter B. 1987. "Class, State, and Dependence in East Asia: Lessons for Latin Americanists." Pp.203-26 in *The Political Economy of the New Asian Industrialism*, ed. by Frederic C. Deyo. Ithaca, NY: Cornell University Press.

Evans, Peter B. 1989. "Predatory, Developmental, and Other

Apparatuses: A Comparative Political Economy Perspective on the Third World State." *Sociological Forum* 4:561-87.

Evans, Peter. 1995. *Embedded Autonomy: States and Industrial Transformation*. Princeton, NJ: Princeton University Press.

Evans, Peter. ed, 1997. *State-Society Synergy: Government and Social Capital in Development.* Berkeley: University of California Press.

Fields, Karl J. 1995. *Enterprise and the State in Korea and Taiwan.* Ithaca, NY: Cornell University Press.

Frank, Andre Gunder. 1969. *Capitalism and Underdevelopment in Latin America: Historical Studies of Chile and Brazil.* New York: Monthly Review Press.

Frank, Andre Gunder. 1998. *ReOrient: Global Economy in the Asian Age.* Berkeley: University of California Press.

Friedman, David. 1988. *The Misunderstood Miracle: Industrial Development and Political Change in Japan.* Ithaca, NY: Cornell University Press.

Garnaut, Ross. 2001. "Twenty Years of Economic Reform and Structural Change in the Chinese Economy." Pp.1-18 in *Growth Without Miracles: Readings on the Chinese Economy in the Era of Reform,* ed. by Ross Garnaut and Yiping Huang. New York: Oxford University Press.

Garnaut, Ross and Yiping Huang. 2001. "China's Integration into the World Economy." Pp.436-58 in *Growth Without Miracles: Readings on the Chinese Economy in the Era of Reform,* ed. by Ross Garnaut and Yiping Huang. New York: Oxford University Press.

Gereffi, Gary. 1990a. "Paths of Industrialization." Pp.3-31 in

Manufacturing Miracles: Paths of Industrialization in Latin America and East Asia, ed. by Gary Gereffi and Donald L. Wyman. Princeton, NJ: Princeton University Press.

Gereffi, Gary. 1990b. "Big Business and the State." Pp.90-109 in *Manufacturing Miracles: Paths of Industrialization in Latin America and East Asia,* ed. by Gary Gereffi and Donald L. Wyman. Princeton, NJ: Princeton University Press.

Gold, Thomas B. 1986. *State and Society in the Taiwan Miracle.* Armonk, NY: M. E. Sharpe.

Gerschenkron, Alexander. (1952) 1992. "Economic Backwardness in Historical Perspective." Pp.111-30 in *The Sociology of Economic Life,* ed. by Mark Granovetter and Richard Swedberg. Boulder, CO: Westview.

Guillen, Mauro F. 2001. *The Limits of Convergence: Globalization and Organizational Change in Argentina, South Korea, and Spain.* Princeton, NJ: Princeton University Press.

Haggard, Stephan. 1990. *Pathways from the Periphery: the Politics of Growth in the Newly Industrializing Countries.* Ithaca, NY: Cornell University Press.

Haggard, Stephan and Tun-Jen Cheng. 1987. "State and Foreign Capital in the East Asian NICs." Pp.84-135 in *The Political Economy of the New Asian Industrialism*, ed. by Frederic C. Deyo. Ithaca, NY: Cornell University Press.

Haggard, Stephen and Robert R. Kaufman. ed, 1992. *The Politics of Economic Adjustment.* Princeton, NJ: Princeton University Press.

Haggard, Stephen and Chien-Kuo Pang. 1994. "The Transition to Export-Led Growth in Taiwan." Pp.47-89 in *The Role of the State in*

Taiwan's Development, ed. by Joel D. Aberbach, David Dollar, Kenneth L. Sokoloff. Armonk, NY: M.E. Sharpe.

Hirst, Paul and Grahame Thompson. 2003. *Globalization in Question: the International Economy and the Possibilities of Governance*, 2nd ed. Cambridge: Polity.

Hoogvelt, Ankie. 1997. *Globalization and the Postcolonial World: the New Political Economy of Development*. Baltimore, MD: John Hopkins University Press.

Howe, Christopher. 2000. "The Taiwan Economy: the Transition to Maturity of the Political Economy of its Changing International Status." Pp.135-59 in *The Economies of Asia 1950-1998. Vol.III. The Four Tigers*, ed. by Robert Ash and Anne Booth. London: Routledge.

Huff, W.G. 2000. "What Is the Singapore Model of Economic Development." Pp.105-34 in *The Economies of Asia 1950-1998. Vol. III. The Four Tigers*, ed. by Robert Ash and Anne Booth. London: Routledge.

Inkeles, Alex and David Smith. 1974. *Becoming Modern*. Cambridge, MA: Harvard University Press.

International Monetary Fund. 1998. "The Asian Crisis and the Region's Long-term Growth Performance." *The World Economic Outlook October* 1998:82-106.

International Monetary Fund 2000a. "How Can the Poorest Countries Catch Up." *The World Economic Outlook* May 2000:113-48.

International Monetary Fund. 2000b. "The World Economy in the Twentieth Century: Striking Developments and Policy Lessons." *The World Economic Outlook* May 2000:149-80.

International Monetary Fund. 2001. *Mexico: Selected Issues. IMF Country Report 01/191.* Washington, DC: International Monetary Fund.

International Monetary Fund. 2003. "Statistical Appendix." *The World Economic Outlook* April 2003:157-240.

Johnson, Chalmers. 1982. *MITI and the Japanese Miracle: the Growth of Industrial Policy, 1925-1975.* Stanford: Stanford University Press.

Johnson, Chalmers. 1987. "Political Institutions and Economic Performance: the Government- Business Relationship in Japan, South Korea, and Taiwan." Pp.136-64 in *The Political Economy of the New Asian Industrialism*, ed. by Frederic C. Deyo. Ithaca, NY: Cornell University Press.

Kaufman, Robert R. 1990. "How Societies Change Developmental Models or Keep Them: Reflections on the Latin American Experience in the 1930s and the Postwar World." Pp.110-38 in *Manufacturing Miracles: Paths of Industrialization in Latin America and East Asia,* ed. by Gary Gereffi and Donald L. Wyman. Princeton, NJ: Princeton University Press.

Kaufman, Robert R. and Barbara Stallings. 1991. "The Political Economy of Latin American Populism." Pp.15-34 in *The Macroeconomics of Populism in Latin America,* ed. by Rudiger Dornbusch and Sebastian Edwards. Chicago, IL: University of Chicago Press.

Kim, Eun Mee. 1997. *Big Business, Strong State: Collusion and Conflict in South Korean Development, 1960-1990.* New York: State University of New York Press.

Kobli, Atul. 2000. "Where Do High Growth Political Economies Come

From: The Japanese Lineage of Korea's 'Developmental State.'" Pp.61-104 in *The Economies of Asia 1950-1998. Vol.III. The Four Tigers,* ed. by Robert Ash and Anne Booth. London: Routledge.

Koo, Hagen. 1987. "The Interplay of State, Social Class, and World System in East Asian Development: The Cases of South Korea and Taiwan." Pp. 165-81 in *The Political Economy of the New Asian Industrialism,* ed. by Frederic C. Deyo. Ithaca: Cornell University Press.

Kuznets, Paul W. (1988)2000. "An East Asian Model of Economic Development: Japan, Taiwan, and South Korea." Pp.29-60 in *The Economies of Asia 1950-1998. Vol.III. The Four Tigers*, ed. by Robert Ash and Anne Booth. London: Routledge.

Lardy, Nicolars R. 1994. *China in the World Economy.* Washington, DC: Institute for International Economics.

Li, K.T. 1988. *The Evolution of Policy Behind Taiwan's Development Success.* New Haven: Yale University Press.

Liang, Kuo-Yuan. 1994. "Foreign Trade and Economic Growth in Taiwan." Pp.113-21 in *The Role of the State in Taiwan's Development,* ed. by Joel D. Aberbach, David Dollar, Kenneth L. Sokoloff. Armonk, NY: M.E. Sharpe.

Lie, John. 1998. *Han Unbound: the Political Economy of South Korea.* Stanford, CA: Stanford University Press.

Liu, Yia-Ling. 1992. "Reform from Below: the Private Economy and Local Politics in the Rural Industrialization of Wenzhou." *China Quarterly* 130:293-316.

Mathews, John A. and Dong-Sung Cho. 1999. *Tiger Technology: the Creation of a Semiconductor Industry in East Asia.* Cambridge:

Cambridge University Press.

Meaney, Constance Squires. 1994. "State Policy and the Development of Taiwan's Semiconductor Industry." Pp.170-92 in *The Role of the State in Taiwan's Development,* ed. by Joel D. Aberbach, David Dollar, Kenneth L. Sokoloff. Armonk, NY: M.E. Sharpe.

Naughton, Barry. 1996. *Growing Out of the Plan: Chinese Economic Reform, 1978-1993.* Cambridge: Cambridge University Press.

Oi, Jean C. 1998. *Rural China Takes Off: the Institutional Foundations of Economic Reform.* Berkeley: University of California Press.

Parsons, Talcott. 1968. *The Structure of Social Action.* New York: Free Press.

Perkins, Dwight. 2001. "Completing China's Move to the Market." Pp.36-53 in *Growth Without Miracles: Readings on the Chinese Economy in the Era of Reform,* ed. by Ross Garnaut and Yiping Huang. New York: Oxford University Press.

Ranis, Gustav. 1990. "Contrasts in the Political Economy of Development Policy Change." Pp.207-30 in *Manufacturing Miracles: Paths of Industrialization in Latin America and East Asia*, ed. by Gary Gereffi and Donald L. Wyman. Princeton, NJ: Princeton University Press.

Ranis, Gustav. (1995)2000. "Another Look at the East Asian Miracle." Pp.300-26 in *The Economies of Asia 1950-1998. Vol.III. The Four Tigers*, ed. by Robert Ash and Anne Booth. London: Routledge.

Rodrik, Dani. (1995)2000. "Getting Interventions Right: How South Korea and Taiwan Grew Rich." Pp.327-81 in *The Economies of Asia 1950-1998. Vol.III. The Four Tigers,* ed. by Robert Ash and Anne Booth. London: Routledge.

Rostow, Walt W. 1960. *Stages of Economic Growth: A Non-Communist Manifesto.* Cambridge: Cambridge University Press.

Rueschemeyer, Dietrich and Peter B. Evans. 1985. "The State and Economic Transformation: Toward an Analysis of the Conditions Underlying Effective Intervention." Pp.44-77 in *Bringing the State Back in,* ed. by Peter B. Evans, Dietrich Rueschemeyer, and Theda Skocpol. New York: Cambridge University Press.

Schive, Chi. 1990. "The Next Stage of Industrialization in Taiwan and South Korea." Pp.267-91 in *Manufacturing Miracles: Paths of Industrialization in Latin America and East Asia,* ed. by Gary Gereffi and Donald L. Wyman. Princeton, NJ: Princeton University Press.

Shea, Jia-Dong and Ya-Hwei Yang. 1994. "Taiwan's Financial System and the Allocation of Investment Funds." Pp.193-230 in *The Role of the State in Taiwan's Development,* ed. by Joel D. Aberbach, David Dollar, Kenneth L. Sokoloff. Armonk, NY: M.E. Sharpe.

Smith, Adam. (1776) 1990. *An Inquiry into the Nature and Causes of the Wealth of Nations.* Chicago: University of Chicago Press.

Tu, Wei-Ming. ed, 1996. *Confucian Traditions in East Asian Modernity: Moral Education and Economic Culture in Japan and the Four Mini-Dragons.* Cambridge, MA: Harvard University Press.

United Nations Economic Commission for Latin America and the Caribbean. 2003. *Statistical Yearbook for Latin America and the Caribbean 2002.*

United Nations Educational, Scientific, and Cultural Organization. 2002. *The 2002 Education for All Global Monitoring Report.*

Villarreal, Rene. 1990. "The Latin American Strategy of Import Substitution: Failure or Paradigm for the Region?" Pp.292-320 in

Manufacturing Miracles: Paths of Industrialization in Latin America and East Asia, ed. by Gary Gereffi and Donald L. Wyman. Princeton, NJ: Princeton University Press.

Vogel, Ezra F. 1979. *Japan as Number One: Lessons for America.* Cambridge, MA: Harvard University Press.

Vogel, Ezra F. 1991. *The Four Little Dragons: the Spread of Industrialization in East Asia.* Cambridge: Harvard University Press.

Wade, Robert. 1990a. *Governing the Market: Economic Theory and the Role of Government in East Asian industrialization.* Princeton, NJ: Princeton University Press.

Wade, Robert. 1990b. "Industrial Policy in East Asia: Does It Lead or Follow the Market." Pp.231-66 in *Manufacturing Miracles: Paths of Industrialization in Latin America and East Asia*, ed. by Gary Gereffi and Donald L. Wyman. Princeton, NJ: Princeton University Press.

Wallerstein, Immanuel. 1974. *The Modern World System I: Capitalist Agriculture and the Origins of the European World-Economy in the Sixteenth Century.* New York: Academic Press.

Wallerstein, Immanuel. 1979. *The Capitalist World-Economy: Essays by Immanuel Wallerstein.* Cambridge: Cambridge University Press.

Wallerstein, Immanuel. 1980. *The Modern World System II: Mercantilism and the Consolidation of the European World-Economy, 1600-1750.* New York: Academic Press.

Wallerstein, Immanuel. 1989. *The Modern World System III: The Second Era of Great Expansion of the Capitalist World-Economy, 1730-1840s.* New York: Academic Press.

Wang, Fang-Yi. 1994. "Reconsidering Export-Led Growth: Evidence from Firm Performance, Taiwan, 1983-1987." Pp.26-46 in *The Role of the State in Taiwan's Development,* ed. by Joel D. Aberbach, David Dollar, Kenneth L. Sokoloff. Armonk, NY: M.E. Sharpe.

Wank, David L. 1999. *Commodifying Communism: Business, Trust, and Politics in A Chinese City.* New York: Cambridge University Press.

World Bank. 1993. *The East Asian Miracles: Economic Growth and Public Policy.* Oxford: Oxford University Press.

World Bank. 2000. *World Development Indicator 2000.*

Yamamura, Kozo. 1996. "Bridled Capitalism and the Economic Development of Japan, 1880-1980." Pp.54-79 in *The Wealth of Nations in the Twentieth Century*, ed. by Ramon H. Myers. Stanford, CA: Hoover Institute Press.

Young, Alwyn. 2000. "The Tyranny of Numbers: Confronting the Statistical Realities of the East Asian Growth Experience." Pp.199-234 in *The Economies of Asia 1950-1998. Vol.III. The Four Tigers*, ed. by Robert Ash and Anne Booth. London: Routledge.

「挑釁的提問」之再商榷：〈因果解釋或後見之明：發展型國家概念的反省〉一文的幾點回應

黃崇憲（東海大學社會學系助理教授）

　　再三展讀此文之際，腦海中隨即又浮現樹仁那好思辨、愛挑戰學界已廣被接受的知識典範，卻仍「雖千萬人吾往矣」的「匹夫之勇」。在他每日幾乎很少間斷的午後散步沉思中，邊走邊想，在腦中啟動所擅長的「思想實驗」，構思謀劃所關心的重要議題，假以時日拋擲出終於熟成的「挑釁提問」，以「顛覆者」（debunking）的姿態丟出挑戰的白手套，向學界提出獨抒己見、力排眾議之質疑與拷問。

　　在本文中，樹仁的箭靶針對發展型國家此一概念的解釋力提出邏輯上的質疑與反省，認為發展型國家對東亞經濟發展的解釋力可能被誇大了，取而代之他所提出的因果關係，如下圖（圖一）：

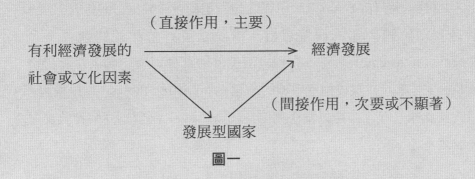

圖一

　　樹仁所提出（推論）的另類解釋，認為「日、台、韓經濟發展中，主要動力可能來自於有利的社會或文化因素的直接作用，而透過發展型國家此一中介因素傳達的間接作用是次要的。」（見本書第 381 頁）除此之外，樹仁對發展型國家概念的批判，還有以下四點：（一）因果解釋或後見之明；（二）目的論的陷阱；（三）選擇性認知；（四）東亞發展型國家地理分佈相較於拉丁美洲之歷史偶合性。

　　限於篇幅，以下我只選擇兩點簡要回應：

一、整體因果關係圖（圖一）之商榷

　　首先，我必須指出樹仁的因果關係圖，是大有問題的。在此因果模型中，樹仁批判發展型國家，對引導帶動經濟發展所發揮的作用是間接的、次要或不顯著。他更進一步認為，「有利經濟發展的社會或文化因素」才真正是導致經濟發展的主要直接因素，此宣稱犯了套套邏輯的謬誤，因為既然是「有利因素」帶來經濟發展等於是同義反覆。尤有甚者，樹仁自己也很坦誠承認那些「有利經濟發展的社會或文化因素」到底是什麼，他也不知道。

　　因此，除非樹仁能具體指明那些「有利經濟發展的社會或文化因素」為何，否則純屬推論。以此推論來批評甚或否證發展型國家之解釋典範並不公允，因為缺乏了有憑有據的立基點。不過，值得肯定的是，此推論，可作為一份未來研究的知識邀約，形成另一個研究方案，透過有創意和周密的研究設計，搭設起可共量比較的通約平台（common ground），將「有利經濟發展的社會或文化因素」與「發展型國家典範」並置成相互爭競的命題（competing theses）加以檢證，只有當此成立時，方得以裁決判歸（adjudicate）兩個不同解釋典範之優勝高下。

二、因果解釋或後見之明？

　　樹仁認為發展型國家並沒有達成因果解釋，只是後見之明。因果解釋或說因果關係長久以來即被視為是基本的「科學的哲學」的重點之一，休姆（Hume）稱它為「宇宙的接合劑」：因果關係以有意義的關係結合了這個世界的事件和客體。究其實，發展型國家的解釋模型是有因果解釋力的，並非只是後見之明地看到某些經濟發展的國家個案，就宣稱其具有發展型國家，若此，則只是統計學上說的相關性（correlation），並未揭露指出隱藏於下的因果機制（underlying causal mechanism）。相關性的關係，有可能是似是而非的（spurious），在方法論上不能直接推論成因果解釋。

　　然而，在發展型國家的解釋模型中，其實是指明了為何國家的介入能帶引經濟發展，其中最重要的一組概念，就是國家能力與國家自主性，國家能力指的是制定執行政策的能力，國家自主性則指的是國家在制定政策時，得免於社會既得利益者之挾持。更進一步的，國家介入的政策領域主要集中在產業政策，對後進發展國所面臨的資本短缺，將資源引導到可帶動產業鏈連結之策略性產業，以此帶動經濟發展，可以圖示（圖二）如下：

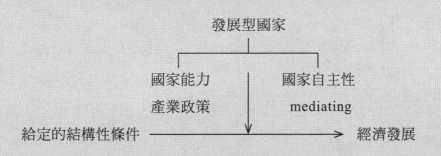

圖二

　　最後，本文乃屬短評，文休絮煩，不及一一。所悵然者，天人永隔，死生契闊，不然我們夢迴 Madison，在漫漫雪夜與紅酒杯觥交錯中，再戰個上百回合如何？！

強制合作發展：臺灣日本殖民體制的米糖經濟

黃樹仁

陳宇翔（國立臺北大學社會學系助理教授）

一、前言

　　本文將以檢視日本殖民下臺灣米糖農業的發展，反省此議題研究中古典馬克思主義學派過度著重生產關係而忽視國家自主權之問題，並在此基礎上，提出以殖民體制強制合作發展觀點來取代古典馬克思主義學派的日本殖民體制剝削經濟觀點。古典馬克思主義學派傾向於過度執著於生產關係而忽略生產力議題[1]，同時也常忽略了政治重要性。傾向於將國家視為支配階級的工具，而相對疏於注意國家本身的利益考慮。太注意執政者的利益與支配階級如何一致，卻相對疏於考

---

[1]　社會學界都有此傾向。當前經濟社會學普遍認為，經濟學討論經濟現象時，忽視了所謂經濟活動鑲嵌於社會組織的事實，以致於不能充分瞭解經濟現實。但另一方面，身為社會學家，筆者也常覺得，社會學家討論所謂鑲嵌時，經常過度強調經濟現象鑲嵌於社會組織，而忽略了社會現象也鑲嵌於經濟結構，以致於過猶不及。以簡化了的馬克思學派術語來說，生產力決定生產關係。在今天社會科學的分工裡，生產力的探討通常由經濟學家為之，生產關係的探討通常屬於社會學。忽視生產關係固然不能充分瞭解生產力，但同樣的，忽略生產力也不可能真正瞭解生產關係。

易言之，借用馬克思的概念，從生產力到生產關係，再到所謂上層建構的國家三個層次之間，社會學佔據了中段的生產關係，更底層的生產力屬於經濟學，更上層的國家屬於政治學。社會科學的分工使我們習於本位主義。

慮執政者利益與支配階級不一致的現象，忽略國家自主權的議題。筆者認為在理解國家自主利益為殖民體制基本考量，即可理解「強制合作」（compulsory cooperation）概念（Spencer 1981[1908]；Michael Mann 1994:55-6）更合適描述日本殖民臺灣體制社會的「國家—產業」關係。國家與產業的「強制合作」普遍出現在歷史上重視軍事活動的社會，國家以自身整體利益目標為主要考量，以各式手段強制要社會產業界（資本家、勞工、農民）與國家合作，配合政府需求經濟生產，這正是日本殖民臺灣時期（戰前與戰時）的國家與日臺資本家和國家與殖民地社會所顯露的關係特性[2]。

　　在戰後日本與臺灣社會科學界對於日本在臺殖民的研究，古典馬克思主義學派觀點成為研究典範[3]。1929 年東京大學教授矢內原忠雄的《日本帝國主義下之臺灣》，成為從古典馬克思主義學派的經典，確立以資本主義與經濟剝削觀點來研究日本殖民統治。矢內原的觀點源自馬克思的國家理論，以及列寧由此衍生的所謂資本主義的最高階段，也就是壟斷階段導致帝國主義的說法。馬克思與列寧認定，經濟支配階級必然操縱國家，以協助其剝削被支配階級。矢內原（1929）認定日本帝國主義的根源在壟斷資本主義，糖業是日本殖民臺灣的核心事業，而日本在臺糖業則以剝削蔗農與聯合壟斷為獲利根源。涂照彥（1975）基本上延續矢內原忠雄的古典馬克思主義觀點，但認為矢內原對於資本主義化定義過於含糊，無視殖民體制的民族支配面向，

2　檢視日本在臺灣殖民統治的基本性格討論，最粗略的劃分，可以說有兩種相反觀點。第一種現代化理論觀點認為日本殖民統治帶動了臺灣的現代化。強調日本殖民中臺灣人受益面向，但傾向於忽略強制與壓迫。第二種從屬理論觀點則批判殖民統治基本上是對殖民地人民的壓迫與剝削，但卻傾向於忽略臺人之受益。筆者認為在理解國家自主利益為殖民體制基本考量，則強制合作的概念或許可調和兩種極端傾向。

3　林文凱（2014）文章亦有討論馬克思主義框架對於左派歷史學者在理解臺灣清日時期社會經濟之影響。

忽略日本殖民的資本主義制度是與臺灣本地社會傳統經濟結構結合且雙元並存，日本殖民政府巧妙利用本地的地主制度對殖民地經濟利益掠奪。柯志明（2003）則是在矢內原忠雄與涂照彥基礎上，指出殖民政府保留臺灣本地的地主（佃農）制度，家庭農場自我剝削與米作為農家維生物資，使糖業資本企業可藉由米糖比價法由蔗農榨取最低成本原料，但這個剝削體制在 1920 年代後期出現破綻而讓農民生活改善。涂照彥與柯志明的研究雖然對矢內原古典馬克思主義論點提出細部修正與延伸，但從未挑戰矢內原所謂帝國主義是資本主義外延的基本觀點。也都預設日本殖民統治是為了日本資本家的階級利益，殖民政府的首要關懷似乎是幫助資本家剝削殖民地人民，尤其是幫助日本在臺糖業剝削蔗農以謀暴利。而在此預設前提下，以不同角度討論日本資本剝削臺灣農民的機制。

　　然而，政府（日本殖民政府）真的只是資本家（日資企業）的代理人，毫無獨立於資產階級利益的國家（日本國家）利益存在？古典馬克思主義學派認為支配階級必然控制國家以為其階級支配與剝削服務，這是不證自明的真理。但事實上，Karl Marx 本人（1994[1852]）在其《路易波那帕特的霧月十八日》的事件分析裡，到底波那帕特是被資產階級利用或利用資產階級，支配階級與國家兩者到底何者是主人、何者是工具，其實已大有爭論餘地，已未能充分支持所謂國家純然是支配階級工具的理論。更不要說 Nicos Poulantzas（1975）與 Fred Block（1987）討論的國家自主權之說。指出國家雖然常會與資產階級利益一致（同為支配階級），但也會為了國家自身利益與資本主義體制的延續，不惜犧牲資產階級的短期利益。尤其當國家面臨嚴重生存危機時，例如對外戰爭或內部動亂，執政者要讓國家存續的利益是遠高於資產階級經濟利益之上，為達到此目的，政府會願意採取各種激烈措施政策，甚至嚴重傷害支配階級利益也在所不惜。Michael

Mann（1984）在探討國家權力時，同樣指出國家（統治菁英）專斷性（對於社會／產業控制性）為構成國家權力二元面向之一，也強調此議題重要性常受到古典馬克思主義者忽視。另一方面，在日本殖民臺灣的歷史學研究中，黃紹恆（1995,1996,2010）指出日本殖民政府在處理臺灣經濟事務是以國家整體政治經濟利益（貿易赤字、商務談判、統治穩固、國際地位）為目標來思考，甚至不惜犧牲資產階級利益（例如，限制清國移工入台，造成臺灣低階勞工不足，工資上漲，損害資本家利益）。李力庸（2009）對於臺灣米作研究指出日本政府在 1930 年代起對於臺灣稻米流通管制是以日本社會與戰爭整體需求所規劃執行，米業與糖業資本家利益在社會穩定與戰爭勝利的大目標下都只是次要層次議題。簡而言之，無論是從社會學理論反思或是從近期歷史學研究，都指出古典馬克思主義觀點對於日本在台殖民體制性質預設，具有可重新檢討空間，而國家自主利益這個面相應該帶回至這個議題的討論之中。

二、臺灣殖民：資本主義或帝國主義

遠在所謂現代資本主義興起之前，帝國興衰與帝國主義就已是人類文明史上的經常現象[4]（Gilpin 2007）。就 Lenin（2014[1916]）所謂資本主義的壟斷階段導致帝國主義的說法而言，即使所謂現代資本主義國家果真有走向帝國主義的趨勢，也只能說是帝國主義的一種類型，不足以用來推論所有帝國主義都是因為資本主義所引起

---

4 Gilpin：「在整個歷史上，為了謀取更多的經濟、安全和其他利益，領土征服一直是國家的主要目標。不管是通過一個民族對另一個民族的帝國主義征服，還是通過對毗鄰領土的兼併，國家在各個歷史時期一直在尋求各種方式擴大其所控領土，並且還想暗中取得對國際體系的控制」（2007:29）。

（Schumpeter 1951）。易言之，我們無法排除某些帝國主義不是為資本主義服務的可能。當然，古典馬克思主義可以拒絕將與資本主義無關的帝國擴張稱為帝國主義[5]。例如，矢內原就將與資本主義無關的向外擴張稱為國民戰爭，因此認為日本佔有臺灣之舉到底是國民戰爭與帝國主義有所爭議（1929:22）。對於不信仰教條馬克思主義的人而言，這如同文字遊戲。如果我們將一個國家以強制手段控制支配他國的作為定義為帝國主義，則很明顯的，帝國主義究竟是否為資本主義服務，應該是經驗研究議題，而非研究預設[6]。

　　回到臺灣研究的經驗案例，即使古典馬克思主義的命題果真的有某些效度，有誰能保證其觀點必然適用於臺灣？有誰能保證矢內原的預設必然正確？以歷史背景而言，豐臣秀吉時代的日本就有逐鹿東亞大陸、臣服南洋的雄心與行動[7]（陳宗仁 2005:106-110）。德川家康統一日本，在九州之薩摩藩島津義久征伐琉球之後，日本國內外長期流傳日本將征台的傳聞[8]（陳宗仁 2005:148-61）。這些動作與資本主義有關嗎？明治維新後的日本垂涎朝鮮、中國、與臺灣，到底是地緣政治傳統或新興資本主義現象？要如何認定明治帝國主義是新興資本主

5　Gilpin：「由於十九世紀運輸工具的進步以及歐洲的軍事優勢，海外佔領相對而言不再耗資巨大了……這些海外帝國的目的並非主要在於掠奪和剝削（雖然二者都出現過），而是為貿易和投資提供一個穩定的法律政治結構，即保護歐洲人的財產權……除了某些特定地區的礦產外……這些十九世紀後期的帝國並不特別有利可圖」（2007:146）。

6　Andre Frank（1998）在其《白銀資本》（*ReOrient*）一書中指出連所謂資本主義一詞都是歷史研究裡無用的概念。

7　1587 年豐臣秀吉征服九州，要求朝鮮入貢，並作為征明之嚮導。1590 致書琉球要求入貢。1591 年致書臥亞葡萄牙人要求入貢。1592 年豐臣秀吉使臣到達馬尼拉，要求西班牙人臣服。1593 年 11 月豐臣秀吉致書高山國，要求歸順。但國書似未送出（陳宗仁 2005: 106-110）。

8　1609 年日本九州之薩摩藩島津義久征伐琉球。琉球投降稱臣，但仍繼續向明入貢。1609 年有馬晴信受幕府之命派人到臺灣詔諭勸降。1615 年長崎代官村山等安命其次子村山秋安率十三艘船到臺灣。因風飄散驚動中國官方（陳宗仁 2005: 148-61）。

義現象，而非日本傳統地緣政治野心的延伸？事實上，矢內原本人在其名著內就提到豐臣秀吉的臺灣經營，也承認佔有臺灣時的日本尚未進入壟斷性資本主義階段。「日本資本尚未甚充實，因此並沒有因受到資本壓力而必須出之於攫取殖民地帝國主義要求的地步」。但又一口認定明治帝國主義是資本主義的產物[9]（矢內原忠雄 1929:22-3），這不是馬克思教條下的選擇性解釋嗎？矢內原將明治帝國主義稱為早熟的帝國主義（矢內原忠雄 1929:25），沒有資本家但仍發動對外擴張，這事實上是歷史上傳統的帝國主義，或許更應該稱之為晚熟的豐臣秀吉式帝國主義，而非早熟的資本主義式帝國主義。日本發動甲午戰爭與佔領臺灣，而是日本長期地緣政治野心的展現，應與資本主義無直接關連。

目前日本史學界共識也認為資本家經濟利益絕非是中日甲午戰爭爆發與日本要求中國割讓臺灣原因，而是日本國家天皇專制權力與長期侵略性格（黃紹恆 2010:51-3）。黃紹恆（2010:51-71）研究更指出，佔有臺灣有利於日本國家目標，但的確缺乏實質經濟利益[10]。日本在甲午戰爭之前與中國已有長期貿易摩擦與貿易失衡，戰爭勝利讓日本政府可重新修訂中日通商合約。取得臺灣為殖民地且經營成功，則可改善日本長期低落國際地位，提升日後日本與國際列強談判條件。簡

9　Benedict Anderson 指出日本明治維新政權採用他所謂官方民族主義作為鞏固政權的手段。而這官方民族主義迅及變成向外擴張的帝國主義。Anderson 認為明治日本之侵略性帝國主義性格，一方面來自於長期孤立而不解國際事務，不習於平等共存的國際秩序，將國際關係理解為不是被征服就是征服對方。另一方面則是學習歐洲官方民族主義，學到歐洲王朝的帝國主義風潮（1999:105-6）。這說法似乎言之成理，但卻忽略了豐臣秀吉時代日本就已有對外擴張的思潮了。更忽略了帝國擴張是人類文明史上的常態，無需特別原因。

10　尤其佔有臺灣之初，面臨臺灣人的長期反抗，軍費支出浩繁，歲出遠高於歲入，需要中央鉅額補貼。1895-1902 對臺灣補助佔國庫支出 7%（柯志明 2003:31）。而且無法預期臺灣總督府何時可以財政自立。因此使日本國內興起出售臺灣以減少財政負擔的主張。日後臺灣不僅財政自立，而且讓糖業資本有利可圖，並非當初所能預見。因此，將日本殖民臺灣的動機與所謂資本主義連在一起，純粹是馬克思教條與後見之明的產物，不是科學研究結果，也非當初殖民官僚所能預見。

而言之，發動甲午戰爭與殖民臺灣，應是置於日本國家利益而非資本家利益思考脈絡下的行動。本文後列的分析，將集中於日本領臺後關於當時最重要米糖兩個產業的作為，用以瞭解日本殖民統治的基本性格，並用以澄清前述的理論與歷史議題。

三、糖業優先問題：資本家利益或日本總體經濟利益

矢內原等人會誤認日本殖民臺灣的核心事業在於糖業，是因為佔有臺灣之初，總督府急於發展臺灣糖業，但對米作的投入似乎相對冷淡。糖業投資也佔日本在臺工業投資的絕高比例。而且日本資本家初期也未從臺灣米作獲大利。涂照彥與柯志明更強調總督府關心糖業而非米作的原因，是前者有利日本資本家，而後者則否（涂兆彥1975:56-7），這個推論忽略日本總體經濟現實。

日本佔有臺灣之初，日本本土稻米足以自給，並不需要臺灣米。但本土糖產極少。1894年日本砂糖消費四百萬擔，產額僅八十萬擔（矢內原忠雄 1929:251-2）。當時日本尚處於工業化初期，長期入超，外匯短缺。本國糖產不足，需要進口。1897-1903 進口砂糖的外匯支出相當於對外貿易赤字的 54%（柯志明 2003:39）。因此日本政府企圖藉由增產臺灣糖來取代進口糖，以減少對外貿易赤字[11]。這是為了日本總體經濟利益，不是為了資本家利益（黃紹恆 1995）。易言之，總督府之優先關心糖業而非米業，並非取決於日本資本家獲利與否，而取決於日本總體經濟的需求。本土需要殖民地的糖，但不需要米。這本土經濟現實決定了殖民地產業政策的優先次序。

---

11 涂照彥當然也必須承認日本耗費鉅額外匯進口糖的事實。但卻將之輕描淡寫成次要原因（1975:57）。

臺灣農民高度經濟理性，對市場高度敏銳。茶作引進臺灣北部後，因外銷市場龐大，迅速廣布臺灣北部。但糖業在臺灣發展三百年，甘蔗栽種面積始終有限，可見市場受限。可能原因是成本偏高，無法與南洋糖競爭，只能以大陸國內市場為去處。缺乏國際競爭力。若無日本殖民，臺灣糖業擴大經營機會很低。日本佔領臺灣，卻因重商主義與進口替代政策，使臺灣糖業可進入日本保護市場，高度發展。

四、糖業扶持政策：蓄意剝削或鼓勵投資

領台初期，日本明治維新不過二十餘年。就產業結構而言，基本上仍是農業社會。本土工業化只在初期階段，並無多餘資金與技術人員可輕易轉移於殖民地。日本雖然在明治時期已經嘗試在日本本地種植甜菜、甘蔗來製糖，用以減少糖進口的大量貿易赤字，但是都宣告失敗（黃紹恆 1995）。以當時日本標準，大規模現代製糖廠已是高科技製造業。資本與技術密集，投資風險極高。要鼓動當時資金尚不充裕的日本資本家離開當時工商業投資尚未飽和的本土，到遙遠陌生而熱帶疾病叢生且武力反抗不絕的臺灣，來投資曾經失敗的現代糖業，就像在二十一世紀初鼓動高科技製造商到落後而又戰亂區域去耗費鉅資設廠一般困難。

1898 年臺灣總督府民政長官後藤新平指出，日本經營殖民地的主要困難之一，是「本國的利息高，使資本不易在殖民地投資」（矢內原忠雄 1929:23）。「臺灣新式製糖公司的設立，可說是出於日本政府的發動」（矢內原忠雄 1929:23-4）。在官方積極勸說及鼓勵下，方於 1900 年 12 月成立臺灣製糖公司。其中一千股還是由宮內省出資，以示獎勵。總督府對該公司的補助款，1900 年為 12,000 圓，1901 年

為 55,780 圓。當時公司已繳資本額僅 50 萬圓，可見補助之優厚 [12]（矢內原忠雄 1929:24）。面對不可知的投資風險，總督府若要建立現代糖業，就不能不給與糖業資本優厚的投資獎勵，包括資金的協助，以及協助其支配蔗農，壓低原料成本以提高獲利，降低投資風險。這藉由保證獲利與降低經營風險來鼓勵投資的產業政策邏輯。這是國家關心生產力的問題，而非生產關係的問題。

　　總督府 1902 年根據新渡戶稻造的《糖業改良意見書》對於蔗農與製糖者提供優厚的獎勵投資措施，包含品種改良、肥料、開墾、器具補助等。但是當時臺灣糖業陷入不景氣與對於新統治者信任存疑，效果有限。之後糖業景氣回升，臺灣仕紳開始積極投入改良糖廍與新式製糖廠 [13]（黃紹恆 1996）。1906 年日俄戰爭之後，日本砂糖稅修正，日本資本家認為無課關稅的臺灣粗糖有利可圖，興起投資臺灣糖業熱

12　臺灣銀行亦是在政府多方補助之下才勉強募到資金成立（矢內原忠雄 1929:24）。臺灣銀行、臺灣製糖等都是在政府熱心勸導與保護下方能成立。臺灣鐵路公司雖有政府優厚保護，終因募股失敗而停止（矢內原忠雄 1929:115）。

13　辜顯榮傳記紀錄也可顯示當時臺灣仕紳看待此事的角度。日本人發展臺灣糖業之始，原本想從臺灣仕紳集資。兒玉總督利用揚文會機會由親自設宴勸說南部仕紳集資五十萬圓，政府願意貸與機器，並每年補助。眾人皆無意願，僅有辜顯榮願出資十五萬圓。兒玉無奈，只好 1900 到東京遊說財界來臺灣投資。辜顯榮也因此獨立投資製糖業（辜顯榮翁傳記編纂會 2007:141-5）。後藤新平告訴辜顯榮：「政府決定興辦糖務，要由日本進口三百噸的機械，資本金五十萬圓，而總督府一年補助六分，以資獎勵。十年後，如擴充至五百萬包，可以供給日本內地消費，以免利權外流。然而臺灣在來的竹蔗，年收不過二十萬包。這種竹蔗若不加以改良，則很難發展。總督府已經從爪哇買進改良蔗苗，不久將會抵達。這件事情仍要麻煩你助一臂之力」。辜顯榮指出南部適於糖業，因此應該與臺南紳士諮商。正好總督府要開揚文會，南部之許廷光、蔡玉屏、蘇雲梯等皆與會。辜顯榮在會前向諸紳士提出總督府的計畫，請求他們幫忙投資。但大家都認為糖價不振，課稅之後，必有虧損，面露難色。辜顯榮指出臺灣的糖只供島內需求，如果加以改良增產，可以外銷日本及海外。但眾人皆不肯答應。次夜總督及後藤長官的宴席上，總督提出此案，眾人仍然不肯答應。總督甚為不悅。辜顯榮乃起立表示願意先出資十五萬圓，剩下金額方由臺南仕紳承擔。眾人仍然不肯，此事遂無疾而終。當爪哇蔗苗將至時，後藤召見辜顯榮。辜顯榮乃以個人財力在中南部試種。辜顯榮建設十八所八十噸至一百三十噸的機械工廠，為臺灣現代糖業之始。以後大日本製糖的斗六、五間厝，東洋的嘉義、水窟頭，新高的彰化、中寮，明治的臺中、溪湖等糖廠，都是辜顯榮創設後交給各公司（辜顯榮翁傳記編纂會 2007:367-9, 412-3,416）。辜顯榮以農地價格與租金之上漲，指出日本統治對臺灣人民的利益（辜顯榮翁傳記編纂會 2007:415）。

潮。由於當時臺灣處於特殊法律體制，臺灣資本所組成企業組織缺乏充分的法律保障（不適用日本商法），因此隨著日本資本大舉進入臺灣糖業，臺灣本地資本陸續退出經營接受併購，使得臺灣糖業成為日資企業的天下，但臺灣資本並未從糖業消失，只是轉為純粹的股東而不涉入經營[14]（黃紹恆 1996）。

矢內原在日本殖民統治已上軌道，糖業資本已穩定獲利的 1928 年訪問臺灣，已無法充分感受當初總督府吸引投資的困難，以及優厚的鼓勵投資條件的必要。更有甚者，馬克思主義教條的先入為主觀念，使他無法正視提高生產力的政策考慮，而偏重於生產關係的探討。柯志明也承認殖民之初日本資本家對投資臺灣的躊躇不前，因此總督府的對策不僅是改善投資環境，而且直接協助補助投資（柯志明 2003:29,68-71）。但他也忽視獎勵投資措施與所謂剝削蔗農兩者之間可能具有因果關係。

五、糖業利潤來源：剝削蔗農，或提高生產力與犧牲內地消費者

矢內原忠雄認為臺灣糖業的利潤來源主要是卡特爾聯合壟斷。但他也討論製糖會社支配農民的各種機制。似乎認定會社剝削農民，但並未說剝削蔗農是糖業資本主要獲利來源。後續研究者涂照彥則更進一步將會社獲利來源單方面的歸諸於剝削蔗農，連矢內原明白討論的

---

14 舉例來說，陳中和在鳳山開設新興製糖，林本源家族在溪洲，辜顯榮在鹿港設大和製糖。之後辜顯榮將糖廠售予明治製糖，林本源售予鹽水港製糖（辜顯榮翁傳記編纂會 2007:513-4）。陳鴻銘與王雪農等共同創設臺南製糖會社。經營三年後，漸入佳境。新任的臺南廳長村上強使臺南製糖併入臺灣製糖。即使請辜顯榮出面幹旋，即使得到民政長官當面表示同意不必強迫合併，終究被合併（辜顯榮翁傳記編纂會 2007:478-9）。

卡特爾聯合壟斷都不提。其筆下臺灣農民的貧窮似乎完全是殖民剝削的結果（涂照彥 1975:300-1）[15]。柯志明（2003）也未討論聯合壟斷，僅討論剝削。也未討論蔗作增產對農民收益的影響。陳兆勇與柯志明（2005）雖然提到臺灣糖業其實依賴日本關稅保護下的本國優惠市場與聯合壟斷，卻仍然認為糖業利潤來自剝削蔗農。

上述研究所謂糖業資本剝削農民的主要機制，包括設立原料甘蔗採收區域制度，限制蔗農僅能將甘蔗售予指定之製糖公司，並且由製糖公司單方面決定甘蔗價格。蔗價並非由糖價或糖業收益所決定，而是透過米蔗比價，以原先較低的米作收益來決定蔗價，藉此壓低蔗農對糖業利潤的分享[16]。矢內原與涂照彥對這藉由米糖比價來壓低蔗價的作法只能進行粗略的討論，柯志明企圖以詳盡的統計資料澄清所謂米糖相剋的價格機制。但終究受制於農家淨收入資料的缺乏而無法達到目的（柯志明 2003:109-41）。但是如果我們將眼光擴大，從分析糖業資本如何操縱蔗農與蔗價，擴大到分析臺糖業在日本與世界的地位與發展，我們會發現，將會社獲利來源歸諸於剝削蔗農為其實是來自於古典馬克思主義觀點的預設多於經濟分析。

當然，按照古典馬克思主義認定，只要生產果實沒有完全歸於勞動者就是剝削。但依此邏輯，沒有剝削也就不會有企業投資，也不會有現代經濟。倘若將「剝削」定義為「奪取被剝削者原有的財產或原有生產成果」，則應該會更合適用來檢視日本殖民經濟成長動力，所

---

15 涂照彥描述日本在臺糖業獲利後未繼續大規模在投資於糖業，反而多角化經營以及投資海外，隱隱有認為其僅注重剝削，而忽略認真經營之意（涂照彥 1975: 303,330）。然而，農產加工的規模受制於農業規模擴張空間有限的事實，不可能無限制的繼續投資於同一產業。

16 上述學者討論製糖會社控制蔗農的各種手法。但透過借貸關係等手段式控制蔗農，清代臺灣商人即已如此，清末北部茶葉似也如此。這與日本人或甚至資本主義都無關，而是歷史上農民與商人之間買賣貸款的常態，不應視為資本主義特色或殖民地現象。

以本文在此採取這個定義。本文以為，日本在臺糖業的獲利來源，不在於剝奪臺灣蔗農原有的財產或固有生產收益，而在於殖民體制創造了新的獲利來源。糖業資本確實獲取利益，且抗拒讓臺灣蔗農分享其利益。臺灣蔗農因為無法分享利益而產生相對剝奪感，但其實收益並沒有比被殖民前減少，甚至還有些微增加。也就是略微分享到殖民體制帶來的新利益。這殖民體制創造的獲利來源，一是提高生產力，創造臺灣蔗農原先無法創造的新附加價值，二是獲得母國的市場優惠，也就是犧牲母國消費者利益來建立殖民地糖業。

所謂提高生產力，指引進高產品種與現代生產技術，也就是提高附加價值。例如，甘蔗每甲收穫量從 1910-11 之 5.409 萬斤增至最高峰 1938-39 之 13.342 萬斤。製糖率從 1910-11 之 10.6% 增至最更峰 1933-34 之 14.17%（柯志明 2003:236-7）。易言之，就蔗農與蔗田的單位生產力，以及加工廠的生產力而言，日本人確實帶動臺灣糖業生產力的大幅躍升。再加上蔗田面積擴大，臺灣糖年產量從 1900-04 間 3.796 萬公噸增至 1935-39 間之 105.671 萬公噸，增加為 24.31 倍。出口年平均從 1900-04 僅 323 萬日圓，增至 1935-39 年間 1,9166 萬圓，增加為 59.27 倍（柯志明 2003:56,58）。簡言之，糖業附加價值來源包括種蔗與加工製糖。製糖率的改進來自於日本殖民政府，若資本家獨佔製糖率提高導致的增產成果，也非剝奪蔗農原有生產收益。

就種蔗收益而言，既然蔗價是透過米田與蔗田收益的比價所決定，即使米田收益沒有增加，只要米田收益未受到蓄意壓低，則米農收益未減，依賴米糖比價機制決定收入的蔗農收益也就未減。柯志明即使反覆強調米作部門停滯，也只說其停滯或發展受到壓抑，但並未說米農收益在殖民統治下比從前減少 [17]。因此，合理推論是，殖民時

---

17 柯志明的統計數字更顯示，1910-11 以後，不論是蔗田單位產量、蔗價、蔗田每
　甲收入都是緩步上升。例如，蔗田每甲收入在 1910-1 為 152.23 圓，1923-4 以後

期米農收益並未較從前減少。既然如此，蔗農收益即使沒有比殖民前增加，至少也與米農一樣沒有減少。事實上，在蔗農有選擇種蔗與否的自由的前提下，統計顯示現代糖業發展之後蔗田面積遠超過現代糖業成立前面積（柯志明 2003:240-1），說明了有比從前更多的蔗農認為種蔗比其他作物有利。更多農民選擇種蔗而非其對抗作物，說明了不論糖業如何抗拒讓蔗農分享利潤，有足夠的蔗農依然覺得種蔗是比較有利的選擇[18]。柯志明與陳兆勇（2006）自己也指出，1920 年代以後種蔗面積未再大幅增加，係因臺灣糖產量已趨近日本國內市場規模。多餘的糖將因缺乏國際競爭力而難以銷售，製糖公司沒有理由繼續擴大生產。不是因為農民認為種蔗無利可圖。

　　事實上，臺灣農家生活水準在日本殖民時期穩定上升，直到 1930年代達到高峰（葉淑貞 2014）。柯志明也大體同意殖民時期農民生活大體改善之說[19]（2003: 168-72）。易言之，不論日本糖業賺多賺少，

都在四百元以上。1938-9 更高達 851.56 圓（柯志明 2003:236-7）。在來米的每甲產量、米價、每甲收入也都與蔗作一樣成緩步上升的長期趨勢（柯志明 2003:236-7）。當然，要討論所得增長趨勢，必須將物價列入考慮。若以 1914.7 物價指數為 100，1899 年為 74.1，1913 年為 105.9，1917 年為 152.4，1919 年為 222.6，1926 年為 185.6，1931 年為 136.2，1937 年為 188.7，1940 年為 258.3，1943 以後顯著通貨膨脹（黃通、張宗漢、李昌槿 1987:95）。以柯志明的統計資料，上述蔗作與米作收益增長期間，通貨膨脹並不嚴重，故蔗田與米田實質收入顯著增加。實在無法支持柯志明自己所謂米農與蔗農收益停滯不前的說法。

18　1895 之前臺灣蔗作面積反應當時臺灣糖在國際自由市場的競爭力，也反映蔗作收益對農民的吸引力有限。1895 後擴張反映日本市場優惠的效果，也反映蔗作收益提高，因此吸引更多蔗農投入。如果米作收益偏高，蔗農不可能投入蔗作。

19　柯志明專書的重要目的之一是澄清米糖相剋問題裡最關鍵的米糖比價機制。為此目的他收集了米價、蔗價、米蔗田產量、米蔗田收入等統計資料（2003:236-7），並據以比較米蔗田收益（2003:114）。但他用以比較米田與蔗田收入的數字，是米田產量乘以米價，蔗田產量乘以蔗價。然後他計算出米田與蔗田兩者收入成高度相關。但此處米田收入與蔗田收入是未扣除成本的粗收入，在米蔗單位面積生產成本極可能不同的普遍事實下，米田與蔗田的粗收入比較並不足以用以代替米田與蔗田淨收入的比較。要回答米糖相剋問題，有意義的比較應是兩者淨收入比較，而非粗收入比較。困難在於淨收入資料所需的農家生產成本統計不足。柯志明只找到零碎年份的蔗作農家生產成本（2003:107）。陳兆勇與柯志明（2005:32）接受張漢裕說法，認為米蔗種植成本相近，因此可以粗收益代替淨收益來比較米蔗兩作的收益。柯志明整理的粗收入統計數字所見，忽略農業生產常見的短期波動，以長期趨勢而言，1910-11 以後，不論是蔗田單位產量、蔗價、蔗田每甲收

臺灣蔗農收益並未較日本殖民前減少。日本在臺糖業確實提高了種蔗與加工的附加價值，而且抗拒讓蔗農分享增產的果實。但既未剝奪蔗農在殖民體制之前原有的收益，而且事實上也讓蔗農分享小部分增產果實。若無甘蔗採收區域制度，僅採納現代糖廠，糖廠間競爭會提高蔗價與蔗農收益，但也可能降低日資來臺投資意願。除了提高種蔗與加工的附加價值，臺灣糖業更重要獲利來源可能是母國市場的優惠。也就是日本本國市場透過關稅保護提供臺灣糖優惠市場，以及容忍臺灣糖業採取卡特爾聯合壟斷來維持高糖價。

　　臺灣由於氣候自然條件限制，種蔗單位產量遠不及古巴及爪哇。同時因為日本政府為臺灣統治穩定，限制由中國引入勞工，造成島內勞動力供給受限，勞動成本攀升。故臺灣甘蔗原料成本與製糖成本遠高於爪哇與古巴（矢內原忠雄 1929:321,326；涂照彥 1975:61-2）。表一清楚顯示臺灣砂糖的生產成本至少為爪哇糖的三倍以上，接近菲律賓糖的兩倍。若無關稅保護，臺灣糖在日本與國際市場是無法有競爭力。事實上，當時日本糖業資本家可以進口更為便宜的爪哇、古巴原料粗糖，然後製成精緻糖後在國內售出，其成本基本上長期都低於使用臺灣原料，應可獲得更高利潤，這也是當時的日本產業現況。日本糖業會全面性改為以臺灣甘蔗為原料，除了偶而因素（國際粗糖價格短期飆升、仰賴進口原料精緻糖業者賄賂國會議員新聞曝光），主要結構因素就是日本政府要有效經營臺灣的國家目標考量（黃紹恆 1995）。

入都是緩步上升。例如，蔗田每甲收入在 1910-1 為 152.23 圓，1923-4 以後都在四百元以上。1938-9 更高達 851.56 圓（柯志明 2003:236-7）。在來米的每甲產量、米價、每甲收入也都與蔗作一樣成緩步上升的長期趨勢（柯志明 2003:236-7）。但注意這是粗收入，不是扣除成本的淨收入。

表一：1939 年台、菲、爪砂糖生產成本比較

國別	100 斤
臺灣糖	9.174 円
菲律賓糖	5.064 円
爪哇糖	2.994 円

太田賴敏、日吉太郎 1942:7

　　除了關稅優惠，矢內原指出糖業利潤重要來源是卡特爾聯合壟斷。臺灣糖業於 1910 年成立糖業聯合會，聯合決定糖價與產量分配（矢內原忠雄 1929:274-85）。第一次世界大戰導致國際糖價大漲。日本本土製糖公司大肆擴建精糖廠，以致於產能遠超出日本市場需求。戰後不得不以微利將進口南洋糖再製後出口至中國等地。國內市場則依賴卡特爾維持利潤（矢內原忠雄 1929:310-16）。

　　事實上，矢內原雖然分析糖業如何抗拒讓蔗農分享利潤，卻直指卡特爾聯合壟斷才是糖業利潤主要來源。但這觀點卻在涂照彥（1975）與柯志明（2003）的研究中消失了。涂照彥還承認日本本國市場保護缺乏競爭力的臺灣糖，柯志明連關稅保護都未討論。他認定「日本資本家的豐厚利潤基本上仰靠低價收購本地人家庭農場生產的甘蔗原料」（柯志明 2003:227）。陳兆勇與柯志明（2005）承認關稅保護與聯合壟斷是臺灣糖業生存的基礎，但卻又將研究重點至於所謂剝削蔗農的機制。等於依然認定利潤來源是剝削臺灣蔗農，而非日本消費者。

　　總之，日本在臺糖業的利潤並非來自減少臺灣蔗農固有收益，而在於提高生產力，以及藉由關稅保護而繼續生存，並在日本本土建立寡佔市場以提高售價。總體後果是創造了臺灣糖業前所未有的高利潤。日本在臺糖業確實努力拒絕讓蔗農分享這壟斷性的利潤，以致於造成蔗農的相對剝奪感。這相對剝奪構成了矢內原等人所謂剝削蔗農的事實基礎。但臺灣蔗農如果沒有日本資本引進現代糖業而停留在由低產

舊品種與小型糖廍加工的傳統糖業，或者引進現代糖業但脫離日本統治，而必須面對國際蔗糖自由市場的價格競爭，則所得也應無法高於在日本殖民體制下的所得。日本在臺糖業確實拒絕讓蔗農分享其利潤，但這利潤其實是日本政府與糖業資本共同創造的，而非臺灣糖業與蔗農原有的。臺灣蔗農被迫與日本糖業合作，讓日本糖業賺大錢，自己則只能增加些許收益，確實會產生相對剝奪感。最符合這現象的概念，是 Spencer（1981[1908]）與 Mann（1994:55-6）研究歷史上的帝國統治時提出的強制合作，政府為了國家整體利益，以各式強制與獎勵手段來讓資本家、農民、勞工與國家合作，根據國家設立目標來生產。

如果臺灣糖業獲利的重要因素之一是日本對臺灣糖的關稅保護與優惠，以及製糖公司的卡特爾聯合壟斷，則利益來源其實不是臺灣蔗農，而是日本消費者。日本消費者本來可以以更低廉價格購國外精製糖或爪哇、古巴粗糖，但卻為了保障糖業而忍受高價糖。即政府為保護本國農業，以關稅手段大幅度提高低廉進口農產品售價，而讓消費者去購買高價（高生產成本）的本國農產品。易言之，當年日本糖業資本的主要剝削對象不是蔗農，是日本消費者。涂照彥、柯志明都將所謂糖業剝削蔗農的作為解釋成民族的支配與剝削。但純就日本消費者利益而言，這是為了國家經濟貿易平衡目的而承擔市場扭曲的福利減少與犧牲，讓糖業資本家榨取利潤，也讓殖民地農民分享部分果實。

六、扶持米作：國家總體經濟利益，但對糖業資本傷害

前已述及，領臺之初，總督府之優先關心糖業而非米業，並非取決於日本資本家獲利與否，而取決於日本總體經濟的需求。本土需要

殖民地的糖，但不需要米。這本土經濟現實決定了殖民地產業政策的優先次序。

更有甚者，總督府固然優先關心糖業，但其實並未荒廢對米作的投入。建立農業改良機構，引入販賣肥料，改進米作生產技術與品種，並大力投資於嘉南大圳等水利事業（涂照彥 1975:75-82）。1903 年臺灣耕地灌溉面積僅 150,456 萬公頃。1903-1942 間灌溉區增至 394,638 公頃。耕地灌溉比例從 28% 增至 64%（柯志明 2003:51）。米的年平均產量，從 1900-04 之間的 572.7 萬公石，增至 1935-39 間的 1691.4 萬公石。米的出口，從 1900-04 之間年平均 398 萬圓，增至 1935-39 之間的 12268 萬圓（柯志明 2003:56,58）。甚至，在來米田的每甲產量，從 1910-1 之 4284 斤增至 1922-3 之 5063 斤。1924-5 以後不曾再低於五千斤。在來米價也長期而言緩步上升，因此，在來米田每甲收入從 1910-1 之 157.23 圓，增至 1925-6 之 579.45 圓，經歷中間嚴重起伏，達到最高峰 1938-9 之 661.98 圓。收益變動主要原因不是產量變動，而是米價起伏。（柯志明 2003:236-7）。

柯志明強調殖民當局為了協助糖業資本壓低蔗價，蓄意壓抑其對抗作物米作的發展（柯志明 2003:25,27,217-8,227）[20]。前述農業政策與柯志明本身的統計數字已足以指出這不是事實。總督府對米作的關心確實次於對糖業的關心，但這優先順序其實取決於日本總體經濟的需求，而非資本家的需求。關心次序晚於糖業，也絕不表示總督府對米作的關注偏低。如果要壓抑米作，為何要耗費鉅資興建嘉南大圳，以便原先只能種蔗的旱田變成可以種米的水田？

1917 開築嘉南大圳。總經費 4800 萬圓中，半數為總督府補助款，

---

20 柯志明認為「糖業資本的積累實在是以停滯的米作部門及其所致生的低米作收入為前提」（柯志明 2003:25）。他承認 1925 以後米作部門與米農收益改善，以致於打擊糖業資本（柯志明 2003:25）。但事實上，他的統計數字顯示，1925 之前在來米作的收益已呈顯著上升的長期趨勢。

此外還獲得總督府 1446 萬圓低利貸款（矢內原忠雄 1929:60）。灌溉十五萬甲，佔全臺耕地六分之一（矢內原忠雄 1929:73,91）。矢內原因為嘉南大圳水量不足，使其灌溉區必須實施輪耕，等於強使部分蔗農種蔗，因此認定嘉南大圳是為蔗作而作（矢內原忠雄 1929:286-288）。但實際上，若無嘉南大圳，這些旱田本來就只能種蔗或甘藷等雜糧，而不能種稻。嘉南大圳的輪耕制度的意義，是將旱田改為水田的灌溉利益還不夠普及，而非矢內原所認定的蓄意將某些耕地壓抑為種蔗旱田。嘉南大圳的輪種，使稻米栽種面積增加 3.78 倍，產量增加 7.32 倍。單位面積產量增加 1.94 倍。而甘蔗栽培面積、產量、單位面積產量分別增加 1.18 倍、3.37 倍、與 2.86 倍（涂照彥 1975:111）。古慧雯等人研究亦發現，嘉南大圳的建造經營對農家收益有益，對糖廠沒有影響（2006）。易言之，嘉南大圳的米作受益絕不小於蔗作。

關於米作投入，除了上述作為，總督府的更進一步投入則是引入適於日本人口味的蓬萊米。第一次世界大戰後，日本本土米產不足。為滿足本土糧食需求，開始大幅進口朝鮮與臺灣的殖民地米。1926 年起總督府更在臺灣推廣蓬萊米種植與輸日[21]。由於日本物價高於臺灣，蓬萊米在日售價遠高於臺灣生產成本與產地售價。事實上，在 1920 與 1930 年代，臺灣蓬萊米絕大多數銷售日本（涂照彥 1975:69-75,82-4）。相對於糖業之受日資控制，米作部門的種植與島內交易運輸大體上仍控制在臺灣人手中，移出日本則是臺商與日商在不同時期各有勝負（李力庸 2009）。臺灣米作部門因為蓬萊米輸日而顯著獲利，且利潤有高比例留在臺灣人之手，後果是米農收益提高。基於米蔗比價效益，這也提高了蔗農棄蔗轉稻的誘因，迫使製糖會社不得不提高原料

---

21 對於總督府之在臺灣推廣蓬萊米，涂照彥固然承認日本本土米產不足而需從殖民地進口的事實，但卻將之輕描淡寫成次要原因，而將主要原因說成日本資本主義因工業生產力增大，國內農產品價格上漲，不得不從殖民地進口較價廉的農產品（1975:69-72）。

甘蔗的收購價格（柯志明 2003；葉淑貞 & 張棋安 2004）。這不僅傷害糖業資本利益，而且更留下批判觀點之下有關日本殖民政策的一個謎團：既然日本人嚴厲阻止臺灣蔗農分享糖業利潤，為何不同樣阻止臺灣米農分享蓬萊米銷日的利益？為何不將蓬萊米銷日的利益限定由日本人商社享受？甚至，何不將稻米銷售到臺灣都市的利益也都限定由日本商人壟斷享受？如果殖民目的在於剝削殖民地人民，為何放過此一大好剝削機會？

七、為何不積極剝削米作：不能或不為

對於所謂日本人剝削蔗農但不剝削米農此一矛盾現象，涂照彥的理由是日本資本主義不成熟，無力打破臺灣地主的土地所有權及對米業的控制（涂照彥 1975:103-111,191）。延續涂照彥的觀點，柯志明的解釋是，米作部門的階級組成與蔗作不同，使其抗拒日本人剝削的能力高於蔗作部門，因此日本人無法剝削米作部門。然而，這樣的解釋可能是個誤解。

柯志明所謂米糖兩部門階級組成不同，是指糖業部門由數十製糖會社與無數小農組成，權力集中於少數糖廠；而米作部門是由許多中小地主與土礱間（小碾米廠）及無數小農組成。中小地主對農民支配力量低落。土礱間兼有碾米業者、仲介商及高利貸者的複雜角色，得以避免日資的兼併滲透（柯志明 2003:174-90,218-9,229-30）。但事實上，這兩部門之所以呈現如此差異，正是因為日本人選擇改造糖業組織為優先。

日本佔有臺灣之初，蔗作部門的階級組成是千餘糖廍與無數小蔗

農。米作部門的階級組成是數百土礱間[22]與無數小米農。兩者並無不同。日本人既然能夠輕易強使千家糖廍逐步關門，讓數十家製糖會社壟斷甘蔗的加工，設定原料採收區域制度來限制蔗農的產品銷售自由，允許製糖會社單方面決定原料甘蔗的收購價格，藉以壓抑蔗農所得；我們實在很難想像，日本人居然無法強使數百土礱間關門，讓日本人商社壟斷米的加工與銷售，並且設定稻米販賣區域制度，讓日本人商社單方面決定米的收購價格，藉以壓抑米農所得。甚至反而居然讓土礱間由殖民之初的數百家增至 1936 年的 3304 家（柯志明 2003:185）。

日本人強力改造糖業，壓抑臺灣人獲利，為何居然未遭臺灣糖廍業者與蔗農的有力抵抗？理由可能很簡單。臺灣是日本以武力佔領的殖民地。日本佔領臺灣過程屠殺了大約百分之一的臺灣人。如此血腥鎮壓的必然後果是寒蟬效應。除非被逼到走頭無路，臺灣人其實不敢反抗日本人的支配與壓迫。糖廍業者與蔗農不敢反抗其來有自。合理推論是，如果日本人將與糖業相同的改造措施也加之於米業，臺灣土礱間業者與米農其實也同樣不敢反抗。柯志明以為土礱間業者兼營高利貸與仲介業，使日資不易滲透。但過去糖廍業者也同樣兼營高利貸與仲介，照樣被新式糖廠所消滅。柯志明所提的理由其實不成理由。日本人若決心要控制臺灣米作，應該不會比控制糖業費力。

但既然如此，日本人為何不做呢？理由可能很簡單。改造糖業不僅有利糖業資本，而且更有利於日本總體經濟。但直到殖民中後時期日本國內需要朝鮮與臺灣稻米移入，改造臺灣米業組織才與日本國家總體利益產生強烈關係。

---

22 關於土礱間起源與性質，涂照彥認為起源於高利貸業者，兼營稻米販售，碾米機能不過是第二位工作。但涂照彥並未能提出有力資料支持其說，更像是武斷認定（1975:195-201,210-1）。土礱間數在 1914 年為 610，漸增至最高點 1935 年之 1700（涂照彥 1975:200）。

　　但為何日本總體經濟利益需要改造臺灣糖業而非米業？這應涉及產業生產力問題。糖業附加價值的來源，一是種蔗，二是加工。而且後者比重絕不亞於前者。例如，1910-1940 間糖生產成本中原料甘蔗成本在 50%-60% 之間（柯志明 2003:111）。日本佔有臺灣後，發覺種蔗與加工二者都大有改進餘地。種蔗階段的改進，包括引進高產品種，改進種植技術等。當時日本農業尚未機械化，小農耕種是最經濟有效的種植方式。日本人只要指導臺灣小農改用新品種與技術即可，實際種植可由小農承擔，不須費力改變種植組織（矢內原忠雄 1929:252-62）。但加工之改進卻非大力改造組織不可。清末臺灣糖業的加工是以牛隻推動石磨的小型糖廍。改進之道在於引進現代大工廠來取代舊式糖廍，使用新式動力機械，提高搾糖率，並達到經濟規模。但清末臺灣糖廍業者連改用鐵磨取代石磨都有困難（林滿紅 1997），遑論投資現代大工廠。直到日俄戰爭之後（1905 年），日本資本資本家才開始對投資臺灣糖業產生濃厚興趣，之前也未熱烈響應總督府的投資號召（黃紹恆 1996）。因此，為了國家利益推動臺灣糖業發展，總督府除了鼓勵蔗農改進種植之外，同時必須協助糖業資本設立現代大工廠。為鼓勵投資，也以各種手段來壓抑蔗農所得，以保證糖業資本獲利。易言之，總督府之所以幫助日本糖業資本抗拒蔗農分享利潤，主要目的應在於鼓勵投資，提高糖業生產力，以滿足日本國內糖需求的總體經濟政策考慮。

　　當然，當事者的動機往往是後世研究者難以確認的。但可透過與米作政策的比較，總督府糖業政策的動機就可以看的更清楚。

　　米糖兩業的主要差別在於附加價值來源不同。前述糖業的附加價值來自種植與加工，加工的附加價值近於種植。但米作的附加價值主要來自種植。所謂加工僅是脫殼而已，程序簡單，附加價值極低。在工業化與都市化初期社會裡，以現代大工廠取代土礱間，加工效率與

規模效益改進不多。何況糖完全是商品，其產銷是單方向運動，不需要回到農村。米卻兼是維生作物與商品。多數米是供農家自己消費，即使商品米也大多數供小城鎮居民食用。將稻穀用牛車運到遠處的大工廠去殼後再運回農家食用或小城鎮出售，顯然遠不如就近運到村落內的土礱間碾製來得經濟省事。易言之，在牛車時代，以大工廠取代土礱間，對米作的總體生產力助益極低，甚至有害。因此，從產業總體生產力觀點而言，米作的改進重點不在加工，而在於種植。從日本本土糧食需求的觀點而言，也就是從日本總體經濟利益的觀點而言，總督府只需指導小農種米即可，不必太費心於加工與經銷組織的改造。這是米作的產業特性與糖業不同造成的，並非米糖兩業的階級組成不同所致。這應是生產力問題，不是生產關係問題。[23]

　　當然，總督府如果決定要讓日本人商社壟斷蓬萊米銷日的利益，以及壟斷臺灣都市居民消費米的銷售利益，大可如同改造糖業一般來改造米的販售組織。例如，強制米農將自家消費以外的米賣給指定的日本人商社，價格由日本人商社單方面決定，再由其運銷日本或運銷臺灣都市。我們很難想像土礱間業者與米農、地主居然比糖廍業者及蔗農更有能力抵抗日本人的壓榨。證據之一是，1930 年代官方在米作部門推廣合作社運動、鼓勵銀行滲透農村、改造租佃關係，打擊地主、土礱間業者與米商利益，增強官方對米作的控制，並無太大困難（柯志明 2003:212-6）。證據之二是戰爭期間的經濟管制下，殖民當局對糧食銷售的管制近乎完全成功。例如，1939 年 5 月「臺灣米穀輸出管理令」，規定輸日米必須由總督府收購後出售給日本米穀會社。當月第一次政府收購價格比市場價格低 23% 至 25%。當年 11 月，連島內

---

23 1928 年後蓬萊米銷日的流程，通常是由為數上千的土礱間收購，然後經由四大日本商社輸日。土礱間事實上僅獲得微薄的加工利潤，主要利潤落入日本人商社之手。1930 年代後土礱間面對農業倉庫的競爭而運銷業務衰減（涂照彥 1975:201-6）。

消費米也置於相同管理令之下（涂照彥 1975:126；柯志明 2003:214-
）。可見戰爭前殖民當局沒有強制臺灣人將米作的經銷利益轉給日本
人商社，不是不能，而是不為。不為的理由顯然是，讓臺灣人享受米
作增產的利益，以及蓬萊米銷日的利益，雖然減少日本人商社的獲利
機會，但無礙於稻米增產，也無礙於日本總體經濟利益。易言之，總
督府對日本總體經濟利益的關心，而非對日本資本家利益的關心，決
定了米糖兩業的歧異發展。

　　若真關心資本家利益，日本政府根本不須要在臺灣推廣蓬萊米。
本土米產不足，大可一如從前般進口廉價的南洋米或臺灣在來米來供
給本土勞工階級消費。南洋米或臺灣在來米也許不合日本人口味，但
價格遠低於日本本土米或臺灣蓬萊米。讓勞工階級消費廉價進口米，
不是更有利於壓低本土工資與生產成本嗎？只要營養價值相近，只要
勞工在所得驅使下不得不消費進口廉價米，進口米不合勞工階級口味
的小問題，對資本家利益有何妨礙？易言之，從日本資本家利益出發，
正確的稻米政策是進口廉價南洋米或臺灣在來米供勞工階級消費，而
不是為了讓本土勞工也能消費日本品種米而費力在臺灣推廣較高價的
蓬萊米，徒然讓臺灣人在關稅保護下獲利。在臺灣推廣蓬萊米，自始
完全違反日本資本累積的邏輯。將殖民政策樣樣歸諸於資本家利益計
算，會過度牽強附會。

八、臺灣輸日限制的壓力來源：糖業資本或國家自主權

　　殖民當局如果仿效糖業而設立米的壟斷銷售制度，強制米農以商
社單方面規定的低價售米給指定的日本人商社銷售日本與臺灣都

市[24]，不僅可以增加日本人獲利機會，還可以壓低產地米價。壓低米作收益，也會降低對抗作物甘蔗的收購價格，也就可以增加製糖會社的利潤。但總督府不僅透過興建嘉南大圳等作為來促進臺灣米農收益，而且還選擇了讓臺灣農民享受蓬萊米銷日的利益。兩者都提高了米作部門的收益，因此帶動米糖比價效益，迫使製糖會社提高甘蔗的收購價格（矢內原忠雄 1929:290-1），降低製糖會社的利潤。易言之，讓臺灣人享受米作收益，尤其是蓬萊米銷日的利益，已連帶嚴重傷害糖業資本的利益，這像是資本家幫兇應有的行為方式嗎？[25] 柯志明指出，1919 以後為保護糖業利益，總督府曾多次突然限制臺米輸日，以降低米作吸引力（柯志明 2003:200）。但不論如何，總督府在領臺初期積極鼓勵投資，甚至不惜幫助糖業資本剝削蔗農，但 1925 年以後卻相當程度坐視其經營困難。

　　柯志明用以支持其所謂殖民當局壓抑臺灣米農收益的理由之一，是日本當局 1930 年代以後在強大壓力之下限制臺灣蓬萊米銷日。甚至對米的銷售實施統制，剝奪了臺灣米農繼續獲利的空間。這兩個說法都過度簡單化。忽視戰時日本全國全面經濟管制的時空背景，以及履行當初鼓勵糖業投資的獲利承諾。

　　前已述及，日本殖民當局為了彌補日本本土米產不足消費的問題，在臺灣引入適於日本人口味的蓬萊米，推廣種植並讓其外銷日本本土，以滿足本土糧食需求。但本土糧食不足，必然導致本土糧價上揚，不利消費者，但卻有利本土生產者。進口殖民地米，可以平抑本土糧價，有利本土消費者，但卻傷害日本米農利益。日本米農的抗議

---

24 柯志明曾經考慮過這可能性，但一句話就加以否決（2003:174）。

25 當初鼓勵投資時百般配合，百般承諾。但當產業資本已經被政府利誘到當地投資完成，即使虧損也無法輕易撤資時，政府對執行當初鼓勵投資時的獲利承諾就顯得不夠積極。這不正是許多發展中國家政府對待外資的方式嗎？不是資本家利用國家，是國家利用資本家。

與政治壓力自然源源不絕，甚至導致 1930 年代前期的政治動亂（柯志明 2003:164）。日本政府透過收購本土米來維持米價，保護本土米農，卻反而吸引更多殖民地米進口，造成嚴重財政負擔（柯志明 2003:193）。

1936 年日本通過「米穀自治管理法」，要求日、韓、臺三地一配額減產稻米。殖民地承擔 80% 減產配額。殖民地政府因之開始壓抑稻米生產，停止對稻作的投資。但停止投資並未減少臺灣米產。總督府只好透過轉作補貼來鼓勵農民放棄稻作（柯志明 2003:193-4）。事實上，1936 至 1938 之間臺米輸日未減反增（柯志明 2003:164）。

在臺米銷日一事上，我們看到兩個利益陣營的拉鋸戰。一是受臺米銷日之害的日本米農、日本在臺糖業資本、日本在臺其他資本。一是受臺米銷日之利的臺灣米農、日本消費者、勞工、日本本土資本家、及執行臺米輸日的日本人商社。前者跨越階級界線。後者不僅跨越階級界線，而且還跨越民族界線。柯志明對這兩個聯盟的對抗有極精彩的描述（2003:150,162-3,197,202-3,206-9）。[26]

在臺米銷日的兩個利益陣營的對抗中，我們發現日本中央政府及其指揮下的總督府在兩者之間擺盪。而擺盪的方向，則取決於政治力量的平衡。當本土米產不足需求時，日本政府進口臺米，讓日本資本家、消費者、臺灣米農獲益，而讓日本米農與在臺糖業資本受害。當本土米農激烈抗議米進口時，日本政府改為限制臺米進口，讓日本米農與在臺糖業受益，但讓本土資本家、消費者、臺灣米農受害。易言

---

26 兩個陣營都有資本家，表面上似乎是兩群資本家利益對抗。但考慮到在臺糖業資本只是日本資本家的部分投資，甚至許多糖公司在臺灣設有粗糖廠，而在日本設立精製廠。我們應該推論說，日本本土資本與在臺糖業資本其實是一家，只是本店與分店有利益衝突。同樣道理，考慮到戰前日本猶在工業化初期，高比例都市勞工其實來自農家，父母務農而子女進城打工，正如戰後臺灣一般，我們也可推論當時日本都市勞工與米農在家戶經濟上其實大多是一體的。易言之，表面上是米農與都市勞工的利益衝突，其實也是資本家與個別成員的衝突。

之，日本執政者追求政治穩定，也就是執政者本身的利益，而不是單一階級或政治聯盟的利益。難以一刀兩切的複雜利益關係與階級聯盟，讓日本政府享有強大的自主權，得以超出任何階級的直接控制[27]。

對於限制臺米輸日，柯志明雖然屢屢提到兩個複雜陣營的對抗，卻將最後限制臺米進口歸因於日本資本的壓力。理由是 1930 年代末期日本本土米過剩的問題大體解決，本土米農要求限制臺灣輸日的壓力減輕，但臺灣總督府卻在此時執行比限制朝鮮米輸日更嚴格的臺米輸日限制。柯志明認為朝鮮米輸日受限較少是因朝鮮米作利益已大多落入日本人之手，不若臺米利益大多仍在臺人之手（柯志明 2003:204-6）。而且自 1936 年限制臺米銷日後，臺灣米作部門收益降低，臺灣糖業趁機擴大種蔗面積。顯示糖業資本明白受益（柯志明 2003:209-10）。[28]

很顯然的，限制臺米輸日有利於臺灣糖業。但這是否一定是單純為了為了幫助糖業資本剝削蔗農？在更進一步史料研究之前，我先提出兩個考慮因素。[29]

一是路徑依賴問題。總督府當初對糖業的獎勵投資措施已經促使日本資本在臺灣投下鉅資設立糖廠。從路徑依賴觀點而言，總督府有必要履行當初的獎勵與扶持承諾。若不繼續保護糖業至某種程度，不

---

27 柯志明對於 1930 年代米農獲益導致蔗作耕作增加困難一事，解釋為「政府力量又尚未能貫徹」，以致於對蔗農剝削失效（柯志明 2003:157）。

28 1925 年以後米作部門收益大幅改善，蔗農轉作稻米意願增強，使糖業原料取得發生困難。不得不積極改善蔗田生產力與甘蔗品質（柯志明 2003:195-7）。

29 柯志明對於米穀輸日始末的史料解讀令我困惑。柯志明說「一九三零年代末期，日本米穀過剩的問題已經紓解，來自母國政府要求抑制殖民地米穀生產及出口的壓力也大為減輕」（柯志明 2003:203）。但柯志明的統計數字顯示，1915-1939 之間日本本土米產不足消費的現象日趨嚴重。朝鮮與臺灣米輸日逐年增加，直到 1939 年受限減少（2003:164）。他又說自 1936 年限制臺米銷日後，臺灣米作部門收益降低，臺灣糖業趁機擴大種蔗面積。顯示糖業資本明白受益（柯志明 2003:209-10）。但他的米作收益統計顯示，1936-9 之間蔗田、在來米田、蓬萊米田的收入都持續上升（柯志明 2003:236-7）。

僅是產業政策上的背信，而且是國家工業資源的浪費。第二個因素是日本的總體經濟考慮。臺灣米受到比朝鮮米更嚴格的輸日限制。但朝鮮並無對抗產業糖業存在。臺灣卻可轉作甘蔗其其他熱帶作物，尤其配合戰爭需求的所謂時局作物。從日本總體戰時經濟的觀點而言，限制臺米確實比限制朝鮮米合理。

九、臺米運銷管制的原因：糖業資本壓力或戰時經濟體制

柯志明以總督府藉由壓抑米作部門以協助糖業資本為理由，來解釋 1930 年代末期以後米作部門所受的嚴屬管制。這是忽視歷史背景。1931 年九一八事變，1937 年盧溝橋事變，1941 年珍珠港事變。日本逐步進入全面戰爭，物資供應與經濟生產日趨困難。因此也逐步進入戰時經濟體制。1932 年與 1936 年政變企圖，少壯軍人不惜刺殺元老政治家，在本國實施軍事獨裁對外擴張，怎會在乎糖業資本家死活？1936 臺灣總督再改由武官擔任。進入準戰時體制。1936 年新任總督小林躋造提出「皇民化、工業化、南進基地」治臺三原則（張宗漢1980；周婉窈 2002）。

1930 年代後期，日本逐步進入戰時體制。1938 年制定「國家總動員法」，全國實施經濟統制。1939 年，臺灣與日本都公佈米穀配給統制（葉榮鐘 2000:345,352-3）。1943 年適用於臺灣之經濟統治法令達 202 種。一類為經濟統制組織法令，調整政府官制、官私公共團體組織。少部分為經濟統制手續法令。最多者為經濟統制實體法令，包括一般性統制、物資統制、物價統制、勞務統制、事業統制、團體統制、資金統制、貿易統制、運輸統制等。幾乎一切物資俱入統制，包括各種廢料（袁穎生 1998:44-6）。

在這戰時經濟與全面經濟統制的背景下，不僅臺灣加速工業化，而且農業也由米糖為重心轉變為油料作物及纖維作物等所謂時局作物。臺灣農業不僅米作組織與米的產銷受到政府全面控制，連糖業都被納入統制之下（涂照彥 1975:125-9；李力庸 2009）。易言之，米作組織確實在 1930 年代末期開始受到日趨嚴厲的管制。但理由在於戰爭導致的全面經濟管制，而非糖業資本的壓力。柯志明雖提到戰爭，卻將米作管制解釋成總督府面臨糖業資本政治壓力，利用戰時管制權力來幫助糖業。「一九三零年代末期，為挽救以糖業資本累積為主體的剩餘榨取機制，及創造有利於工業資本累積的條件（有利工業發展的投資環境），殖民政府近乎全面性的訴諸政治強制力來壓抑農產品（米、蔗為主）的交易條件，收緊其對米流通的控制，最後（1930）獨佔了米的出口貿易」（柯志明 2003:162,198-201）[30]。

十、結論——日本殖民經濟：剝削或強制合作發展

總之，由日本殖民當局的米糖政策看來，殖民官僚關懷的並非日本資本家剝削臺灣人的利益，而是滿足他們所認知的日本本國的總體利益，藉以建立政績以及自己的政治資本。當資本家的利益明顯與母國總體經濟利益一致時，總督府才協助其剝削臺灣人。在總督府的關懷優先次序上，其所認定的日本總體利益第一，殖民地經濟發展第二。

---

30 陳兆勇與柯志明（2005）文中內容相互矛盾。他們認為臺灣糖依賴日本國內市場，因此市場規模有限，無限制擴大生產並無意義。因此認為 1930 年代前期蔗作面積下降不是蓬萊米爭地結果，而是糖業自動設限所致（2005:60），但又說 1920年代蔗田生產力提高一倍以上，但蔗作面積卻很長一段時間沒有增加的趨勢，直到 1930 年代後期因政府採取壓抑米作部門的政策，才又有所增長（2005:59）。兩段陳述互相矛盾。但該文強調日本本土市場規模限制臺灣糖業規模，因此無法藉由無限制增產來增加或維持利潤，米作利益上升將導致糖業困難，這是文章有用的觀點。

日本民族的利益先於殖民地人民。日本資本家利益與殖民地人民利益都是從屬於日本總體經濟利益。

因此，我們必須結論說，日本在臺灣殖民統治的核心關懷，是帝國的利益，也就是執政者的利益，而非資本家的利益。為了帝國的利益，先是鼓勵糖業，保障其獲利。但當本國需要臺灣米時，不惜讓臺灣米農獲利，雖然這會嚴重打擊糖業利益。日本在臺資本主義是帝國主義的工具，而非帝國主義的根源與主人。所謂帝國主義是為資本主義服務之說，違反日本殖民的歷史事實。

由此引申而來的問題是，日本殖民統治的根本性質究竟為何？批判觀點強調，殖民目的在於壓迫與剝削。疑問在於，既然日本人崇信帝國主義，武力佔領臺灣，為何總督府不把握每一機會剝削臺灣人？甚至坐視臺灣農民的利益傷害日本糖業資本的利益？作者推論，上述表面矛盾的現象，起於日本殖民臺灣的雙重目標之間的矛盾。日本人佔有臺灣是為了帝國擴張。佔有臺灣後，作為支配民族，日本人要壓制臺灣人反抗，要享受特權，享受經濟利益。因此剝削現象不可避免。

但另一方面，種族與文化的相近，應使日本對臺灣殖民設定了漸進同化的長遠目標。這是西方國家殖民非白人地方時不曾有的目標。為了長遠的同化目標，只要殖民地人民不公然反抗，日本殖民當局必須節制壓迫與剝削的幅度，以降低殖民地人民的反感。甚至不能不某種程度關懷殖民地人民的福祉，以爭取人心。例如，殖民初期，為謀臺灣財政獨立，臺灣人的納稅負擔高於日本本土。後藤新平離職就任滿鐵總裁時猶以為憾，主張「今後切忌只圖緩和母國的負擔，而貪圖財政的偏安，誅求新附的民力」（矢內原忠雄 1929:93）。限制臺米輸日，也會擔心引起殖民地人民反感。例如，1937 年小林總督到母國就米專賣問題接受由臺日官民合組之「臺灣重要產業調查委員會」審查，受到強烈質疑。審查會對米專賣的批評之一正是「偏袒母國資本

家、以本地支配階級及農民利益為犧牲的政策會造成殖民統治上的困擾」（柯志明 2003:207）。

日本同化臺灣意圖的表現之一，在於容許臺灣人參加文官考試，並且在日本本國任官。Benedict Anderson 在研究民族主義時指出，民族主義第一波是美洲白人民族主義。其起源之一在於英國、西班牙等殖民帝國對於殖民地出生的白人後裔的歧視。此等殖民地歐人後裔即使血緣、語言、教育與母國人一樣，卻只因出生於殖民地，就成為帝國的次等公民。不僅被剝奪了在母國與其他殖民地任官的機會，連在本殖民地任官時的升遷機會都遠不如從母國派來的官員（1999:65-8）。同樣的任官限制也施用於日後殖民地的非歐裔知識份子。歐洲國家的亞非殖民地土著知識份子，即使到殖民母國接受徹底的歐化教育，也只能回到自己的殖民地擔任中下層官吏，無緣擔任本殖民地高官，更不能在母國或其他殖民地任官。此等歧視促使殖民地知識份子，包括歐人後裔，將其生長的殖民地視為鄉土，而發展出殖民地的民族主義。Anderson以為日本人對臺灣、朝鮮殖民地施行同樣政策（Anderson 1999:110-7）。但事實上，日本人雖然歧視臺灣人，卻允許臺灣人參加文官考試。對於通過文官考試的臺灣人，雖然不放心派他們回殖民地任官或擔任外交官，但卻允許他們在受歧視待遇的情況下在日本本土擔任文官與司法官。例如楊基銓、朱朝陽、吳伯雄伯父等。臺灣人也頗有在日本控制下的滿州國任職者，例如滿州國外交部長謝介石。這反映的是日本對臺灣的同化願景。

易言之，長期同化利益與短期支配利益之間的矛盾，可能使日本人既剝削臺灣人，但也節制了剝削的幅度。也因此使帝國主義不必然為資本主義服務。也迫使日本資本家必須與殖民地人民競爭總督府的關懷，而且不保證總是獲勝。

在這有限度剝削殖民地的前提下，日本人利益的最主要來源，不

是奪取臺灣人既有的利益，而是強制殖民地合作，創造新的利益，然後在新利益的分配上，讓日本人享受比臺灣人多的利益。以 Spencer（1981[1908]）與 Mann（1994）的概念來說，就是所謂的強制合作（compulsory cooperation）。日本人強制臺灣接受其殖民統治，以國家利益目標來發展產業，包括其農業政策。經濟增產的果實由日本人優先享受，其次才讓殖民地人民享受，但避免直接剝奪殖民地人民既有的財產權，也避免為日本人獲利而降低臺灣人既有的生活水準[31]。在這強制合作發展下，臺灣人也享受到部分殖民發展的果實，但比例低於日本人，因此產生相對剝奪感。這相對剝奪感帶來剝削的認知。若無日本人基於強制合作帶來的發展，臺灣人或許沒有相對剝奪感，但實質生活水準或許將低於沒有日本統治時。

　　以糖業來說，為了滿足母國對糖的需求，需要殖民地增產糖。因此殖民政府引進高產新品種與種植技術給蔗農，鼓勵日本資本家到臺灣設立新式製糖工廠，然後強迫臺灣蔗農將甘蔗賣給製糖會社。後果是臺灣糖產大增，母國總體經濟利益得到滿足。臺灣蔗農產生相對剝奪感，但實質利益並未減少，甚至緩慢增加。日資糖業則先是享受暴利，但隨後則任其在米作部門的競爭下利潤減少。在米作部門而言，先是提高米產，繼之引進蓬萊米。滿足母國糧食需求，但也讓殖民地米農受益。

　　除了強制合作帶來的發展，我們也必須考慮殖民地經濟納入殖民母國經濟的可能優惠待遇。多數學者強調殖民地經濟納入母國經濟的後果是從屬的扭曲發展與剝削。但如果我們考慮到，殖民母國的經濟發展水準通常高於殖民地，物價高於殖民地，則強制合作發展的後果

31　長期同化目標導致節制壓迫剝削的現象，解釋了臺灣殖民地待遇之優於西方國家殖民地。可能也是臺灣農民所受剝削不若爪哇農民的原因。柯志明將爪哇受到比臺灣嚴重的剝削一事歸諸於爪哇農民不熟悉私有財產制是值得再深入探討（柯志明 2003:92-7）。

是，殖民地產品獲得母國市場的優先權，使殖民地人民獲得貿易上的優惠待遇。這優惠待遇當然低於母國本土人民的待遇，但往往高於外國競爭者的待遇。例如，本文與矢內原指出，臺灣蔗作條件與糖業的市場競爭力都不如爪哇與古巴。因此，臺灣糖業獲利來源主要是本土市場的關稅保護與卡特爾聯合壟斷。這一點在涂照彥與柯志明的分析中都消失了。米作若無日本的優惠市場，臺灣米也可能無法與更廉價的南洋米長期在國際市場上競爭[32]。易言之，透過市場優惠導致的產品優惠價格，殖民地生產者得以分享母國經濟發展的果實。這果實分享當然高比例落入在日本人之手，但臺灣人確實也多少分享到。米糖銷日依賴日本市場優惠待遇。殖民時代臺灣農業出口事實上是日本消費者補貼臺灣農民。日本發展型國家在貿易保護、進口替代思維之下的政策，戰前與戰後完全一樣（Johnson 1999）。

作者認為對於臺灣日本殖民體制研究中古典馬克思主義典範的檢視，這正是所謂的科學研究典範移轉的過程（Kuhn 1962）。如果我們堅持以科學的懷疑精神來檢視社會科學研究，則不僅是研究論文焦點所在的現象描述與因果推論必須檢證，而且連研究者的研究典範所隱藏的預設都應訴諸檢驗。事實上，科學研究最大的誤謬，往往潛藏於研究者的典範認為不證自明的預設裡。因為此等預設往往導致研究者對歷史事實的選擇性認知，使研究者不知不覺讓個人意識形態壓抑了他的懷疑與求真的科學精神，不知不覺走入目的論的陷阱，以採集選擇性的資料來證明典範為目標，或至多細部修飾典範，而不是從根本質疑典範，釐清事實。典範是科學研究必要的工具，但也經常成為

32　林文凱（2012）指出，清朝開港之後，稻米仍是臺灣重要出口產品，主要市場為中國大陸。但由於兩岸運輸主要仰賴中式帆船，並沒有記錄在海關資料中，因此造成過去研究誤解（例如，林滿紅 1997）認為稻米出口已經被茶、糖、樟腦取代而大幅度沒落。臺灣割日之後，稻米的出口主要市場就從中國大陸移轉到日本內地。

妨礙科學進步的最主要障礙。科學進步最重要的動力來自反省典範、批判典範、改變典範。科學家的功力不是表現在應用典範，而在於挑戰典範、創造典範。

參考文獻

太田賴敏、日吉太郎 1942 《比律賓の糖業》，臺北帝國大學附屬農林專門部卒業報文 - 農學科。

矢內原忠雄 2004[1929]《日本帝國主義下之臺灣》，林明德譯。臺北：吳三連臺灣史料基金會。

古慧雯、吳聰敏、何鎮宇、陳庭妍 2006〈嘉南大圳的成本收益分析〉。《經濟論文叢刊》34:3:335-72。

周婉窈 2002 《海行兮的年代：日本殖民統治末期臺灣史論集》。臺北：允晨。

李力庸 2009 《米穀流通與臺灣社會（1895-1945）》。臺北：稻鄉。

林文凱 2012〈再論清代臺灣開港以前的米穀輸出問題〉，林玉茹主編，《比較視野下的臺灣商業傳統》。臺北：中央研究院臺灣史研究所，頁 99-133。

林文凱 2014 〈認識與想像臺灣的社會經濟史：1920-1930 年代臺灣社會史論爭意義之重探〉。《臺灣史研究》21:2:69-110。

林滿紅 1997《茶、糖、樟腦業與臺灣之社會經濟變遷（1860-1895）》。臺北：聯經。

柯志明 2003 《米糖相剋：日本殖民主義下臺灣的發展與從屬》。臺北：群學。

涂照彥 1991[1975]《日本帝國主義下的臺灣》。臺北：人間。

袁穎生 1998《光復前後的臺灣經濟》。臺北：聯經。

陳兆勇、柯志明 2005〈米糖相剋：耕地的爭奪或利益的衝突〉。《臺灣社會學刊》35:23-73。

陳宗仁 2005《雞籠山與淡水洋：東亞海域與臺灣早期史研究，1400-

1700》。臺北：聯經。

張宗漢 1980《光復前臺灣之工業化》。臺北：聯經。

黃紹恆 1995〈明治後期日本製糖業的雙重構造〉。《國立中央圖書館臺灣分館館刊》2:1:79-109。

黃紹恆 1996〈從對糖業之投資論日俄戰爭前後臺灣人資本的動向〉。《臺灣社會研究季刊》23:83-146。

黃紹恆 2010《臺灣經濟史中的臺灣總督府：施政權限、經濟學與史料》遠流。

黃通、張宗漢、李昌槿編 1987《日據時代臺灣之財政》。臺北：聯經。

辜顯榮翁傳記編纂會 2007《辜顯榮傳》，楊永良譯。臺北：吳三連臺灣史料基金會。

葉榮鐘 2000《日據下臺灣大事年表》。臺中：晨星。

葉淑貞 2014《臺灣農家經濟史之重新詮釋》。臺北：國立臺灣大學出版中心。

葉淑貞、張棋安 2004〈臺灣蓬萊米稻作普及之因素〉。《經濟論文叢刊》32:1:97-141。

Anderson, Benedict. 1999.《想像的共同體：民族主義的起源與散佈》，吳叡人譯。臺北：時報文化。

Block, Fred. 1987. *Revising State Theory: Essays in Politics and Postindustrialism.* Philadelphia: Temple University Press.

Frank, Andre Gunder. 1998.《白銀資本：重視經濟全球化中的東方》，劉北成譯。北京：中央編譯。

Gilpin, Robert. 2007.《世界政治中的戰爭與變革》。上海：上海人民出版社。

Johnson, Chalmers. 1999. "The developmental state: Odyssey of a concept." In *The Developmental State*. Meredith Woo-Cumings ed. Cornell, CA; Cornell University Press.

Kuhn, Thomas. 1962. *The Structure of Scientific Revolutions*. The University of Chicago.

Lenin, Vladmir . 2014[1916]. 《帝國主義是資本主義的最高階段》。北京：人民出版社。

Mann, Michae. 1984. "The autonomous power of the state : its origins, mechanisms and results." *European Journal of Sociology* 25:2:185-213.

Mann, Michael. 1986. *The Sources of Social Power: Volume 1, A History of Power from the Beginning to AD 1760*. Cambridge University Press.

Marx, Karl. 1994[1852]. *The Eighteenth Brumaire of Louis Bonaparte*. International Publishers Co.

Poulantzas, Nicos. 1975. *Political Power and Social Classes*. London: NLB.

Schumpeter, Joseph A.1951. *Imperialism and Social Classes*. New York: The World Publishing Company.

Spencer, Herbert. 1981[1908]. *The Man Versus the State*. Indianapolis: Liberty Classics.

後記——〈強制合作發展：臺灣日本殖民體制的米糖經濟〉

陳宇翔（國立臺北大學社會學系助理教授）

　　非常感謝文凱為〈強制合作發展：臺灣日本殖民體制的米糖經濟〉一文撰寫評論，並且願意擔任今年（2017）社會學年會此文評論人。很榮幸年會現場能和林文凱、張隆志、陳宗仁三位臺灣史學家當面交流，討論歷史學與社會學對於樹仁研究的看法，倘若樹仁能在場，相信也會感到欣慰。本後記是在年會後撰寫，對於〈強制合作發展：臺灣日本殖民體制的米糖經濟〉一文的背景與內容稍作補充，希望能讓讀者可對此文有更完整理解。

　　這篇研究是樹仁生前進行到一半的未完成遺稿，原始檔案最後修改日期是 2015 年 9 月 2 日，約是樹仁診斷出淋巴癌後兩週後。我想樹仁生前最後日子應該是努力想完成此文，但很可惜事與願違。淑玲在樹仁遺留檔案中注意到這篇稿子，期盼可以讓這篇文章完成，於是就由我接下將這個任務，期盼能讓樹仁對於臺灣日本殖民體制的思考觀點傳達給學術界，不要就此煙滅。

　　這篇文章呈現出樹仁研究的典型風格：提問挑釁，答案大膽。樹仁正面挑戰臺灣日本殖民體制馬克思主義典範，指出這些研究過度強

調國家的政策與行動是以協助資本家榨取最大勞動剩餘為目的，而忽略國家的自主性與自主利益。進而提出日本殖民體制的根本性質應為「強制合作發展」，推論這是源於日本政府未來將同化臺灣的長遠目標，因而限制短期利益的經濟剝削且持續推動臺灣發展。

樹仁這個推論雖然相當大膽，而且無充分直接證據，但我認為許多其他研究成果（例如，臺大經濟學系對於臺灣日本殖民時期經濟史的一系列研究）應可間接支持這個推論的合理性。舉例來說，陳紹馨（1979）研究顯示日治初期臺灣人平均預期壽命就已逐步提高且死亡率開始降低。魏凱立（2000）則指出臺灣人平均身高在日治初期已顯著增加，顯示整體人口營養健康改善。吳敏聰（2004）估算臺灣GDP是從日治初期持續成長到二次大戰爆發，同時也結合陳紹馨與魏凱立研究，指出臺灣人民的經濟與生活水準在日治時期是持續改善與發展。此外，駒込武（2016）對於日本殖民地文化統合研究，尤其關於殖民地教育政策與政治權利的辯論與制定過程詳細分析，顯示日本政府的國家統合政策確實是在殖民支配與民族同化兩個衝突目標之間擺盪。因此樹仁對於日本殖民經濟體制推論雖然大膽且直接資料尚待調查，但確實具有相當的合理性與可能性，值得未來相關研究學者思考。

參考文獻

吳聰敏 2004 〈由平均每人所得的變動看臺灣長期的經濟成長〉。《經濟論文叢刊》32(3)293-320。

陳紹馨 1979《臺灣的人口變遷與社會變遷》。臺北：聯經。

魏凱立 2000 〈身高與臺灣人經濟福利的變化 1854-1910〉。《經濟論文叢刊》 28(1)125-42。

駒込武（陳培豐、許佩賢譯）2016《帝國日本的文化統合》。臺北：臺大出版中心。

評述黃樹仁、陳宇翔合著〈強制合作發展：臺灣日本殖民體制的米糖經濟〉一文

林文凱（中央研究院臺灣史研究所副研究員）

　　長期來，臺灣社會學界因為政治意識形態、學術場域發展與語言隔閡等原因的限制，不僅從事歷史社會學領域的研究者很少，研究有待開展，尤其從事戰前臺灣史研究者更是屈指可數。但就臺灣社會學研究作為一門解釋臺灣社會長期變遷的學科來說，對於戰前臺灣史研究的輕忽，顯然會導致在社會長期變遷詮釋上的一些嚴重問題。

　　筆者忝為臺灣社會學界從事戰前歷史社會學的少數研究者之一，很高興有機會評述這篇以戰前臺灣經濟史為主題的研究論文之出版，也希望此文的出版能引發更多社會學者開始從事各種議題的戰前臺灣歷史社會學研究。在這篇評述中，我將簡要介紹本文的主要論點，提出本文的主要研究貢獻，然後提出評論並述及未來可以開展的一些研究議題。

　　首先，這篇論文主要檢視日本殖民下臺灣米糖農業的發展，反省矢內原忠雄、涂照彥與柯志明等學者在此議題上的研究論點，並主張這些研究都屬於古典馬克思主義學派的分析，過度著重生產關係而忽視國家自主權之問題，並重新提出以殖民體制「強制合作發展」觀點，

希望取代此典範的日本殖民體制「剝削經濟」觀點。

在對本文的論點提出一些意見之前，筆者想要指出本文的幾個研究貢獻。首先，這個研究對於戰前臺灣米糖產業的發展作了詳細的介紹，同時對於矢內原忠雄、涂照彥與柯志明三個相關經典研究作了評述，並引述了李力庸、黃紹恆、葉淑貞等人的經濟史研究成果。我想無論是否贊成這些評述與修正意見，社會學界同仁都可透過本文，重新認識戰前臺灣經濟史的一些重要議題與作品；另一方面，社會經濟脈絡可以說是我們認識戰前臺灣整體歷史的重要面向，因此對於關切戰前臺灣社會文化史的研究者來說，這篇經濟史論文也是很值得閱讀的研究。其三，就日治時期臺灣經濟史研究來說，這篇文章透過對於古典馬克思主義理論的批判，提醒我們注意過去研究未曾明白指出的日治時期殖民國家自主性、米糖產業生產力提升、臺灣人生活水平普遍提高等重要現象，對於翻轉社會學界有關日治時期臺灣經濟史的整體圖像，有很大的幫助。

不過，儘管筆者同意本文的某些方法論評述與觀點，但還是想要提出一些求全看法，供本文作者與讀者們參考。首先，這篇文章提醒我們注意國家自主性，要求我們應關注殖民國家與資本家以及不同產業之間的複雜關係，這個提醒是重要的，不僅引導我們跳脫傳統馬克思主義的分析框架，更提示我們關注政治、經濟甚至文化之間的複雜關係。但這篇文章通篇的討論中有一個明顯的問題是，在討論國家自主性的同時，好像也不小心預設了一個完全超脫於資本家影響的國家，而且這個國家還能在不同時期理性客觀的決定所謂的「國家總體利益」。但這樣的預設與古典馬克思主義者預設國家是資本家工具的單面向決定論說法一樣，都可能是有問題的。

從晚近歷史制度論的分析來說，馬克思主義與非馬克思主義所設定的種種國家與資本主義的關係，其實都僅是一些有待驗證的理念類

型。在根據經濟史料進行具體的歷史研究之前，我們其實無法逕自判斷哪一種理念類型可能為真。另一方面，本文也忽略了所謂的日本殖民國家並非鐵板一塊，其至少就包含了日本中央政府與臺灣總督府兩個統治機構，而這兩個機構目標是否一致，或者前者是否都能有效左右控制後者本身都是有待討論的問題。進一步來說，我們或許會發現單就臺灣總督府來說，不同部門的政策觀點或利益也未必是相同或者一致的。因此本文所謂不同時期的國家總體經濟利益本身是如何決定的，或者是否沒有內在的矛盾對立，都是值得討論的問題。

其次，這篇文章對於柯志明《米糖相剋》一書的兩個主要批判，一是把柯志明當作古典馬克思主義學者，二是否定其臺灣農民生活所得改善主要是 1920 年代後期的說法，主張農民所得在這之前已經持續改善。但這兩個批判，筆者覺得還有些討論餘地，首先柯志明自己明白高舉馬克思主義連屬理論與歷史制度論，因此老實說他一定不會接受古典馬克思主義者這個標籤；同時他的研究，雖然沒有概念化地討論國家與資本家與不同產業的關係，但就如本文提到的在討論臺米銷日政策問題時，柯志明的確討論了不同資本家與產業等陣營與國家政策之間的關係，因此很難說柯志明會是個古典馬克思主義。

另一方面，本文在 413-4 頁的正文與註腳利用柯志明自己的統計數字，試圖證明臺灣蔗農與米農的收入在 1920 年後半之前已經緩步上升，並非 1920 年代後半米糖相剋發生才出現。但筆者以本文提出的農家生產所得與物價等數據，重新計算的話，發現雖然 1920 年代之前臺灣農民的收益已經有所提升，但若與 1920 年代後期到 1938-1939 進入戰時體制期間相比，後期的農民生活水平提升似乎的確相對較為顯著。因此柯志明一書米糖相剋等主要論點是否錯誤，可能仍有進一步討論的空間。

其三，這篇文章對於日治時期經濟史理論觀點的討論，可能也稍

嫌簡化。在馬克思主義的部分，似乎沒有區分古典馬克思主義與戰後 1970 年代以來的馬克思主義連屬理論，而直接把涂照彥與柯志明的連屬理論分析觀點當作古典馬克思主義來分析，並否定了連屬理論的某些解釋力。另一方面，本文也未關注臺灣經濟史研究中所使用的一些非馬克思主義理論，事實上本文在正面引證討論時提到的葉淑貞、古慧雯、吳聰敏等人的研究成果，與本文所謂的國家自主性（國家與產業的強制合作發展）等論點無關，而是與所謂的新古典經濟學、制度經濟學等經濟學理論有關。

最後，本文雖然同意日治時期臺灣經濟史的一些發展面向，的確與本文提到的殖民國家政策與日本資本家的投資與技術引進有關。但筆者以為臺灣本土資本家、農民與勞動者之所以可以分享相關的經濟果實，似乎並不完全是殖民國家與產業間強制合作發展的結果；而是同時也與臺灣傳統經濟結構、新市場體制的擴展、新社會制度的構建有著密切關係，而這些面向可能必須藉由馬克思主義連屬理論、新古典經濟學與制度經濟學等其他理論觀點，方能提出完整的解釋。

韋伯的《中國的宗教》解析

　　韋伯的《中國的宗教》[1] 是西方學界長期忽視的作品。但這被忽視的作品其實是理解韋伯社會學的關鍵作品。一方面,《中國的宗教》是韋伯第一部有系統運用其成熟社會學理念型概念的歷史研究;另一方面,韋伯在其有關西方資本主義興衰的眾多著作中,從未釐清制度因素與宗教因素的關係;反而是《中國的宗教》裡繁複的中西比較,提供了韋伯對如何融合西方現代資本主義興起的制度解釋與宗教解釋二者的線索。更有甚者,《中國的宗教》對中國政治、經濟、宗教發展的宏觀詮釋之深刻,迄今仍無出其右者。

1　本文依據《中國的宗教》英譯本 *Religion of China*。該書譯自 1920 年德文修訂本,即韋伯《宗教社會學全集》(*Gesammelte Aufsätz zur Religionssoziologi*)內 "Konfuzianismus und Taoismus"(1920:276-536)。該修訂本由 1915 年《社會科學與社會政策叢刊》(*Archiv für Sozialwissenschaft und Sozialpolitik* 41:30-87, 335-86)所刊初版修改而來。兩德文本對照顯示,韋伯在 1920 年大幅增補此作,但未改變論點。主要變動在增添文字,尤其關於政治、經濟、社會方面,使文長近乎加倍,並補列多數引註與參考文獻。次要變動為行文時態從現在式改為過去式,及改變某些單字拼法,如 occidental 變為 okzidental。但韋伯既未改變論點,亦未改寫結論。因此,我同意 Wolfgang Schluchter(1989: 87)所言,認為韋伯觀點前後一致。易言之,本文所述韋伯的論點與其間矛盾在兩個德文版本中並無大異。有關《中國的宗教》緣起,可見 Helwig Schmidt-Glintzer(1989a, 1989b)。

一、重新詮釋的必要

《中國的宗教》之重要有四個理由。

首先，韋伯出身法學，受聘經濟學講座，留名於社會學。其社會學概念發展的最終結晶，在於身後出版的《經濟與社會》（Weber 1978）裡羅列的理念型。這些理念型是韋伯在 1910 年之後才開始發展的。他們首次有系統的應用於經驗研究，正在於《中國的宗教》。這些理念型包括政治資本主義相對於理性資本主義，家產制官僚相對於理性官僚，魅力領袖、傳統、理性法制等三種正當性，以及政治理性化及宗教理性化等。此等理念型都是後世公認的韋伯社會學的核心概念。韋伯曾認為史學與社會學的分工，在於史學專注於因果分析，而社會專注於理念型建構（Weber 1978: 19-20, 29）。若果如此，則《中國的宗教》實為韋伯第一本使用其成熟的社會學理念型概念的著作，[2]標誌著韋伯社會學的成熟。

其次，在《中國的宗教》裡韋伯首次融合了他對宗教、支配、經濟組織之間互動的比較分析。韋伯從早期研究古地中海文明興衰開始，長期關注政治、經濟發展之間的關連。從 1904 年《新教倫理》開始，他投注於宗教與經濟倫理的比較分析。《中國的宗教》則是他首次將

2　韋伯的理念型建構與運用經歷了漸進的發展。他在 1892 年《德國易北河東農業勞工現狀》開始使用「理念圖像」與「發展趨勢」等理念型的雛形（1892: 99, 340）。1903 年「評羅舍的歷史方法」進一步提出理念型概念（idealtypical concept）或理念型建構（idealtypical construct）之稱（1903: 57）。1904 年方法名著「論社會科學與社會政策的客觀性」中詳盡闡釋了理念型的方法與概念（1904: 89-110）。同年並明白運用理念型方法於《新教倫理與資本主義精神》。但該書中理念型乃是對喀爾文教義、現代資本主義精神等獨特歷史個體的理念型重建，而非通用的社會學概念。1909 年《古代農業制度》第三版導論中建構了一套有關古地中海地區國家類型的理念型，可說向社會學理念型概念建構的一大步，但仍有涵蓋時空的限制。1913 年 Ueber einige Kategorien der verstehenden Soziologie（"Some Categories of Interpretive Sociology"）展現了真正成熟的社會學理念型概念，但數目很少，且非韋伯此後核心概念。有關社會行動的主要理念型概念，仍要等到 1915 年《中國的宗教》才首次出現。

政治經濟與宗教這兩條歷史研究主軸融合為一。晚近韋伯學界，有人側重韋伯的宗教研究，如 Friedrich H. Tenbruck（1980）、Wolfgang Schluchter（1981, 1989）、Wilhelm Hennis（1988），有人側重韋伯的政治經濟研究，如 Randall Collins（1980, 1986）、Wolfgang J. Mommsen（1992）。《中國的宗教》則清楚展現了韋伯如何看待政治經濟發展與宗教發展兩者間複雜的因果關係。由於忽視此書，造成學界對韋伯的許多誤解。

　　第三點，《中國的宗教》中廣泛使用比較理念型，並且企圖融合政治經濟與宗教分析，促使韋伯頻繁的使用中外比較對照，尤其是中國與歐洲的對比。韋伯一生致力於理解現代西方的興起，就西方現代資本主義起源與發展進行廣泛的政治經濟制度分析與宗教分析。但因為他從未融合這些分析，導致他對西方歷史的總體觀點成為爭論與誤解的來源，如 Collins（1980）。《中國的宗教》透過頻繁的中西對比，融合制度分析與宗教分析來解釋中國何以未產生自發的現代資本主義，無意中間接展現了韋伯對於現代西方資本主義興起的制度因素與宗教因素兩者之間的因果觀點。易言之，《中國的宗教》不僅詮釋中國，也詮釋西方。這是韋伯學界向來忽視的。

　　第四點，《中國的宗教》結論一章認為，宗教既是中國未有自發的現代資本主義的首要因素，也就是西方之所以產生現代資本主義的首要因素。但本書前半部的歷史分析卻明白顯示，即使不考慮宗教因素，秦漢以來兩千年中國的政治制度已足以抑制現代資本主義的發生。本書後半部更顯示，中國不利於現代資本主義發展的宗教形式，相當程度是中國政治制度的產物。易言之，韋伯在中國未有自發現代資本主義一事的解釋上，出現了歷史分析與理論結論之間的嚴重矛盾。這矛盾其實也反映他對西方現代資本主義起源的政治經濟制度解釋與宗教解釋兩者間的緊張。因此，對《中國的宗教》的詮釋，是理解韋伯

對現代西方興起的因果解釋所不可或缺。

　　儘管《中國的宗教》對韋伯研究如此重要，西方學界迄今仍然忽視此書。原因之一，是本書焦點不在西方，只是西方的對比，因而經常被視為韋伯的邊際作品，一如 Schmidt-Glintzer（1989a）所言。原因之二，是本書條理複雜，融合韋伯的社會學概念、西方歷史比較、中國歷史等，超出多數學者的理解範疇，難以解讀。因此，本書與《印度宗教》一樣，在韋伯學界極遭忽視。

　　在涉及《中國的宗教》的有限文獻中，多數漢學家將解讀重點置於評估韋伯對特定漢學事實的理解是否正確，如 von Rosthorn（1923）、van der Sprenkel（1954, 1964）、Eberhard（1983）、van der Sprenkel（1983）、Elvin（1983）、Bünger（1983）、Weber-Schäfer（1983）、Metzger（1983）、Sivin（1983）、Bergere（1984）、余英時（1987）；一般學者則將重點放在討論韋伯的某些概念如何應用於中國研究，如 Buss（1985）、Shiba（1986）、Zingerle（1972, 1983）、Schmidt-Glintzer（1983）、Eisenstadt（1983）。上述兩群學者都對於解讀全書缺乏興趣，因此其討論也對理解韋伯學說少有關連。極少數曾企圖解讀全書的學者，則通常只視其為對中國的靜態描述，而疏於理解韋伯對於中國政治經濟發展與宗教發展之間的深刻歷史因果分析，如 Parsons（1968）、Bendix（1977）、Yang（1968）、Abramowski（1966）、Schluchter（1981, 1989）、Alexander（1983）、Käsler（1988）。有些學者甚至將某些從他處導引出的所謂韋伯的理念強加於《中國的宗教》之上，以致於不知所云，如 Molloy（1980）。

　　總之，迄今為止，《中國的宗教》未曾被視為理解韋伯學術的關鍵之作，書中對中國政治經濟制度發展與宗教發展之間的複雜因果分析也不曾被完整解讀。本文目的，正在完整的詮釋《中國的宗教》。這是正確理解韋伯不可或缺的基礎。

　　本文第二節將討論《中國的宗教》前半部，也就是韋伯對中國政治、社會、經濟發展的歷史分析。第三節將討論《中國的宗教》後半部，也就是韋伯對中國宗教發展的因果分析。這兩節將會顯示韋伯對中國之所以未產生原發的現代資本主義的詮釋是矛盾的。第四節將討論韋伯此一矛盾的緣由。

　　韋伯不識中文，未曾來華。既非漢學家，也未曾以漢學家自居。他之研究中國，正如他自稱是以宗教外行之身研究新教倫理一般，目的在於比較歷史解釋。他對中國的理解全然透過西方學界的二手資料。因此，我們討論重點不在於他對中國個別現象的知識是否正確充分，而在於理解他的觀點為何。

二：韋伯眼中的中國：政治、社會、與經濟

　　韋伯認為中國的政治、社會、經濟、與宗教發展可以歸源於三個基本的歷史條件：大一統世界帝國（pacified world empire）、家產制官僚體系（patrimonial bureaucracy）、以及儒士（Confucian literati）。本節將先討論韋伯如何認知這三個歷史條件，以及這三個歷史條件在中國的獨特結合對中國歷史發展的影響。韋伯對這三個歷史條件的分析是借助於其由比較世界歷史而來的理念型概念。

大一統世界帝國

　　關於中國為何統一於一個中央政權之下，《中國的宗教》呈現了兩個相異的觀點。

　　第一個觀點大致沿襲西方學界十九世紀以來常見的東方專制論。這觀點認為建造與維護水利工程的需要促成中央集權的家產制官僚

（patrimonial bureaucracy）的興起（頁 20, 25, 37, 51）。然而，此等功能論式的解釋與韋伯習用的歷史因果分析並不一致，因此韋伯似乎只是因循舊說而簡短一提，但並未認真討論。他真正仔細討論的是第二觀點，也就是中國學界本身通行的群雄爭霸說。

在第二個觀點裡，韋伯認為，西周亡後，中國封建制度衰微，陷入春秋時期諸侯長期征戰中（頁 40）。終至諸侯逐漸兼併成「愈來愈少的幾個理性管理的統一國家」（頁 42）。最後，秦國統一天下，將全中國置於其「官僚行政之下」（頁 43）。然而，秦朝統治採用的蘇丹制（Sultanism）特別嚴厲，[3] 因此迅即被推翻。中國進入漢朝（頁 45-46）。漢代，「社會組織中的封建成分逐漸衰退」（頁 47），家產制官僚統治下的大一統世界帝國確立。

家產制官僚

以韋伯所見，中國的官僚體系是在戰國時代的列國權力競爭中萌芽的。列國競爭促使各國君主推動行政的理性化（頁 41）。結果是「官僚行政取代了封臣的治理」（頁 42）。最成功的政治改革在於秦國，秦國也因此得以統一中國（頁 41）。

秦漢統一後，皇權最首要的關懷是如何防止帝國瓦解。為此目的，「歷代皇帝採納了典型的家天下手段」，包括官吏的任期短暫、官吏不得在本籍省份任官、監察御史制度（頁 48）、以及後來的考試制度（頁 50）。這些制度的結果是「防止了封建勢力的崛起，也防止官員脫離中央權威控制」（頁 50）。

3　「當支配主要是依襲傳統，即使是透過統治者個人權威為之，將稱為家產制權威（patrimonial authority）。但當支配主要是依據統治者個人自由裁量，我們稱之為「蘇丹制」（Weber 1978: 232）。易言之，蘇丹制乃是傳統型支配中，不受傳統典章約束而純受君主個人好惡左右的極端形式。

　　但中國因此建立的官僚體制，並非如同韋伯在《經濟與社會》裡討論而出名的現代西方一般專業的理性官僚體制（rational bureaucracy），而是欠缺精確與一致精神的家產制官僚體制。原因之一是「朝廷命官人數偏低」（頁48）。此外，官員不得在本籍省分任官，又三年調職一次。「這些辦法促進了帝國外表的統一，但其代價則是朝廷命官無法在其轄區紮根」（頁49）。

　　就財政而言，「如同封建領主或太守一般，地方官員必須向中央政府⋯⋯上繳定額的稅收。然後，他使用各種規費與稅金收入來支付本身的行政支出，並保留其剩餘」（頁56）。因此，官員實質上與稅收承包商無異（頁85）。

　　簡言之，統治華夏帝國的並非理性的官僚，而是歷史上先於理性官僚出現的家產制官僚。這家產制官僚，「呈現了因管理君主內廷與主持禮儀而來的家臣組織的所有不理性成分」（頁264）。在中國，這家產制官僚控制在一個獨特的官員階層手中，那就是中國士人。

士人

　　中國士人乃是「具備讀寫知識」的人（頁264）。從戰國時代起，他們就已成為中國一統文化的傳承者（頁34-41, 107），也是「朝向理性行政進步與所有『才智』的」傳承者（頁107）。在戰國時期，各國君主利用士人的知識，「為權力競爭的目的而實施行政的理性化」，各國君主且爭相聘用出色的士人（頁41）。

　　在秦漢帝國統一後，「嚴格的官僚制度建立。對所有的人開放，並且依照功績與恩寵晉升」（頁43）。但晉升機會逐漸被士人所獨佔。「最終只有士人獲益」（頁46）。考試制度更進一步鞏固了士人對官位的近乎全面壟斷（頁50, 116）。因此，「有將近兩千年時間，士人

毫無疑問是中國的統治階層。而且持續如此」（頁108）。

從世界歷史觀點而言，中國士人之壟斷政治權力可說是獨特現象。相較之下，中東與埃及的家產制官僚「出身奴隸之列」（頁157）。士人統治的重要後果之一，是使中國官僚遠比中東與埃及官僚更能抑制君主濫權的蘇丹制趨勢（頁44-45, 138-40）。

在韋伯眼中，大一統帝國、家產制官僚、士人等三者的匯和，其最重要的後果，是使中國政治瀰漫著傳統主義，導致中國官僚抗拒改革。

傳統主義（traditionalism）

中國家產制官僚的傳統主義源自於其俸祿的利益考慮。韋伯認為，「將官員從治理轄區而來的收入視為其俸祿，而與其個人的收入無所區分，這大致符合家產制的性質」（頁56）。在這制度之下，「一如國家的供應商與大貿易商，官員……是最有機會累積財富的人」（頁135）。因此，「任何對傳統經濟與行政的干預都會損害統治階層不可勝數的規費與俸祿利益……強大既得利益的反對，使得改革完全無望」。因此，中國官祿結構的性格在於其「行政上與政治經濟上極端的傳統主義」（頁60）。

然而，這傳統主義是中國秦漢一統之後才發生的。戰國時代各國的家產制官僚事實上既是積極政治理性化的產物，也是其推動者。「我們可以回想，在大一統帝國裡阻礙行政理性化的官員階層，也正是戰國時代行政理性化的最強力推動者。然後，這動力消失了。正如市場競爭促進了私有企業的理性化，政治權力的競爭也促進國家經濟與經濟政策的理性化，在西方與中國戰國時期都如此……戰國競爭時產生的理性化動力，在大一統帝國裡不復存在」。易言之，秦漢帝國統一

消除了中國進一步政治理性化的必要，導致傳統主義的興起。在韋伯看來，這傳統主義事實上困擾多數的家產制國家。近代歐洲是罕見的例外，「主要原因是，沒有大帝國來統一天下」（頁 61-62, 亦見 110, 113）。

上述陳述，可能是韋伯最深刻的政治歷史見解之一。但這對關鍵歷史動力的分析卻被多數韋伯學者所忽略。似乎只有 Yang（1968）與 Alexander（1983）曾注意及此。

在韋伯的分析中，在中國戰國時期與現代歐洲，列國競爭都迫使官僚體系破除傳統主義，並由體系內推動理性化。但在羅馬帝國瓦解後的歐洲，大一統帝國不再，導致基督教會與自治城市等獨立社會勢力的興起。這些獨立勢力進一步破壞傳統權威，而自體系外來推動世界歷史性的變革（頁 62）。中國向來缺乏此等獨立的社會勢力。因此，對西方發展極為關鍵的內在緊張，在中國被一統家產制帝國排除了。中國缺乏獨立宗教組織的問題將在下一節討論。此處將先討論中國缺乏自治城市的問題。

城市

韋伯認為，「與西方相反，中國與整個東方的城市都缺乏政治自主」（頁 13）。中國城市既未如中世紀西方城市發展出獨立的軍事力量，也未如西方城市般從國家獲得「自治憲章」（charters）來保障其自主與特權（頁 14-20）。中國城市此一弱點的內在原因是「宗族的障礙始終未能動搖」（頁 14）。但外在原因更重要。在西方，「古代城邦始於海外貿易城市」（頁 15）。相反的，「中國城市主要是理性行政的產物」（頁 16）。易言之，中國之缺乏城市自治，「可以用軍事……，與民政行政裡官僚組織的極早發展來解釋」（頁 20）。

在韋伯看來，中國缺乏城市自治的後果是，「無法如同西方般為自由而合作管理的工業與商業組織發展出一套確定的、公眾認可的、形式及可靠的法制基礎。這些法制基礎對西方中世紀手工業的小型資本主義的發展裨益甚大，但在中國卻全然不見」（頁20）。易言之，中國之缺乏城市自治妨礙了資本主義所需的法制基礎的發展。

我們必須指出，韋伯此處對城市自治有無對資本主義發展之影響的討論，與他在其「古代文明衰落的社會原因」及《古代農業社會》裡的發現完全一致。在這些較早期作品裡，韋伯發現，西方古代自治城市促進資本主義發展，而大一統帝國則導致資本主義的衰退。更有甚者，在《中國的宗教》前半部，韋伯討論中國政治條件與資本主義發展之間的直接關連，而毫未觸及任何思想因素等中介變項。這因果模型與他對古代西方的研究一致，而與《新教倫理》大異其趣。這兩條線索使我們能更精確的標定《中國的宗教》及整個《世界宗教的經濟倫理》比較研究計畫在韋伯學術發展中的位置。《世界宗教的經濟倫理》經常被韋伯學者解讀成是專為驗證《新教倫理》而作。但透過《中國的宗教》裡政治分析的細心解讀，卻顯示《世界宗教的經濟倫理》不僅是《新教倫理》的邏輯延伸，而且植基於韋伯早期的古代西方研究。

法律

中國法律缺乏有利於資本主義發展的現代因素。原因在於中國的家產制大一統帝國。韋伯認為，「西方現代的法律理性化是兩種力量共同作用的結果。一方面，資本主義推動嚴謹形式化的法律與司法程序……另一方面，專制王權國家的官僚理性主義促進了成文法體系以及全國一致的法律。這些一致的法律由受過理性訓練的官僚所掌握。

他們追求的是平等、跨地域的升遷機會。若非這兩種力量並存，沒有任何現代法律體系可以出現」（頁 149-50）。

而這正是中國的問題。「在秦漢一統後，中國的家產制既不需要應付強大而不受約束的資本家集團，也不需要面對自主的法律專家階層……因此，不僅形式化的法律系統未能發展，連有系統的、實質的、全面的法律理性化都未曾被嘗試過」（頁 101-2, 亦見 148-49）。

家產制世界帝國的經濟後果

韋伯認為，帝制中國是個停滯的社會。「不論是科技上、經濟上、或行政上，都沒有進步精神」（頁 55）。至於資本主義，在戰國時期有「放貸者與國家供應商此等政治決定的資本主義」（頁 84）。秦漢一統後，資本主義的主要形式是任官。韋伯稱之為「掠奪式資本主義」（頁 86）。然而，現代西方形式的理性資本主義未曾出現在中國（頁 84-86, 97, 103）。值得注意的是，這是韋伯第一次提出政治資本主義與理性資本主義此一重要的概念區分。

韋伯認為，中國沒有出現現代資本主義的基本原因乃是家產制的世界帝國。沒有國際競爭和內部挑戰意味著家產官僚缺乏打破政治、經濟傳統主義的動力，而這正是資本主義發展的障礙。因此，「產業發展所必須的理性的、可計算的行政與法律機能，並不存在。……一方面，作為政治單位的城市缺乏法人團體的自治；另一方面，依據特權所確立並受到保證而具有決定性的法律制度也不存在。相較之下，正因為以上各種原則的結合，所有適合於資本主義的法律架構才得以在西方中世紀時就已創造出來」（頁 100-1）。

村落與農業

　　透過對農村經濟和氏族組織的影響，內在於中國家產制世界帝國的傳統主義也對資本主義的發展產生間接的負面作用。在韋伯的分析中，農村經濟的決定性變遷顯然總是來自於政府（頁67），而且，「軍事與金融改革決定了農村經濟的根本性變革」（頁64）。其實，農村結構很大一部分決定於帝國的政治穩定。「內部動亂的幾個時期總與大地主的興起相繫」（頁73）。相反的，在承平時期，家產官僚制總是有利小農；為防止獨立的土地大戶興起（頁64-65），並維持軍需人力，國家盡力滿足農民對土地的需要（頁79）。這類政策的極端可見於唐代的均田制（頁73-74）。

　　韋伯認為統一的帝國是中國的常態，他因此斷言：「保護農民的傾向主導了整體發展」（頁80, 81-83）。長期以來的經濟效果是「在鄉村地帶，典型的長期趨勢是出現更多持地較小的農民，而不是大規模的農業企業」（頁63-64, 83）。這意味著「科技發展幾乎被全然排除；儘管財富經濟相當發達，但傳統仍然大行其道」（頁83）。

氏族綿延[4]

　　氏族綿延是中國社會的一個特色。在其他文明當中，氏族的連鍵早就斷裂，但「在中國最小的政治單位和經濟組織的運作中仍全面沿續（頁86; 亦見35, 85-89, 237）。在韋伯分析當中，氏族延續不該被視為中國人自然的傾向。「家產制國家……用孝道檢驗和確保對紀律

4　Hans H. Gerth 在《中國的宗教》一書中，將 Sippe 譯為 sib，一般常翻譯為 clan。韋伯使用 Sippe 一詞顯然指的是「族」這個字。族可以解釋為共祖的團體、父系氏族或父系繼嗣群，包含所有源於定居當地的共同父系祖先的後代。族的成員家庭共同擁有以宗教、教育和救濟等為目的的共同財產。參閱 Freedman（1958: 34）以及 Hu（1948: 9）。

的無條件遵守；而後者是官僚制階層中最重要的義務」（頁 158）。因此，「孝順，特別是祖先崇拜被保持下來，成為家產制在政治上不可或缺的基礎」。易言之，家產制的政治考量是中國氏族綿延的關鍵（頁 87, 158, 213, 230, 236, 241）。

　　韋伯主張氏族綿延對中國的經濟發展也有深刻的影響。首先，「氏族組織強力支持家戶的自足，因此限制了市場發展」（頁 90）。另外一方面，「氏族是任何受感受歧視的成員之後盾……單因為這一點，作為現代大型企業基礎的『工作紀律』以及透過自由的勞動力市場，就未能在中國出現」（頁 95）。長此以往，氏族的凝聚力鼓勵中國人培養出因人而異的社會倫理（頁 236）。結果，「他們在極大的程度上缺乏理性的即事（matter-of-factness）態度，不因人而異的理性主義，以及抽象、超越個人、依特定目標結社的特質」。而這些正是韋伯認為現代理性資本主義必備的精神特質（頁 241; 亦見 96）。

　　綜合上述，《中國的宗教》的前半部可以簡要如下：基於與歐洲情況的對比，中國大一統世界帝國、家產官僚制和士人組合下的產物，包括政治傳統主義、城市、法律系統和鄉村結構以及氏族，成為了理性資本主義在中國發展的阻礙。

三、《中國的宗教》後半部：儒教和道教

儒家士人

　　韋伯顯然相信政治－社會－經濟因素阻礙中國發展理性的資本主義。然而，他在《世界宗教的經濟倫理》一開始所設定的研究規劃，使他在解釋中國沒有理性資本主義時，堅持其最關鍵的因素必得在擔

綱中國文化的儒家士人的精神中尋獲。

根據他的分析，定義儒家士人的三種條件是：他們是孔子之徒，他們是文化知識人，他們是官或者有志於為官的人。「求為服侍王侯乃是中國士人的準則，這既是收入的來源，也屬行動的正常領域」（頁112; 亦見 108-110）。造成的結果是，「中國的教育階層從來就不是學者自主的地位團體……而是官或者有志為官者的階層」（頁122）。

知識人／學者與官僚／官員的區分相當要緊，因為韋伯認為宗教擔綱者階層的特性決定了宗教的性格。對韋伯來說，「官僚常見的特性是對所有不理性宗教懷有深刻輕視，但同時認知這些宗教可作為有效控制人民的機制……官僚最特別的是其全然不覺得需要被救贖，或需要任何超越世俗的倫理基礎」。因此，「只要官僚決定了本質，宗教就會擔當儀式性的角色」（Weber 1946: 279, 283; 1978: 476）。

相反的，知識人「是倫理或救贖性教義的承攜者」。不過，救贖宗教並不是一般知識人的發明，而是自願或非自願離棄政治權力的知識菁英（privileged intellectuals）所為。這些知識菁英「認為形塑他們內在心智的智識發展，遠比實際參與塵世的外在事務重要的多」。這些無意於政治的知識菁英所創的宗教經常有「『啟示性』神祕主義的傾向」。一種結果是「知識人的宗教特有的避世性格」（Weber 1978: 503-506）。

在中國，無意於政治的知識人的本土救贖宗教是道教。與之相對，「儒教是領取俸祿者所屬地位的倫理」；它「拒斥所有的救贖教義」（Weber 1946: 268; 1978: 504）。易言之，中國士人宗教傾向的主流是官僚的非宗教，而不是知識人的救贖追求。這個洞見是理解儒教和中國的國家祭祀的關鍵。

儒教和國家祭祀

　　據韋伯的瞭解，在中國古代「天地神祇的崇拜……是國事。祭祀不由祭司處理，而交由政治權力的擁有者」（頁143）。「當時中國的神靈，特別是威靈顯赫和具普世性的，逐漸取得非位格（impersonal）的性格」（頁22）。這種偏向非位格性的神觀又被政治統一所加強。「內戰不再是正當的……，因此，天上的神無法成為英雄般的神祇，或者拯人民於外敵所致的不理性命運之中，或者像以色列的上主，在戰爭、勝利、兵敗和流放異鄉中為人民所敬拜」。「天神是以天上次序之神之姿主宰，而非天上軍旅之神。這是特屬於中國的宗教轉向……究竟而至高的不是一個超塵的創造者上主，而是一超乎神聖的，非位格性的，永遠為一而永恆的存在」。所有這些特徵在儒教興起之前就已成形（頁26-28, 153）。

　　另一方面，韋伯也認為儒教興起是中國統一的結果。「在大一統的世界帝國下，諸侯爭相競求士人的機會消失了。士人及其門下從而競爭官位，這樣的發展必然產生適應環境的統一正統教義，也就是儒教」（頁112）。換句話說，「正統之治是隨著神權政治的世界帝國和其對教義的權威管制而興起的」（頁152）。

　　此處韋伯提出一套政治與宗教發展的因果模型，但這經常被韋伯學者忽略。大部分學者沒有看到帝國統一，與藉著非位格性至高神及確立儒教正統將國家祭祀定制之間的關係（如 Abrmowski 1966; Parsons 1968; Yang 1968; Bendix 1977; Alexander 1983; Schluchter 1989）。結果是中國宗教的自主發展常被高估。事實上，韋伯也將古猶太教發展與以色列人作為國際政治中小國的痛苦和壓抑連繫起來（Weber 1946: 273; 1968: 23）。由此處宗教與政治－社會－經濟因素的分析可見，Tenbruck（1980）、Schluchter（1981）和 Jürgen Habermas

（1984）等人所主張以「內在邏輯」解讀韋伯宗教社會學的觀點顯然有誤。

儒教理性主義與中國人的人格

韋伯認為儒教代表一種務實的理性主義，漠然於新教理性主義核心的宗教救贖（頁151）。「此處亦如他處，這種智識主義內心鄙視宗教，除非宗教有助於馴化群眾」（頁142-43）。

根據韋伯所述，因缺乏超越塵世之神的預言提高倫理要求，「儒教倫理中完全沒有自然與神祇之間、或是倫理規範與人性缺點之間、或是原罪意識與救贖需求之間、或是在世的行徑與離世後對作為的裁定之間，或是宗教責任和社會政治現實之間的緊張」（頁235-36）。儒教這種「極端的此世樂觀主義」（頁235）或「樂觀的理性主義」（頁235）「將（人）與世界的緊張減到極小」（頁227）。少了這種緊張，「儒教對世事的關懷不脫其既存狀態」（頁155-56）。如此，儒教促成「對這個世界、其次序及其常規的適應」（頁153, 235）。問題是「這種生活方式否定對『完整人格（Einheit）』的內在追求」（頁235）。結果是，「無從以超脫傳統或常規的內在因素形塑行為」（頁236）。

按韋伯的宗教社會學，只有基於苦行倫理，意在改造世界的條理生活才能培養完整人格，但這種人格正是連結新教倫理與現代資本主義的關鍵（頁238-40）。中國正統宗教既然無法培養這種人格，自然也無法產生與傳統主義絕裂，促成現代性所需的心理條件。

追求智識的道教

儒教是中國官僚的地位倫理（status ethic），但對無意政治的中國知識人，主要的宗教倫理則是與孔子同時期的老子所創立的道教。

韋伯認為，「『道』原是正統儒教的概念，同時意謂宇宙的永恆次序以及其行徑軌跡。……老子將其與神祕主義典型的求神連結」（頁181）。如此形塑出「冥思的神祕主義」，「化解了神聖與萬物間所有的緊張」。如此一來，「世界既已生成……最為要緊的莫過於使自己適應其道」。結果，在中國思想中，儒教和道教皆排除苦行倫理（頁183-86）。

道教基本上是無意政治的知識人的宗教，但既然大多數中國士人一意追求官場的榮枯，道教主要影響的就不在於知識人，而在於白丁百姓。

俗民巫術宗教的道教

儒教一個關鍵的影響是其「只能在文化知識人之間維持它對當世以外的世界和對宗教允諾的個人救贖傲慢的否定」（頁173; 亦見145-46, 174, 208, 230, 233）。原因無他，尋常百姓需要會允諾個人救贖的神。在中國，俗民神祇曾滿足這種宗教需要，但祂們逐漸遭官方教義的排擠（頁175）。

隨著老子學說的傳佈，一種通俗版本的道教，結合了俗民神祇和一些道教的概念，在某曾任巫師的道士的主導下，成為中國的民間信仰（頁177, 180）。如此造就的道教巫術不僅盛行於可謂為宗教的範疇內，更貫穿整個知識領域。它「將世界轉化為一個巫術的園地」（頁200）。儒教士人鄙視道教，但卻容忍它為馴服百姓的工具（頁143,

204, 217），百姓則「毫不質疑地生活在這些概念中」（頁 229）。

韋伯主張要理性化這種巫術性宗教的只能籍助提高倫理要求的苦行先知預言（頁 142, 229-30）。可是「任何由大眾信仰理性化成為超越塵俗導向的獨立宗教，必然會成為與官府相抗的獨立力量」（頁 144）。因此，官僚「鎮壓所有出自救贖性宗教的動亂」（頁 230）。「只要一想到先知，就會使它認定是惑眾妖言，而暴力地、系統地清除每一個異端運動」（頁 142; 亦見 143-45, 202, 214-23, 229）。其結果造成了「巫術從未被救贖大預言或本土的救世主宗教取代（頁 224）」，也因此「中國人的『靈魂』從未經歷任何由先知啟發的革新」（頁 142）。

此處，韋伯其實主張中國之所以沒有預言或救贖宗教，至少可以部分歸因於家產制官僚體制的打壓。因此，「阻礙中國產生可與西方比擬的宗教的，並非是堅不可摧的『天性』」（頁 219）。中國人的宗教潛能清楚地展現在 1850 至 1864 年間的太平天國「搗毀偶像及反巫術的預言」。「這個運動在許多重要方面代表與正統的絕裂，也促成本質近似基督宗教的本土宗教興起」（頁 220-23）。經長達十年的內戰，儒教國家成功壓制這最後一次建立苦行宗教的嘗試。

大部分韋伯學者解釋中國大眾宗教時，多半忽略了這套政治與宗教發展的關係（Parsons 1968; Yang 1968; Bendix 1977; Alexander 1983; Käsler 1988）。

民間宗教的經濟性結果

根據韋伯所述，通俗道教加深儒教正統的負面影響，從而阻礙了中國與傳統主義的斷裂。「就其效應而言，道教基本上比正統儒教更為傳統」（頁 205）。道教之所以強化儒教傳統主義部分是因為它同

樣無法引導出具改造世界意旨的條理生活模式。事實上，「道教的巫術不可避免地成為如此發展最嚴重的阻礙」（頁206）。此外它也缺乏超越個人的普世信任（頁225, 236-37, 241）。在經濟領域中，「這種不信任阻礙了信用和商業運作；其不同於清教下的信任」（頁244）。最後，經道教強化的傳統主義在本質上敵視創新（頁199, 205, 233）。如此，「在異端教義（道教）的巫術園地當中，具備現代西方性格的理性經濟和科技根本就不可能」（頁227）。

四、結論

現在我要討論兩個議題：一、《中國的宗教》的研究規劃為何？二、針對這個議題，韋伯的主張為何？

由於此書一再提及資本主義，顯然韋伯主要意在解釋中國為何沒有理性資本主義。事實上，韋伯清楚表示這是「我們一開始的問題。」（頁63）可見近來主張韋伯《世界諸宗教的經濟倫理》無關資本主義的詮釋有誤（Tenbruck 1980; Hennis 1988: 21-104）。

如果《中國的宗教》明確的問題是中國為何沒有理性資本主義，那麼韋伯的主張為何？顯然，韋伯的「正式」結論和其探討中國未能發展出理性資本主義的制度分析間有無法銜接的鴻溝。

韋伯意圖以制度性和智識性雙重原因來解釋中國之失怠無疑義。「經濟和智識因素都有作用。前者……關乎國家經濟，因此本質上是政治性的」（頁55）。

然而，《中國的宗教》的前半部認定政治－社會－經濟條件已足以解釋為何中國未能發展理性資本主義。「可見幾個資本主義未能發展原因大都可以追溯到國家結構」（頁99-100）。韋伯的重點是「在

此體制當中，現代發展背後特有的理性資本主義無法紮根。要能夠在這種行政體下發展，產業的資本投資對這種不理性的統治太過敏感，又太過仰賴其能夠計算國家機器平穩而理性的運作……」（頁103）。換句話說，與西歐政治分治的格局相較，中國的家產制世界帝國對於理性資本主義的興起是一個特別不利的條件。

假定如此，那麼中國宗教的角色在解釋上的作用為何？唯一合乎邏輯的論證不外是：中國宗教使資本主義的興起更行困難。事實上，正如上述，中國宗教的負面影響相當程度上也是政治條件所致；因此在解釋中國的個案時，政治條件仍應該是首要的因素。

不過，這卻不是韋伯的「官方」結論。儘管他認定中國的政治－社會－經濟諸條件不利資本主義興起，也斷言中國宗教受政治形塑，但當論及其分析的一般要旨時，韋伯仍堅持宗教因素是關鍵。[5]「總而言之，中國未能發展出資本主義乃是因為專屬官僚和有志為官者階層中，一種植根於中國人特有『精神』的態度。由此，我們進入核心論旨的討論」（頁104）。當然，其核心論旨就是，中國宗教必得對中國未能發展出現代資本主義負責。大多數未多質疑的詮釋都接受這套「官方」的結論（Parsons 1968: 541-42, 577; Yang 1968: xix, xxvii, xxxvi; Giddens 1971: 178）。

韋伯為何如此自我矛盾？部分的答案在於，這種矛盾反映了韋伯理解西方現代性突破的緊張——更確切地說，在其對此突破的制度性與宗教性解釋間的緊張。這種緊張又是韋伯對政治與宗教二者的熱忱使然（Mitzman 1968）。

首先，從一開始韋伯的博士論文到最後的演講課程（Weber

---

5 事實上，有些時候韋伯在捍衛其宗教論證時，若從他自己的政治分析的觀點來看，顯得相當荒謬。帝國的大一統至少間接地解釋了政治資本主義的不存在，但卻不能解釋現代資本主義在中國不存在。

1982），西方資本主義歷史的制度面一直是韋伯作品的主題。宗教在《新教倫理》在一九〇四年出版後成為另一個重要的研究課題；它作為韋伯個別的研究計劃，有助於瞭解西方發展，同時沒有造成與他先前的制度性概念之間明顯的矛盾。由於在西方現代的初期，制度性與宗教性因素二者都有助於資本主義的發展，韋伯又從未對西方發展寫出全面性的討論，他一直不必細瑣地澄清這兩線解釋之間的邏輯關係。

　　後來，他對經濟倫理的宗教基礎產生了新的興趣，因而寫了《諸世界宗教的經濟倫理》。這個計劃顯然假定了宗教是解釋不同社會發展差異的終極因素。《中國的宗教》作為其第一本論文，結果不僅是以宗教為基礎的經濟倫理研究；事實上，它綜合了制度性與宗教性的分析。這是韋伯的西方研究中所從未嘗試的。

　　試圖綜合分析這兩者迫使韋伯去討論他制度性解釋和宗教性解釋之間的邏輯關連。在此，他制度性分析的邏輯結論直接與其在《諸世界宗教的經濟倫理》的初始假定衝突。易言之，在中國宗教的反例中，韋伯終於面對他的政治洞見與宗教熱忱間的緊張。《中國的宗教》裡中國與歐洲間的比較不僅顯示中國的政治－社會－經濟條件不利於理性資本主義，也間接指出歐洲政治分立的國家體系有助於理性資本主義的興起（不管有無宗教的協助）。如果在中國的個案中放棄了宗教論證的首要性，不但與《諸世界宗教的經濟倫理》的原意衝突，更會危及他關於新教倫理的主張。因此，韋伯雖在中國的歷史分析中賦予政治因素首要性，但在其「正式」結論中更強調宗教關鍵性的作用。這樣的矛盾藏在他雜亂無序的寫作當中，在過去七十年間，大部分詮釋者都未能發現。

　　那麼，韋伯為何自我矛盾？韋伯顯然有意避免他的政治研究洞見影響他對新教倫理的主要論點和諸世界宗教的研究。因此他設法找出一個調和宗教和政治論證的方式。在《中國的宗教》中，他嘗試如此

妥協：「當然，這種『心態』——此處指的是對世界的務實態度——的基本特性，深受政治和經濟演變的共同影響」（頁249）。韋伯的底線是「理性的企業資本主義，在西方特別盛行於產業中。其之所以無法發展不僅是因為缺乏具正式保證的法律、少了理性的行政和司法體系以及俸祿體系所衍生的影響，也基本上是因為沒有特定的心態」（頁104）。在面對他的中國政治分析時，這樣的說法其實禁不起考驗。

但他對宗教論證的堅持不僅見於《中國的宗教》，在後來的《一般經濟史》中也一樣繼續維持。「歸根究柢，造就資本主義（在西方）的因素是理性的常設企業，理性會計，理性科技以及理性的法律，但並非只有這些。其需要的搭配因素是理性精神，理性化的一般性生活樣式，以及理性的經濟倫理」（Weber 1982: 354）。換句話說，在韋伯晚年，它的制度性分析與宗教分析間的緊張仍然持續。

《中國的宗教》摘要圖

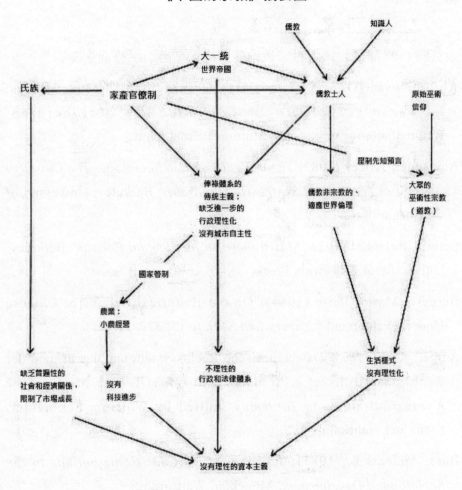

參考文獻

余英時 (1987)《中國近世宗教倫理與商人精神》。臺北：聯經。

Abramowski, Günter (1966) Das Geschichtsbild Max Webers, *Universalgeschichte am Leitfaden des okzidentalen.* Rationalisierungsprozesses. Stuttgart: Ernst Klett.

Alexander, Jeffrey (1983) *Theoretical Logic in Sociology: The Classical Attempt at Theoretical Synthesis: Max Weber.* Berkeley: University of California Press.

Bendix, Reinhard (1977) *Max Weber: An Intellectual Portrait.* Berkeley: University of California Press

Bergere, Marie-Claire (1984) "On the Historical Origins of Chinese Underdevelopment." *Theory and Society* 13: 327-37.

Bürger, Karl (1983) "Das chinesische Rechtssystem und das Prinzip der Rechtsstaatlichkeit." Pp. 134-73 in *Max Webers Studie über Konfuzianismus und Taoismus.* Edited by Wolfram Schluchter. Frankfurt, Suhrkamp.

Buss, Andreas E. (1985) *Max Weber and Asia: Contributions to the Sociology of Development.* München: Weltforum.

Collins, Randall. (1980) "Weber's Last Theory of Capitalism: A Systematization." *American Sociological Review* 45(6): 925-42.

—— (1986) *Weberian Sociological Theory.* Cambridge: Cambridge University Press.

Eberhard, Wolfram (1983) "Die institutionelle Analyse des vormodernen China." Pp. 55-90 in *Max Webers Studie über Konfuzianismus und Taoismus.* Edited by Wolfram Schluchter. Frankfurt: Suhrkamp.

Eisenstadt, Shmuel N. (1983) "Innerweltliche Transzendenz und die Strukturierung der Welt." Pp. 363-411 in *Max Webers Studie über Konfuzianismus und Taoismus*. Edited by Wolfram Schluchter. Frankfurt, Suhrkamp.

Elvin, Mark (1983) "Warum hat das vormoderne China keinen industriellen Kapitalismus entwickelt? Eine Auseinanddersetzung mit Max Webers Ansatz." Pp.114-33 in *Max Webers Studie über Konfuzianismus und Taoismus*. Edited by Wolfram Schluchter. Frankfurt, Suhrkamp.

Freedman, Maurice (1958) *Lineage Organization in Southeastern China*. London: Athlone.

Giddens, Anthony (1971) *Capitalism and Modern Social Theory: An Analysis of the Writings of Marx. Durkheim, and Max Weber*. Cambridge: Cambridge University Press.

Habermasm, Jürgen (1984) *The Theory of Communicative Action, vol. 1: Reason and the Rationalization of Society*. Translated by Thomas McCarthy. Boston: Beacon Press.

Hennis, Wilhelm (1988) *Max Weber: Essays in Reconstruction*. Translated by Keith Tribe. London: Allen & Unwin.

Hu, Hsien Chin (1948) *The Common Descent Group in China and Its Functions*. New York: Johnson.

Käsler, Dirk (1988) *Max Weber: An Introduction to His Life and Work*. Chicago: University of Chicago Press.

Metzger, Thomas (1983) "Max Webers Analyse der konfuzianischen Tradition: Eine Kritik." Pp. 229-70 in *Max Webers Studie über Konfuzianismus und Taoismus*. Edited by Wolfram Schluchter. Frankfurt, Suhrkamp.

Mitzman, Arthur (1969) *The Iron Cage.* New York: Grosset & Dunlap.

Mommsen, Wolfgang J. (1992) *The Political and Social Theory of Max Weber: Collected Essays.* Chicago: University of Chicago Press.

Molloy, Stephen (1980) "Max Weber and the Religions of China: Any Way Out of the Maze?" *The British Journal of Sociology* 31(3): 377-400.

Parsons, Talcott (1968) *The Structure of Social Action.* New York: Free Press.

Schluchter, Wolfgang (1981) *The Rise of Western Rationalism: Max Weber's Developmental History.* Translated by Guenther Roth. Berkeley: University of California Press.

——(1989) Rationalism, Religion, and Domination. *A Weberian Perspective.* Translated by Neil Solomon. Berkeley, University of California Press.

Schmidt-Glintzer, Helwig (1983) "Viele pfade oder ein weg? Betrachtungen zur Durchsetzung der konfuzianischen Orthpraxie?" Pp. 298-341 in *Max Webers Studie über Konfuzianismus und Taoismus.* Edited by Wolfram Schluchter. Frankfurt, Suhrkamp.

——(1989a) "Einleitung" Pp. 1-25 from *Die Wirtschaftsethik der Weltreligionen, Konfuzianismus und Taoismus, Schriften 1915-1920, Max Weber Gesamtausgabe, Part I, vol 19.* Edited by Helwig Schmidt-Glintzer and Petra Kolonko. Tübingen: Mohr.

——(1989b) "Editorischer Bericht" Pp. 31-73 from *Die Wirtschaftsethik der Weltreligionen, Konfuzianismus und Taoismus, Schriften 1915-1920, Max Weber Gesamtausgabe, Part I, vol 19.* Edited by Helwig Schmidt-Glintzer and Petra Kolonko. Tübingen: Mohr.

Shiba, Yoshinobu (1986) "Max Webers Beitrag zur Geschichte nichteuropäischer Gesellschaften: China." Pp. 242-56 in *Max Weber, der Historiker*. Edited by Jürgen Kocka. Gôttingen: Vandenhoech & Reprecht.

Sivin, Nathan (1983) "Chinesische Wissenschaft. Ein Vergleich der Ansätze von Max Weber und Joseph Needham." Pp. 342-62 in *Max Webers Studie über Konfuzianismus und Taoismus*. Edited by Wolfram Schluchter. Frankfurt: Suhrkamp.

Tenbruck, Friedrich H. (1980) "The Problem of Thematic Unity in the Works of Max Weber." Translated by M. S. Whimster, *The British Journal of Sociology* 31(3): 316-51.

Weber, Max (1892) *Die Lage der Landarbeiter im ostelbischen Deutschland*. Edited by Martin Riesebrodt. Abeilung 1, vol. 3 of Max Weber Gesamtausgabe. Tübingen: Mohr.

—— (1903) "Roscher und Knies und die logischen Probleme der historischen Nationalökonomie." Pp. 1-145 from *Gesammelte Aufsätz zur Religionssoziologie,* by Max Weber. Tübingen: Mohr.

—— (1904) "Die 'Objektivität' sozialwissenschaftlicher und sozialpolitischer Erkenntnis." *Archiv für Sozialwissenschaft und Sozialpolitik* 19(1): 22-87.

—— (1909) "Agrarverhältnisse im Altertum." Pp. 52-188 from *Handwörterbuch der Staatswissenschaften*. Jena: Gustav Fischer.

—— (1913) *Ueber einige Kategorien der verstehenden Soziologie*. Tübingen, Mohr.

—— (1915) "Konfuzianismus und Taoismus." *Archiv für Sozialwissenschaft und Sozialpolitik* 41: 30-87, 335-86.

——(1920) "Konfuzianismus und Taoismus." Pp. 276-536 from *Gesammelte Aufsätz zur Religionssoziologie*, by Max Weber. Tübingen: Mohr.

——(1946) "The Social Psychology of the World Religions." Pp. 267-301 in *From Max Weber: Essays in Sociology.* Edited by Hans H. Gerth and C. Wright Mills. New York: Oxford University Press.

——(1968) *The Religion of China.* Translated by Hans H. Gerth. New York: Free Press.

——(1978) *Economy and Society.* Translated by Guenther Roth and Claus Wittich. Berkeley: University of California Press.

Weber-Schäfer, Peter (1983) "Die konfuzianischen Literaten und die Grundwerte des Konfuzianismus." Pp. 202-28 in *Max Webers Studie über Konfuzianismus und Taoismus.* Edited by Wolfram Schluchter. Frankfurt, Suhrkamp.

van der Sprenkel, Otto B. (1954) "Review: Chinese Religion." *The British Journal of Sociology* 5(3): 272-75.

——(1964) "Max Weber on China." *History and Theory* 3(3): 348-70.

——(1983) "Die politische Ordnung Chinas auf lokaler Ebene." Pp. 91-113 in *Max Webers Studie über Konfuzianismus und Taoismus.* Edited by Wolfram Schluchter. Frankfurt, Suhrkamp.

von Rusthorn, Arthur (1923) "Religion und Wirtschaft in China." Pp. 221-33 from *Hauptprobleme der Soziologie, Erinnerungsgabe für Max Weber.* Edited by Melchior Palyi. München und Leipzig: Duncker & Humbolt.

Yang, C.K. (1968) "Introduction." Pp. xiii-xliii from *The Religion of China,* by Max Weber and translated by Hans H. Gerth. New York:

Free Press.

Zingerle, Arnold (1972) *Max Weber und China. Herrschafts und religionssoziologische Grundlagen zum Wandel der chineschen Gesellschaft.* Berlin: Duncker & Humbolt.

壯哉斯言！好樣的，黃樹仁！

——評黃樹仁〈韋伯的《中國的宗教》解析〉

鄭志成（東海大學社會學系副教授）

一、 關於版本：窺見治學動脈

　　黃樹仁的這一篇中文論文〈韋伯的《中國的宗教》解析〉之版本，就我粗略的蒐尋與文獻查核比對，推測應當寫作於 1990-1993 年期間，也就是大略估計約在上個世紀九零年左右。最能透露寫作意圖的著作史線索係 1989 年韋伯全集第一部分第十九卷（Max-Weber Gesamtausgabe; MWG, I/19）《世界諸宗教的經濟倫理，儒教與道教，1915-1920 年論文集》的出版面世。韋伯之於黃樹仁，猶如馬克思之於孫善豪，這兩位讓我敬重，但卻在這一、兩年相繼早逝的學界友人，其學思歷程都緊緊纏繞著古典大師，一種闡釋與批判的繼受傳承。

　　我花了些氣力耙梳截劃出黃樹仁這一篇論文的寫作時間，並非我的著作史考證癖使然，而是要凸顯黃樹仁的知識旨趣如何在韋伯的薰育導引下形塑其一生的治學動脈。這一篇論文的中文版本經後續修訂補正，後來於 1994 年以英文發表於 *Journal of the History of the*

Behavioral Sciences 期刊（Vol. 30, January 1994），標題為〈Max Weber's The Religion of China: An Interpretation〉。英文版本全文架構，甚至段落鋪陳皆與中文版本雷同。主要的修訂部分在於修辭的和緩保留，以及文獻引註完全。基本上，可以將中文版本視為英文版本的初稿。次年，黃樹仁獲得麥城威斯康辛大學的博士學位，博士論文題目：*The Genesis of Max Weber's Sociology: The Religion of China as a Key* (Ph. D. dissertation. University of Wisconsin-Madison, 1995)。由於我無緣親閱並比對黃樹仁的博士論文，但合理的推論，這一篇論文是在黃樹仁構思博士論文寫作氛圍中成就，甚至亦有可能這一篇論文成就了黃樹仁的博士論文旨趣。

　　至於中英文版本的寫作先後，可以由論文兩個版本的修辭的嚴謹保留與書目文獻詳盡周延程度的差異看出，並非先英後中，由英文譯為中文；而是先中後英，英文版本係改寫修訂並完備自中文初稿。

　　據此，上述三篇論文的寫作時間（1990-1995），時黃樹仁年 35-40，正值盛年，思維結構與關懷旨趣已趨成熟明朗。因而，這一篇論文——作為初稿！——即便修辭或有獨斷，引註仍嫌粗疏，但可以窺探出黃樹仁日後的治學方法與格局，一種韋伯式的歷史鑲嵌與宏大視野。

二、 關於文本：從「發現」到「還原」

　　此時，2017 年，要評論一篇二十餘年前的「舊作」，不論作為初稿的中文版本，還是正式出版的英文版本，就知識積累與進展而言，委實有失公允。因此本評論並不針對當時（九零年代）黃樹仁對於韋伯著作，特別是對韋伯的中國宗教論述，以及後續關於韋伯中國宗教

研究二手文獻的理解與掌握是否合宜。也就是本評論不以今日韋伯研究的水準檢視論文，而是著眼於黃樹仁文本的構思與旨趣。我相信，從這一篇論文已可窺探出黃樹仁日後的治學框架與知識企圖。

論文中（除非特別指出，在此所指論文包括中英文版本），黃樹仁特別強調並釐清韋伯著作中的制度因素與宗教因素的關連，並以此融合制度解釋與宗教解釋的雙軌線索。因此論文的兩個主要章節，便在於梳理韋伯中國宗教研究的政治、社會與經濟脈絡的歷史分析，此其一；以及韋伯對於中國宗教發展的因果分析，此其二。前者，針對「韋伯眼中的中國：政治、社會與經濟」，論文以小節為單位分別扼要闡述大一統世界帝國、家產制官僚、士人、傳統主義、城市、法律、家產制世界帝國的經濟後果、村落與農業、氏族綿延等共計九小節。這呼應著韋伯中國宗教研究的前四節「社會學的基礎 I-IV」。後者，論文的第二個主要章節「儒教與道教」亦延續韋伯的中國宗教研究後半部，將焦點聚焦於儒教與道教的特徵及發展，分別以儒家士人、儒教和國家祭祀、儒教理性主義和中國人的人格、追求智識的道教、民間巫術宗教的道教，以及民間宗教的經濟性結果等六節扼要闡述。基本上，論文的這兩個主要章節（占全文近六成，中英文版皆同）可以說是韋伯《中國的宗教》的紀要闡述，也可以說是黃樹仁的讀書筆記。對一篇訴求「原創性」的論文而言，「只是」這樣的重點整理顯然力道不足。我相信亦非黃樹仁本意。黃樹仁更大的企圖在於論文的結論，亦即全文的最末三、四頁。這一篇論文的「結論」並非一般論文慣常處理方式，總結前述研究成果的摘要整理。而是從前述兩個主要章節（制度解釋與宗教解釋）中，提出兩者之間的邏輯關連，並據此主張韋伯論述中的內在矛盾：「因此，韋伯在其中國的歷史分析中賦予了政治因素的首要性，但在其『正式』結論中突出宗教關鍵性的作用。」（Weber therefore gives primacy to political factors in his historical analysis of China, yet he insists on highlighting the decisive significance of religion in his "official" conclusion.）。黃樹仁並據此斷言，這個矛盾隱藏在韋伯繁雜的寫作中，長達七十年之久，直到黃樹仁發現！從這一段話的語氣與抱負，我可以感受到黃樹仁當時的得意、興奮與野心：壯哉斯言！

為了整全他的發現與論述，黃樹仁在論文最末以一張自己整理的《中國的宗教》摘要圖（Diagram Summary of the Summary of China）示意，將論文兩個主要章節十五小節的內容以關鍵字並搭配單向箭號表明彼此之間的因果關係。對黃樹仁來說，這個圖表就是韋伯《中國的宗教》的簡明圖示版，以及他的重大發現：中國沒有理性的資本主義，主要原因不在宗教因素，而在於大一統世界帝國的政治因素。

單向的評論有失公允。在此，我亦遺憾之前未能有機緣與黃樹仁對此韋伯內在矛盾的「發現」予以回應並對話論辯。我僅能在閱讀本論文之後，註記如下：其一、韋伯的宗教意涵應擴大理解為宗教文化，並提供作為日常生活導引的行動準則；其二、對韋伯來說，關於現代理性的資本主義的生成解釋，並沒有宗教倫理先於政治社會經濟諸條件的優越性或必然性。韋伯的《基督新教倫理與資本主義精神》亦不應作如此理解。黃樹仁的誤會來自於，他將韋伯的新教倫理命題視為後續跨文化宗教社會學研究的參照範本，所以在後續對各世界宗教（中國的儒教與道教、印度的印度教與佛教、古猶太教）的研究中，強調宗教解釋成為「保護」新教倫理命題的主要論點。也就是說，就我對韋伯的理解，黃樹仁所發現並指出的矛盾，並不存在。

但是，我的評論並不在於就此否定了黃樹仁的研究成果以及知識企圖，反而藉由重新審視黃樹仁對於韋伯中國宗教研究的梳理，更豁顯明朗了韋伯對於政治社會經濟的歷史分析之力道。黃樹仁沒有揮棒落空，他擊出一記高飛犧牲打，狀似全壘打，隊友奔回本壘，得分！

　　也就是說，這一篇論文的成果並不是「發現」，而是「還原」；不在於「發現」韋伯的內在矛盾，而是「還原」韋伯的多元訴求。

　　因此，我還是要說：好樣的，黃樹仁！

何謂社會學理論[1]

社會學是經驗科學，在每一領域裡都應理論與經驗研究結合，同時討論。為何會有一個專門領域稱為社會學理論？為何大學社會學系裡需要與其他領域分開的理論課？理論課與其他專門領域課程中的理論探討有何異同？要回答這問題，我們必須先界定何謂社會學理論。

何謂社會學理論？顧名思義，社會學各專門領域的理論都是社會學理論。社會學理論課或教科書應該包括社會學各專門領域的重要理論。但事實並非如此。多數社會學專門領域的理論並沒有出現在所謂社會學理論課或教科書裡。一般社會學理論課或教科書事實上排除了多數專門領域的理論，而僅收納少數特定理論。即使某個專門領域的某些理論出現在社會學理論課或教科書裡，該領域的其他多數理論也無緣受到同樣待遇。

因此，很不幸的，目前社會學理論課或教科書所謂的社會學理論，排除了社會學裡的多數理論，只討論少數理論。而其選擇標準不僅含糊，且從未被學界認真討論過。社會學理論是個充滿武斷選擇的領域。

武斷的選擇如何表現？

首先，在社會學裡，尤其在自認專研理論者的觀念裡，所謂理論一詞，經常用來與經驗研究對比。易言之，相對於經驗研究，理論似

1　本章完稿於 2008 年 9 月 25 日。

乎意指非經驗研究，是比較抽象、經過大幅歸納或演繹而來的陳述。但這常見說法並不合目前理論課程的實務。

目前社會學裡所謂的理論經典，確實有許多是非經驗研究著作，例如十九世紀的滕尼斯、二十世紀的帕森思、盧曼、紀登斯等。這些理論家的主要論點，大都是由無數案例歸納及演繹而來的高層次通則，企圖適用於不同社會、不同時代，甚至企圖用於整個人類歷史。這些著作確實是非經驗研究著作，而且作者也如此自我認定，因此符合一般社會學理論界想像的所謂理論。但另一方面，韋伯明言其《新教倫理》是有關苦行基督新教的歷史個案研究，而且是基於他個人價值選擇的觀點，不僅不能任意套用於其他個案，而且也非有關新教的唯一可能解釋。簡言之，韋伯認定其著作是個案經驗分析，而非眾多個案歸納而來的高抽象層次通則，但此書卻也被公認為社會學理論經典。涂爾幹的《分工論》、《自殺論》、《原始宗教》等名著，今天毫無疑問被認定是理論經典。但在涂爾幹的自我定位，卻是經驗研究，甚至是大量運用統計資料的經驗研究。而且是為了發揚實證主義而寫的示範作品，用以駁斥當時常見的非經驗研究導向的玄想理論。但今天卻很反諷的被當作理論經典，甚至經常與他努力要拒絕的哲學著作被同歸於社會學理論。介於上述兩種類型之間的所謂理論著作，則可以馬克思與布迪厄為代表。雖然馬克思僅研究過西方歷史，但他仍相信其由西方歷史經驗導出的理論可以適用於人類全體。布迪厄的著作通常基於特定的經驗個案，使用其自創的統計方法，但常被其讀者當作放諸四海皆準的理論，甚至他自己似乎也如此相信。

總之，目前學界所謂理論經典其實包含抽象程度大異的作品，從帕森思、盧曼等人的非經驗研究並自認是理論的著作，到馬克思與布迪厄等人的經驗研究但卻自認是理論作品者，再到涂爾幹與韋伯的經驗研究。因此，所謂理論著作與經驗研究對立的觀念，其實是胡說。

既然涂爾幹與韋伯的經驗研究之作可以被承認是理論經典，則我們必須問，為何其他多數經驗研究被排除於理論課之外？

如果是否經驗研究並非界定理論著作的標準，則所謂社會學理論的選擇標準何在？目前所謂理論界的趨勢是拒絕社會學專門領域的著作，而僅包含超越專門領域的著作。也就是說，所謂社會學理論似乎指非專門領域，或指涉範疇超越專門領域的著作。但若仔細檢驗目前所謂理論著作，我們發現事實也非如此。

目前一般所謂理論經典包括指涉範疇或專門程度懸殊的著作，從指涉社會整體到僅指涉某一社會領域。例如，馬克思、滕尼斯、帕森思、盧曼、紀登斯等人的許多名著都著眼於社會總體的組織原理及其變遷方向，其理論的指涉範疇包括社會整體。這似乎符合了跨越狹小專門領域的標準。但另一方面，涂爾幹與布迪厄著作等身，跨越許多領域，但每本著作通常僅指涉社會的部分領域而非整體。例如，涂爾幹的分工論、自殺論、原始宗教、布迪厄有關教育、階級複製等著作。這些著作通常並不討論社會整體，而僅著眼於某些領域。這種類型的著作其實是當代社會學論文與書籍最常見的形式。但絕大多數與他們一樣僅討論特定領域的當代著作卻不會被列入一般社會學理論課之內。我們不能不問，列名理論與否的標準何在？如果個別專門領域的論述不易被列入理論之列，則涂爾幹與布迪厄的特殊待遇從何而來？

如果經驗研究與否，以及指涉範圍寬窄兩者，都非界定理論著作的標準，則界定理論著作的標準何在？

一個可能的第三種說法是，所謂理論著作指的是具有啟發性的著作。好的理論會啟發跨領域的經驗研究。即使涂爾幹與韋伯自認其著作是嚴謹的經驗研究，但他們的經驗研究做得太好，太具啟發性，影響後來社會學許多領域的研究。因此被定位為理論著作。

但這說法其實也非常可疑。馬克思、涂爾幹、韋伯的著作確實百

年來影響社會學重大。帕森思的著作也曾籠罩戰後美國社會學許多領域二三十年。目前當紅的紀登斯、布迪厄等人的著作也常在某些領域的經驗研究裡被引用，可稱之為具有啟發性。但當今社會學裡如人口、教育、犯罪、階層化、勞動、政治、經濟等重要領域裡，也各有些極著名理論成為各該領域的主要理論，啟發眾多學者，引領風騷，引用次數及對社會學研究的總體影響遠多於紀登斯、布迪厄等人之作，但卻從不被所謂理論界納入課程或教科書裡。

上述討論顯示，當今社會學界所謂的理論著作，其實沒有一致的認定標準。形式多元，但又顯現武斷的選擇。從知識社會學的觀點而言，當今所謂社會學理論，不是客觀存在的領域，而是學界武斷社會建構的產物。要瞭解社會學理論，必須先對社會學理論界進行知識社會學的診斷。

從知識社會學與社會學史的角度觀察，當今一般所謂社會學理論大體包含兩種成分，一為歷史篩選產物，以馬克思、涂爾幹、韋伯等古典理論家為代表，二為現代學術分工下領域自主的產物，可以紀登斯、布迪厄等當代理論家為代表。

就馬克思、涂爾幹、韋伯等為代表的古典理論家而言，他們之所以被後世社會學認定是理論家，基本上是歷史篩選的結果。這些古典大師處於社會科學萌芽時代，學術分工遠不如今天細碎。各領域之間的相互學習影響遠比今天普遍。他們的著作確實對學界產生了跨領域的影響，甚至跨學科的影響。

但另一方面，他們並非當時學界僅有的學者，他們也有許多同輩競爭者。經過百餘年時間的篩選，他們的同僚大都被後世遺忘了，只有幾位被認定是大師而留名學術史，其著作被列入後世的理論課程。古典大家經過歷史篩選而在同僚中脫穎而出，並不表示他們同時代的其他學者必然學問都不如他們。學術歷史的篩選固然包含學術功力的

較勁，但也充滿了後世的偏見、潮流、政治現實、以及無法細說的歷史偶然。簡言之，從學術觀點而言，理論的歷史篩選並不必然嚴謹公正。今人所知的古典大家無疑傑出，但是否必然最傑出，其實無人可以定論。但後人不可能有時間一一重估古人之作，既然有幾位大師被許多人稱頌，後人也就樂於以他們為祖師，以便省卻閱讀其他古人的辛苦。

　　古人成為古典大師的代價，是他們的原意被後人曲解。享受崇拜必須付出代價。1844 年以後的馬克思、以及涂爾幹、韋伯等三人都自認是科學家，都強調踏實的經驗研究，都拒絕無根的玄談。從這意義而言他們的著作基本上是經驗研究。但被後人當作古典著作閱讀的結果是，後人將他們的著作當作理論著作來閱讀，而忘了他們原本是經驗研究。在今天社會學界將理論與經驗研究對立的常見思考方式下，將三大家的著作歸類為理論其實違反了他們的寫作本意。他們的著作很精彩，開創了社會科學的新時代，具備啟發性，但他們原本都是經驗研究。這是今天一般理論課的學生已經遺忘的事實。不只遺忘，事實上已經使學生在閱讀時扭曲了作者的原意。經驗研究的作者原來力求科學上的精確嚴謹，在今天的理論課程裡卻有些人努力要將這些經典以晦澀的玄學語言來解讀，力求消除原著裡的科學精神，而代之以作者拒絕的哲學玄想。這無異於不肖子孫對社會學古典三大家的精神強暴。

　　古典理論不僅是經過未必嚴謹的程序被歷史篩選而出，而且還對後世社會學理論的認定標準產生了深重的影響。目前所謂社會學理論界用以認定現代理論範疇的無言標準之一，是習焉不察的歷史傳承的迷信。表現在英德法等歐洲三國的特權，以及其他國家學者的被排除。因為十九世紀英國出了斯賓塞，法國出了涂爾幹，德國出了馬克思與韋伯等社會學大師，這幾個國家從此近乎壟斷所謂理論的發言權。每

個世代都可以有一二學者被認為理論大師，其著作被認為值得翻譯為外文，流傳全球。其他國家學者則被剝奪成為理論家的資格。美國學術發達，社會學家總數可能超過全球社會學家之半，但卻似乎不能或很少出產理論家？歐洲各小國的社會學者，普遍通曉英德法文，學術訓練未必遜於英德法學者，卻無法被承認為理論家，甚至其著作極少被譯成英德法文。而英德法三國則被認為必然理論家輩出。因此，社會學理論界似乎有不成文的規則，每一世代都必須要在英德法三國各找出代表性的理論家，奉為上師。就如同藏傳佛教必須找出達賴與班禪的轉世化身一般。這種獨尊英德法的現象，除了古典理論導致的學術世襲與迷信之外，不可能有更合理的解釋。

　　古典理論是歷史篩選的產物，並且衍生了後世英德法理論界的世襲迷信優勢。但當代社會學理論的來源呢？未經歷史篩選，當代社會學各領域的無數理論中，為何只有少數被列入所謂社會學理論課裡？是誰選的？根據什麼標準選的？本文以為，當代所謂社會學理論選擇的動力，是學術分工下領域自主的條件下，少數自稱專攻理論者的自我滿足。

　　二十世紀以來，知識爆炸，任一學門都累積龐大的知識，無人可以完全通曉。後果是愈來愈細的學術分工。學術分工帶來領域的專門化，以及各自領域相當程度的自主。基於對專業的尊重，以及對他人專業領域的無知，不同領域的學者對其他領域的教學、研究愈來愈不能置詞。在社會學裡，因而出現了所謂社會學理論此一專門領域，以及此一領域的自主權。

　　然而，全球社會學界普遍出現所謂社會學理論這門課或領域，本身就是件值得反省探討的議題。學術裡每學門都各有許多理論。但許多學門只有學科史課程，例如政治思想史、人類學史、經濟學史，以幫助學者瞭解本學科的歷史傳承，但卻不會有獨立的所謂理論課。因

為，第一，每一專門領域的教學本就應該理論與經驗研究並重，理論不須獨立設課。其次，隔行如隔山，誰有能力將本學門各領域五花八門的理論都集中在一門課講授？

總之，獨立的所謂社會學理論課其實是很怪異的設計。社會學之養成此種習慣的淵源，有待研究。我的初步猜想是，這課程的出現，是早期某些人偶然的決定，沒有必然的邏輯可言。世上許多制度，都是某些人偶然發明而流傳下來，其實沒有太大道理。無論如何，此處要說的是，社會學家很喜歡以批評反省社會自期，但卻很矛盾的對自己學門的作為經常缺乏反省能力。脫離經驗研究而獨立開授的理論課正是最顯著的代表。

總之，無論原因為何，社會學界出現了所謂社會學理論這門課與領域。

我們可以想像，社會學獨立成學門之初，學者有限，領域分工不細，多數學者有自己集中研究閱讀的領域，但也對其他領域多少有所涉獵。涂爾幹著作與授課範圍之廣，幾乎含括社會學多數領域，令現代學者咋舌，可為明證。在這社會學早期階段，社會學系裡如果出現了所謂理論課，可想見乃是多數社會學教授可以輪流擔任的課程。既是人人得輪流教授，可以想見理論課裡所謂的社會學理論，無非當時社會學各領域的重要理論的點名集合，也就是集社會學各領域的理論之大成。這現象明顯表現在二十世紀初哈佛大學社會學系主任索羅金的名著《當代社會學說》內容之包羅萬象。

但理論之分類卻沒有具體標準，以題目標題或作者自稱為準。分類既非周延沒有具體標準，以題目標題或作者自稱為準。分類既非周延，也非互斥。

但到了二十世紀中葉，隨著社會學的專門化與領域分化，各領域的隔閡日深。多數學者們開始避免教授自己較少涉獵的領域，寧可讓

更專門的同僚擔負其教學。涂爾幹型的全科教授成為絕響。社會學理論課也從原來所有社會學教授都可以輪流開授的課程，轉變為少數理論專家的領域。

隨著教學者的專門化，理論課的內容也逐漸從集各領域理論之大成，轉變成僅包括授課者個人關心或熟悉的特定領域。易言之，不再是所有社會學家共同決定何謂社會學理論，而是由少數開授理論課的所謂理論專家單方面決定了哪些領域的理論可以被納入社會學理論。因此，要瞭解現代社會學理論的界定標準，我們必須追溯，社會學系裡有哪些人會自認為專攻理論，開授理論課，因此掌握了社會學理論的界定權。

一個最明顯趨勢是，從事量化研究的學者，不論研究的實質領域為何，極罕同時主修或開授社會學理論。理由不難明瞭。量化研究者經常必須耗費大量時間從事統計方法的研習，而主修理論或開授理論課必然要耗費大量時間於遠離量化研究的古典理論與歷史。兩者在研究上極難相輔相成。時間經濟學的考慮排除了多數量化研究者涉足所謂理論課的可能。相反的，從事非量化研究的學者，尤其研究歷史、社會變遷、文化等相關領域的學者，其研習內容與古典理論有相當程度的重疊。知識重疊一方面帶來知識的親近與熟悉，另一方面帶來一舉兩得的時間經濟優勢。後果是鼓勵主修歷史、社會變遷、文化等領域且非量化取向的社會學者同時投入古典理論的閱讀，因此使這些主修歷史、社會變遷、文化等領域的非量化學者更可能兼修古典理論，並且開授社會學理論課。

上述趨勢的長遠後果是，社會學理論課教師來源發生了強烈的自我選擇偏向。社會學理論課不再是所有社會學教授可以輪流開授，而變成少數專攻歷史、社會變遷、文化等領域的學者的天下。

教師來源的自我選擇偏向，不可避免也導致理論課內容產生了方

向的改變。在多數社會學教授可以輪流開授理論課的時代，理論課必然兼容並蓄各專門領域的理論。但等到理論課變成少數專家的天下時，理論課不可避免被窄化到只包含這些專家熟悉的領域。最明顯現象是，因為開授理論課的學者極少從事量化研究，於是量化研究居主流地位的領域，如人口學、社會階層化、教育、家庭、犯罪等領域，雖然主修者人數可能遠多於其他許多領域，卻因其研究者極罕兼習所謂理論，更罕於開授理論課，此等專門領域的理論也就不知不覺被排除於社會學理論課的範圍之外。

這當然並不意指教授理論課的學者必然蓄意排除上述量化研究主導的專門領域的理論。問題並非蓄意與否，而是熟悉與否。既然領域分化愈來愈細，隔行如隔山。主修社會學理論的學生經常也同時主修歷史、社會變遷、文化等領域，但卻罕於同時主修需要深厚量化訓練的領域。不熟悉自然不敢隨意討論。開授理論課的學者即使希望能兼容並蓄，對於量化主導領域的陌生已經足以使他們愈來愈不敢輕易論及此等領域的理論。

不僅老師怯於討論自己不熟悉的領域，教科書的編寫者也同樣避開他們不熟悉的領域。二十世紀初索羅金的理論教科書包羅萬象，二十世紀中葉的理論教科書已經範圍大為縮減，幾乎不曾包括二十世紀中葉以後社會學急速膨脹的量化研究領域。除了古典時代至多五六位大師外，以及當代結構論、衝突論等大理論之外，專門領域的理論能被收入的大概只有符號互動論、交換論等。到了二十世紀末期，除了從前教科書中羅列的理論照抄之外，新理論就明顯更排除多數專門領域的理論，甚至排除曼（Michael Mann）等有關歷史、社會變遷、文化領域中比較科學傾向的理論家，僅包含布迪厄等哲學傾向強烈的理論，甚至包含的哈伯馬斯這樣的哲學家。（哲學鵲佔鳩巢到此完成）。James S. Coleman 在教科書中嗎？

　　於是，幾個世代下來，社會學多數領域逐步被排除於社會學理論課程之外，只留下少數領域，尤其是歷史、社會變遷、文化等。奇怪的是，其他領域的教授與學生居然不曾抱怨自己領域的理論被剝奪了社會學理論的頭銜。他們更不抱怨理論課列為必修，而自己的領域只是選修。這無異於承認自己領域的理論不是社會學的核心知識，比所謂理論低一級。主修所謂社會學理論者事實上是社會學裡的少數人。多數社會學家居然可以容忍自己的領域被視為比這少數人的領域低一級！積非成是，習慣成自然，這是一個有趣的例子。社會學理論界靜悄悄的竊奪社會學門代表權的功夫，也真令人嘆為觀止。

　　總之，社會學理論課開課教師的自我選擇偏向導致社會學理論課程內容的窄化與偏向。量化居主流的領域被排除於社會學理論課之外，理論課涉及的理論愈來愈侷限於非量化研究居主流的領域，尤其是歷史、社會變遷、文化等。這現象可以說是二十世紀中葉以後所謂社會學理論內涵的文化偏向。

　　更有甚者，社會學理論的自我選擇不僅發生在領域上，而且發生在方法與氣質上。簡言之，社會學理論不僅內涵產生了文化轉向，而且在方法與氣質上發生了再哲學化。原因在於主修社會學理論者，不僅有領域的自我選擇偏向，而且其中許多人還有方法與氣質的自我選擇偏向。

　　十九世紀末社會科學逐漸脫離哲學，從人文學科轉變為科學。但這轉變在社會學遠不如經濟學般徹底。社會學始終保留與人文學的藕斷絲連。或者以德國學者 Wolf Lepenies 的說法，社會學一直站在文學與科學之間。這現象表現在社會學各種不同研究方法與認知論的並存與緊張。社會學者的自我定位因此也有相當寬廣的選擇空間。今天多數社會學家以科學家自許，以追求科學的嚴謹自期。但也有少數社會學家以人文精神自期，偏好哲學或文學而非科學，甚至敵視科學。

這些偏好哲學、文學而非科學的社會學家，幾乎不可能選擇人口、階層化等量化研究居主流的領域為主修。他們在社會學裡最可能選擇的領域是歷史、社會變遷、文化等。而在社會學理論課逐漸被主修歷史、社會變遷、文化等領域的學者所主導的趨勢下，這些傾向於哲學文學而非科學的學者，也自然而然的因為主修歷史、社會變遷、文化等而同時主修所謂社會學理論。因此使所謂社會學理論家之中，出現了偏高比例在方法與氣質上偏好哲學文學而非科學的學者。

這當然並不意指所有自稱主修社會學理論的學者都傾向哲學而反科學。自認主修理論的社會學家中，仍然包括很多科學傾向的學者。但與其他領域相較，社會學理論此一領域確實吸納了較多有哲學傾向的學者。

社會學理論專業領域吸納許多哲學傾向學者的後果，首先是社會學古典理論的詮釋受到再哲學化的強大壓力。1844 年以後的馬克思、以及涂爾幹、韋伯，都熟讀哲學，但都主張社會科學從哲學分離而走向科學。不論涂爾幹之自稱實證論或韋伯之自稱詮釋理解，他們都以科學家自期，都強調經驗研究，都認定傳統哲學家的書房推論有游談無根的風險，必須以嚴謹的資料搜集分析作為社會科學因果推論的基礎，或至少是驗證理論的基礎。馬克思在其傳世之作《資本論》中長篇抄錄英國報紙的勞工新聞，正是這力求經驗化趨勢的生動實例。易言之，古典社會學誕生於近代社會科學的萌芽期，其核心精神正是科學化，去哲學化。但近年來社會學理論界因為學者的自我選擇而吸納了相當比例哲學傾向的學者，後果是這些學者在研究與教學上將古典理論哲學化了。他們無法滿足於拒絕玄思的科學邏輯，覺得科學語言枯燥乏味，缺乏冥思玄想的深度，因此努力在古典理論中尋找哲學根源，努力將古典社會學的科學理論解釋成哲學理論。他們認為這代表有深度，有學問，但其實完全違反了古典社會學家的原意。

　　再次聲明，並非所有主修社會學理論的學者都傾向於哲學而反科學。主修社會學理論的學者仍有許多以科學家自期，以科學邏輯而非哲學來解讀古典理論。但確實有某些比例的當代社會學理論家傾向於哲學而反科學，努力將古典理論再哲學化。後果是所謂社會學理論界內的分歧。社會學理論界內產生了強烈的科學與哲學的競爭。

　　社會學理論此一領域吸納較多哲學傾向學者的後果，不僅是在古典理論的詮釋上出現再哲學化的壓力，而且對於當代社會學理論的選擇，也發生了哲學化的傾向，而與古典理論的科學取向背道而馳。理由在於當代學術分工下的領域自主。不僅各領域自主，而且是各授課老師自主。

　　前已述及，當代所謂社會學理論此一領域遠比社會學其他領域吸納了更多哲學傾向的學者。在領域自主與課程自主的學術分工體制下，即使社會學其他領域普遍籠罩在科學化的潮流下，社會學理論此一領域及授課者個人的自主權，使其遠比其他領域更可能接納哲學傾向而反科學的理論。現象之一，是當代所謂社會學理論界有許多人偏好哲學傾向濃厚而意義含糊的著作，而排斥意義精確嚴謹的研究。喜歡縱貫古今的大理論而排斥專門領域的經驗理論。

　　例如，同樣是英國學者，同樣擔任過倫敦政經學院院長，喜歡談論抽象理論的紀登斯在理論界無人不知，但同樣探討歷史、社會變遷、文化等議題且著作等身、學貫古今的曼（Michael Mann）卻在英國之外的理論界少有人知曉。最大原因似乎是因為曼的著作遠比紀登斯更經驗取向，因此雖然每本著作都有深刻的理論貢獻，但在理論界的知名度卻遠不及高談抽象理論的紀登斯。布迪厄的著作與曼一樣，大多結合經驗研究與理論發展。但曼的知名度卻遠不如布迪厄，主要原因絕不是因為曼的理論深度不如布迪厄，而是因為曼的文字十足的科學式清晰精確，少有含糊遐想餘地。而布迪厄的文字卻蓄意含糊不清，

沒有任何兩個讀者會對同一段話有一致的理解，剛好滿足許多人的神秘主義心理需求。更有甚者，就學科傳承與研究方法而言，哈伯馬斯與傅科其實是哲學家，但他們在社會學理論界的知名度與引用度卻遠高於曼。理由絕非因為曼的學問不如哈伯馬斯或傅科，或者曼關心探討的問題與哈伯馬斯、傅科有根本的不同，而在於曼是徹底的科學家，其精確嚴謹的研究無法滿足哲學家的玄思需求。

總之，排除科學家曼，而偏好哲學家哈伯馬斯、傅科，及文字故弄玄虛的布迪厄，這絕非社會學此一學門所有學者共同定義社會學理論的邏輯後果，而是自稱社會學理論家的少數學者在領域自主的制度下自我選擇的後果。因為許多偏好哲學的學者選擇進入社會學理論此一領域，領域自主權使他們得以將其哲學偏好用於社會學理論的界定。後果是當社會學絕大部分領域愈來愈走向科學化時，獨獨社會學理論此一領域卻發生了哲學化的潮流。表現在古典理論詮釋的再哲學化，以及當代理論的選擇偏好哲學化的理論，排除科學化的理論。事實上，當代所謂社會學理論已經排除了社會學各領域絕大多數的理論，而只容納極少數理論。這些被納入所謂社會學理論之列的理論，偏高比例是遠比社會學主流更哲學化的理論。

因此，今天社會學理論課程，包含了歷史篩選產生的古典理論，以及高度自我選擇的現代理論。所謂古典理論其實原本都是經驗研究。但卻被今人誤當作抽象理論來讀。而在理論界自主下浮現的所謂現代理論，事實上並非社會學各領域理論的大成，而是社會學少數領域的某些理論，而且有拒絕主流社會學的科學傾向而偏好哲學的趨勢。

科學理論訓練的目的，原是為了澄清思慮，但所謂現代社會學理論界卻出現一股潮流，儼然變成以文字含糊代表有學問，出現以不知所云為貴的反智趨勢。

如此這般的所謂社會學理論對社會學有何意義？

　　古典理論是歷史篩選的產物，不僅可視為社會學史，且對當今社會學許多領域有啟發之效。要求學生必修古典理論，作為理解這學門及凝聚社會學門的手段，似乎不是沒有意義的工作。但將古人的經驗研究誤解成抽象理論，將古人力求精確的科學論述解讀成連多數社會學教授都無法理解的神秘理論，是必須糾正的無知行為。

　　但另一方面，所謂的現代社會學理論，事實上排除了社會學多數領域的理論，而僅收納少數領域的理論。而且這些少數人自我選擇的理論還有高比例是與社會學科學主流背道而馳的哲學化著作。這些所謂現代理論，往往與多數社會學家的研究毫不相關，也難有啟發可言。將這些理論冠之以社會學理論之名，無言中將其他領域的理論打成非理論。隱隱認為這些所謂社會學理論是社會學正統，比其他領域的知識高一級，其實是很荒謬的思維。將這些當代理論列為必修課，要求所有學生學習，學後毫無用處，其實形同少數自稱理論家者的就業市場壟斷。這是學術欺騙。社會學界居然可以容忍此等欺騙，反映的是學術分工之下，多數人對於所謂理論此一領域的缺乏理解與迷信。

　　科學需要理論。社會學各領域的教學都應理論與經驗研究並行，但並不需要另設所謂社會學理論此一課程，來教授與多數社會學家所學無關的所謂現代社會學理論。如果一定要有理論課，則教授古典理論已足，充作社會學史。現代理論的教學應該回歸各自相關領域，而不是另成一課，讓一批自稱理論家的人竊奪社會學理論的認證權。這些人看來真的比較有學問嗎？身為古典理論專家，我可不如此認為。術業有專攻，沒有人比別人高一級。

　　社會學不應有所謂純理論。對理論有興趣的人應有各自的專門領域，並同時從事經驗研究。社會學是經驗科學，必須理論與經驗研究並行。沒有理論，無法指導經驗研究。沒有經驗研究的基礎，理論只是文字遊戲。沒有經驗研究訓練與實務的人，根本不可能真正讀懂理

論。自認專研純理論，其實等同是承認自己專業從事文字遊戲。這不是社會科學。

從樹仁到樹人：

反思如何「教」與「學」社會學[1]

陳柏甫（美國康乃迪克大學社會學博士）
張儀君（美國瑪卡萊斯特學院（Macalester College）地理學系助理教授）

　　「為什麼要學社會學？」在臺灣，讀社會學或其他社會科學科系的價值長期以來經常受到質疑。除了對特定科系的忽視外，這個問題背後也涉及臺灣社會普遍對「文科」或「文組」的輕視。這種輕視一部分起因於與文組科系的就業機會似乎少於理組科系、大學畢業後一般起薪較低有關；但另一個普遍的誤解是認為「文科」科系只會要求學生強記各種零碎的知識，理解力不足，邏輯思辨能力不佳，與社會的需求連結薄弱。

　　「巷子口社會學」和其他公共媒介這些年來一直致力於幫助社會科學走出象牙塔，導正大眾對社會學或其他社會科學的偏見。然而，在重新定位社會學研究與臺灣社會間的關係的同時，關於社會科學教學理念與實務的闡述卻仍舊少見。儘管這些年《見樹不見林》或《社會學想像》等譯作處理了導論階段教學與學習的許多問題，謝國雄老

1　本文 2017 年 11 月 14 日刊登於巷仔口社會學。

師關於田野研究的討論對研究方法和實務上也提供了豐富見解，「巷仔口社會學」的文章中也有不少對於社會學教育與公民參與相當精彩的討論（如顧忠華，2014；張峰碩，2015；林宗弘，2016；黃厚銘，2016）。但是如何重新梳理課程、制定學習大綱，並從課程設計為起步再次想像「教」與「學」社會學的意義，臺灣社會學界於這些議題的討論卻尚為不足。

美國社會學界有 *Teaching Sociology* 的期刊，專注於討論與分享社會學的教學理念和實務議題。受到該期刊相關討論的啟發，同時緬懷過去受教於臺北大學社會學系黃樹仁老師的經驗，我們想藉由此文分享我們這些年對「教」與「學」社會科學的理解，更希望能拋磚引玉，讓臺灣近年積極參與教學實務與改革的先進們也能加入相關的討論。

整體而言，我們認為臺灣社會科學教育可以借鏡美國的文理教育理念（或稱博雅教育，Liberal Arts Education），重新定位社會科學在臺灣社會中的角色。文理教育並不把訓練專才作為己任，反而更強調培養廣泛的基礎能力、訓練批判思考和促進公民社群的積極參與，並相信社會科學訓練是達成這個教育理念中不可或缺的一環。在美國，文理教育一直扮演培育菁英及社會中堅分子的重要角色。即使在由技術主導的資訊業裡，文理教育畢業生處理社會與科技議題的能力也被高度重視，近來逐漸成為高科技理工就業市場中的主流（eg. Hartley, 2017）。儘管臺灣的高教環境和美國文理學院的小而美相去甚遠，但社會科學科系在達成文理教育的理念上確實有其獨特的優勢。社會科學原本就是為理解人類社會而存在，為此發展了豐富的知識和方法論，以及深厚的研究和思辨傳統。這些基礎讓學社會科學的學生得以發展觀察、論證和參與社會議題的核心能力。然而我們的教與學要如何才能達成文理教育的理念？讓我們從教材，教法，指導等方面來檢視。

如何選擇教材？

> 「當老師最重要的功能，是要慎選教材，以防學生讀到不好的書，
> 導致永久的腦部傷害。」 ——黃樹仁

在新自由主義和高教市場化的影響下，這幾年社會科學教學似乎朝著效率化和指標化的趨勢。如同許多其他的學科，社會科學的教學中逐漸強調套裝知識和特定的技能培訓，綜合教科書開始被廣泛地使用，特別是在理論、調查或是研究方法等相關課程。儘管效率化與指標化的教學有助快速散佈知識，廣泛地學習調查或研究方法等專業似乎也增加了畢業生知識的廣度，因此提高受雇的可能。但若缺乏適當的平衡，這些趨勢可能會犧牲社會科學教育下培養基礎觀察、批判論證和社會實踐的獨特優勢。

樹仁老師在其著作裡已闡述過他如何看待社會科學研究與教學（如黃樹仁，2002；2007）。他特別重視社會科學研究如何促進對重要現象的理解，尤其是當研究能提供具原創性和啟發性的觀點。樹仁老師在教學上也持相同看法。他注重對優良社會科學作品的理解和欣賞，進而讓學生培養觀察、思辨和論證社會現象的基礎能力。

對優秀作品的重視首先反映在教材選擇。樹仁老師多次主張老師最重要任務是精選好的閱讀材料；他認為未經篩選的閱讀輕則浪費學生的學習時間，重則導致學生錯誤的理解。他的教材選擇範疇不限學科分野，而著重於提供啟發性觀點和豐富脈絡的一手著作。在如此觀點下，「社會變遷」的課程常選讀地理學者 Jared Diamond 的《槍炮、病菌、鋼鐵》和經濟史學家 Paul Bairoch 的 *Cities and Economic Development* 全書。在跨學科的「臺灣社會研究」課程裡，樹仁老師也選擇與每週主題相關的關鍵研究，範圍橫跨社會學、歷史學、地理

學、政治學、人類學甚至是宗教研究。

我們認為教育學生閱讀跨領域的高水準一手作品是社會科學教與學的核心任務。首先，閱讀寫作優良的原創作品有助開拓學生的眼界，體會高水準社會科學研究提供的創新觀點和精闢解釋。再輔以老師適當的導讀，學生更能學習社會科學研究怎麼發展研究問題，如何進行邏輯推導和經驗佐證來建構論述。更進一步說，教導學生閱讀與理解第一手著作有利於體現知識生產和典範演變的真實過程。跨領域閱讀更能增進學生對於社會現象理解的全面性。相較之下，單一學科或科目教科書良好的摘要整理雖然能更有效率地傳達套裝知識，但這樣的便利性卻經常建立在過度簡化問題意識及論證過程的代價之上。在教材取得和閱讀不易的過去，選用二手詮譯或許有其道理，但在高品質和可讀性佳的社會科學作品普及的現今，讓學生直接從各領域的原創作品學習，應當是較有利的教學途徑。

事實上，這樣的教材選擇取徑也是美國文理教育重要的主張。為開拓學生的眼界與培養學生理解知識生產與典範轉移的過程，在筆者接觸的文理學院課程設計中，甚至是大一基礎導論課程，都相當重視跨領域閱讀與欣賞原典的能力。這些課程對於學生學習的期待不在求快、求廣，而在求精確與深刻的理解。閱讀與欣賞原典的能力也有助於學生學會當第一手的知識消費者，不需仰賴已經過他人消化過的二手材料，這樣的訓練非常有助於提升未來自學與探索新知的能力。

為什麼學理論？

> 「我以前在 Madison 的時候，做理論的分成兩種人，一種是把問題想得很清楚的優秀社會學家，可以理解理論在社會脈絡裡的意義；但另一種只會每天滿口理論名詞，邏輯不通地胡說八道。」
> ——黃樹仁

　　儘管社會學理論是樹仁老師的專業，他不認為理論可以獨立於經驗研究之外；他生前甚至曾經主張社會學理論不必列入必修課程（林宗弘，2016）。樹仁老師認為，若老師把社會理論當作哲學辯論教授，這對培養學生的社會理解其實不利，更有可能讓學生不明理論的意義，最後誤認賣弄名詞概念就可以當大師，就是酷炫的社會學研究。在教授理論課程時，樹仁老師多次強調經典理論的貢獻並非是亙古不變的社會法則，而是優秀學者們對其當時重要社會現象經驗研究的成果。因此，學習這些社會科學理論不該像學習物理或化學定律，窮盡精力追求一個「真理」，反而應當要深入理解學者當時的社會脈絡和思想背景，進而探討和批判這些作品裡的研究問題、方法、論述的建構和經驗證據，以及理論對現象的解釋力。

　　這樣的觀點相應的是一個深入的教學方式。無論在大學部或碩士班，樹仁老師的理論課程不求廣泛介紹多家理論，只專注於少數經典原著。多年來，每周的閱讀量少則三十頁，多則近百頁；老師在上課時分析和批判指定的閱讀材料，並解答學生們的疑問。在樹仁老師一般性的理論課程裡（不同於他專門的理論 seminar），一學期的教材通常就是從所謂三大家（馬克思、韋伯和涂爾幹）的著作各選擇兩、三份作品。這不僅略過其他學者，即使在三大家的理論中，也只做選擇性介紹。這一方面是因為學生英文閱讀能力有限（在教學後期，樹仁老師開始選擇性使用原著的中文翻譯），另一方面是因為老師對深入閱讀的重視。不少人質疑這種教法會導致學生理論學習的廣度不足，無法接觸足夠的社會學知識。在他的理論課程的大綱裡，他對這樣的教材選擇做如此解釋：

　　「學習的最好對象……應是最有啟發價值的著作。學習範圍未必要無所不包，而應是選擇關鍵領域，嘗試重點突破。一旦在某個

領域達成理解上的突破，則自然具備藉由自修與閱讀而擴大知識領域的能力。」（黃樹仁，碩士班社會學理論，2006 秋季課程大綱）

　　樹仁老師的理論教學方式呼應了他對教材選擇的觀點。筆者們從過去十多年當學生學習、到當老師教授社會科學理論的經驗看來，這樣的教學的確有優於其他模式之處。當前許多理論思想課程會選取相當數量的學說，將理解記憶其論點當作首要教學目標。此類教學設計或許只是依循慣例、行禮如儀，又或是認定知道一定的理論是學生必備的基本知識。在實務上，這樣的教學常只能選用短篇的原著或二手的摘要；很多認真的教師也會進一步整理重點，致力於講授其精鍊消化過的材料，方便學生快速學習。但如此蜻蜓點水式地接觸多方理論的效果卻不見得理想。對那些沒有學術傾向的學生，套裝理論知識在考試評分後就所剩無幾。而對於有志學術的少數學生，這樣的教學有相當的機會誤導學生，使其相信累積理論知識、事事皆套用理論觀點，才是學理論的重點。這樣的誤導，很可能使學生擁抱博物館學或考古學式的理論學習取徑，從而相信要窮盡所有的理論，專注艱澀、少見、或新潮的學說，才是學習理論的最終目標。

　　然而，若從樹仁老師的理論教學方式出發，一個好的社會學理論課應該花時間深入探討每一部選讀的經典研究：從該時代的思想背景和社會脈絡，到研究作品本身的方法和論證皆應有充分的介紹和批判。相較於使用已經被消化整理過的二手材料，學生能從原典中逐步思考各個論述如何被建構，其是否具備邏輯一致性，或是符合經驗事實。長久而言，學生或許認識的學者或專有名詞會比較少，但他們對社會科學研究的價值和方法應當會有比較深刻的理解。而這樣的理解，有助於學生把學習社會學理論的成果與當代社會現象連結，並把理解、

辯證、以及批判理論的能力，應用到社會參與及實踐。這樣應用理論的能力，正是文理教育的重要目標。

如何學及為何學研究法與研究方法？

「涂爾幹需要這麼費事，是因為當時還沒發明 Multiple Regression……」
──黃樹仁

　　若我們希望學生能把在教室中所學的社會科學連結到日常生活的社會實踐，那麼研究法的教與學是達成這個連結的重要一環。樹仁老師在生前多次強調經驗研究的重要性，認為經驗研究是社會科學的基礎，也因此他對研究方法的訓練和概念相當重視，認為相關的訓練不應該只限於專門研究法與研究方法而已，而應該是跨科系全面性的涉獵。樹仁老師大學就讀政大民族系，在美國學習歷史研究同時又擔任統計助教和講師，所以他對各式研究法與相應的研究方法都不陌生。他對各種研究法與研究方法的熟稔程度展現在他的課堂裡。樹仁老師在課程中透過論證和批判展現研究方法的應用，且不限於制式的統計分析、文獻研究或深入訪談等方法。他更經常在理論或次領域的課程中援引研究法的論辯，協助學生理解好的著作如何被生產。例如，當某著作宣稱某個案具獨特性時，樹仁老師會帶入樣本分佈的概念，讓學生想像所有類似案例的整體分佈，從以思考該個案是否接近平均值，在合理的偏差之內，又或是個明顯的 outlier。籍此，他讓學生重新思考個案的論點是否可以被普遍化，或是否有過分簡化的危險。

　　另一個樹仁老師常討論的統計概念是多元迴歸。即使在理論課程，他的講課重點經常在於學者當初如何用經驗資料建構和檢證論述。在教授涂爾幹的《自殺論》時，他會先介紹原典如何用性別、年齡、

與教派分別解釋自殺率變異的分析。接著，他會引用多元迴歸的概念，重新建構自殺論的研究過程與論點，讓學生瞭解這些因素其實可以存在於單一統計模型中，只是因為在涂爾幹的年代統計學尚未發明多元迴歸方法。這樣的教法，一方面展現量化方法的應用，另一方面強調學術研究有賴突破前人，尋求不停的進步。

樹仁老師也引過多元迴歸的概念批判過度簡化的因果關係。譬如，社會科學研究經常駁斥前人的主張，宣稱其發現真正的因果關係。對這類案例，樹仁老師經常會挑戰其「非 A 即 B」的狹隘論點。他會援引多元迴歸的觀念來解釋因果關係常是多元的：多種因素可能會各自獨立影響結果，或這些因素之間甚至可能會有交互作用。以上的論點當然可以使用非統計的概念表達。但對學過量化研究的學生而言，這樣的討論不但可以強化其學過的概念，更可以展現量化研究的觀念並不只適用於統計分析，而是有助於一般性的邏輯思維論證。在某個程度上，這樣的教學消彌質化與量化研究方法的對立，鼓勵學生發展多元方法訓練。

作為專攻韋伯的學者，他也經常討論韋伯的研究法與方法。除了廣為周知的理念型之外，他也強調社會科學概念的建立從來離不開比較研究。樹仁老師經常提醒學生比較研究並不是一種專門的研究方式；在社會科學的論述中，案例間的比較幾乎不可避免。即使有的研究宣稱只針對個案進行評價，但其實都免不了和其他案例做某種程度的比較。在樹仁老師的教學中，他常期勉學生指認這些未言明的比較，從而對其論證做更完整的批判。事實上，樹仁老師對於比較研究的觀點是相當引領潮流的。過去十年在地理學與都市研究當中，非常多的後殖民主義學者開始反省許多都市理論用北美西歐都市經驗進行理論建構，誤謬地將這些理論套用在開發中國家的都市上，其根本原因為僵化、錯誤、和未言明的比較（如 Ward, 2010; Robinson, 2011; 2016）。

對於比較研究相關的反省，正在重塑比較全球都市主義（comparative global urbanism）的研究法與研究方法的典範。許多都市社會學家這些年也開始加入相關的論辯。

筆者之一任教於美國一間前段的文理學院，固定教授都市相關課程，並在過去兩年來使用樹仁老師的教學觀點在課程中融入研究法與研究方法的討論。同事與學生對於這樣的教法的回應都很正面。許多主修社會科學的學生表達利用學習理論或其他專題的機會，同時討論研究法與研究方法，大幅增進了他們對於知識生產過程的理解，也相當有助於他們進行獨立研究課題。而許多主修自然科學的學生則認為，相關研究法與研究方法的訓練，有效地協助他們更謹慎小心面對在自然科學實驗設計中未言明的假設，反思如何不帶偏見地設立自變項與依變項，跳脫科學僅有唯一解的想像，試圖尋找更多元的因果關係。學生的學習評價很大的程度上肯定了樹仁老師對研究法及方法的詮釋與教學，有助學生邏輯思辨。這樣的邏輯思辨與批判能力，事實上讓社會科學不只是個專門性的技能，甚至有助於跨科系知識系統的建立。這樣的學習成果正是文理教育非常重視的。畢竟，在所有修習社會科學的學生當中，只有低比例的學生最後會從事專職社會科學研究，或固定在工作上應用社會科學研究方法。對其他大部分的學生而言，研究方法訓練最重要的價值應該是在他們在從事任何知識相關工作時，擁有一套能緊密結合經驗和論述的知識基礎。

如何指導學生進行獨立研究？

> 「發現了十個新的解釋變項，但整體 Multiple Regression 增加的 R^2（解釋變異量）只有百分之零點一，這種是糟糕的研究。」
> ——黃樹仁

　　文理教育認為大學教育最終的目標，是學生具備獨立完成一個研究計劃的能力，這也是研究所訓練的起始。然而，對很多老師而言，研究過程是個多年磨煉的技藝，如何把一身做研究的功夫本事傳授給資質興趣不一的學生，是個在教學中常見的難題。文理教育對此有自己的一套觀點，認為培養下一代最有效的方法是使用「老師─學者（teacher-scholar）」的教育方式，亦即，讓學者把自己的研究經驗帶入教學與指導當中，毫無掩飾地展現給學生看自己做研究的方法與觀點，並也毫不隱瞞地自我批判。

　　雖然樹仁老師從來沒有說過自己是個「老師─學者」，但在指導學生進行獨立研究時，他把自己對於社會學的觀點、對於經驗研究的重視、以及對於跨領域研究方法的態度，在學生面前毫不保留，這其實是一個典型的「老師─學者」的指導方式。他也非常樂於細細分享自己博士班讀了十年的掙扎，在研究進行中幾番挫折的過程，讓學生直接從他的研究足跡裡學習。樹仁老師相信社會科學是個經驗學科，認為就算是從事理論研究也應該著根於社會脈絡之上而非哲學辯論。因此樹仁老師在指導個別學生時，向來反對學生從既有的典範裡尋找研究題目。他主張學生獨立研究應該從經驗現象著手，發掘被忽視或受誤解的議題。這樣的指導風格反映了他對社會科學兩個主要的信念。其一，他重視社會科學研究的啟發性。在既有典範下的議題或許重要，但按其框架進行討論，對許多剛開始獨立研究的新手學生，反而有可能妨礙創新思考，變成理論代替了大腦的邏輯推導運作。其二，他認為臺灣社會科學研究的規模和發展有限，許多重要現象缺乏基本的社會科學研究（黃樹仁，2007），若執著於從典範出發尋找題目，對很多學生而言，只會淪落到驗證西方理論的下場，而無法更進一步探索尚未被好好理解的社會現象。因此，從整體邊際效應來看，與其在既有典範上致力精進，不如試圖理解被忽視的經驗現象，或檢驗廣為流

傳卻缺乏系統實證的信念。

　　然而經驗現象的掌握也不容易。因此，樹仁老師鼓勵學生透過閱讀文獻和批判性思考而形塑問題意識，產生研究問題。在學生對特定經驗現象產生興趣後，樹仁老師鼓勵學生自行尋找並閱讀約十本相關研究，在消化思考這些材料後，用兩頁的篇幅，精簡地描述研究問題和解答之道。這個階段的閱讀不是為了窮盡相關文獻，而是為了掌握對該現象主要的既有觀點，從而發展具體的問題意識。他主張任何研究的潛在價值反映在問題意識上：問題意識若清楚有意義，才有可能有好研究。平庸的研究問題，像是檢視既有理論是否適用於新的個案、或是用新的統計模型測試已知的因果關係，通常只能帶來枝微末節上的進步，無法提供太多關鍵性的理解。樹仁老師最常用一套粗糙的統計譬喻，把這類研究視為發現數十個新的解釋變項，但整體解釋力的增加卻極為稀少。相較之下，有意義的研究提問能展現既有理解不當或顯著不足之處，在腳踏實地、按部就班地研究之後，反而可以大幅增進我們對社會現象的理解。

　　但產生有意義的問題進行研究不是個容易的過程。良好的老師指導、先前妥當訓練、加上個人的努力缺一不可，特別是長期腳踏實地的探索最為重要。樹仁老師常用他用自身博士研究的例子，分享他所謂走過漫長黑暗隧道，最後找出口的經驗。在研究構想屢次被指導老師打回票下，他只能回頭繼續研讀文獻，將摘要和反思整理在紙卡上。經過數年，終於一日，他在觀察和比較所有的紙卡的過程中有所領悟，立即把想法打成兩頁的研究構想，當日即獲到指導老師的認可。在研究的實務上，樹仁老師常鼓勵學生不要拘泥於方法教科書描述的線性流程，或是任何單一制式的研究方法，只要有利於理解現象和回答研究問題，從田野觀察和參與、正式和非正式訪談、文獻研究到各式統計資料都不應排除。類似地，研究者也應當準備好在必要時根據經驗

發現調整原本的研究問題。樹仁老師相當強調來回辯證的重要性，儘管畢業期限重要，但他常常鼓勵學生認真紮實地多花一點時間，做出有意義的研究會更有價值。

當然，樹仁老師對於社會科學的信念以及指導的方法不可能沒有瑕疵與缺陷。筆者們過去也曾多次與樹仁老師辯論，這樣的的信念與指導方式會不會讓學生在養成過程中流於過分的實證主義以及折衷主義。然而不可否認地，樹仁老師的指導方式，體現了「老師—學者」模式，讓學生可以從觀察老師學習如何做學問，也讓學生體認做學問不是只適於天賦異稟社會文化資本雄厚的學生；就算是中人之資，只要對社會脈絡有良好的掌握並願意付出時間與精力，也是可以向學術工作邁進。這樣的態度，對很多非菁英或中產家庭背景出生、卻對社會科學研究有興趣的學生是很大的鼓勵。不可否認地，樹仁老師的實證觀點事實上大幅鼓勵學生跳出學術知識生產的象牙塔，與當下的社會連結。這正是文理教育對於社會科學學生的期待：發展觀察、論證和參與社會議題的核心能力。

請老師相信學生，請學生相信自己

> 「Well，我的學生超越我是應該的，因為你們是被我這麼優秀的老師教出來的。」——黃樹仁。

這幾年筆者們常與在臺灣教書的朋友們交流，討論社會科學教材選擇、教法、與指導學生的經驗。當我們提及上述的一些想法時，不少在臺灣教書的朋友常會說，樹仁老師或文理學院這樣的教學方法只能用在台、政、清、交等菁英學校，對於中字輩或以下的學生來說，學生資質不足，英文能力低下，讀原典、論辯研究法與研究方法，進

而獨立研究是不可能施行的教學方法。然而，在筆者們這些年來在美國幾個不同種類的大學的教學經驗卻顯示，許多中人之資，甚至是移民的小孩、英文非母語者，又或是第一代大學生（first generation college students），只要老師願意花足夠的時間引導，他們讀原典與論辯的能力並不會輸給所謂起步較好、資質較佳的學生。並且，這些學生更容易連結自己的人生經驗，從而開展有趣且極富意義的研究。筆者二人大學時代也非台、政、清、交之流，但在樹仁老師以及其他恩師們多年的引導之下，也能夠進行學術工作。如此，我們這一代的老師們憑什麼覺得非一流學校的學生就做不到？同樣地，對於正在讀社會科學的學生們來說，就算沒有天賦異稟社會文化資本雄厚，但只要願意花時間精神探索，在文理教育與樹仁老師的教學方法的引導下，一樣可以穩扎穩打地找到自己的一方天地，青出於藍。

在樹仁老師的〈小國的學術困境〉（黃樹仁，2007）一文中，他曾論言臺灣社會學界整體資源不足，小系小校加上資源有限，相當不利於整體學術發整與培養下一代研究者。我們不否認臺灣整體資源不足的困境，但是我們認為小系小校事實上正是臺灣推行文理教育的優勢。文理教育相當依賴小校小系的體制，因為只有如此，老師才有機會認識每個學生，帶領學生依其步伐讀原典，用小班討論分析論辯研究法與研究方法，並以身為例指導學生獨立研究。許多美國的私立文理學院，在 2008 年的經濟危機之後，資產與財政狀況極差，事實上許多社會科學學系的困境並不下於臺灣大部分社會學系所。然而，這些文理學院們的社會科學科系並未因此放棄文理教育的理念。在過去幾年，文理學院社會科學科系在社會及就業市場上被重視的程度，有增無減。文理教育裡重視學生觀察、論證和參與社會議題核心能力的理念，也是這些年臺灣社會所認可的教學理念，更是樹仁老師生前的教學理念。我們無意宣稱我們在美國理解的文理教育經驗必定可以套用

到臺灣社會，但是希望藉由分享我們在美國的觀察，連結到多年前受
教於樹仁老師的經驗，能夠拋磚引玉，讓更多先進一起來重新思索臺
灣社會學教與學的實務議題，並在當今的社會脈絡下，彰顯學習社會
科學的價值。

參考文獻

林宗弘，2016，〈小國的學術魔球：評黃樹仁〈小國的學術困境〉〉。《巷仔口社會學》https://twstreetcorner.org/2016/05/31/linthunghong-3/

黃厚銘，2016，〈典範轉移、理論教學與師徒傳承〉。《巷仔口社會學》https://twstreetcorner.org/2016/06/02/huanghouming-2/

黃樹仁，2002，《心牢：農地農用意識形態與臺灣城鄉發展》。臺北：巨流

——，2007，〈小國的學術困境：臺灣社會科學研究、教學與評量的反省〉。《臺灣社會研究季刊》65:117-80。

張峰碩，2015，〈整座城市都是我們的教室：實證社會學與大學生的實作課程〉。《巷仔口社會學》https://twstreetcorner.org/2015/12/08/changfengshuo/

顧忠華，2014，〈讀社會學所學何事？論社會學者的價值自由與價值關連〉。《巷仔口社會學》https://twstreetcorner.org/2014/05/13/kuchunghwa/

Hartley, Scott. 2017. *The Fuzzy and the Techie: Why the Liberal Arts Will Rule the Digital World*. Boston, MA: Houghton Mifflin Harcourt.

Robinson, Jennifer. 2011. "Cities in a World of Cities: The Comparative Gesture." *International Journal of Urban and Regional Research*, 35(1): 1-23.

——. 2016. "Thinking Cities Through Elsewhere: Comparative Tactics for a More Global Urban Studies." *Progress in Human Geography*, 40(1): 3-29.

Ward, Kevin. 2010. "Towards a Relational Comparative Approach to the Study of Cities." *Progress in Human Geography*, 34(4): 471-487.

農業、城市、國家：現代性的三角習題

李丁讚（國立清華大學社會學研究所榮譽退休教授）

一、前言

西方從 13 世紀末商業革命，尤其在 15 世紀末重商主義以後，跨區域性的市場逐漸形成，商業城市誕生，農業慢慢從維生的角色變成商人營利的工具。從此，農業與城市一直處在一種緊張、甚至對立的狀態中，400 多年來未曾停歇。面對城市與農業的爭鬥關係，國家如何來應對呢？是順從市場與城市的需要來徵收農地？還是抵抗市場的邏輯來保護農民呢？本文認為，農業、城市、國家是現代性的三角習題，理解這三者之間的動態關係，乃是理解現代性的關鍵議題，這也是黃樹仁著作的核心關懷。

黃樹仁的著作，從討論傳統中國與中古歐洲的農業與城市，一直到日本統治時期的農業政策，再到國民黨政府的土地改革、都市計畫、城鄉發展等，都是從國家的角度來處理城市與農業的關係。在樹仁的認知中，農業與城市的爭鬥，可以透過「國家理性」來調節。但不幸的是，樹仁所研究的臺灣、中國，國家的行動者基本上都是不理性的，也因此無法調節農業與城市之間的衝突，進而創造了社會不安、經濟

失序等問題。我認為，黃樹仁對「國家不理性」的分析，是他著作最精彩的地方。他對土地改革和農地農用的研究，把國家的不理性作了最極致的闡述，值得後代學者一再研讀。

對樹仁來說，國家不理性的原因，除了來自行動者的意識形態與物質利益外，社會科學沒有進行紮實的研究，以致於沒有能力導引公共政策，也是國家不理性的重要原因。樹仁認為，優良的社會科學研究可以釐清社會發展的內因與動力，讓社會可以在更健全的軌道中前進、開展。樹仁以科學為志業，對科學理性充滿信心。他從現實經驗現象中觀察問題，希望透過這些真實問題的挖掘與探索，為社會找出行動的方向（洪人傑，2018）。他認為，好的社會科學可以找到真理，因此，他想用社會科學的理性彌補國家的非理性。這也是他做研究的重要動機。

但是，我這裡必須指出，樹仁對科學理性的信心，其實有其典範上的限制，這個典範就是現代性。我認為，在現代性的典範下，樹仁所找出的科學理性沒問題，對國家的不理性也具有診治效果。但如果從現代性之外，如所謂的第二現代性，或是後現代等角度來看，樹仁的科學理性可能就不那麼理性了。從這些不同典範來看，樹仁對都市化、工業化、市場化的批判不夠，對農業的特殊性或非理性的理解也不深刻，使得他所開出來的處方不完整，大幅低估農地的價值，無法適用於 21 世紀的社會。

下面的分析將沿著三個路線進行，首先，第二節要把農業、城市與國家的三角關係，擺置在現代性發展的歷史脈絡中來審視，透過這個簡單的歷史分析，我要凸顯的是農業的特殊性，以及農業的非理性。簡單地說，農業擁有兩種獨特的限制——食物限制（food-imposed limits）與自然限制（nature-imposed limits），使得農業並不能輕易被視為「商品」，而被市場決定，或是被城市兼併。第三節討論黃樹

仁的作品，凸顯他對「國家不理性」的分析，並嘗試檢視他的「理性」內涵，以及背後所蘊含的現代性典範。第四節討論，在 21 世紀的後現代／第二現代社會裡，我們如何對農業、城市與國家重新定位。

　　但進入討論前我必須強調，本文所謂的農業與城市，其實各包含其他相關的元素。農業包括土地、自然，而城市則包括工業、商業、市場等。因此，農業與城市是兩個叢集（complex），這兩個叢集的元素彼此之間會相互競合，除了爭鬥之外，不同叢集之間的元素，如農業與商業、城市與土地、甚至農業與城市等，偶而也會變成「戰友」。但在現代性下，這兩個叢集基本上處於對立與爭鬥的關係。不過，在現代性之後，這種衝突與緊張的關係，可能有更整合的方式來處理。以下先從現代性的歷史脈絡來探討這三角關係。

二、三角關係的歷史圖像：農業的特殊性，或農業的非理性

　　15 世紀末重商主義開始後，跨區域性的市場逐漸形成，家庭手工藝業也逐漸發達，其中以毛紡織品最受重視，綿羊的豢養也逐漸成為重要的畜牧業，如何取得足夠的牧草成為當時重要的課題。在這個背景下，仕紳與地主們於是展開了著名的「圈地運動」，把當時供農民使用的公用地（commons），納入成為自己的私有財產，轉種牧草。大批農民被逐出家園，流落到城市，變成馬克思所謂的「無產階級」，只能依靠工資維生，資本主義正式萌芽，現代城市（相對於中古城市）也正式誕生。從這個角度來看，現代城市乃是農業的犧牲所促成的（Marx and Engel, 1991；第 24 章）。

　　圈地運動開始後，越演越烈，越來越多的農地被改變成牧場，農

民離開農村，人口減少，糧食產量大減，經常發生糧荒，農民經常暴動，變成是英國從 16 世紀到 17 世紀中葉最主要的社會反抗形式（Manning, 1988）。但是，17 世紀中葉之後，社會抗爭的形式轉變了，糧食與麵包的價格逐漸變成人民的主要關懷，到 18 世紀就變成社會抗爭最主要的表現形式了（E.P. Thompson, 1971）。

　　為什麼糧食與麵包的價格是 18 世紀社會抗爭的主要對象呢？在過去，糧食的買賣主要是在地方市鎮的「公共市場」進行，到了 18 世紀，全國性的市場已經形成，商人為了營利，積極搜刮糧食、囤積壟斷，賣給遠方的城市市場、甚至國外，地方餘糧不多，造成糧價大幅上升，在糧荒時尤其嚴重。而且，因為糧價高昂，麵粉商和麵包業者更容易滲雜劣質贗品，生產出品質惡劣的麵粉與麵包，讓窮人很難忍受，於是經常發生暴動，主要的對象是糧商、麵粉商、麵包商、以及把糧食賣給糧商、而不是賣入地方市場的地主。

　　其實，Thompson 並不認為這些抗爭是所謂的「暴動」。他指出，抗爭者很守秩序，他／她們列隊遊行，阻止商人把糧食或肉類運出城鎮，要求降低價格，甚至自己訂出價格。他／她們有時候也會處罰這些商人，但不會暴力血腥，更不偷不搶。Thompson（p. 114）這樣形容：

> 當男男女女陷入飢荒時，他／她們攻擊麵粉廠和麵包廠，但不是為了偷搶食物，而是要處罰這些從業者。

　　這些抗爭者之所以要處罰這些商人，主要的原因是，抗爭者認為糧食是人民生存的必需品，每個人都有權利以合宜的價格購買，而不是被市場決定。用 Thomson 的話來說，糧食與麵包的價格是道德經濟，而不是市場經濟。這些商人囤積壟斷、拉高糧價是違反自然的運作法則（nature of things），應該被處罰。在他／她們眼中，這種處罰是替

天行道，不但合法、更是合理（legitimate）。也正因為這種合理性，這些抗爭者沒有懼怕，大膽在街上遊行，講論糧食與麵包的合理價格，但不是暴動，更不偷不搶。這種秩序與信心，乃是因為他／她們有來自上帝、社區、甚至國家的支持。

　　但是，根據 Polanyi（1951：175）的看法，當時的人（包括著名學者）還不知道，鄉村的貧窮、失業、買不起麵包，乃是由市場、貿易、物價上漲、以及都市的興起而產生的。

　　國家在面對這些暴動時，往往以緘默來表示對抗爭的支持，幾乎沒有動用軍隊鎮壓，也經常處罰壟斷市場的商人。Thompson 認為，國家的支持有一部分來自懼怕，擔心暴動會引發社會不安。但更大的原因來自文化與社會習俗的認定，認為糧食是生活必需品，不能用市場來決定價格。國家這種態度在 1795 年公佈實施《史賓翰連法案》（Speenhamland Law）表現得最清楚。這個法案的核心精神是：「*工資的補貼需以麵包的價格為尺度而發給，使窮人得以確保有最低收入，不管其收入多少*（Polanyi, 1989：158; 重點為作者原來所加）。」

　　1798 年，Malthus 出版了著名的經典——《人口論》，更為糧食的重要性奠下了理論基礎：糧食以等差級數增加，而人口則以等比級數增加，經濟／人口的發展，必然會遭遇到糧食不足所產生的限制（food-imposed limits）。

　　《史賓翰連法》本來的用意是在保護窮人，但在這種無差別的保護下，很多工廠主人都刻意降低工資，很多工人也不介意工資的高低，反正可以獲得補助，因此工作意願明顯降低。最後，工人和窮人的界線越來越不明顯，工人甚至變成一種很不名譽的行業，整個產業的生產力也大受影響。因此，隨著這個法案的執行，各種反對聲浪越來越大，不只資產階級反對，很多榮譽感比較高的工人也主張修法或廢除。1834 年，這個法案終於廢除，一個自律性的市場於是誕生。Polanyi

認為，重商主義雖然創造了全國性的市場，但這個市場仍然鑲嵌在社會文化的基礎上，一直到《史賓翰連法》廢除，自律性的市場才正式誕生。

隨著自律市場的誕生，工人的抗爭形式也逐漸由糧價轉為工資。Thompson 認為，「工資」是 19 世紀工人最主要的抗爭標的，也見證著自律市場的威力。過去，當市場還鑲嵌在社會文化基礎上時，糧價是當然的道德經濟，是人民生存的必需品，其價格不能用市場來決定。但是，當自律市場形成後，糧價隨著市場而波動，人民不再認為介入糧價是合理的行動，於是就靠提高工資來應對糧價的高漲。這時，如果人民有暴動，國家也會出兵鎮壓。但是，國家在《史賓翰連法》廢除後，馬上制定《工廠法》，對工資、乃至最低工資等都有規定，國家已經承認市場的自律性，但透過工資的保障來保護工人。糧食與麵包所引發的限制（food-imposed limits），似乎可以透過自由貿易與工資的提高來解決。農業、農民似乎都被市場馴化了。但這就表示農業理性化了嗎？

在自律市場的運作下，農業經歷了高度的企業化與工業化，完全被納入市場的運作邏輯之中。1840 年《穀物法》修改通過，穀物可以自由地在全球交易，全球性的穀物市場形成。這也是英國工業革命急速發展的年代，鄉村人口大量遷移到城市，北方誕生了很多個工業城市，人口眾多，穀物的需要量大增。因此，農業出現了兩個轉折，第一，農業開始工業化，藉此提高生產力，餵養城市與工業人口。第二，除了提升國內農業生產力之外，國外市場開始扮演重要角色。一方面，歐洲國家開始從之前是殖民地，而當時已經獨立的國家，如美國、澳洲、加拿大等進口大量的糧食。另一方面，到了 19 世紀末葉，新一波的殖民主義興起，殖民母國直接介入殖民地的經濟，把殖民地的農業產銷都由殖民母國統一來籌劃，變成國族經濟（national economy）的

一環，於是，農業的工業化與企業化迅速推廣到全球各地（Friedmann and McMichael, 1989）。臺灣大約也在這個時候被納入日本的殖民經濟體系中。

在農業工業化、全球化下，我們雖然戰時克服了食物限制，但是，另一種「自然限制」（nature-imposed limits）卻因此而產生了。

Polanyi 很清楚地告訴我們，市場經濟需要市場社會來支撐，而勞動力與土地的商品化則是市場社會的關鍵因素。因此，在自律市場形成後，我們看到農業工業化與企業化，人民開始以商品的角度來看待農業和土地，讓每一吋土地發揮最高的商業價值，但土地也在這個過程中受傷。Polanyi（ibid: 151）這樣說：

> 若容許市場機制成為人類命運、自然環境……的唯一主導者……自然會被還原到其基本元素，街坊及風景被污損，河川被污染，軍事安全受到威脅，生產食物及原料的動力被摧毀。

Polanyi 的書是在 1957 年出版的。其實，從 1950 年代開始，當美國的全球食物體系建構完成，並開始輸出到全世界，創造綠色革命，雖然又一次暫時解決了食物所引發的限制，但以工業的方法開發土地與農業，造成自然的嚴重損傷。1962 年，Carson 發表了《寂靜的春天》，發現因為農藥的使用，大量的鳥類或昆蟲都不見了，環境生態遭受嚴重破壞。1980 年代中葉以後，地球溫度明顯上升，氣候變遷的趨勢越來越明顯，人類與地球都面臨生存的極大威脅。很明顯地，在市場與工業邏輯的運作下，人類已經嚴重破壞其自己依存的土地、自然，現代文明與科技其實並無法超越「自然限制」。

從以上簡單的歷史回顧中看出，在 18 世紀之前，糧食被認為是人民生存之必須，糧食的價格並不是市場可以單獨決定的。換句話說，

農業有一種「非理性」，是一種道德經濟，而非市場經濟。18 世紀末，國家把道德經濟的觀點發揮到極致，制定了《史賓翰連法》，但卻因此意外地創造了「自律性市場」，雖然暫時解決了糧食的限制，但卻破壞了人類的生存環境，讓人類陷入「自然限制」之中。農業的非理性顯然不是市場可以輕易克服的，也不是國家這個行動者可以輕易解決的。

三、非理性的國家、理性的社會科學：黃樹仁的現代性

為了延續前面的討論，我也將以歷史軸線的展開來分析黃樹仁的著作，先從他早期作品──〈韋伯的《中國的宗教》解析〉開始，這篇文章雖然討論傳統中國，但卻蘊含韋伯對「城市」與「農業」的看法，對樹仁具有深刻的影響力。其次，我們進入日治時期的研究──〈強制合作發展：臺灣日本殖民體制的米糖經濟〉（簡稱〈強制性合作〉）。這篇文章是樹仁未完成的遺稿，經過他的學生陳宇翔改寫完成。接著我們討論他關於土地改革的兩篇作品，最後討論他的專書《心牢》。

首先，關於〈韋伯的《中國的宗教》解析〉。樹仁是一個活出韋伯的韋伯學者，深受韋伯影響，他對現代性的信仰與熱情，很可能與韋伯有關。我們都知道，韋伯被稱為「歐洲文明之子」，他對資本主義所造成的現代文明雖有深刻批判，但是，他對這個文明的獨特，以及為何她獨獨在歐洲發生，都有很深情的分析。在這些分析中，我們可以很清楚的看見，韋伯的確實認為現代文明是一種更進步的文明。他在《中國宗教》指出，帝制中國是個停滯的社會，「無論在科技上、經濟上、或行政上，都沒有進步的精神」（黃樹仁，2018：55）。

　　為什麼中國會停滯呢？為什麼歐洲會進步，終於創造了資本主義與現代文明？這又與這兩個地區中，城市與鄉村關係不同有關。韋伯認為，中國帝國動亂的幾個時期總與大地主的興起相聯繫。因此，為了防止獨立的土地大戶興起，帝國總是設法維持小農制，盡力滿足農民對土地的需求，甚至創造了「均田制」。韋伯說：

> 保護農民的傾向主導了（帝國的）整體發展……在鄉村地帶，典型的長期趨勢是出現更多持地較小的農民，而不是大規模的農業企業……（這意味著），科技發展幾乎全被排除，儘管財富經濟相當發達，但傳統仍然大行其道。（黃樹仁，2018；引自鄭志成，2018：468）

　　相反地，歐洲則因為中古時代出現自治的城市，為管理工業與商業組織發展出一套確定的、公眾認可的、形式的、可靠的法制基礎。這些基礎對西方 14 世紀所發生的商業革命，以及更後面的手工業發展都幫助甚大，也為後來的資本主義與歐洲文明奠立了基礎。

　　從以上韋伯對現代文明誕生的討論，可以看出韋伯對現代性的評價，以及城市與鄉村／農業在現代文明發展中的位置。上面我們提到，黃樹仁的科學典範座落在現代性的範疇內，也看出他對現代性的衷情，讓我們看到「歐洲文明之子」的影子。尤其，他對城市與鄉村／農業的地位，再再顯示出韋伯的影響。這是我們閱讀黃樹仁必須首先認知到的課題。

　　〈強制性合作〉這篇文章主要的目的是，探討日本殖民體制下臺灣的米糖經濟體制的性質，其主要的理論關懷是，日本在臺的經濟體制是反映馬克思觀點的「剝削經濟」論──也就是國家的經濟政策是在為資本家服務，還是反映日本國家的整體利益？透過對臺灣米糖經

濟的分析，黃樹仁和陳宇翔很有說服力地論證，臺灣蔗農的收入不只沒有被剝削，其收入反而比以前稍微增加，增加的理由有二，其一是生產力的提昇，另其一是獲得母國市場的優惠，也就是以母國消費者的利益為代價來建立殖民地的經濟體制。黃與陳認為，這些政策很明顯是反映國家的整體利益，而非資本家的利益。同樣的，在稻米方面，日本投資設立嘉南大圳，提昇稻米生產力，而且，讓臺灣米商，而非日本米商把臺灣米銷售到日本，利潤相當不錯，也因此間接影響到日本糖業資本的利益。這些資料都在在證明，日本在臺灣的經濟體制，乃是反映日本國家的整體利益，而非單純的資本家利益。

如果把〈強制性合作〉擺放在農業、城市、國家的三角架構下，我們看到了樹仁和宇翔什麼樣的國家觀點呢？從輸入臺灣糖這點來看，日本政府為了降低貿易赤字，也為了扶持殖民地產業，讓母國的經濟更強大，所以以犧牲城市消費者的方式，來補貼臺灣的蔗農，讓這些蔗農能稍微賺一些，但也不能太多，這些作為突顯，日本作為一個現代國家，是非常「理性」的。這個理性表現在：政府不站在資本家，也不站在農民或城市居民任何一方，而是從國家整體利益的考量著手，對農業、城市、資本進行整體思考，在三方中來回定位，嘗試找出一個最好的三角方程式，進而建構一個可以繼續成長的經濟體制，確保讓國家的利益。

這種「理性國家」的思維，可能是樹仁作品中唯一的一篇。往下的討論可以發現，從國民黨政府，到中國政府，樹仁眼中的國家都是不理性的。但是，日本政府為什麼這麼理性呢？最主要的原因是，日本政府已經現代化，具備「現代國家基本的行政能力」，重視法制與效率，能夠釐清社會發展的內因與動力，進而掌握社會發展的方向，讓國家與人民都蒙受利益。日本政府建設嘉南大圳、投資現代化製糖工廠，建立現代化的米糖生產體制，也因此提高農業生產力與人民的

生活水平，這些都是「理性國家」的表現。所以，樹仁和宇翔認為，臺灣人民的生活水準並不是柯志明所認為的，1920 年中期米糖相剋、剝削減少後才獲得提昇，而是在早在 1910 年代現代化之後就開始了。現代性，而不是剝削的減緩，才是日治臺灣前進的動力。展現這種現代性的國家，能夠執行這種現代性的行政體系，就是一個理性的國家。黃樹仁的「理性」，是以「現代性」為典範的。

關於日本政府的「現代國家的基礎行政能力」，樹仁在後面關於土地改革的研究中一再強調，國民黨政府所推動的土地改革之所以能夠成功，主要是因為承傳了日本政府留下來的現代國家基礎行政能力，如戶政、地政、嚴明的司法體系等。只有在「現代行政體系」的基礎上，才有理性國家的可能性。

但是，日本為什麼會發展出這種經濟體制呢？樹仁與宇翔提出「強制性合作發展」這個概念，認為是國家以自身整體利益為考量，以各式手段強制社會各界，包括資本家、勞工、農民、城市消費者等與國家合作，以配合政府需求，強化整體經濟體質。從手段來說，這是一種強制性合作沒錯，但為什麼會出現這種手段呢？我認為必需把這種作為擺置在當時的歷史脈絡中，才能夠更細膩地掌握這個體制的性質。

我們知道，19 世紀末是殖民主義的高峰，日本佔據臺灣、朝鮮、東北，英國佔領馬來西亞、緬甸，法國佔領越南，美國佔領菲律賓等，都在這個時候發生。相對於之前的殖民主義，如英國對於印度，殖民母國並不直接干預殖民地的經濟生產或銷售。但在這一波新的殖民主義裡，殖民母國直接介入殖民地的經濟運作，把殖民地直接納入母國的整體規劃中，這就是 Friedmann and McMichael（1989）所稱的「國族經濟」（national economy）。19 世紀末，所有殖民者都從「國族」（nation）的角度出發，透過國家機器（state）擴編，形成一種包括

殖民地在內的國族經濟，也透過國族經濟的建立，進行殖民者相互之間的競爭，進行形成一個「全球性的國家體制」（an internationalnation-state system）。日本對臺灣經濟體系的收編，必須放在這個殖民的歷史脈絡中才能看得清楚，也更能掌握其意義。

討論完日治時期的研究之後，我們進入 1950 年代的土地改革。黃樹仁寫了兩篇土地改革的文章，第一篇是〈臺灣農村土地改革再省思〉（2002），第二篇是〈被誇大的臺灣土地改革及其漸熾的意識形態戰爭〉（2015）。我認為，黃樹仁對土地改革的研究，尤其是 2002 那篇，是他所有文章中最精彩的一篇，可以列入現代經典。這篇文章否定了所有對土改的主流觀點，而且用非常細緻而具說服力的資料來證明他的論點，讓讀者對土地改革有一個全然不同的視野。更重要的是，他從這個研究中看到國家不理性的嚴重性，以及社會科學的理性如何協助國家來掌握社會的發展方向。

在這兩篇土改的文章中，黃樹仁跟主流觀點的對話聚焦在兩個議題。一，土地改革發生的原因，二、土地改革的成果。先討論原因，主流的看法有兩點，其一是，國民黨是外來政權，可以不必擔心本土地主的反對，所以可以輕易去執行。其二是，在國共競爭下，國民黨企圖透過土地改革，實施民生主義的理想，取得道德上的優勢，進而為反攻大陸創造利多的基礎。針對這兩個主流看法，樹仁的觀點是，其實，當時大陸來台官員並沒有把土地改革看成是對臺灣地主的鬥爭，他們認為，在反攻大陸之後，這個改革也將適用於大陸，自己也將是被改革的對象。因此，土地改革審查的過程中，立法院（以大陸來台人士為主）對土地改革的尺度，反而比省議會（以本省地主為主）更加寬鬆，給地主留下更優惠的條件。樹仁用很多檔案資料證明，所謂的外來政權說是不正確的。

　　至於動機方面，國民黨內部其實分兩派，一派贊成改革，一派反對改革。贊成改革派的陳誠剛好取得政權，這是一個歷史的偶然，與土改無關。但是，因為國共競爭的大局勢，讓陳誠等改革派可以用「國家危機」來說服反對派，宣稱只有透過土地改革，才能號召大陸人心，反攻大陸才有希望。於是，就在這個國家危機、國共競爭的大結構下，反對改革者終於屈服，改革派才能勝出。這段歷史顯示，結構雖然重要，但「偶然性」卻起著關鍵性的角色。他說：「系統，沒有理性可言。動機，必須尋之於個人認知（黃樹仁，2002：218）。」對樹仁來說，很多國家重要的政策，反映的並不是結構的需要，而是幾個關鍵個人的認知，這是歷史的偶然性。從本文的架構來看，這正是國家不理性的根源。這可以由下一節的討論看得更清楚。

　　關於土地改革的成果，主流的觀點認為，土地改革讓農夫有自己的土地，增加小農的工作意願，提昇農業生產力。樹仁則認為，實施耕者有其田時，徵收放領給佃農的土地中，有接近七成屬於「共有地」，屬於大地主者只有兩成多一些。共有地其實主人很多，每一個主人的持分都很小，但這些窮苦「地主」的持分地也必須被徵收，這是劫貧濟貧，土地重分配的意義很小。更重要的是，樹仁引用很多文獻證明，一個極度貧窮、人口眾多、大地主極少的社會，佃農的生產力其實不亞於自耕農，因此，他認為土地改革的效果被誇大，不但沒有明顯的重分配意義，對生產力的提昇很幫助不大。樹仁指出，臺灣農業從 1910 年代起，也就是日本人開始引進現代科技時，除了戰爭期間，生產力就一直提昇。1950 年代起的美援，幫助臺灣農業現代化，引入現代農業科技，才是臺灣農業生產力提昇的關鍵。

　　樹仁對現代性的支持是一致的。日治時期臺灣農業生產力與生活水準的提昇，主要是現代農業科技導入所造成。土地改革能夠成功，主要也是日本政府留下的現代國家基礎的行政能力。戰後臺灣農業生

產力的提昇，主要也是受現代化與現代科技的影響。這個軸線的討論很清楚。但我認為這兩篇土地改革最精彩的地方是，樹仁在結論時，把土改的問題轉移一個政權為何會失敗？歷史為何是這樣發展的等大哉問。簡單地說，民國初年國共兩黨的鬥爭，共產黨主張土地改革，國民黨並不熱心土改，最後國民黨失敗退守臺灣，很多評論這段歷史的人都認為，兩黨成敗的關鍵乃是有無土地改革。但樹仁則說：「統治一個被長期戰爭拖垮的國家，疏於建立現代國家的基礎行政能力，可能才是國民黨失敗的原因（2002：238）。」

樹仁引用很多文獻指出，被納入共產黨統治區之初的佃農，普遍缺乏階級意識與鬥爭意識，對地主並沒有明顯的仇恨，而是經過共產黨反覆教育動員之後，才逐漸參與對地主的鬥爭。其實，絕大部分的共產黨員，絕少佃農出身，大部分都是地主子弟。換句話說，階級意識是被煽動出來的，真正具有階級意識者其實很少數。但歷史的奇妙正是上述我們討論過的「偶然性」，這些少數人因為特定的因素取得權力，也因此決定了國家的政策與方面，甚至贏得政權。我相信，當時中國人對國民黨之所以不滿，主要還是因為國民黨的腐敗、沒效率、沒有法治等，也就是樹仁所說的，「疏於建立現代國家的基礎行政能力」，才是失敗的關鍵。這個觀點雖不是先見之明，卻是深刻的史觀，一個優秀歷史社會學者的「眼力」，在這個分析中充分顯示出來。

除了這些經驗資料的分析外，樹仁讓我最信服的地方是，他能夠看到社會發展的動力與內因。他又透過很多文獻指出，在一個人口過剩、普遍貧窮、也少有真正的大地主的地方，佃農制度的生產力並不亞於自耕農。因此，如果我們從科學理性的角度來審視，當年民初中國的改革重點，其實不應該擺放在土地分配問題，而是現代性的問題，包括現代國家基礎行政能力的建立，農業科技的引進與學習等，才是努力的方向。很可惜，因為關鍵的少數人影響多數人，用意識形態來

引導大眾，讓人無法看清社會發展的方向，以致於嚴重傷害國家的發展。國家的不理性，讓樹仁感嘆良多。他這樣說：

> 過去中國大陸與臺灣農村發展的最根本問題，是地少人多，就業不充分，普遍貧窮。土地改革對改善這普遍貧窮的效果是極有限的，但它卻被許多人物（誤）認為是解決農村貧窮問題的關鍵……但這由誤解而來的土地改革意識形態，卻如此牽動歷史（2002：241）。

臺灣農村土地改革，是抓錯重點的現代化（2015：178）

國家總是不理性的，因為少數人的誤解或意識形態，可以決定國家的方向。透過科學分析，才可能揭穿意識形態，呈現真理，進而釐清社會發展的方向，

這是樹仁所相信的科學理性。他的專書《心牢》，也是對另一個意識形態——農地農用的分析，嘗試透過科學理性來彌補國家的不理性。

《心牢》是樹仁唯一的專書，其主要的論點是，臺灣因為有「農地農用」的法律限制與意識形態束縛，使得都市土地的人為供應不足，因此造成都市地價高漲。樹仁透過很多比較數字證明，嚴格限制「農地農用」的國家（臺灣、日本）其地價遠比中度限制的國家（德國、荷蘭）高，又比沒有限制的國家，如美國更高。他指出，臺灣在 2001 年全國公告地價的現值為 55.98 兆元，這個數目約等於全美國 1996 年地價的 3 分之 1。日本在 1986 年的全國總地價占世界總地價的 6 成，1988 年，日本的總地價是美國的 4 倍（p. 120）。「農地農用」與地價的相關性讓人驚嘆。不過，讀者也許會說，臺灣和日本地狹人稠，

地價當然高昂。但是，樹仁告訴我們，臺灣與日本的地價遠比人口密度更高的新加坡和香港更高。如果以房價來看，臺北的房價，以臺灣人的薪資水平而言，也是世界最高的城市。臺灣（和日本）特高的房地價，顯然是一個值得研究的社會／經濟學問題。

供需原理是經濟學的核心，但一般社會學者並不重視，樹仁是少數的例外，他甚至把這個原理當成他分析的根本元素，與一般社會學家不同。但是，我要特別指出的是，樹仁雖然重視經濟學，從最基本的供需原理出發，但它的分析卻遠超出經濟學之外，讓我們看到濃濃的社會學成分，這是大部分經濟學家做不到的。更重要的是，因為他結合了經濟學，讓他的社會學分析，也因此超出一般的社會學家。以臺灣的房地價為例，一般的社會學家都認為是官商炒作，可是樹仁認為，官商炒作幾乎是每一個國家的慣例，不是臺灣的特例。臺灣的房地價特別高，乃是因為都市土地人為供應不足，創造了一個官商可以勾結炒作的環境，真正的原來還是人為土地供應之不足。樹仁以非常嚴密的邏輯分析證明，官商勾結不只沒有炒高地價，反而無意中減緩了地價（p. 140）。

但是，我認為在這個分析中，黃樹仁最精彩的地方是指出，「聯合壟斷體」的形成與作用，而不是官商勾結，才是地價上漲的真正原因。這個聯合壟斷體包括大地主、小地主、一般的城市居民等，他／她們分別從個人的利益計算出發，認為「房子」乃是最好的投資，於是紛紛投資購買第二棟、第三棟房子，這是預期漲價所引起的假性需求，進而造成聯合壟斷，以及隨之而來的房地價上漲。樹仁更細膩地指出，不只是都市計畫區的土地被炒作，連都市附近的農地也遇到同樣的問題。農民們縱使不種田，也不願意把田地出售，因為這些田地都是「准建地」，越放越有錢，農民普遍都有「惜售」的心理，不只讓農業生產的面積無法擴大，生產力無法提昇，也使得都市的地價節

節上升。而這些不同階級、不同行業的人之所以一致投入土地炒作，樹仁認為，乃是因為「長期市地供給不足而價格高漲的歷史經驗所培養出來的」（p. 133）。對樹仁來說，這是一種集體記憶所造成的集體不理性，只有靠科學的理性分析，解除相關禁令後，意識形態的束縛才有可能慢慢化解。

至此，樹仁的分析都很精彩，我也同意，在都市發展過程中，適度地釋出農地供都市工商業使用，也是必要的。但是，如何釋出呢？要釋出都少？要保留多少？要怎樣保留呢？我認為，這些細節的討論很重要，可惜，樹仁幾乎沒有處理，他的主張幾乎是沒有條件的釋出。他理想中的城市，是一個積極擴張城市，不只在都市計畫區的農地都要釋出，在非都市計畫區的土地，只要有整體規劃，甚至不必經過審核就可以釋出。但是，都市化和工業化都那麼自然而然嗎？李登輝（1976）的研究清楚指出，臺灣政府為了配合國家的工業化政策，刻意壓低糧價，對農民也徵收特別高的稅賦，讓農民不得不遷移到城市，變成工人。這幾乎是一種變相的「圈地運動」。可是，樹仁對都市化與工業化似乎完全接受。

其實，在樹仁的規劃中，臺灣是一個東亞的超級城邦，整個島應該是一個大城市，要有寬廣的馬路、公園、綠地、公共空間等，城市周圍更要有大片綠地、甚至森林，但不要有農地。在他的觀念中，農業與都市是衝突的，而在現代的臺灣社會裡，除了少數寬闊地方也許還可以經營某種大規模的農企業外，我們要把土地讓給都市，讓都市生活品質提高，而農業是可以被放棄的。

樹仁的農業觀點，是一種現代性觀點，城市和工業才是社會進步的動力，國家要傾盡全力來推動，農業是傳統落後的象徵。他說：「2000 年臺灣耕種農業總產值僅 1652 億元，當年臺灣積體電路製造公司的營業收入達 1663 億元。換言之，整個臺灣耕種農業的產值，不

如台積電萬餘員工的營業額（p. 225）。」這段話充分顯示，樹仁完全從「產業」和「產值」的觀點來看待農業。可是，正如我們第二節的歷史回顧中顯示，農業是一種道德經濟，其價值不是市場可以單獨決定的。我們指出，農業有兩個非理性的面向：食物限制與自然限制。食物限制牽涉到我們生命能否維持，自然限制則牽連到生命的生存基地，也就是自然。沒有了農業，我們根本就無法生存了，哪裡還有城市、工業、或商業呢？樹仁如何看待食物限制與自然限制呢？

關於食物限制，樹仁認為，透過貿易，我們可以廣設倉儲，糧食的供給不是問題。可是，糧食是一種很不一樣的商品，任何有缺糧的風吹草動，每個國家馬上停止糧食出口，2008 年發生的糧食危機，正是因為當時玉米被轉作為生質能源，糧食的供給顯著減少時，很多原來糧食出口國馬上宣布停止糧食出口，於是有近 20 個國家發生糧食暴動。糧食又豈是倉儲、貿易可以解決的呢？我認為，世界人口仍然以等比級數在增加中，但是，世界糧食的增加率其實很有限，馬爾薩斯的預言仍然有效。而且，氣候變遷的速度正在加劇，各地頻傳大旱災或是大水災，很多地方的土地也在沙漠化，糧食不只沒有增加，很可能會逐漸遞減。尤其值得擔心的是，亞、非、拉等國家，城市仍然以非常快的速度在侵蝕鄉村、農業和土地，世界的糧食供應，一定越來越吃緊，而人口又不斷增加，我們又怎能靠倉儲與貿易來準備糧食呢？

關於自然限制，樹仁的花園城市能有效克服嗎？我並不樂觀。雖然，花園城市有很多綠地，但是，這些綠地基本上都是園藝，強調整齊、美觀，並沒有豐富的生物多樣性。綠地與綠地之間，總是圍繞著道路或其他硬體建設，不適合生物遷移，嚴重威脅生物的生存，也會大量減少生物多樣性。反觀農業，如果能用友善土地的方法耕種，除了土地本身能涵養各種生命外，也可以在更大的土地範圍內，提供生命更逍遙、更優質的生存基地，對生物多樣性貢獻很大。尤其在氣候

變遷、風險社會中，大自然的涵養能力已經大為降低，只有經過友善
耕種的勞動過程，一吋一吋地改善土壤、河川、海洋等，才能讓自然
中的生命緩緩回生，重新醞釀大自然的多元與豐富，進而恢復、提昇
大自然的自我調節、自我療癒的能力，讓我們更有能力面對氣候變遷
這個大課題[1]。我認為，花園城市頂多只能暫緩污染，也可發揮一些減
碳的效果，但無法面對氣候變遷這個嚴重的課題。

　　如果花園城市並不適合 21 世界的臺灣與世界，如果，在氣候變
遷、風險社會中，農業仍然有其不可取代性，也不是市場供需就能夠
決定的，那麼，我們該如何面對農業呢？如何來使用、規劃我們的土
地呢？農業、城市、國家的三角習題，我們要如何解答呢？

四、21世紀的農業、城市與國家

　　自從 1990 年代氣候變遷越來越明顯之後，歐盟就把農業與環境
二者連結，成立環境與農業署，推動新世代的農業政策，其中一個核
心概念就是「農業多功能主義」，認為農業的功能眾多，除了最基本
的糧食安全外，還包括生態保育、空間美學、社會安全、文化維護等
多種功能[2]，而這些其他功能都沒被納入市場，或是說沒有市場價值，

1　聯合國關於氣候變遷的對策有二：其一減緩（mitigation），主要是透過減碳的
　過程，降低地球的溫度。另其一是適應或調節（adaptation），是從更基本的環
　境生態的維護來增加生物多樣性，進而強化地球的自我調節的能力。在這點上，
　農業是核心關鍵。如何透過農業勞動過程的改變，來提昇地球的自我療癒的能
　力，而不只是外在環境的減緩，對氣候變遷的治理可能更重要。

2　關於農業多功能的主張，很多人都指出，坐火車遊歷德國南部的巴伐里亞，是歐
　洲最美的行程之一。鐵道沿途的山坡、農地、森林、湖泊、溪谷等，構成一副動
　人心弦的自然美景。可是，我必強調出，這個自然並不是那麼自然，而是農業專
　家經過研究後，選定特定植物種類後要求農民、也補助農民種植的結果。除了空
　間美學、休閒療癒的功能外，還有生物多樣性、以及調節微氣候等功能。從這個
　角度來看，農民是大地的建築師，也是生態環境的重要陀手，其中功能又豈是一
　項產值可以說明清楚的？彭明輝（2018）還告訴我們，德國文學的生產背景都是
　農村，因此保護農村與農業，乃是瞭解德國文學、保護德國文化的必要手段。

但卻有無可取代的公共價值與功能。正是因為農業有這種多功能、而且是超出市場價值的功能，所以國家必須介入，設法保護農業與農村，補助農民。也因此，歐盟制定了很多保護農業與農地的政策。

以德國為例，農地使用的變更是整個國土規劃的一環（陳明燦，2000）。換句話說，農地變更使用必須符合國土規劃的精神與原則，包括其中幾個重點：1、農地的轉用與否，應以是否得繼續供作農用為衡量標準，而非以需要機關為考量。這條規定說明，農業需要的考量第一優先，只有在農業需要被滿足之後，其他事業機關的提案才被考慮。2、農地的轉用必須節約且珍惜土地資源，除非有「必要性」，否則不得轉用，也就是說，擬定中的市地重劃或建設計畫是必要的，而且其所需要的土地無法在非農業地區取得，這時才能啟動農地轉用的程序。3、所謂「必要性」的認定，由農民與主管機關、社區民眾共同認定之。4、擬定中的市地重劃或建設計畫仍然必須具備保護自然之生存基礎（空氣、水、土地與動植物），並節約、珍惜使用土地。5、地方政府必須把市地重劃或建設計畫之準備及實施等權利，移轉給農地主管機關辦理，以確保農地的正確使用。

從上述德國的例子中，我們回過來看看臺灣。臺灣「農地農用」的法律，源自大陸時期、民國 30 年代公布的《土地法》規定，農地轉移的承受者必須具有自耕能力。臺灣經過土地改革後，繼續沿用這個法律，規定只有自耕農可以承繼農地。1973 年石油危機中，臺灣公布了《農業發展條例》，規定農地變更他用須經農業主管機關同意，確立了「農地農用」的精神。1990 年代，農地自由化的呼聲四起，2000年立法院通過「農地釋出」與「農地變更使用」等法案。這些法案可分為長程與短程兩種作法。在長程作法上，要制定「國土綜合發展計畫法」，將農地分成三類：重要農業生產用地、保育用地、次要農業生產用地。基本上只有次要農業用地可以釋出，而且採總量管制。這

種作法與德國的作法很接近，值得期待。但在「國土綜合發展計畫法」正式訂定前，則採短程作法，依現行管制體系，採擴大農地變更管道、放寬農地變更限制、及簡化審查程序等。因此，特定農業區內土地，如符合國家重大建設計畫、勞工住宅及工商綜合區等用途，都可以申請變更使用。農民如果沒有農舍者也可以有條件興建農舍，手續簡便。（陳櫻琴，2000）。這個短程作法滋生很多問題，大埔土地徵收案件就是在這個背景下發生的。

農地變更使用的手續簡化後，幾年間，農地就長出很多農舍，宜蘭尤其嚴重，對鄉村景觀、農業生產、以及生物多樣性都構成嚴重挑戰。地價也節節上升，與黃樹仁的預測不合，是目前農村亟待解決的問題。其實，本次修法的長程作法規定，農舍應該採「集村」興建，未來如果能落實這個方案，對臺灣農村可以會有正面發展。21 世紀農村已經不可能只依靠農業維生，適度地吸引農產加工者、或需要大量土地的綠色產業進駐農村，讓農地的使用更加靈活、多元，這樣才能吸引足夠的人口，相關的醫療、文化、教育等設施才可以維持，農村發展才能永續。德國基本上採取這種策略，這時的農村不再是農村，而是「鄉村」，產業不只是農業，而包含更多的相關事業。正如陳櫻琴（p. 61）所指出的：「針對農地政策的思考，不能只就農地論農地，必須綜合各項經濟因素考慮，相信新世代臺灣農地新主張，應是『農業與非農業政策合併思考』」。在這樣的思考脈絡下，我認為「集村」的概念很重要，是未來「鄉村」，而非「農村」的聚落所在。農政單位應該更整體地、更多元地思考農地的使用方式，以及如何透過「集村」的興建來帶動鄉村的發展。這也將是未來鄉村能否永續的關鍵。

「農業與非農業合併思考」是一個重要概念。除了以更多元的方式來思考農地的使用與鄉村的發展之外，都市計畫區內的的「農地」如何使用，也是另一個重要議題。黃樹仁認為，都市出現農地是一個

不能忍受的現象，也主張把都市計畫區內的農地全部釋出，我認為這是現代性的主張與提案。在 21 世紀的今天，都市與農業並不必然存在著衝突。其實，有一派都市計畫學者還主張以農業的精神來建構都市的內容，稱之為「農業都會主義」（Agricultural Urbanism）（de la Salle and Holland, 2010）。在都會中，農業的重要性不在其產量或產值，而在其能帶給人的經驗與教育。透過農業的生產、食物的分配與消費，人與人、人與土地可以再度連結。過去二十年來的新農業運動，除了生態與土地倫理的重建外，更是社會關係與人文關懷的重建。在 20 世紀的現代性中，農業、農村、農民都是亟待解決、拯救的對象，但在 21 世紀裡，新農業、新鄉村、新農民變成解決問題的行動者。其中，都市農業最接近人群，也最能發揮產量之外的農業功能。在這裡，我們發現了農業與城市的新關係。

　　當然，這種新農業預設一種新農法——友善土地的農耕方法。20 世紀的農業受工業影響，農業使用大量農藥、化學肥料、除草劑等，透過這個過程來改變土地與自然，提高生產力。其實，這是一種工業式的農業，其勞動過程與工業生產無異。馬克思在資本主義的勞動過程時指出，工業的生產模式是一個「轉化」（transformative）的過程，把不能直接使用的生物質（raw materials）變成具有使用價值的器物（artifacts），資本也在這個不斷轉化的勞動過程中不停止地積累。但是，正如生態馬克思主義學者 Benton（1989）指出的，馬克思把農業生產也看成是工業生產的一環，也同樣具有轉化的面向，是不適當、也不應該。Benton 認為，農業生產雖然也創造「轉化」，如一粒種子變成一個果樹，生出果實等，這是一種轉化。但是，這種轉化不是靠人類的勞動過程，而是靠自然的力量。人類的勞動過程作用，只是根據自然的法則與條件來施為，讓這些自然條件發揮最大的功能，長出最甜美的果實。Benton 認為，這是一種「生態調解」（eco-regulatory）

的勞動過程，是「適應」（adaptive）生態的作為，而不是「轉化」。適應，或調節是新農業的方法，也是其核心的精神與哲學。我們主張的「都市與農業一併思考」，背後必然預設這個新精神。

Polanyi（p. 137）說，市場貿易最主要的成果是城鎮與都市文明的誕生。歐洲 13 世紀末的商業革命，啟動了市場的擴張，也創造了新的城鎮。圈地運動後，很多農民被迫流浪到城市，變成無產工人，預告了現代城市的誕生。這時，市場與貿易繼續擴大，城市人口依賴進口糧食維生，物價上漲，造成新的貧窮，農村特別嚴重，但也包括城市工人與很多由鄉村流浪到城市的失業者。但是，當時社會習俗認為，糧食是上帝的給付，其價格不是市場可以單獨決定的。是道德經濟，而不是市場經濟。於是國家不得不啟動各種救濟措施，包括最極端的《史賓翰連法》在 18 世紀末公佈實施，卻意外地創造了「自律性的市場」。19 世紀後，糧食的價格逐漸由市場決定，工資的抗爭取代糧食抗爭，「食物侷限」暫時被克服，但也因此創造了「自然侷限」。20世紀末開始的氣候變遷，把這個侷限表現得極端。這時，「食物侷限」也同時爆發，自由貿易的理性，顯然無法克服農業的非理性。黃樹仁的分析雖然精彩，但侷限在現代性的理性典範中，忽略了農業的非理性，無法適用於 21 世紀。

新世紀、新農業、新典範，農業不再是工業的一環，不再企圖轉化自然，而是適應、調節自然。在這個新典範下，農業與城市並不必然衝突，都市農業正是都市人接近自然、接觸土地的良方。許多歐洲的大城市都在郊區設置農業特區，不特別是為了生產糧食，更重要的是教育與體驗。21 世紀的農村，不再是農村，而是鄉村，可以包括各種產業，也可以有很好的文化、醫療、教育設施。義大利的拖斯卡尼地區，號稱第三義大利，介於北部工業區與南部農業區之間，是一個工農混合、生產力極高的地區。這裡生產高品質的農產品，如葡萄、

橄欖、肉類、乳酪等，可是這裡也有最好的農產加工廠，生產出最好的橄欖油、葡萄酒、乳酪產品等。最值得強調的是，好的工業產品需要好的農業原料，也因此支持最健康的耕種農法，工業與農業，農民與資本家相輔相成，創造一個生產力極高，可是又具有良好的生態環境與社會關係的地方。這是未來鄉村的典範。

在「農業與非農業一併思考」這個原則下，國家的角色是，除了把「國土綜合開發計畫」儘速擬定完、並嚴格執行外，一方面要在都會區創造都市農業，讓都市人不只會工作，也可以接觸土地與農業，享受自然。另一方面，也要透過「集村」的規劃與興建，更多元地來思考農地的使用，讓各種人才、資源可以進入鄉村，讓鄉村也可以享受現代生活。城市與農業要一併思考，才是國家解決三角習題的關鍵。

參考文獻

中文部分

李登輝，1976，《臺灣農工部門間之資本流通》，臺灣銀行經濟研究室。

洪人傑，2018，〈以科學為志業：一個社會學家的跨界挑釁〉，收錄於本書。

黃樹仁，2002，〈臺灣農村土地改革再省思〉，《臺灣社會研究季刊》，47：195-248。

黃樹仁，2002，《心牢：農地農用意識形態與臺灣城鄉發展》，巨流。

黃樹仁，2015，〈被誇大的臺灣土地改革及其漸熾的意識形態戰爭〉，《臺灣社會研究季刊》，100：163-181。

黃樹仁，2018，郭文般（譯），〈韋伯的《中國的宗教》解析〉，收錄於本書。

黃樹仁、陳宇翔，2018，〈強制合作發展：臺灣日本殖民體制的米糖經濟〉，收錄於本書。

陳明燦，2000，〈我國農地之使用管制：國土規劃法制之觀點〉，《月旦法學》，58（3）：68-88。

陳櫻琴，2000，〈「農地農用」政策之轉向——從增訂農發條例第十八條談起〉，《月旦法學》，58（3）：56-67。

彭明輝，2018，〈農地問題的對話〉，收錄於本書。

鄭志成，2018，〈壯哉斯言！好樣的，黃樹仁！——評黃樹仁〈韋伯的《中國的宗教》解析〉，收錄於本書。

英文部分

Benton, T., 1989, "Marxism and Natural Limits: An Ecological Critique and Reconstruction," *New Left Review*, 178: 51-87.

Friedmann, H., and P. McMichael, 1989, "Agriculture and The State System: The Rise and Decline of National Agricultures," *Sociologia Ruralis*, XXIX-2: 93-117.

Marx, K., and Engel, 吳家駟（譯），《資本論》，第 24 章，時報文化出版。

Polanyi, K., 1989, 黃樹民等（譯），《巨變：當代政治、經濟的起源》，新橋譯叢。

de la Salle, J., and M. Holland, 2010, *Agricultural Urbanism: Handbook for Building Sustainable Food & Agriculture Systems in 21th Century Cities,* Green Frigate Books.

Thompson, E. P., 1971, "The Moral Economy of the English Crowd in the Eighteenth Century," *Past and Present*, 50: 76-136.

跋

黃淑玲（黃樹仁堂妹／國防醫學院通識教育中心教授）
2017.11.04

我應該寫下《六十年家國：一個臺灣社會學家的經歷與反省》一書，以我的社會學與歷史訓練，記錄與分析此生所見個人與臺灣社會的經歷。

2015 年 8 月 23 日深夜十二點半，在內湖三軍總醫院病房裡，疼痛使樹仁無法成眠，在疼痛間，他寫下上述這本書序言，透露面對罹患淋巴癌的突來噩耗，除了不忍離父母妻兒而去的親情遺憾，讓他感到同等深刻的莫大遺憾是「幾十年學思心得灰飛煙滅，不能分享學界後人」，他希望在有限時間內以半通俗著作的方式，「緊急將學思心得成書傳世」。樹仁來不及完成這項心願，五個月後癌症奪走他的生命。

樹仁壯志未酬身先死，他的親友與學生痛心不已，亦不捨他堪為師者與學者的典範事蹟不為世人所知，更為了讓更多的年輕學子瞭解他具有開創性的學術貢獻及教育理念，遂決定出版此書。

本書邀請多位傑出學者為樹仁的學術作品撰寫評論，期能彰顯樹仁學術研究的秀異之處。果不其然，這些論者與樹仁隔空論辯，激烈

交鋒，豈管天上人間。樹仁你與大家論辯風生，輪番鬥智，是否稍解幾許遺憾？

樹仁的得意門生，洪人傑、陳宇翔、陳柏甫、張儀君等人，亦為文助陣。四人深知樹仁的學術抱負與學思體系，所以人傑才能清楚洞悉樹仁「將學術視為天職（calling），企圖用以介入政治、促成社會改革、導引歷史發展方向的雄心」。宇翔掌握樹仁的思想精髓，僅憑樹仁留下的研究架構就能為樹仁完成遺作。柏甫與儀君則以自身教學實踐為證，宣揚樹仁的教學之道就是絕佳的樹人範式。從四人的闡述我們看到樹仁已完成的學術圖像及等待展開的學術宏圖，也看到他年輕時即矢志成一家之言，在漫長的學術途中步步為營，欲圖的是，建構臺灣研究的歷史社會新論，更以天下事為己任，苦思臺灣未來前途。

樹仁的益友李丁讚教授備受學林敬重，本書因有他號召方能輕易成集。樹仁過世月餘前仍掛記著〈望見流求〉一文投稿結果，幸有丁讚協助聯繫並修訂文稿。樹仁當時已無法言語，全身只有頭部能轉動，而目光依然有神。丁讚一字一句唸出修訂部分，樹仁以點頭或搖頭確認。丁讚與樹仁相知相惜一生，樹仁視丁讚如伯樂，在《心牢》一書序言以「為學而有益友，人生幸甚」稱謝丁讚。黃崇憲教授是樹仁威斯康辛大學社會系學弟，也是他的另一摯友及伯樂。他們師承大不同，但追求知識與改革社會的心一樣熾熱。崇憲稱讚樹仁是當今臺灣學者中最有可能集臺灣研究大成者。樹仁聽我轉述，病危中依舊不改自信，點頭稱是。崇憲與樹仁相識三十年，樹仁辭世那晚，崇憲第一次夢見樹仁。

樹仁一向自傲，欣賞他的伯樂不少，不喜他的學術風格者亦眾，倒不知學者中有多少人是像張隆志教授這樣的性情中人。隆志不識樹仁，只因丁讚請託便答應加入編輯群並為樹仁的臺灣史著作撰寫導論。我問過隆志，樹仁的臺灣史三部曲何以得不到史學界的青睞與共鳴？

隆志指出，樹仁擅長使用史料與其它素材反覆辯證及推論史實成因，這與一般史學方法迥異。樹仁則認為歷史學者應打破學科狹隘之見，希望在史學界能找到伯樂。隆志是一位傑出的臺灣史研究者，他的講評必有一番見地，不知樹仁是否信服。

郭文般教授是樹仁用心相交的同事，也是樹仁的伯樂。他那篇悼念樹仁的文章內斂情深，讚嘆樹仁「你這一生著實是一個 Celebration ！」。郭教授默默為好友盡力，翻譯樹仁早期英文著作。本書編輯過程中，張恆豪教授是不可或缺的動力。他是樹仁欣賞的年輕同事，也是一位幹練的系主任，行政統籌能力強，處理樹仁的紀念文集、獎學金及追思會等各項活動皆能圓滿完成。

眾人皆知樹仁在學術上特立獨行，但極少人知道他曾編撰吾家燕山黃姓七百年族譜及百餘年開臺家譜。比起許多歷史學者或社會學者，樹仁更是一位親近土地的歷史社會學家，他熱中瞭解家族史，欲將國史與家史的演變脈絡貫穿起來。數年前某個夏日，我們一道去內政部檔案管理局尋找家族戶籍資料。我做過原住民研究，當時遍讀部落戶籍與警政資料，自覺還算認真做研究。那日下午我見識到樹仁一絲不苟的嚴謹與認真。樹仁搜尋微型膠捲上的資料，一捲又一捲，一遍又一遍，筆記密密麻麻，不容一絲錯誤。我看到眼花已耐不住，他仍不厭其煩，無一絲倦容，讓我甘拜下風。樹仁的父母與弟妹始終不解樹仁一生苦讀，怎不如我這個堂妹比他早升教授。樹仁走後，他們方從眾人的推崇與緬懷，明白樹仁的學術榮光與師者風範很難與他人比擬。其實惟有時間長河將會證明誰的學術研究最經得起檢驗，我深信惟有樹仁及像他一樣治學特別嚴謹的學者終將勝出。

整理樹仁的遺稿，訝然發現他有許多篇論文被一個期刊又一個期刊退稿。我一向認為樹仁學識淵博，豈料學者所見不同，他的學術之路因而莫名崎嶇。所幸樹仁向來自信，從不灰心喪氣。樹仁自忖仍有

二十年歲月可以實現他的學術宏圖，期許二十年磨劍終將成就春秋大業。在此我要特別指出，本書只能呈現樹仁完成一半或者只有三分之一的學術研究成果，也只反映了他行至半路的學術功力。祈願有心者望見他的宏才潛力，更有甚者，遂他平生所願，接下他的挑釁提問，運用他的學理架構去探究臺灣研究的社會與歷史圖像。

行筆最後，欲問樹仁，你可樂見此書見世？還是認為多此一舉？我如此深信，倘若你我生死互換，你肯定會竭盡所能為我了還心願。我望向腦海裡的你，望見你滿面笑容，兀自拜謝協助本書出版的每位親人與友人。